열왕기상

구약설교전집
제9권

열왕기상

손영섭 목사 지음

도서출판 소망사

이 「열왕기상」 강해서를

내가 속한(공로목사) 경기노회 제57회 회원

모두에게 바칩니다.

머리말

사람들의 의한 과학문명의 부산물들이 만들어 낸 대기오염의 변화에 따라 사나운 폭서(暴暑)가 지구촌을 불덩이로 만들어 연일 거듭되는 열기와 열대야로 잠 못 이루고 방해하는 금년 7~8월을 고비로 필자의 「구약설교전집 제9권 열왕기상」 집필을 끝내고 출판사에 원고를 넘기는(2012. 8.20) 감회(感懷)야말로 아직도 잔서(殘暑)가 남아있음에도 불구하고 흐뭇함과 상쾌감을 느끼게 하여 필자 스스로 자축(自祝)하고 있다.

사실 오늘의 세계는 젊은이들의 활동 무대로서 제아무리 명성이 높은 노인이라도 무엇을 하거나 비록 그것을 성취했다 해도 별 관심이 없으며 높이 평가하지 않는 경향이 있다. 이는 미래지향적인 젊은이들에게 관심이 가고 그들의 활동에 박수를 보냄은 너무도 지당한 사실이기 때문이다.

황차 필자 같은 무명의 서생(書生)이 작은 책 한 권을 저술(著述)했다한들 그 누가 관심을 기울일 것인가? 이제는 필자가 속한 교회의 교인들마저도 무심할 정도이고, 그래도 얼마 전까지만 해도 신간(新刊)이 나올 때마다 가장 좋아하고 진정한 축하자였던 나의 아내마저 저 천국으로 간 지 만 10주년이 되고 보니, 오직 필자 자신만이 그래도 나름대로 자축(自祝)하고 싶은 심정이다. 그 이유는 책의 내용 여하를 말하기 전에 적어도 90(1923. 10. 1, 음 8.21) 노인의 작품이라는 것과 친히 원고를 쓰고 컴퓨터로 정리 교정했을 뿐 아니라 심지어 표지 그림까지 손수 그려 또 한 권의 책을 출판했기 때문이며, 이런 일은 그리 흔한 사실이 아닌 특이성(特異性)이 있다고 보아 하나의 자축(自祝)하는 변(辯)이 될 것이라 생각된다.

일변 필자가 「구약설교전집 제1권 창세기」를 쓸 당시는 적어도 구약 말라기까지 완간을 목표로 시작하였지만 이제 겨우 9권째로 구약 전체 페이지 수로 보아 꼭 절반을 쓴 셈이 된다. 가령 필자의 나이 70정도라면 말라기까지 한번 도전해 보련만 90이고 보니 이제 그 희망은 아쉽게도 버려야 하겠지만 이미 열왕기 상(上)을 썼으니만큼 열왕기 하(下)는 꼭 써야 할 것이며 주님께서 허락만 하신다면 명년 이 무렵에는 실현될 가능성이 있다는 생각이 들기도 한다.

필자의 이번 「열왕기 상」은 역시 강해 설교로서 초창기 저작(著作)인 창세기, 출애굽기, 레위기 그리고 사무엘 상하 등은 내용조직상 설교형식면에 치중(置重)되었고 그 후 작품(作品)들은 강해적인 면으로 치중되어 있음이 현저한 데 비하여, 이번 「열왕기 상」은 차라리 하나의 주석 설교라 함이 타당할 정도로 강해 면에 완전 편중(偏重)되어 있을 정도이다.

그러므로 이 책은 교역자들의 수요기도회 계속설교로 활용될 수 있거나 각 기관 성경공부 교재 및 참고서로 도움이 될 수 있다는 생각이 든다.

이 책을 쓰고 출판하기까지 필자에게 건강과 맑은 정신과 집필환경조건 등 전적으로 도움을 주신 하나님께 먼저 감사를 드리며, 드러내지는 않으면서도 그래도 계속 기도해주신 수원성북교회 당회와 아울러 온 교우들에게 심심한 감사를 드리며, 그 밖에 국내외에 흩어져 있는 교우들에게도 감사를 드린다. 아울러 나의 친척, 친지, 그리고 동창 여러분들의 기도와 성원에 고마운 정을 느끼며 진정 감사의 마음을 보낸다. 그리고 필자와 같은 아파트에 살면서 일상 모든 면에 편의(便宜)를 줄 뿐 아니라 이 책 출판에도 많은 관심을 가져준 박제광(김현진) 집사와 그 가정에 감사를 드린다.

끝으로 필자의 책을 계속 출판 보급해주시는 도서출판 소망 방주석 사장님과 실무 담당이신 설규식 장로님을 비롯한 직원 모두에게 감사의 뜻을 전하는 바이다.

바라건대 이 책을 읽는 모든 이들에게 성령의 감동으로 말미암아 하나님의 은혜와 복이 충만하게 임하기를 기원하면서 서문에 대하는 바이다.

2012. 8. 21

저자 손 영 섭

차 례

제4부 남·북 왕국의 분열(分裂) (분열왕국 편)

제5부 갈멜 산상의 엘리야 (아합과 엘리야 편)

제6부 아람과 이스라엘 전쟁 (전쟁 편)

제 1 부

아침 직전 가장 어두운 밤
(정권교체 편)

다윗 왕궁의 겨울

왕상 1:1-53

1년은 365일 5시간 48분 46초로서, 이는 지구가 태양을 중심하여 한 바퀴 공전(公轉)하는 기간을 의미한다. 그러므로 1년을 365일로 하고는 나머지 5시간 48분 46초를 떼어 이것이 4년이 되면 24시간이 됨으로, 4년마다 윤년(閏年)이라 하여 하루가 더 길어지도록 되어 있다. 이것이 대자연의 법칙이다.

또한 1년에는 4 계절(季節)이 있다. 이는 지구의 지축(地軸)이 약간 기울어져 있기 때문에 태양 빛이 비취는 강도(强度)의 차이로 춘하추동(春夏秋冬)의 사계(四季)가 생기게 마련이다. 이로써 봄에는 파종(播種)을 하고, 여름에는 그 씨가 발아(發芽)하여 성장하고, 가을에는 결실하여 수확(收穫)하며 그리고 겨울에는 씨건, 농부건 모두 동면(冬眠)한다.

지금, 다윗 왕궁에는 겨울이 왔다. 다윗의 생애를 회상하면, 베들레헴 목장(牧場)시절부터 사울 왕궁에서 왕의 사위가 될 때까지를 봄이라고 한다면, 그 후 왕궁에서 쫓겨나서 오랜 피란생활 끝에 30세에 왕이 되어 그 후 40년, 이를 성장하는 여름과 결실의 가을에 비한다면, 다윗의 현재의 생활이야말로 분명히 겨울에 해당된다고 할 것이다.

모든 인생에게는 으레 사계(四季)가 있으며 그리고 차디찬 겨울이 있기 마련이다. 우리가 이 인생의 겨울을 맞는다면 과연 그 한풍(寒風)을 어떻게 막아낼 것인가? 이것이 오늘의 과제이다.

1. 다윗 침실(寢室)의 냉기(冷氣) (1-4)

다윗의 침실의 냉기(冷氣)가 숨어들었다. 그것은 다윗의 노쇠(老衰)로 인한 노환(老患)이다. 그가 소년 시절 사무엘에게 기름부음 받을 때는 얼굴이 붉은 홍안소년(紅顔少年)이었다. 그러기에 적장 골리앗을 돌팔매로 이길 만큼 강하였으며, 사울의 계속된 추적에서 오랜 도피 생활에서도 견디어 낼만큼 강하였으며 그리고 그는 무려 70,000명에 달하는 죽음을 가져왔던 가공할만한 역병(疫病)에서도(삼하 24:15) 살아남을 만큼 강한 체력의 소유자였다.

하지만 그의 노쇠로 인한 허약은 차디찬 시체로 만들기 직전이다. 그 당시 다윗 왕의 연세를 70전후로 볼 때, 너무나도 조로(早老)한 편이라 생각되며, 이는 필시 그의 과도한 육체적, 정신적 피로의 소산이 아닐까! 학자들은 생각하기도 한다. 이는 신체 내부(內部)의 조혈기능(造血機能)의 마비로서 아무리 좋은 이불로 보온(保溫)을 시도해 보아도 역시 다윗 왕의 몸에 온기는 돌아오지 않았다.

그리하여 궁중의사들이 고안해 낸 것이, 젊은 처녀 하나를 구하여 후궁(後宮)을 삼아 왕의 품에 누여 따뜻하게 하자 하고는 전국에서 미녀(美女)를 색출(索出)한 결과, 수넴 여자 아비삭이 선출되어 간병(看病)을 겸하여 시중을 들게 하는 궁여지책(窮餘之策)을 써 보기까지 하였다.

근간(2011. 5.24. 조선일보 A22)에 <늙지 않는 은하(銀河) 발견>이라는 제하에 그 비법을 실었다. 이는 지구에서 8,500만 광년 떨어진 '처녀자리 은하단'에 속하는 '나선은하 NGC5775'에서 발견된 것으로 이곳에서 끊임없이 이 은하를 달궈주는 뜨거운 가스를 배출하여 이것이 늙어가는 은하의 온도를 계속 높여주는 에너지원이 된다는 것이다. 이것을 처녀자리 은하 내부의 '젊음의 샘'이라고 보도했다.

하지만 다윗 왕에게 있어서는 아무리 처녀 아비삭의 젊음의 열기로도 이것이 근본적 치유책이 될 수는 없었다. 그 누가 감히 인간의 노쇠를 막을 수 있단 말인가? 진시황(秦始皇)도, 한무제(漢武帝)도 시도해 보았건만 무효였다. 다윗 역시 그해 안에 세상을 떠났다.

인생은 누구나 우리들의 따뜻한 침실을 냉기 찬 병실로 만드는, 차디찬 겨울에 직면(直面)하게 될 것이다. 요컨대 오직 믿음만이, 뜨거운 성령의 불로만이, 마치 얼음장 같이 차디찬 시체에까지도 생기를 불어넣어 소생시킴으로써 따스한 온기로 충만케 할 뿐이다.

2. 아도니야가 일으킨 한풍(寒風) (5-10)

다윗이 노쇠(老衰)로 말미암아 신열(身熱)이 점점 식어가고 있을 무렵, 다윗의 넷째 아들이며 현재 연장자인 아도니야가 에느로겔(예루살렘 남쪽 기드론과 힌놈, 양 골짜기 사이)에서 한풍(寒風)을 일으키고 있었다. 말하자면 왕자(王子)의 난(亂)을 일으켜서 바야흐로 왕궁을 향하여 세차게 불어 닥칠 순간이었다.

그는 자기를 위하여 병거와 기병과 호위병 50명을 준비하여(5) 왕의 위세를 과시하며, 본래 준수한 용모(6)를 자랑하며, 장군 요압을 포섭하여 군사력을 장악하고, 제사장 아비아달을 앞세워 종교적 명분을 세우고는, 저들과 모의(謀議)하여(7) 소헬렛 바위(에느로겔 근방) 곁에서 양과 소와 살찐 송아지를 잡고(9), 자기의 모든 동생과 왕의 신하 된 유다 모든 사람(궁중에서 봉사자)을 다 청하여 일단 하나님께 제사를 드리고는 축연을 베풀었다.

하지만 선지자 나단과 군대장관 브나야와 군중(軍中) 정예부대 용사들과 자기 동생 솔로몬은 청하지 않았다(10). 이로 보아 역모(逆謀)임을 알게 된다. 말하자면 그곳에 모인 자들은 아도니야의 선동(煽動)에 놀아나는 사탄의 졸도(卒徒)들이다. 하나님의 뜻이 아닌 인간들의 모반행위는 결코 성공할 수가 없다. 이런 자들은 마치 불꽃사이로 날아드는 불나비마냥, 오직 자멸(自滅)할 뿐이다.

한편 냉기어린 병상에서 체열(體熱)이 점점 식어가는 다윗 왕은 아직 아무것도 모르고 미구(未久)에 불어 닥칠 한풍(寒風)을 맞이하기 직전에 놓여 있었던 것이다.

3. 나단 선지에 의한 방한책(防寒策) (11-27)

1) 밧세바에게서 풍기는 온기(溫氣) (11-21)

아도니야가 왕이 되고자 반역도당을 모아 역모(逆謀)를 단행하고 있을 때, 선지자 나단이 이를 알고, 아직 이 사실을 알지 못하고 있는 왕 다윗에게 이를 빨리 알려, 대책을 강구하기 위하여 분연히 일어섰다.

그는 즉시 왕후(王后) 밧세바를 찾아가서 이 사실을 알리고 왕으로 하여금 비상조치를 내려 이 사태를 조속히 수습하도록 서둘렀다. 밧세바는 나단의 각본대로 왕의 침실을 찾아가서 설득력 있는 탄원을 호소한다. 그 내용은 다음과 같다.

(1) 왕후(王后) 밧세바의 다윗 왕 알현(謁見)(16)

그는 왕 앞에 설 자로서의 예절을 다하고 있다. "밧세바가 몸을 굽혀 왕께 절하니"(16). 역시 밧세바야말로 매력 있는 여성임은 틀림이 없다. 이 당시는 그 역시 몸이 늙어, 마치 시들어가는 꽃 마냥 육체미(肉體美)는 비록 감소되어 있을망정, 그녀의 극도의 겸손과 공경심을 표현하는 도덕적인 노련미(老鍊味)는 아직도 그에게 남아 있었다. 이는 우리 성도들이 주님 앞에 서는 자로서의 자세를 알려 준다.

(2) 과거의 맹세를 회상시킴(17)

성경에 확실한 기록은 없지만, 언제인가 다윗이 밧세바에게 솔로몬을 왕으로 세우겠다는 맹세를 한 일이 있음은 사실로 보는 것이다. 그것을 밧세바가 나단에게 말한 바가 있어 나단도 이 사실을 알고 있었다(13).

흔히들 이 문제를 삼하 9:12-14와 대상 22:9-10을 예거(例擧)하지만, 거기서도 성전건축을 연기해야 한다는 사실을 여호와께서 나단을 통하여 지시하시면서 "그의 이름을 솔로몬이라 하리니…그가 내 이름을 위하여 성전을 건축할지라"(대상 22:9-10)라고 하였지만, 다윗 왕이 밧세바에게 솔로몬을 왕으로 세우겠다고 맹세한 사실은 없다.

그러므로 이 맹세는 다윗과 밧세바, 둘만의 은밀히 내약(內約)한 맹세로 보며, 이 사실을 밧세바가 나단에게 말한 것으로 생각하는 것이 가장 타당한 견해라고 볼 수 있다. 밧세바는 결정적 순간에 다윗으로 하여금 이 맹세를 상기(想起)시키고 있는 것이다.

(3) 아도니야의 모반(謀叛) 사실을 고발함(18-19)

밧세바가 왕을 알현(謁見)하는 목적 중 가장 핵심적인 요소는 아도니야의 모반행위를 고발하는 것이었다. 즉 아도니야가 왕이 되었다는 사실과 아울러, 우양(牛羊)을 잡고 모든 왕자들과 제사장 아비아달과 군사령관 요압을 청하였으나, 솔로몬은 제외시켰다는 사건진행의 정황을 설명하여 역모(逆謀)임을 고발하고 있다.

이 말을 듣던 다윗 왕의 심정은 과연 어떠하였을까! 한 번도 책망한 일이 없는 그 아들에 의한 반역(6), 그리고 일생을 같이해 온 제사장 아비아달과 군사령관 요압. 실로 경악과 분노와 함께 오랜 구정(舊情)의 미련 등 그야말로 착잡한 감정이 노쇠한 다윗을 괴롭혔을 것이다.

(4) 후계자 지명(指命)을 간청함(19-20)

밧세바는 비록 늙었지만 강력한 모성애의 발로로 애자 솔로몬으로 하여금 후계자로 지명해 줄 것을 왕에게 간청하고 있다. 비록 아비아달과 요압의 이탈로 인하여 군부(軍部)와 종교계에 다소 동요가 있다 하더라도 아직 왕의 공적을 아는 국민 대다수의 동향은 다윗 왕의 후계자 지명을 고대하고 있음을(20) 알리며, 간곡히 탄원한다. 이 사실이야말로 여론을 중시하는 정치가로서의 다윗으로 하여금, 정신을 번쩍 들게 하였으리라고 생각된다.

만일 그렇게 하지 않을 경우, 왕께서 영면(永眠)하신 후에 내 아들 솔로몬은 죄인이 되어 죽게 될 것이라(21)는 그야말로 눈물 어린 간절한 탄원이었다.

이 순간 다윗은 밧세바의 고매한 자태와 아울러 최고의 경외심으로 애자(愛子)를 위해 간청함을 듣는 사이, 자신도 모르게 목숨을 걸고 그를 사랑했던 지난날의 애정의 열기가 되살아나는 듯, 이로 인해 마치 얼음장같이 식어가는 자신의 냉각한 가슴에 뜨거운 피가 용솟음치는 듯, 그리하여 냉기(冷氣) 어린 다윗의 침실로 하여금, 따스한 온기로 가득히 풍기게 했으리라 생각된다.

2) 나단이 발하는 열기(熱氣) (22-27)

밧세바가 말을 마칠 무렵, 대기하던 나단 선지가 왕의 침실로 들어서자, 밧세바는 밖으로 나갔다(28절 참조). 나단은 "얼굴을 땅에 대고 왕께 절하고"(23), 이는 선지자의 지위를 왕 위에 두는 당시로 보면 좀 지나친 감이 있다고 보나, 나단은 자신을 하나의 왕의 신하(臣下)로 간주하고 신하가 왕에게 부복(俯伏)하는 동양식 예절을 갖추고 있다.

나단은 밧세바가 이미 왕께 언급한 것을 모른척하고 이 사실을 반복 상주(上奏)한다. 다만 한 가지 강조하고 있는 요점은 "아도니야의 이번 일을 왕께서 재가(裁可)하신 것입니까?"(24)라는 질문이며, 이것이 사실이라면 어찌하여 이 일을 종에게 알게 하지 아니하셨나이까 라는 것이다(27).

나단은 다윗의 최고의 고문이며, 성전 건축에 관하여도 왕에게 간언하고(삼하 7장), 밧세바 사건에서는 다윗 왕을 책망한 일도 있다(삼하 12장). 그리고 솔로몬 출생 시는 하나님의 명령으로 '여디디아'라고 명명(命名)하고 축복하였으며(삼하 12:25), 일설에는 솔로몬의 궁중교사였다는 설도 있을 만큼 각별한 사이이다. 그렇다면 솔로몬에게 왕위를 후계(後繼)할 것을 밧세바와 내약한 것이 사실이라면, 노쇠하여 병상에 있는 이 순간에서는 나단 자신과 후계자에 대한 논의 쯤 있어서야 마땅하다고 생각한 듯싶다.

다윗은 앞서 밧세바와 접견 시, 그가 전하는 말을 듣고 혹시나 밧세바가 아도니야의 모친인 학깃과는 같은 후궁으로서 여성으로서의 질투심의 발로가 아닐까! 하는 일종의 회의(懷疑)가 있었다 하더라도, 나단이 전하는 말을 듣는 순간 다윗 왕은 하나의 결단을 내리게 되었다고 생각된다.

그만큼 나단의 열변(熱辯)에는 힘이 있어, 다윗의 마음을 감동시킴으로써 이스라엘의 역사를 바꾸는 놀라운 선언을 하게 된다.

4. 다윗 왕의 방한벽(防寒壁) (28-40)

나단의 증언을 들은 다윗은 즉시 밧세바를 불러들여 지금 막 소헬렛 바위 곁에서 아도니야와 그 동조자(同調者)들이 일으키고 있는 한풍(寒風)을 막기 위한 견고한 방어벽(防禦壁)을 세우기에 급급하였다. 그것은 다음과 같다.

1) 밧세바와의 내약(內約)을 실천키로 서약함 (28-31)

학자들은 다윗이 밧세바와의 내약을 잊고 있었다고 생각지는 않는다. 다윗은 물론 밧세바를 제일로 사랑하면서도 역시 학깃에 대한 미련도 버리지 못한 듯하다. 그러기에 그가 낳은 지금은 장자이며 출중한 외모를 지닌 아도니야도 사랑하였다고 생각한다.

그리고 또한 나이 아직 어린 솔로몬을 왕세자로 책봉(冊封)할 경우, 왕이 암살(暗殺) 당할 우려도 있었기 때문이라고 해석하는 학자도 있다(흑기 주석). 맹세한 것은 꼭 갚아야 한다는 것이 신구약성경에 명시된 진리이다(민 30:2-4, 수 9:20, 마 5:33-37). 다윗도 이 사실을 알면서도 앞서 언급한 바 이유 때문에 주저하고 있다가 밧세바의 간청과 나단의 충언(忠言)을 듣는 사이, 용단을 내려 서약(誓約)을 지키기로 다시 서약하는 결정을 내렸다고 보는 것이다.

2) 솔로몬의 즉위식(卽位式)을 명함 (32-40)

다윗 왕은 제사장 사독과 선지자 나단 그리고 여호야다의 아들 브나야(시위대장)를 부르라 명하고[이 세 사람은 솔로몬 즉위식의 필수적 요인(要人)], 그들이 오매, 너희는 너희 주의 신하(근위병)들을 데리고 솔로몬을 "내 노새에 태우"(33)라고 했다. 노새는 그 당시 왕의 교통수단(삼하 13:29, 18:9)으로서 오늘의 왕이나 대통령의 전용차량과 같다. 솔로몬을 그 위에 태운 것은 왕이 됨을 의미한다. 그리고 왕궁에서 가까운 '기혼'(기드론 골짜기에 있는 옛 성소 중 하나)으로 가서 거기서 제사장 사독과 선지자 나단은 그에게 "기름을 부어 이스라엘 왕으로"(34) 삼으라고 명했다. 기름부음은 즉위식(卽位式)에서 가장 중요한 예식으로서, 이는 왕과 신하의 관계를 확증하는 것이며 또한 하나님의 영(靈)이 임한다는 뜻이다. 그리고 이는 성별(聖別)된 자로서 그 지위가 하나님께로 왔음을 의미한다. 그러므로 사람이 감히 모독(冒瀆)할 수 없는 지위라는 것이다(삼상 24:6, 26:9).

이 당시 사용한 기름의 주원료는 올리브유(olive oil)이며 거기에다 각종 향료를 섞어서 제작한 것이다(출 30:22-25). 그리고 기름 담은 용기는 짐승의 뿔로서 이는 권력을 상징하며, 기름 부은 후에 부는 뿔 나팔 역시 양의 뿔로 된 것으로 국가 통치의 권력자의 출현을 선포하는 신호(信號) 나팔이다(34).

예식을 마치고는 모두가 솔로몬 왕을 따라 왕궁으로 오매, 다윗이 "내 왕위에 앉아 나를 대신하여 왕이 되리라 내가 그를 세워 이스라엘과 유다(통합 정부)의 통치자로 지명(指名)하였느니라"(35)라고 선언하였다.

명령을 받은 자 중 경호대장 브나야가 이것이 여호와 하나님의 뜻이라고 믿으며 "여호와께서 내 주 왕과 함께 계심 같이 솔로몬과 함께 계셔서 그의 왕위를 내 주 다윗 왕의 왕위보다 더 크게 하시기를 원하나이다 하니라"(37)라고 축사를 하였다.

38-40절은 다윗 왕의 지시대로 솔로몬의 즉위식(卽位式)을 행하였다는 기사로서, 40절에서는 솔로몬이 왕궁으로 올라올 때 "모든 백성이 그를 따라 올라와서 피리를 불며 크게 즐거워하므로 땅이 그들의 소리로 말미암아 갈라질 듯하니"(40)라고 하여 축하 행렬의 장엄함과 우렁찬 모습을 여실히 보여준다.

기름 부음 받은 자를 히브리어로는 '메시아', 헬라어로는 '그리스도'라고 한다. 구약에서 기름부음 받은 자는 제사장과 예언자와 왕이다. 그리고 신약에서 예수를 그리스도라고 하는 것은, 예수님은 만왕의 왕이시며, 대선지자이시며, 그리고 갈보리 제단에서 자신의 몸을 제물로 삼아 속죄제를 드리신 대제사장이시기 때문에 예수님이야말로 기름부음 받은 자로서의 그리스도가 되는 것이다.

오늘의 교회에서 목사, 장로, 집사, 권사 등 임직식(任職式)을 할 때 안수기도는 구약에서 기름 붓는 것과 같으며, 이는 성령이 안수 받은 자에게 머문다는 뜻이다. 하지만 그런 지위를 못 가진 자라도 성령을 충만히 받으면 신령한 의미에서 '기름 부음 받은 자'가 되는 것으로, 비록 평신도라도 왕이며, 예언자이며, 제사장이 되는 것이다(벧전 2:9).

다윗은 늦게나마 솔로몬을 왕으로 세움으로써 아도니야가 일으킨 한풍(寒風)을 막아낼 튼튼한 방한벽(防寒壁)을 세우게 되었던 것이다.

5. 다윗 왕궁의 춘풍(春風) (41-53)

겨울이 지나면 으레 봄이 오게 마련이다. 이는 다윗이 죽기 전에 솔로몬을 왕으로 세움으로써 그의 나라가 튼튼히 서게 됨을 말하는 것이다.

1) 아도니야의 낭패(狼狽)로 (41-53)

에느로겔에서의 아도니야의 연회(宴會)가 끝날 무렵, 장군 요압의 귀에 그곳에서 멀지 않은 기혼으로부터 뿔 나팔 소리와 함께 범상치 않은 군중들의 환호성(歡呼聲)이 들려 왔다. "어찌하여 성읍 중에서 소리가 요란하냐"(41) 할 때, 마침 제사장 아비아달의 아들 요나단이 그곳에 왔다.

아도니야가 이르되 "너는 용사라 아름다운 소식을 가져 오는도다"(42). 요나단은 사독의 아들 아히마아스와 함께 발이 빨라 장거리 전령(傳令)으로 유명했다(삼하 15:27, 17:17). 하지만 기대와는 달리, 요나단의 입에서 나온 말은 다윗 왕이 솔로몬을 왕으로 삼았다는 청천벽력(青天霹靂) 같은 전갈(傳喝)이었다.

요나단은 솔로몬의 즉위식과 아울러 식후 행사까지 직접 본 듯, 앞서 38-40절까지의 기록보다도 더 상세히 보고하였다(42-48). 그것이 47절 하반절과 48절이다. "왕이 침상에서 몸을 굽히고 또한 이르시기를 이스라엘의 하나님 여호와를 찬송하리로다 여호와께서 오늘 내 왕위에 앉을 자를 주사 내 눈으로 보게 하셨도다 하셨나이다 하니"

여기서 "왕이 침상에서 몸을 굽히고"의 의미가 무엇인가에 대하여 여러 가지 해석이 있다. ① 신하들의 축복에 화답하여 ② 무사히 즉위식이 끝남을 감사하여 ③ 소망이 이뤄진 것을 감사하여 ④ 하나님의 거룩한 뜻이 이뤄진 것을 감사하여 등(흑기 주석)이다.

이 말을 듣던 "아도니야와 함께 한 손님들이 다 놀라 일어나 각기 갈 길로 간지라"(49)고 했다.

아도니야에게 일시적으로 영합 되었던 무리들은 이 소식을 듣자 산지사방 흩어지고 말았다. 이것이 바로 군중심리이다. 이들은 올바른 판단도 없이 순간의 이익을 위하여 모였다가 바람 부는 방향이 바뀌는 순간 버리고 도주한다.

아도니야의 결정적 패망은 기름부음을 받지 못한 데 있다. 이것을 우리나라 조선(朝鮮) 왕조에서 보면 국새(國璽)를 차지하지 못한 것과 같다. 역시 성령의 인(印)치심을 받지 못한 신자는 왕위를 차지할 수 없음을 말해주는 것이다(엡 1:13).

2) 솔로몬의 관용(寬容)으로 (50-53)

요나단의 말을 듣고 일시 지지하던 자들이 뿔뿔이 도망치자 궁지에 몰린 아도니야는 황급히 성막으로 달려가서 제단 뿔을 잡았다. 제단 뿔이란 우양(牛羊)을 제물로 바치는 청동(青銅)의 제단 그 네 모퉁이에 설치된 뿔 모양을 말하는 것으로서, 이는 사죄(赦罪)의 능력을 상징하지만 제물로 바칠 우양(牛羊)을 도살 직전에 일시 매여두기도 한다는 것이다.

혹 과실치사(過失致死)로 사람을 죽였을 경우 피해자의 가족이 복수하려고 찾는 위험한 순간, 이 제단 뿔을 잡으면 사는 규례(출 21:12 이하)가 있어 이는 도피성 제도와 같은 것인데, 후에는 고의적 살인자들도 찾아와서 피난처로 삼았다고 한다.

솔로몬이 아도니야가 제단 뿔을 잡았다는 말을 듣자 앞으로 선한 사람이 되어 다시 죄를 범치 않는 한 살려준다는 조건으로 역모(逆謀)에 해당하는 죄인인 아도니야를 용서하였다(53). 솔로몬의 이 관대한 처분에 대하여 추측컨대, 자신은 이미 기름부음을 받은 왕이지만 이복형제(異腹兄弟)에 해당하는 그가 비록 기름부음을 받지는 못하였지만 역시 왕으로 자처(自處)했던 만큼, 이로써 관대한 처분을 내렸다고 일본의 한 성서학자는 말하고 있다(구약성서약주).

그리하여 사람을 보내어 제단에서 끌어내리니 아도니야가 솔로몬을 찾아가 절하자 솔로몬이 "네 집으로 가라"고 하였다. 이 말은 가택연금(家宅軟禁)의 뜻이 아니라 공직(公職)에서 떠나 사생활(私生活)을 갖고 의롭게 살아가라는 의미로 해석한다.

솔로몬은 후에 평화의 왕으로서 널리 알려진 분으로 통상 왕조(王朝)가 바뀔 때는 으레 피의 숙청(肅淸)이 있음은 동서고금 어디서나 흔히 볼 수 있는 일이지만, 솔로몬은 아도니야에 대한 관대한 처분으로 그의 왕정초기에 순탄한 출범을 하게 되어 그의 이러한 유화정책(宥和政策)으로 말미암아 온 민중의 지지를 받는 평화의 왕으로서 그리스도의 모형이 되었다.

이로써 다윗 왕국에는 긴 겨울이 지나고 새 봄이 온 듯 부드러운 훈풍(薰風)이 불기 시작하였다고 보는 바이다.

솔로몬 왕국의 아침

왕상 2:1-46

본장은 다윗 왕국의 밤과 솔로몬 왕국의 아침이 서로 대조되고 있다. 즉 다윗이 죽기 직 전에 행한 일이 밤이라면 솔로몬 역시 아침을 맞기까지는 밤의 진통을 겪어야만 했던 사실을 아울러 제시하고 있는 장이다.

밤중의 가장 어두운 때는 새벽을 앞둔 2시에서 3시 사이라고 한다. 열왕기 상 2장이 보여주는 사건이 바로 이 시점(時點)에 해당된다고 할 수 있다. 이는 솔로몬 왕국의 찬란한 아침을 맞이하기 위하여서는 다윗 왕의 죽음을 전후(前後)한 밤이야말로 바로 해산(解産)의 진통이 아닐까! 하는 생각이 든다.

1. 아침 직전 다윗의 가장 어두운 밤 (1–12)

다윗은 지금 그의 파란만장(波瀾萬丈)의 생애를 마감하는 엄숙한 죽음의 순간을 맞고 있다. 그는 더 살려고 죽음과 맞서서 싸우려하지 않고 "내가 이제 세상 모든 사람이 가는 길로 가게 되었으니"(2)라고 하여 죽음을 순순히 받아들이고 있다. 그러면서 그의 애자(愛子) 솔로몬에게 두 가지 사실을 유언(遺言)하고 있는 것이다.

1) 솔로몬에 대한 마지막 유언(遺言) (1-4)

세상 어느 나라나 그 나라의 신민(臣民)이 지켜야 할 국법(國法)이 있으며 그 중에는 왕이 지켜야할 법 즉 왕도(王道)가 있기 마련이다. 이스라엘의 경우 "네 하나님 여호와의 명령"(3)하신바 즉 모세의 율법이 그것이다. 본문에는 이것을 세분하여 네 가지로 보여준다. 즉 '법률과 계명과 율례와 증거'이다.

'법률'은 율법의 실제적인 규례이며, '계명'은 10계명을 비롯한 도덕적 훈계들이다. 그리고 '율례'는 행정부에 속하는 법률들이며, '증거'는 어떤 사건들에 대한 판례(判例)를 의미한다. 그리고 그중에는 특히 왕도(王道)에 관한 규례를 상세히 기록하고 있는 것이 신 17:14-20이다.

다윗은 아들 솔로몬에게 이것들을 잘 지키기 위하여서는 먼저 "너는 힘써 대장부가 되고"(2)라고 하여 남자다운 기백(氣魄)을 가지고야 지킬 수 있는 이 법을 잘 지켜 그 길로 행하면 "무엇을 하든지 어디로 가든지 형통할지라"(3)라고 하였다.

그리고 "네 자손들이 그들의 길을 삼가 마음을 다하고 성품을 다하여 진실히 내 앞에서 행하면 이스라엘의 왕위에 오를 사람이 네게서 끊어지지 아니하리라(삼하 7:25) 하신 말씀을 확실히 이루게 하시리라"(4), 즉 왕위(王位)가 중단됨이 없이 영속적으로 유지 보존된다는 것이다.

이것이야말로 선왕(先王)인 아버지로서 후계자(後繼者)인 아들에게 주는 마지막 유언(遺言)으로서(3) 자신이 이미 경험한 바, 왕중왕(王中王) 되신 여호와의 율례를 잘 지키는 것이 성공의 비결임을 유언하고 있는 것이다.

만왕의 왕이신 예수님은 자신을 가리켜서 '길'(요 14:6)이라고 말씀하셨다. 그는 자체가 길 즉 왕도(王道)이시다. 그러므로 우리는 도마처럼 "어디로 가시는지…"라고 묻지 말고 다만 그의 손을 잡고 가기만 하면, 마침내 천국에 당도(當到)하게 되는 것이다. 이는 그가 바로 왕도(王道)이기 때문이다.

2) 복수(復讐)를 조장(助長)하는 권고 (5-9)

솔로몬에게 왕도(王道)를 따라 행하기 위하여 모세의 율법을 잘 지키도록 하라는 유언을 한 다윗은 이번에는 요압 장군과 시므이에 대하여는 '복수(復讐)를 조장하는 권고'의 유언을 하고 있다.

여기 앞서 '바르실래에 대한 은혜에 보답'(7)을 아우르고 있기는 하지만, 이는 평화 시에 애매한 피를 흘린 요압의 죄를 지적하면서, 다윗은 사실 어두운 죽음의 장막이 내리기 직전에 그는 가장 어두운 심령에서 나오는 말을 하고 있는 것이다. 이는 평화 시에 피 흘린 죄를 지적하면서 또다시 피를 흘리는 모순극(矛盾劇)을 연출하고 있기 때문이다.

그리고 시므이의 저주에 대하여는 이미 용서했으면서도 또다시 "그의 백발이 피 가운데 스올에 내려가게 하라"(9)라고 하여 늙은 시므이에 대한 살해(殺害)에 피 흘리기를 권하고 있는 것이다.

(1) 요압에 대한 처분(5-6)

요압 장군은 다윗 왕국의 공신(功臣)이기는 하지만 다윗의 마음에 합한 사람은 아니었다. 비록 반역의 왕자 압살롬이라 하더라도 죽이지는 말라는 간청을 무시하고 그를 죽임으로써 자신을 슬프게 한(삼하 18:5, 10-18) 일은 일단 하나님의 섭리라고 생각한 듯, 여기서 거론하지는 않았으나 요압의 죄목(罪目) 두 가지를 지적하여 처벌을 권하고 있다.

그 하나는 요압이 자기 동생을 죽인 복수(復讐)로 아브넬 장군을 죽인(삼하 3:22-39) 일이며, 다른 하나는 자기 대신 군단장에 임명된 아마사를 죽인 일(삼하 20:8-10)로서 이는 "그가 그들을 죽여 태평시대에 전쟁의 피를 자기의 허리에 띤 띠와 발에 신은 신에 묻혔으니"(5), 여기서 '띠와 신'

은 군인의 임무수행에 있어서 갖추는 중요한 물건이기 때문에 요압이 두 장군을 죽이고 그 칼을 허리에 차니 피가 띠에 묻고 또한 그 피가 신발에 떨어졌다는 것이다.

다윗은 자신이 친히 그들을 처벌했어야 했지만, 아브넬이 죽었을 때는 집권초기(執權初期)라 그는 자신이 너무 약해서 요압 장군을 상대하기가 어려웠으며(삼하 3:27-29), 아마사 살해 당시도 역시 압살롬의 반란(삼하 15:1-37)과 세바의 난(삼하 20:1-22) 등으로 다윗이 힘이 매우 위축되어 있던 때라 처벌하기가 어려운 상황이었다라고 학자들은 말하고 있다.

이와는 달리 학자들 중에는 다윗이 요압의 아브넬과 아마사 살해 이유 제시는 하나의 표면상 구실일 뿐, 실제는 요압의 왕명 거역과 또한 왕을 비판한 데서(삼하 18:12-15, 19:5-7) 이를 보복(報復)하려는 다윗 심중의 검은 위선적(僞善的) 정신에서 나온 것이라는 혹평(酷評)을 내리기도 하였다(루낭).

(2) 바르실래에 대한 보은(報恩)(7)

사람이 죽음을 앞두고 떠오르는 회상(回想)은 가장 중요한 기억일 것이다. 야곱의 경우는 임종(臨終)을 앞두고 벧엘 사건(창 48:3-4)과 그가 가장 사랑했던 라헬을 생각한 사실(창 48:7)만 보아도 알 일이다.

다윗은 죽음을 앞두고 압살롬의 반란 시 왕궁을 탈출하여 황급히 기드론 시내를 건너 맨발로 감람산 언덕길을 기어올라 요단강 저쪽 마하나임에 이르렀을 때 그 지방의 호족(豪族) 바르실래의 도움을 받아 무사히 피난한 사실이 생각났다(삼하 17:27이하, 19:32이하).

다윗의 시편 23편 후반부인 5-6절이 바로 그가 바르실래의 극진한 환영을 받을 때를 회상하여 지은 노래로 알려져 있다. "주께서 내 원수의 목전에서 내게 상(床)을 차려 주시고 기름을 내 머리에 부으셨으니 내 잔이 넘치나이다" 실로 감사의 염(念)이 넘치고 있다.

"그들이 네 상에서 먹는 자 중에 참여하게 하라"(7). 이는 같은 식탁에서 음식을 먹는다는 의미가 아니라 그 당시 궁중에서 봉사하는 모든 자들이 궁내식당에서 음식 공급을 받은 만큼, 바르실래의 아들들도 같이 참여하게 하라는 지시라고 학자들은 생각한다(카일·델리취; 삼하 9:5-4, 왕상 18:19, 왕하 25:29).

(3) 시므이에 대한 처벌(8-9)

시므이는 사울 왕가의 친척으로(삼하 16:5) 다윗이 압살롬의 반란으로 피난 갈 때 바후림에서 크게 저주(詛呪)한 자이다(삼하 16:5-8). 그러나 전쟁 후 다시 돌아 올 때는 그가 앞장서서 용서를 빌자 목숨만은 살려주기로 약속하였다(삼하 19:19-24). 하지만 다윗이 이 약속을 깨고 살해를 명한 것은 역시 잘한 일은 아니다.

이 단락에서 "인생의 가장 어두운 밤"이라고 한 것은 물론 다윗의 죽음을 의미하는 것이지만, 일변 솔로몬 왕국의 새로운 아침을 바라보는 이 순간, 다윗이 그 아들에게 복수(復讐)를 조장(助長)하는 권고를 하고 있음은 역시 어두운 밤의 사실로 지적하는 것이기도 하다.

모든 인간이 죽음의 장막이 내려지기 전 복수심(復讐心)을 버리지 못한다는 사실이야말로 오늘의 신약시대에 비쳐볼 때 결코 잘한 일이라고 생각할 수는 없는 일이다(마 5:43-48). 다윗 역시 인간이다. 만일 그 당시 예수님이 그곳에 계셨다면 "그러지 말고 용서하라"고 하셨을 것이다.

베이커 주석은 다음과 같이 말하고 있다. "다윗의 경우 얼마나 강한 교훈들이 이 사실에 대하여 가르쳐야만 했던가! 그는 그의 존재의 최후 순간에 미혹(迷惑)하는 사탄의 계략과 그의 아주 거친 강력한 본능에 굴복하고만 인간이었다. 그는 이 말을 마치고 비틀거리는 심령으로 세상을 떠났다. 그러나 전능자는 다윗을 알고 계시며 그리고 또한 우리들의 소행도 알고 계신다. 우리도 다윗처럼 우리가 유명(幽明)을 달리하는 임종의 현장에서 복수의 정념에 사로잡히게 될 수도 있다. 그리고 정신이 흐릿하여 허약하고 심약(心弱)하게 될 수도 있다. 하지만 그는 우리의 심령이 그 문안에 거하고 있음을 알고 계시다. … 그는 우리가 그의 문 앞에서 비틀거릴 때 우리의 방황하는 걸음걸이를 너그럽게 보아 주신다. … 그때 그 문이 활짝 열리고 빛과 기쁨과 찬양으로 가득 찬 정경이 전개될 것이다.…"라고.(필자 자유인용)

다윗은 아들 솔로몬에게 이 유언을 남기고 저 나라로 갔다(10). 그의 무덤은 그가 세운 다윗 성 즉 오늘의 예루살렘 성벽 남쪽 약 350m 지점에 장사되었고 그의 통치 기간은 40년인 바(삼하 5:4) 헤브론에서 7년, 예루살렘에서 33년으로서 많은 업적을 남긴 채 긴 잠에 들어갔다.

이리하여 다윗의 임종(臨終)을 전후(前後)한 어두운 밤은 지나가고 솔로몬 왕국의 새 아침이 밝아오게 된 것이다.

2. 이른 아침에 시행된 솔로몬의 대 숙청(肅淸) (13-46)

다윗 왕의 통치 40년간의 기간은 피 흘리는 전쟁의 연속이었다. 이 때문에 그는 성전 건축마저 거절당하였고 아들 솔로몬에게 미뤄졌다. 하지만 그는 이스라엘의 역대 왕 중에서 가장 유명한 왕이었다. 그것은 그가 이스라엘 왕국의 기초를 놓았고 가장 신앙적인 나라로 부흥시킨 것으로 입증된다.

그 후 다윗을 이어 등극(登極)한 솔로몬은 아버지에 심은 나무에 달린 열매를 따먹으면서 평화시대를 구가(謳歌)하며 태평성대를 누렸다.

하지만 평화시대로 가는 길목에는 역시 많은 걸림돌들이 있음으로써 이것을 제거함에는 심한 피바람을 맞아야 함은 불가피한 일이었다. 그러므로 솔로몬은 아침청소를 하려고 총채와 비를 들고 분연히 일어났다.

1) 아도니야를 제거함 (13-25)

(1) 밧세바에게 청탁하는 아도니야(13-17)

아도니야는 이미 요압 장군과 아비아달 제사장을 영입(迎入)하여 왕이 되려고 역모(逆謀)를 하다가 발각되었지만 다윗의 영(令)으로 왕이 된 솔로몬에 의하여 이미 용서 받은 자이다. 그런데도 그는 여기서 거듭 죄를 범하고 있다.

즉 이번에는 밧세바를 만나 다윗 왕의 후궁이었던 아비삭을 자신의 아내로 줄 것을 솔로몬에게 말하여 허락을 받아달라는 청탁이었다. 밧세바는 그를 만나자 놀라서 우선 "화평한 목적으로 왔느냐"(13)라고 물었다. 그의 이미 역모(逆謀)한 사실을 알고 있기 때문이다. 그러자 "화평한 목적이니이다"라고 말하여 일단 안정시키고는 15-17절에서 자신의 내방목적(來訪目的)을 말하였다. 이를 요약하면 다음과 같다.

① 선왕(先王)의 후계자는 자신이라고 함. "이 왕위(王位)는 내 것이었고"(15a).

이 말은 자신이 살아 있는 왕자 중의 최고 연장자라는 점에서 당연직임을 주장하는 말이다.

② 민중의 여론도 자신의 편이라고 함. "온 이스라엘은 다 얼굴을 내게로 향하여 왕으로 삼으려 하였는데"(15b).

이 주장은 요압 장군과 아비아달 제사장 등, 중진원로(重鎭元老)들이 자신을 지지하였다는 데서 한 말이지만 이는 오산(誤算)이다. 그 후 다윗이 솔로몬을 지명(指名)하자 국민 대다수가 솔로몬을 지지하였기 때문이다(1:39-40).

③ 여호와의 뜻은 내 아우 솔로몬 편이라고 인정함. "그 왕권이 돌아가 내 아우의 것이 되었음은 여호와께로 말미암음이니이다"(15c).

그런 후 청탁내용의 핵심을 제시(提示)하고 있다. "청하건대 솔로몬 왕에게 말씀하여 그가 수넴 여자 아비삭을 내게 주어 아내를 삼게 하소서 왕이 당신의 청을 거절하지 아니하리이다"(17).

(2) 밧세바의 입장(18-19)

① 아도니야의 요청을 수락함(18)

밧세바는 아도니야의 요청을 일단 수락하는 자세를 취하였다. 그 이유에 대하여 하몬드의 주장의 의하면 다음과 같다.

첫째, 아들 솔로몬의 호적수를 자극시키지 않으려고.

둘째, 아비삭을 후궁(後宮)이 아니라 하나의 시종(侍從)으로 알았기 때문(1:4).

셋째, 자신이 왕에게 영향력을 미칠 수 있는 사람임을 믿고 있었기 때문.

밧세바는 여기서 하나의 순진한 여성으로 보일 뿐, 정치성은 전혀 보이질 않는다. 그가 우리나라 조선말기의 명성왕후(明聖王后) 쯤만 지략(智略) 있는 여걸(女傑)이었다면 아도니야의 청탁은 일고의 여지없이 거절했을 것이다.

아도니야의 청탁 이유는 그 당시 아랍 사회와 이스라엘에서까지도 선왕(先王)의 처첩(妻妾)을 아내로 삼는 것은 왕위를 차지하는 것으로 간주되었기 때문이다(삼하 12:8, 3:7-8). 밧세바도 이 사실은 알고 있었다(삼하 16:21). 하지만 그녀는 아비삭이 다윗과 동침하지 않았기 때문에(1:4) 후궁이 아니라고 생각한 듯하지만 당시 백성들은 아비삭을 후궁으로 알고 있었다.

② 솔로몬 왕에게 요청함(19-21)

밧세바가 아도니야의 일을 말하려고 솔로몬에게 이르자 왕이 일어나 영접하여 절한 후에 모친을 위하여 오른쪽에 앉게 하여(오른쪽은 상석; 시 45:9, 느 2:6) 이미 태후(太后)의 자리를 마련한 듯, 정중한 예로 대한 것을 보면 궁중에 있어서 그의 권위가 컸음을 알 수 있다.

모자(母子)가 각각 지정된 자리에 좌정(坐定)하자, 마침내 밧세바는 내방(來訪) 목적을 왕께 말한다. "밧세바가 이르되 내가 한 가지 작은 일로 왕께 구하오니 내 청을 거절하지 마소서"(20a)라고 전제하자 "내가 어머니의 청을 거절하지 아니하리이다"(20b)라고 왕은 친절히 응수(應酬)하였다.

앞에서 언급하였지만 밧세바는 정치성이란 전혀 없는 여성인 듯, 자신이 요구하고 있는 이 말이 얼마나 큰 파장을 일으키리라는 점은 전혀 아랑곳없이 '한 가지 작은 일'로 보았기 때문이다.

마침내 밧세바는 자신이 생각하는 '한 가지 작은 일'의 내용을 공개한다. "청하건대 수넴 여자 아비삭을 아도니야에게 주어 아내로 삼게 하소서"(21)라고, 밧세바는 자기의 생각인 양 가볍게 요구하였다.

(3) 솔로몬 왕의 입장(22-25)

① 솔로몬 왕의 분노(22)

솔로몬이 이 말을 듣자 이제까지 마치 봄날 같이 온화한 모자간의 대화(對話) 분위기와는 달리 마치 추상(秋霜)같은 한랭(寒冷)한 상태로 돌변하였다. 솔로몬은 이 말에 대하여 즉시 반의(反意)를 표하며 다음과 같이 말한다. 22절의 기록을 의역(意譯)하면 다음과 같다.

"어찌하여 수넴 여자 아비삭을 아도니야의 아내로 주자고만 말씀하십니까? 그는 나의 형이오니 차라리 서열(序列) 따라 왕위도 주자고 구하시지요? 그리고 형을 왕으로 추대(推戴)하던 제사장 아비아달과 요압 장군을 위해서도 구하시지요?"라는 의미이다.

여기서 솔로몬의 분노에 대하여 학자들 간의 여러 가지 해석이 분분하다. 물론 앞서 말했듯이 선왕(先王)의 처첩(妻妾)을 취하는 것이 당시에는 왕권장악(王權掌握)의 증거가 되었다지만 아비삭의 경우 후궁이냐, 단순한 시녀이냐에 대하여 양론이 있었음은 앞서 언급한 바이다. 솔로몬은 여기서 아도니야의 요구 중에 역모(逆謀)의 뜻이 있다고 판단하고 분노하였다고 보는 것이 일반적인 견해임에도 불구하고, 개중에는 정말 아도니야에게 반역의 뜻이 있었는지, 혹은 솔로몬이 그것을 구실로써 위험인물을 제거한 것이 아닌지! 하는 학자들의 주장도 있다.

그리고 더 나아가서는 아가서에 근거하여 솔로몬이 은밀히 아비삭을 사랑하고 있었기 때문에 아도니야에게 질투심을 일으켜 분노한 것이라고 비약해석(飛躍解釋)하는 자들이 있기도 하다(신빙성이 적음).

하지만 솔로몬이 밧세바의 말을 듣자 크게 분노한 것을 보면 자신의 왕권유지에 걸림돌이 된다고 판단한 것만은 사실이라 볼 수 있다.

② 아도니야에 대한 처벌(23-25)

솔로몬은 단호하게 여호와를 가리켜 맹세한다.

첫째, 아도니야의 말은 사형(死刑)에 해당된다(23).

23절의 의미는 그가 목숨을 걸고 왕권에 도전하는 말을 했으니 만큼, 이는 마땅히 사형 죄에 해당이 된다. 그러므로 만일 내가 왕으로서 이를 묵과(黙過)한다면 범죄 은닉죄(隱匿罪)로 하나님께 벌을 받게 될 것이라는 의미이다.

둘째, 자신의 왕위는 여호와께서 허락하신 정당한 것임을 역설한다(24).

셋째, 사형언도(死刑言渡)와 집행(執行)을 명한다(24a-25).

솔로몬의 사형언도와 함께 경호대장 여호야다의 아들 브나야를 보내매 그가 아도니야를 타살(打殺)함으로 인하여 평화의 길로 가는 길목에 큰 돌 하나가 비평화적 방법으로 제거되었던 것이다.

아도니야의 죄는 오늘의 성도들이 거듭 범하는 죄의 하나의 모형이다. 그는 첫 번 왕위찬탈기도(王位簒奪企圖) 시 왕이 된 솔로몬에게 용서를 받았다(1:51-53). 그는 이 사실을 일생 감사하면서 살아야만 했음에도 불구하고 끝내 그 야욕을 버리지 못한 채 거듭 범한 죄로 말미암아 그는 결국 솔로몬으로 하여금 골육상잔(骨肉相殘)의 피를 흘리게 한 비극을 연출한 자가 되었다.

히브리서 6:4-6에서는 다음과 같은 경고를 하고 있다. "한 번 빛을 받고 하늘의 은사를 맛보고 성령에 참여한 바 되고 하나님의 선한 말씀과 내세의 능력을 맛보고도 타락한 자들은 다시 새롭게 하여 회개하게 할 수 없나니 이는 그들이 하나님의 아들을 다시 십자가에 못 박아 드러내 놓고 욕되게 함이라"

오늘 우리는 이 단락에서 아도니야와 같이 거듭 범하는 죄를 다시 짓지 말고 이미 용서 받은 사실을 일평생 감사하면서 사는 법을 배워야 할 것이다.

2) 제사장 아비아달을 추방(追放)함 (26-27)

아비아달은 아론의 막내아들 이다말의 직계 후손으로 사무엘의 스승이었던 엘리(삼상 1:9, 4:18)의 4대 손이다. 그는 사울의 제사장 대학살 시에 피하여(삼상 22:11-20) 사울에게 쫓긴 다윗을 따라가 다윗의 부탁으로 신탁(神託)을 받기도 하였다(삼상 23:9-12, 30:7-9, 삼하 2:1, 5:19). 그 후 다윗이 왕이 된 후에는 헤브론 및 예루살렘에서 제사장 직을 담당하였다.

그리고 다윗이 예루살렘 천도(遷都) 후에 엘리아살의 아들 사독을 제사장으로 임명하자(삼하 8:17, 대상 24:1-4), 여기서 불만을 품었는지는 모르나, 근래에 아도니야의 왕위찬탈모반행위(王位簒奪謀叛行爲)에 가담하여 오래 섬기던 다윗 왕을 배신하였다.

"너는 마땅히 죽을 자이로되"(26a), 이는 역모(逆謀)의 수반(首班)인 아도니야가 이미 죽은 이상 아비아달 역시 역모의 주동자인 만큼 죽어야 마땅하나 내 아버지와 고락을 같이하였고 무엇보다 여호와의 궤를 멘(대상 15:11-12, 삼하 15:24-29) 제사장으로서 성직(聖職)을 담당한 사실을 고려하여 죽이지는 않고 제사촌(祭司村)인 아나돗(수 21:18, 대상 6:66)으로 추방조치(追放措置) 한다고 하였다. 하지만 이는 표면상 이유일 뿐, 실상은 요압에 비하여 약하고 이미 노쇠(老衰)하여(80) 무력하기 때문이라고 주장하는 학자도 있다.

아비아달 사건이 주는 교훈은 우리들의 우정관계(友情關係)란 성실해야 한다는 것이다. 오랜 우정관계란 좋은 것임에도 불구하고 아비아달처럼 불성실한 배신행위란 어떤 이유에서건 저질러서는 안 된다는 것을 교훈하는 것일진대, 하물며 왕과의 관계에서이랴!

우리는 만왕의 왕이신 우리 주님과의 관계에서 "내가 너희를 친구라 하노니"(요 15:13)라고 하신 말씀을 항상 기억하고 성실한 우정관계를 영속적(永續的)으로 유지할 것을 결심하는 계기가 되어야 할 것이다.

3) 요압 장군을 처형(處刑)함 (28-35)

제사장 아비아달이 추방당했다는 소문을 요압이 듣고 그는 여호와의 장막으로 달려가서 제단 뿔을 잡았다. 이는 왕의 체포령이 내려서가 아니라 요압 스스로가 이미 자기 죄를 알고 있기 때문이다. 그가 아브넬을 질투함에서, 그리고 아마샤를, 자기 동생을 죽인 복수로 이들을 죽인지 이미 오래 되었음에도 불구하고 아직도 그의 양심 속에 그 죄가 살아 있었으며 또한 근래에 와서 아도니야 모의(謀議)사건에 가담한 죄 역시 그 자신 속에 남아있어, 쫓는 자가 없음에도 도망친 것으로 생각된다.

출 21:13-14에 의하면 요압이 두 사람을 죽인 죄악은 그 거룩한 성막의 제단 뿔 역시 피난처로 보호하지를 않는다. 그것은 고의적인 살인죄이기 때문이다. 솔로몬이 이 사실을 듣자 경호대장 브나야를 보내어 죽이라고 명하였다(29).

브나야가 가서 "왕께서 나오라 하시느니라" 전하였지만 그는 왕명을 거역하고 "내가 여기서 죽겠노라" 하였다. 브나야는 차마 제단 뿔을 잡은 요압을 죽일 수가 없어서인지 다시 왕에게로 와서 사실을 고하자, "그의 말과 같이 하여 그를 죽여 묻으라"(31)라고 하였다.

요압의 처형(處刑)은 아도니야 모반에 가담해서가 아니고, 31절 하반절에 기록대로 "요압이 까닭 없이 흘린 피를 나와 내 아버지의 집에서 네가 제하리라"(31-32)에서 그의 처형(處刑) 이유를 밝히고 있어, 이로써 다윗의 유언(遺言)이 성취되었음을 알 수 있다(5-6).

32-33절의 요지는 요압이 죽임 당함으로써 여호와께서 그의 피를 그의 머리로 돌려보냈기 때문에 살인자 사(殺人者 死)의 보응을 받음으로써 아직 이를 해결 못하고 다윗 때부터 남아 있던 죄가 솔로몬 왕가(王家)에서 말끔히 제거된 것으로써 "다윗과 그의 자손과 그의 집과 그의 왕위에는 여호와께로 말미암는 평강이 영원히 있으리라"(33)는 뜻이다. 이것은 왕으로서 범죄자를 공의로 다스리지 못한 죄가 제하여졌다는 의미가 된다.

이것이 구약의 율법이다. 하지만 오늘에 와서는 아무리 큰 죄인이라도 달려가서 보호 받을 수 있는 피난처가 있다. 그것이 바로 예수 그리스도의 십자가의 그늘이다.

4) 시므이를 처형(處刑)함 (36-46)

시므이 역시 요압과 함께 다윗이 제거대상으로(8-9) 유언한 자이다. 그의 죄상은 다윗이 압살롬의 반란으로 피란 시 왕을 저주한 죄악이다(삼하 16:5-8). 다윗은 일단 약속한 바가 있기 때문에(삼하 19:16-23) 그를 처단하지 못하였으나 죽기 전에 후환을 예상하고 제거할 것을 유언하였다(8-9).

솔로몬은 바후림(삼하 16:5)에 거주하는 시므이를 불러 예루살렘으로 이주시키고 "어디든지 나가지 말라"(36)라고 일종의 주거제한(住居制限)을 명하였다. 이 조치는 위험인물을 가까이 두고 감시하기 위함이었다. 그리고는 특히 "기드론 시내를 건너는 날에는 반드시 죽임을 당하리니"(37)라고 하였는데 이는 기드론 시내가 예루살렘 동쪽 경계선에 해당됨으로 시므이가 고향 바후림으로 가기 위하여는 반드시 이 시내를 건너야만 하기 때문에 제한선(制限線)으로 설정하였다고 본다.

이 조치에 대하여 시므이도 동의하고(38)는 약속대로 예루살렘에서 살았다. 하지만 3년 후에 그의 두 종이 블레셋 성읍인 가드 왕 아기스에게로 도망가자 시므이가 그 종을 찾으려고 가드로 가서 아기스 왕에게서 그 종을 데려온 것이다.

솔로몬이 이 사실을 전해 듣고 시므이를 소환하여 여호와를 가리켜 맹세한 사실을 상기(想起)시키며 아울러 "네가 네 마음으로 아는 모든 악 곧 내 아버지에게 행한 바를 네가 스스로 아나니"(44a)라고 하여 여기서 부친 다윗이 유언한 저주 죄를 상기시켜 이른바, 가중처벌(加重處罰) 죄를 자각케 함으로써 "여호와께서 네 악을 네 머리로 돌려 보내시리라"(44b)라고 선언한 후 역시 경호대장 브나야에게 명령하여 타살하였다.

시므이의 죄상은 세 가지로 지적하는바, 첫째는 여호와의 사심을 가리켜 맹세한 것을 파기(破棄)함으로 여호와 하나님의 이름을 모독(冒瀆)함이며, 둘째는 왕과의 약속을 깸으로 왕명(王命)을 거역하였고, 셋째는 주의 기름부음 받은 자 즉 부왕(父王) 다윗을 저주했기 때문으로 보는 것이다.

시므이 사건은 학자들 간에 가장 많은 논란(論難)의 대상이 되고 있으며 심지어는 솔로몬의 의도적(意圖的)인 조작행위라고 비난하기도 하지만

(Stanly), 이는 시므이의 잘못이라고 봄이 타당하며 이로써 다윗의 유언(遺言)도 자연스럽게 성취되었다고 보는 것이 옳다고 생각된다.

이 시므이 주살사건(誅殺事件)이 주는 교훈은 기름부음 받은 왕을 저주한 죄가 매우 크다는 사실을 교훈한다고 볼 것이다. 다윗 왕은 그 당시 시므이에게 저주(詛呪) 받을 대상이 아니었다. 그는 사울 왕족의 하나로서 구 왕실 복구운동(舊王室 復舊運動)까지는 할 수 없는 인물인 듯하며 다만 다윗 정부에 대하여 불만을 품고 왕을 저주한 것은 사실이다.

오늘의 성도들 역시 대인관계에 있어서 불만이 있을 경우라도 사람을 저주하는 일은 극히 주의해야 할 것이거늘, 하물며 만왕의 왕이신 예수 그리스도를 원망하고 그 이름을 저주하는 일이 있다면 이는 십계명의 제3조항에 금하고 있는 만큼, 극히 삼가야 함을 본문을 통하여 크게 교훈 받아야 할 것이다.

결론

칠흑(漆黑)같은 심야(深夜)의 밤이 지나면 으레 여명(黎明)의 아침 해가 떠오르게 마련이다. 이 사실을 본문 46절에서는 다음과 같이 설명한다. "이에 나라가 솔로몬의 손에 견고하여지니라"라고.

솔로몬이 부왕(父王) 다윗의 유언(遺言)을 따라 율법을 지키고 또한 그의 평화의 길로 가는 길목에서 거침돌들을 다 제거함으로써 주변 환경을 깨끗이 청소하고 보니, 비로소 평화의 왕이 통치하는 새 아침이 밝아오게 되었던 것이다.

솔로몬 왕국의 출발

왕상 3:1-28

1. 문화정책(文化政策)으로 출발 (1)

솔로몬 왕국의 특이성(特異性)은 1절이 보여주는 대로 이 정부(政府)의 중요한 시정(施政) 목표가 문화정책(文化政策)임을 표방(標榜)하고 출발하였다는 것이다. 즉 1절의 내용은 이에 대하여 세 가지 중요한 사실을 보여 준다.

1) 국제외교정책(國際外交政策) (1a)

"솔로몬이 애굽의 왕 바로와 더불어"(1a)

솔로몬이 즉위하자 일단 중요한 국내의 당면문제를 정비하고는 제일 먼저 한 일이 국제 외교정책이다. 즉 그 당시 가장 최고의 문명국가로 알려진 애굽과 교류(交流)하는 정책을 시행하여 바로 왕과 동맹을 맺었다는 것이다.

이 사실은 한마디로 국가의 위상(位相)이 상승(上昇)하였음을 보여 준다고 할 수 있다. 마치 우리나라가 올림픽개최를 계기로 국제사회에서 위상이 높아져 선진국(先進國) 대열에 올라선 사실과 비교해보아도 알 일이다.

2) 통혼(通婚), 통상(通商)정책 (1b)

애굽과의 외교정책의 일환으로 바로 왕의 딸과 혼인(婚姻)을 맺었는데, 이러한 통혼(通婚)은 으레 통상(通商)이 함께 따르도록 되어 있어, 이를 이른바 정책결혼(政策結婚)이라고 말한다.

모세에 율법에 따르면 혼인이 금지되어 있는 족속은 가나안 족뿐이었으며(출 34:16, 신 7:3) 기타 국들과의 혼인은 금하고 있지 않고 있었기에 솔로몬이 율법의 금령(禁令)을 어겼다고 볼 수는 없지만, 성경의 일관된 견해는 역시 애굽을 세속국가(世俗國家)의 대표적인 나라로 보는 만큼, 일단 외교(外交)의 문호(門戶)를 연 이상, 통상(通商)은 몰라도 통혼(通婚)까지 한 것은 하나님의 정하신 결혼원리와는 조화되지 않는 것으로, 이 사실을 잘한 일이라고 보기는 어렵다는 생각이 든다(창 2:24-25, 마 19:5).

어쨌든 이스라엘의 입장에서 보면 그 당시만 해도 목축(牧畜)과 농경(農耕)을 주산업으로 하던 나라로서 애굽과의 동맹(同盟)을 맺음으로써 상호간의 무역(貿易)을 하게 되는 일종의 중상주의(重商主義)의 문호(門戶)가 열렸다고 볼 수는 있다.

3) 건축문화(建築文化)의 발달 (1c)

"자기의 왕궁과 여호와의 성전과 예루살렘 주위의 성의 공사가 끝나기를 기다리니라"(1c)

솔로몬 왕의 문화적 업적 중 대표적인 것이 7년간에 걸쳐 건축한 성전(聖殿)이다. 그 굉장 절미(宏壯絕美)함은 물론, 그 건축 방법에 있어서, 헌당(獻堂)의 정신에 있어서 그야말로 성전으로서의 가장 완비한 건축물(建築物)이었다.

그 외에도 자기의 왕궁(王宮)과 예루살렘 성벽(城壁), 그리고 므깃도의 요새(要塞) 등 마치 우리나라의 6.25전쟁 후 반세기 이상 지난 오늘의 모습마냥, 괄목(刮目)할만한 발전을 이루었던 것이다.

이처럼 솔로몬은 문화애호가이다. 오늘로 말하면 '기독교와 문화'라는 큰 명제를 제시한 자라고 볼 수 있다. 예수님은 솔로몬의 영화를 가리켜 그 영화의 극치가 "한 송이 백합화만 못하다"(마 6:25-29)라고 천연(天然)의 미(美)를 예찬하였지만, 백합화에 비유한 솔로몬 영화의 내용을 보여주는 것이 바로 열왕기상인 것이다.

성서학자 우찌무라는 솔로몬에 대하여 다음과 같이 말하고 있다. "다윗은 그 무용(武勇)과 신앙으로 이스라엘의 이상왕(理想王)이며, 솔로몬은 지혜, 학문, 예술로써 평화의 왕이 되었다(4:32-33). 그는 철학자이며, 문학가이고 또한 자연과학자(自然科學者)로서 그야말로 그리스의 철인(哲人) 플라톤(Platon)의 이상(理想)이 실현되어 철학자가 국왕이 되었다."라고 말하였다.

결론부터 말하지만, 그 후 이 문화의 왕은 타락했다. 문화생활이란 도수(度數)를 넘으면 타락하기 마련이다. 그는 이러한 고도(高度)의 문화생활을 유지하기 위하여 또한 각국의 공주와 계속 통혼하여 정책결혼을 함으로써 이런 기생계급(寄生階級)들의 호화사치(豪華奢侈)한 생활을 유지하는 데 많은 국고(國庫)의 재정을 탕진함으로써 국민들의 원성을 들었으며, 게다가 그 처첩들이 가져온 각종 우상의 신당(神堂)들을 지어 줌으로 인하여 결국은 타락의 비운을 면치 못하였다.

그는 노경(老境)에 이르러 전도서에서 자신이 살아온 삶에 허무를 참회하면서 일생 피워온 문화의 꽃과 함께 사라지고 말았던 것이다.

19세기부터 자연과학이 발달하면서 인간들의 생활이 편리해지자 이들은 모두가 과학만능을 예찬하며 지상천국을 바라보면서 좋아하였지만, 과학의 정수(精髓)라고 볼 수 있는 원자폭탄(原子爆彈)의 발견으로 온 세계는 지금 공포에 떨고 있는 실정이다. 예컨대 맹수(猛獸)를 키워 놓았더니 그 맹수가 키워준 주인을 잡아먹으려고 대드는 격이 된 셈이다. 향후 인류의 장래는 과연 어찌 될 것인가?

성경은 문화의 종말에 대하여 다음과 같이 알려주고 있다. "그러므로 모든 육체는 풀과 같고 그 모든 영광은 풀의 꽃과 같으니 풀은 마르고 꽃은 떨어지되 오직 주의 말씀은 세세토록 있도다 하였으니 너희에게 전한 복음이 곧 이 말씀이니라"(벧전 1:24-25).

2. 여호와 중심의 국가로 출발 (2-15)

1) 기브아 산당(山堂)의 일천 번제 (2-4)

솔로몬은 국내 정세가 안정되고 애굽 왕 바로의 딸과 결혼하여 외교적 활동을 전개하게 되자 자신의 즉위(卽位)를 기하여 하나님의 도우심에 대한 감사와 아울러 그 도우심의 지속(持續)과 번영을 기원하기 위하여 기브온 산당에서 일천 번제를 드리는 역사상 가장 큰 규모의 장엄한 제사를 여호와 하나님께 드렸다.

그는 여호와를 사랑했고 부왕(父王) 다윗의 법도를 행하는 신앙을 중심으로 국왕에 임하고 있었지만 "산당에서 제사하며 분향하더라"(3b). 이는 잘한 일이라고 볼 수는 없지만 아직 성전이 지어지지 못하고 있는 이상, 잠정적(暫定的)인 조치라고 이해는 된다. 이 때문에 "이에 왕이 제사하러 기브온으로 가니 거기는 산당이 큼이라"(4a) 한 것이다.

가나안 땅에는 예로부터 입구(入口)에 거목(巨木)이나 거석(巨石) 등을 세우고는 높은 산상이나 언덕 위에 성소가 세워져 있었다(삼상 9:11-24). 이것이 이스라엘 백성들이 가나안 입국 후 여러 이방신의 성소들이 여호와 예배 처소로 전용(轉用)되기도 하였지만 세월이 흐르면서 사사시대 말기부터 실로의 성막이 파괴되면서 여러 곳으로 이동하는 사이 중앙집권적 기능을 상실하게 되자 산당예배가 성행하면서 이교(異敎)적 악영향을 받아왔으며 더구나 솔로몬 집권 말기에는 종교적 도덕적 타락이 가속도를 가해왔던 것이다.

하지만 솔로몬 즉위 초기에는 기브온 산당이 가장 규모가 컸고 광야에서 섬기던 성막(聖幕)이 그곳에 설치되어 있었으며(법궤만은 예루살렘 다윗성에 있었음), 추측컨대 아직 성전이 지어지기 전인만큼, 예루살렘에서는 소 1,000마리를 잡아 제사드릴만한 시설 미비 등 때문인지는 알 수 없으나 솔로몬은 다만 순수한 신앙심으로 기브온 산당의 대헌제가 시행된 것이 아닌가! 생각된다.

일천 번제에 대하여는 여러 가지 해석이 있다. ① 소 1,000마리를 단번에 잡아 드림. ② 1,000일 간을 계속 한 마리씩 번제로 드림. ③ 여러 번 드린 번제의 소를 합하여 1,000마리. ④ 자주 드린 번제의 총수. ⑤ 1,000은 다수를 의미함 등 해석이 분분하다.

이는 역사 이래 가장 큰 규모의 제사임은 틀림이 없으며, 요새로 말하면 잠실운동장 등에서 초교파적 연합예배를 드리는 것과 같은 대규모의 예배 의식이 시행되었음을 알 수 있다.

2) 여호와의 응답과 지시 (5)

이때만 하여도 솔로몬은 순수한 신앙일념으로서 부왕(父王) 다윗의 유언을 받들어 여호와 중심의 국가로 새 출발하려는 심정이었던 것만은 틀림이 없다. 그러기에 여호와께서는 그 제사를 받으시고 다음과 같이 지시하셨다.

"기브온에서 밤에 여호와께서 솔로몬의 꿈에 나타나시니라"(5a). 이는 솔로몬 헌제(獻祭)에 대한 응답을 의미한다. 하지만 이 경우에도 두 가지 의문이 제기된다.

첫째는 이 기브온 제사에 있어서 집례자(執禮者)가 누구인가에 대한 문제이다. 여기는 제사장 나단도 그리고 사독도 보이질 않는다. 만일 솔로몬 자신이 직접 집례를 하였다면 왕의 제사권(祭祀權) 침해 문제가 생긴다. 이것은 사울 왕의 실각(失脚) 이유로서 사무엘 선지에게 크게 책망 받은 문제가 되었기 때문이다(삼상 13:8-14).

둘째는 여호와께서 그 제사를 받으시고 꿈으로 현몽(現夢)하였다는 사실이다. 어찌하여 제사장을 통하여 우림과 둠밈의 신탁(神託)이 무시되고 왕의 꿈속에서 하나님과 직접 대화하는 형식이 취해졌는가에 문제가 제기된다.

하지만 이러한 제사제도상의 문제가 있음에도 불구하고 솔로몬의 기브온 제사가 여호와 하나님께 응답이 된 것만은 사실이다. 바라건대 오늘의 우리들이 드리는 예배 역시 하나님이 가납(嘉納)하시는 응답의 산 제사가 되었으면 하는 마음이 간절하다.

"하나님이 이르시되 내가 네게 무엇을 줄꼬 너는 구하라"(5b)

여기서 하나님은 축복의 제안자(提案者)로서 "내가 네게 무엇을 줄꼬 너는 구하라"고 말씀하신다. 만물의 창조자이시며 소유주이신 그가 무엇이든지 구하면 주시겠다는 것이다.

오늘 우리가 만일 이 제안을 받았다면 우리는 과연 무엇을 요구할까! 각자 생각해 볼 문제이다.

3) 솔로몬이 지혜를 구하자 부귀영화도 주심 (6-15)

솔로몬은 부왕(父王) 다윗이 성실과 공의와 정직한 마음으로 주를 섬겨 행함으로 큰 은혜를 받은 사실을 아뢴 후 자기 자신을 후계자(後繼者)로 세워주심에 감사하면서(6-7a) "내가 네게 무엇을 줄꼬"라는 여호와의 물으심에 대하여 "종은 작은 아이라 출입할 줄을 알지 못하고"(7)라고 하였는데, 이는 '연소(年少)하다'는 의미도 되지만 '어려서 경험이 부족한 자'라는 의미이며, '직무수행에 미숙하다'는 의미도 된다. "주께서 택하신 백성", "큰 백성", "주의 이 많은 백성"(8-9) 등이라 함은 다윗이 남정북벌(南征北伐)로 인하여 나라의 규모가 커졌음을 의미한다.

그러므로 이 많은 백성을 다스리기 위하여서는 선악(善惡)을 분별할 지혜가 필요한 만큼, "듣는 마음을 종에게 주사"(9)라고 하였는데, 그 의미는 ① '많은 사람의 말을 잘 듣고 시비곡직(是非曲直)을 판단하는 이지(理智)'(요네다). ② '하나님의 음성에 귀를 기울이는 마음'(카일). ③ '순종적인 마음'(루터) 등으로 해석하였는데, 이는 모두 선정(善政)을 위한 재판상 필요한 지혜로서, 이것으로 공평무사(公平無私)한 바른 법의 운영을 잘 함으로써 정의가 확립되는 것이 왕으로서 치국평천하(治國平天下)의 길임을 통감(痛感)한다는 의미이다.

하나님은 그의 구함이 마음에 들었다. 그리하여 구한바 "지혜롭고 총명한 마음"(12)과 함께 그가 구하지 아니한 세상에서 가장 큰 복으로 생각하는 "부귀와 영광도 네게 주노니"(13) 네 평생의 전무후무한 영광을 누리는 왕자(王者)가 될 것을 약속하였다.

여기서 '부귀'(富貴)는 이해가 되지만, '영광'(榮光)은 무엇을 의미하는가? 미상하다. 이것을 원문에는 '명예'라고 기록하고 있는바, 즉 11절에 "자기 원수의 생명을 멸하기도 구하지 아니하고"를 의미하는 것으로서, 말하자면 군사적(軍事的) 승리의 영광을 지칭하는 것이며, 나아가서는 먼 나라에까지 유명해져서 무혈(無血)적 승리의 영광을 약속한 것으로 해석하고 있다(카일·델리취).

그리고 '장수'(長壽)의 복은 조건적으로 제시하고 있다. 즉 14절에서 "네가 만일 네 아버지 다윗이 행함 같이 내 길로 행하며 내 법도와 명령을 지키면 내가 또 네 날을 길게 하리라" 하였지만 이 마지막 약속은 실현되지 않았다. 그 이유는 솔로몬이 그 조건을 지키지 못했기 때문이다. 11장 42절에 의하면 그의 통치 기간을 40년이라 하였는데, 그가 왕위(王位)에 오른 것이 20세 전후로 보는 것이 확실하다면 그가 60 전후에 서거(逝去)한 것이 되기 때문이다. 성경에는 그의 향년(享年)에 대한 기록은 남기지 않고 있다. 이는 인간의 수명(壽命)만은 지혜로 얻어지는 것이 아니기 때문이다.

4) 현몽(現夢) 후 예루살렘 언약궤 앞에서의 헌제(獻祭) (15)

솔로몬이 깨어보니 꿈이었다. 이는 꿈을 통한 하나님의 현현(顯現)이었다(민 12:6). 모세 이전에는 꿈을 통한 계시가 많이 있었지만, 모세 이후로 제사제도가 확립된 후부터는 제사장의 우림과 둠밈에 의하여 하나님의 지시를 받는 것이 원칙인데 왜 꿈으로인지, 의문이 생긴다.

그리고 앞에서도 언급하였지만 번제단(燔祭壇)은 기브온 산당에 설치되었고, 법궤(法櫃)는 어찌하여 예루살렘 성막에 있는지, 혼란을 일으킨다. 하지만 이는 성전 건축 이전이라 제사제도가 합리적으로 이루어지지 못하고 있음을 알게 된다.

솔로몬은 꿈을 통한 계시를 받고 즉시 예루살렘으로 돌아와서 여호와의 언약궤(言約櫃) 앞에서 번제와 감사제를 드린 후 모든 신하들을 모아 잔치를 베풀고 즐거워하였다(15).

3. 명 재판관으로 출발 (16-28)

여호와께서 비상한 분별력(分別力)의 지혜를 솔로몬에게 주셨다는 증거로서 매우 어려운 재판사건을 맞게 된다. 그것은 한 집에 같이 거주하는 두 창기(娼妓)가 사흘을 격하여 각각 아이를 낳았는데 그 중 한 여자가 어느 날 자다가 아기를 깔아서 죽게 하고는 그가 일어나 이를 보자 옆에 여자가 잠든 사이 그의 산 아기를 자기의 죽은 아이와 바꿔치기를 하였다.

아침에 산 아기의 엄마가 깨어보니 아이가 죽어 있기에 자세히 살펴보니 자기 아이가 아니었다. 그래서 말로 해도 듣지를 않자, 솔로몬 왕 앞에 고발(告發)하는 소송사건(訴訟事件)이 되어 증인도 없는 어려운 재판을 맡게 된 것이다. 말하자면 친자확인소송사건(親子確認訴訟事件)이었다.

솔로몬 왕은 각각 두 여인의 진술내용을 자세히 듣고는 칼을 가져오라 명령한 후 "그 산 아기를 둘로 나눠 공평하게 두 여인에게 절반씩 주라" 라고 하자, 그 산 아이의 친어머니는 아들을 살리기 위하여 사랑이 끓어올라 "산 아이를 그에게 주시고 아무쪼록 죽이지 마옵소서 하되"(26a), 다른 여자는 "…내 것도 되게 말고 네 것도 되게 말고 나누게 하라 하는지라"(26b). 이를 보자 왕은 "산 아이를 저 여자에게 주고 결코 죽이지 말라 저가 그의 어머니이니라"(27)라고 명 판결(判決)을 내렸다.

비평가들 중에는 이 재판사건을 솔로몬의 지혜를 증명하기 위하여 고안(考案)해낸 가공(架空)의 이야기라고 하는데, 오늘 같으면 유전자검사(遺傳子檢査)로 즉시 알아 낼 수 있겠지만 그 당시로서는 실제 매우 판결하기 어려운 사건으로서 솔로몬 왕은 아기 친모(親母)의 불같은 모성애(母性愛)에 호소하여 명 판결을 내린 것이다.

그 후 온 이스라엘이 이 소문을 듣고는 모두 왕을 두려워하게 되었으니 이는 하나님께서 주신 지혜가 그의 속에 있기 때문이었다(28). 이 말은 재판을 잘 함으로써 정치적으로 치국평천하(治國平天下) 하는 왕이 됨을 치하(致賀)하는 의미도 되지만, 솔로몬의 지혜란 비단 정사(政事)나 재판뿐 아니라 앞서도 말했듯이 그 지혜야 말로 시인(詩人)이 왕이 되는 플라톤(Platon)의 이상(理想)을 실제로 실현시킨 왕이 된 것이다.

"그가 잠언 삼천 가지를 말하였고 그의 노래는 천다섯 편이며"(왕상 4:32-33)라고 하였지만, 현존하는 성경에 잠언을 인정한다면 삼분의 일이 조금 못되게 남아 있고(잠 1:1, 25:1), 천 다섯 편의 노래도 아가(雅歌)서와 시편 72편, 127편이 남아 있을 뿐이지만, 솔로몬 왕이야말로 "그가 초목에 대하여 말하되 레바논의 백향목(柏香木)으로부터 담에 나는 우슬초까지 하고 그가 또 짐승과 새와 기어 다니는 것과 물고기에 대하여 말한지라" (4:33)라고 하여 그는 동물(動物)과 식물(植物)에 관한 지식이 해박(該博)하였으며 그의 박학다식(博學多識)은 하나님께로부터 받은 지혜와 총명에 의한 것으로서 관념적(觀念的)이고 추상적(抽象的)일 뿐 아니라 실제적이며 과학적인 면까지 능통(能通)하고 있음을 알게 된다.

무엇보다 성전 건축과 그 기구(器具)들을 보면 그의 건축가(建築家)로서의 풍부한 지식을 갖고 있었음을 알 수 있다. 그 예술성(藝術性)과 장엄성(莊嚴性) 등 이 모두가 역시 기브온 산당에서부터 받은 지혜의 산물(産物)임을 부인할 수가 없다는 생각이 들 뿐이다.

결론

솔로몬 왕국은 그 시작부터 문화적(文化的)인 것과 신앙적(信仰的)인 것이 혼합되어 출발하였다. 엄밀히 말하면 문화적인 것은 가인의 길이며 신앙적인 것은 아벨(셋)의 길이다. 인류의 역사는 이 두 개의 길이 각각 평행선(平行線)을 그으며 오늘에 이르고 있다.

문화의 기원은 가인이 동생 아벨을 죽이고 에덴의 동쪽 놋 땅에 거주하면서 시작된다(창 4:16-24). 즉 가인의 자손 중 라멕이 최초의 축첩자(蓄妾者)가 되었고(창 4:19), 이들이 낳은 아들 중 야발은 목축업자(牧畜業者)의 조상이 되고, 아우 유발은 음악가의 조상이 되었다. 그리고 첩이 낳은 두발가인은 철공기구제조업자(鐵工器具製造業者)가 되었다(창 4:20-22). 이들은 모두가 과학문명의 선구자(先驅者)들이다.

이것이 홍수 후 노아의 세 아들 중 함의 자손에게 이어져 니므롯이 최초의 정복자(征服者)인 군사전문가(軍事專門家)가 되었고(창 10:6-12), 마침내는 시날 평지에다 거대한 토목공사(土木工事)인 바벨탑을 건설하는 경지까지 이르게 되었고(창 11:1-9) 이것이 다시 솔로몬을 거쳐, 21세기 현대문명에까지 이르게 된 것이다.

그렇다고 신앙과 문화의 관계란 상호 상충(相衝)되는 것만은 아니다. 노아만 하더라도 그는 120년에 걸쳐 당시로서는 상상 할 수도 없는 팽대(膨大)한 문화적 업적인 방주(方舟)를 건조(建造)한 것이기 때문이다. 문제는 이 양자를 조화시키기가 어렵다는 사실일 뿐이다.

솔로몬의 경우가 바로 이것을 말하는 것이다. 그는 역사 이래 호화사치생활(豪華奢侈生活)의 대표자로서 그의 타락의 원인이 다처주의(多妻主義)에서 온 것으로, 이 면에 있어서 솔로몬은 라멕의 후예(後裔)라고 할 수 있다(창 4:19). 그는 프랑스의 루이 14세를 연상시킨다. 솔로몬의 영화는 그 일대(一代)에서 사라졌다. 다윗이 일생을 두고 쌓아올린 대왕국이 일조일석(一朝一夕)에 마치 한 송이 꽃처럼 떨어지고 만 것이다.

이제 우리는 솔로몬보다 더 큰 이의 재림을 기다리고 있는 중이다(마 12:42). 그는 솔로몬 같은 문화 문명(文化文明)으로서가 아니라 정의와 사랑으로 다스리는 왕으로서 "그 조상 다윗의 왕위를 그에게 주시리니 영원히 야곱의 집을 왕으로 다스리실 것이며 그 나라가 무궁하리라"(눅 1:32-33) 바로 이것이다.

우리는 솔로몬에게서 문명세계(文明世界)의 소멸성(消滅性)을 배우는 동시에, 아울러 오직 믿음으로 말미암아 얻어지는 그리스도 왕국의 영원성(永遠性)을 또한 배우게 되는 것이다.

솔로몬 왕국의 개관(槪觀)

왕상 4:1-34

본장은 솔로몬 왕국의 개관(槪觀)으로서 그 내용은 크게 세 가지로 구분하고 있다.

1. 솔로몬 왕국의 정부조직(政府組織)(14-19)
2. 솔로몬의 영화(20-28)
3. 솔로몬의 지혜와 명성(名聲)(29-34)

이상의 세 가지 내용을 검토해 보면 솔로몬 왕국의 규모(規模)와 그 당시 국제사회(國際社會)에서의 지위(地位), 내각(內閣)조직과 지방장관 그리고 궁중생활의 다양한 모습과 아울러, 무엇보다 솔로몬 왕의 인물(人物)에 관한 많은 것을 알도록 가르쳐 줌으로써, 한마디로 솔로몬 왕국의 개관(槪觀)을 한눈으로 볼 수 있게 되는 것이다.

1. 솔로몬 왕국의 정부조직(政府組織) (1-19)

이것은 솔로몬 왕국 전성시대(全盛時代)의 것으로 보이며, 집권(執權) 초기의 장관(長官)들의 명단이 아닌 것만은 사실이다. 몇 가지 모순(矛盾)점도 발견되고 있기는 하지만, 대략이나마 그 당시 정부고관(政府高官)들과 아울러 지방장관(地方長官)들의 명단을 비교적 상세하게 소개하고 있음을 보게 된다.

1절에서 "솔로몬 왕이 온 이스라엘의 왕이 되었고"라고 한 것은 왕국초기의 통일왕국을 가리키는 표현으로서(삼하 8:15), 훗날 남북왕조(南北王朝)로 갈라진 후에는 '이스라엘'은 북 왕조(北王朝)를 가리키는 용어가 되었다.

1) 정부고관(政府高官) (1-6)

솔로몬 왕 휘하(麾下) "신하들은"(2) 오늘로 말하면 정부의 각부장관(各部長官)을 의미한다.

(1) 제사장(祭司長): 사독의 아들 아사리아(2)
사독이 늙었거나 죽은 후(2:25) 세습(世襲)된 것으로 생각한다.

(2) 서기관(書記官): 시사의 아들 엘리호렙과 아히야(3a)
왕의 편지를 쓰고 각종 서류를 작성하여 보관하는 관리(官吏)(왕하 12:10, 18:18, 20:24)이다.

(3) 사관(史官): 아힐룻의 아들 여호사밧(3b)
공문서(公文書) 작성과 역사(歷史)를 기록 보관하는 직위(職位)이다.

(4) 군사령관(軍司令官): 여호야다의 아들 브나야(4a)
본래 용병대장(傭兵隊長)(삼하 8:18)으로서 다윗과 솔로몬 왕 초기에 국가 공신(國家功臣)(2:35)이며, 이제는 전군총사령관(全軍總司令官)이 되었다.

(5) 사독과 아비아달은 제사장(4b)

이는 학자들 간의 논란이 되는 기록이다. 위에서 제사장이 사독의 아들 아사리아로 되어 있기 때문이다(2). 그러므로 사독은 이미 죽었거나 노쇠(老衰)하여 아들에게 세습(世襲)되었다고 생각하며, 아비아달은 이미 추방조치(追放措置) 하였기 때문이다(2:26-35). 그래서 기록상 오기(誤記)로 보는 견해가 있는 반면, 사독은 비록 노쇠(老衰)했지만 제사장 지위를 인정하고 있음을 보여주며, 아비아달 역시 이미 추방조치(追放措置)(2:26-27) 하였음에도 불구하고 제사장 예우(禮遇)를 한 것으로 보는 견해가 있다.

(6) 지방 관장(地方官長)의 두령(頭領): 나단의 아들 아사리아(5)

7절 이하에 수록된 12명의 지방관장의 수장(首長)이다.

(7) 제사장: 나단의 아들 사붓(5)

이는 보통 제사장으로서 궁중전용(宮中專用) 제사장이며, 왕의 벗으로서 고문(顧問)직을 겸하고 있다고 본다.

(8) 궁내대신(宮內大臣): 아히살(6a)

우리나라 현 정부의 청와대수석비서관(靑瓦臺首席秘書官) 격으로 볼 수 있다. 장관 중 유일하게 누구의 아들이라는 기록이 없는 자이다.

(9) 노동 감독관(勞動監督官): 압다의 아들 아도니람(6b)

궁전(宮殿)의 화려함을 유지하기 위하여 임용된 직위로서 고용인(雇傭人)들의 소집 및 관리하는 직책이다. 일설에는 전국적으로 징집된 부역 군들, 즉 석공(石工) 및 목공(木工) 등의 관리장(管理長)으로 보는 견해도 있다.

2) 12 지방관장(地方官長) (7-19)

이들은 오늘의 도지사(道知事) 격으로 볼 수도 있지만, 사실 12 지파의 영역(領域)과는 관계없이 12 지방(요단강 서쪽 9, 동쪽 3)으로 분할(分割)하여 단순히 징세(徵稅) 목적으로 세운 세금징수관(稅金徵收官) 또는 징세리장(徵稅吏長)(대상 27:25)이며 서양과는 달리 돈이 아니라 각 지방에서 생산하는 특산물을 수집하여 바치게 함으로써 그것을 왕의 식탁(食卓)에 올리었다. 이런 일은 우리나라 조선시대에도 각 지방의 특산물(特産物; 이천 쌀, 영광 굴비 등)을 왕에게 진상품(進上品)으로 올리는 일이 있음과 동일하다.

이것을 12 지방으로 나누어 각 지방은 한 달씩 보내도록 하였으며, 12 지방이 교대로 상납하는 순서를 정하였다. 12명의 지방관장 중 2명이 왕의 사위인 것만 보아도 이 직책이 얼마나 중요한 것임을 알 수가 있다(11).

12명 지방장관 일람표(地方長官 一覽表)

지구명	지역명	관장명	성경절
제1지구	에브라임 산지	벤훌	8
제2지구	유다 산지 서쪽	벤데겔	9
제3지구	남 유다	벤헤셋	10
제4지구	갈멜산과 지중해 연안	벤아비나답(왕의 사위)	11
제5지구	이스르엘 평야 중앙에서 동쪽	바아나	12
제6지구	동 요단 최 북부/ 길르앗 라못	벤게벨	13
제7지구	동 요단	아히나답	14
제8지구	서 요단(납달리)	아히마아스(왕의 사위)	15
제9지구	납달리와 지중해 사이(아셀과 아롯)	바아나	16
제10지구	갈릴리 호수와 이스르엘 평야사이	여호사밧	17
제11지구	예루살렘 바로 북쪽(베냐민)	시므이	18
제12지구	동 요단 최 남부(시혼 옥의 나라)	게벨	19

2. 솔로몬의 영화 (20-28)

1) 솔로몬 왕국의 인구(人口)와 판도(版圖) (20-21)

유다와 이스라엘의 통합정부는 다윗 왕 시대에 이뤄졌지만 솔로몬 시대에 와서 크게 인구의 증가됨을 보여준다. 그 이유는 다윗 왕은 통일 왕국을 이룬 후에도 전쟁을 계속하였으며 그 때문에 나라의 전사자(戰死者)들이 많고 안정이 없는 상태였지만, 솔로몬 시대는 전쟁이 없고 국내가 안정이 되고 보니 인구가 급증(急增)하여 마치 "바닷가의 모래 같이 많게 되매"(20a) 이는 아브라함에게 주어진 약속이 성취되었음을 보여주는 것으로서(창 22:17, 삼하 17:11), 즉 인구의 증가란 민족적 번영의 중요한 증거이며, 군주(君主)에게는 영광이 되고, 그의 적(敵)들에게는 두려움의 대상이 된다(잠 14:28).

그 많은 인구들이 "먹고 마시며 즐거워하였으며"(20), 이는 배불리 먹고 태평성대(太平聖代)를 누린다는 의미로서, 오늘도 인구는 많은데 굶주린 나라들이 많이 있음에 비하면, 솔로몬 왕국이야말로 가장 번영하고 영화로운 나라의 표본(標本)이라고 할 수 있다.

근래 신문(2011. 7.12. 조선일보 A1)에는 우리나라의 어린이 출산이 급감(急減)함에 따라서 산부인과 의원이 1년 전에 비하여 51곳이나 줄어지자, 개중에는 애를 낳으려는 임산부(妊産婦)가 130km나 떨어진 먼 거리를 병원을 찾아가야 하는 어려움이 있다고 보도하였다. 이는 맬더스(Malthus, 1766~1834)의 「인구론(人口論)」에서 "인구는 기하급수(幾何級數)로 증가하고 물질생산은 산술급수(算術級數)로 증가한다."라는 이론에 정 반대 현상이 되고 있어, 미래의 한국을 우려(憂慮)해야 할 경지에 이르고 있는 실정이다.

한편 영적(靈的)인 면에서 관찰할 때, 요한계시록 7장 9절에 의하면 하나님의 백성이 "헤아릴 수 없이 많다"라고 하였음에도 불구하고 작금(昨今)의 온 세계에서 신자 수가 감소추세(減少趨勢)를 보이고 있는데다가 우리나라에서도 현재 감소 직전 현상을 보이고 있어, 미래 교회를 우려(憂慮)하면서 우리 모두는 솔로몬 왕국 같은 번영의 시대가 오기를 기원하는 마음이 간절하다.

왕국의 판도(版圖) 역시 넓어 졌음을 보여주고 있다.

"솔로몬이 그 강에서부터 블레셋 사람의 땅에 이르기까지와 애굽 지경에 미치기까지의 모든 나라를 다스리므로 솔로몬이 사는 동안에 그 나라들이 조공을 바쳐 섬겼더라"(21b). 여기서 '강'은 유브라데 강을 의미하며, '블레셋 사람의 땅'은 나라의 서남쪽 끝, 애굽 국경지대까지를 지칭한다(왕상 8:65, 민 34:5, 수 15:4, 사 27:12). 이는 이스라엘 역사상 가장 넓은 국토(國土)를 통치하는 나라임을 보여주며, 이들이 "각각 조공(朝貢)을 바침으로써 나라를 부요하게 하였다"라고 부국(富國)의 이유를 제시(提示)하고 있다.

오늘 우리나라의 현실은 작은 한반도(韓半島)가 그나마 허리가 잘린 채 반세기를 넘어가고 있는 실정인 만큼, 하루 속히 통일이 되어 솔로몬 왕국의 번영에 이르도록 힘써 기도해야 할 것이다.

2) 솔로몬 왕실(王室)의 하루 분에 해당하는 음식물 (22-28)

솔로몬 왕실의 하루 분 음식물은 "가는 밀가루가 삼십 고르요 굵은 밀가루가 육십 고르요"(22), '1 고르'는 한 호멜(227 리터, 12말)에 해당된다. 그러므로 이상의 밀가루를 합하여 총 90 고르로 빵을 만들 경우, 약 14,000명이 먹을 수 있다는 것이다.

육류(肉類)로는 "'살진 소'[목장 사육(飼育)]가 열 마리요, '초장의 소'

[방사우(放飼牛)]가 스무 마리요 양이 백 마리이며 그 외에 [수렵(狩獵)에 의한] 수사슴과 노루와 암사슴과 살진 새들이었더라"(23).

이것들을 모두 합하면 떡만 하여도 14,000명에 1인당 1 파운트 반씩 배당(配當)된다는 계산이 나온다고 한다(Thenius ut sup).

이상 솔로몬 궁중에서 소비하는 하루 분의 식량(食糧)은 고대(古代)와 현대에 미루어 다른 동양 대국(大國)들의 궁중 소비량과 비교할 때, 지나치게 많다 할 수는 없다고 한다. 당시 페르시아 왕궁에서는 매일 100마리의 소가 도살(屠殺)되었다고 하며 이것을 매일 15,000명이 먹었다고 하였으며, 또한 술탄의 궁중에서도 많은 가축(家畜)들과 엄청난 양(量)의 버터와 쌀을 제외하고도 매일 500마리의 양(羊)들이 소비되었다고 한다.

이는 성경의 벨사살 왕의 귀족 1000명 초청 연회나(단 5:1), 우리나라 역사 중 백제 왕(百濟王)의 3000 궁녀를 둔 호화판의 사치연락의 식탁과는 그 성격상 구별이 되며, 다만 솔로몬의 시종(侍從)들과 후궁(後宮)들의 수를 참작하고 수많은 궁중 직원들이 왕실식당(王室食堂)에서 공식(共食)하며 아울러 그들의 가족들 모두가 식사할 것을 계산하면, 규모가 큰 궁중 식사(宮中食事)에서의 소모량(消耗量)으로서는 비교적 넉넉하게 식사(食事)한 것일 뿐, 결코 사치연락적인 것이 아니라는 것이다.

3) 솔로몬의 평화 통치(平和統治) (24-25)

"솔로몬이 그 강 건너편을 딥사에서부터 가사까지 모두, 그 강 건너편의 왕을 모두 다스리므로 그가 사방에 둘린 민족과 평화를 누렸으니"(24)라고 하였는데 '그 강'은 유브라데스 강을 의미하며 '딥사'는 그 강 중류(中流)의 가장 중요한 나룻터를 지칭(指稱)하는 만큼, 이 사실을 보아 본서(열왕기상)의 기자(記者)가 유브라데스 강 동쪽에 있었다는 사실을 알게 된다. 그 곳에서 포로(捕虜)생활을 하고 있었기에 솔로몬 왕국의 영토(領土)를 자기가 있는 지역에서부터 측정(測定)하여 '강 건너' 즉 유브라데스 강을 딥사 나룻 터에서 건너 수리아 지방에서부터 시작하여 서남쪽으로 블레셋 땅 남단(南端) 가사에 이르기까지 모두, '강 건너편의 왕을 다스리는' 평화 통치를 하였다고 상세히 기록하고 있다고 보는 바이다.

이 지역들은 이미 부왕(父王) 다윗에 의하여 점령된 지역(地域)들인데 다윗은 이곳들을 점령하노라 계속 전쟁을 하였지만, 아들인 솔로몬 왕은 사방에 둘린 민족들을 잘 다스려 그야말로 평화의 왕이 되었던 것이다

이상 이민족(異民族)들과의 외교관계가 평화롭게 유지되고 보니 자국민(自國民)들인 유다와 이스라엘은 솔로몬이 사는 동안에 "단에서부터 브엘세바에 이르기까지"(25a), 이는 팔레스틴 최북단에서 최남단까지를 지칭하는 것으로(삿 20:1, 삼상 3:20) 그 거리는 약 300km에 해당된다.

그리고 "각기 포도나무 아래와 무화과나무 아래에서 평안히 살았더라"(25b)는 그들은 적(敵)들 때문에 요새화(要塞化)된 성채(城砦) 안에서 살아야 할 필요가 없었으며 어디서나 농토(農土)를 일구어 농사만 지으면 온 백성들이 의식주(衣食住)생활에 아무런 걱정 없이 잘 사는 생활상(生活相)을 표현하는 말이다(왕하 18:31). 그리하여 예언자들이 메시아 시대의 행복을 나타내는 상징(象徵)으로 사용 되었다(미 4:4, 슥 3:10).

이 사실은 막대한 비용이 들어가는 솔로몬 왕실의 하루 분 식량문제와 관계되는 것으로서 이 많은 예산의 출처에 대하여 이미 21절에서 "그 강에서부터 블레셋 사람의 땅에 이르기까지와 애굽 지경에 미치기까지의 모든 나라를 다스리므로 솔로몬이 사는 동안에 그 나라들이 조공(朝貢)을 바쳐 섬겼더라"는 사실을 먼저 보여주고, 왕실생활을 보여준 후 여기서 다시 재론하는 이유는, 전쟁이 없으니 군비(軍費)가 축소되고 각 나라에서 조공(朝貢)을 받고 평화교류를 하게 되므로 국고(國庫)의 재정이 풍성하여 막대한 예산이 드는 왕실 식사를 문제없이 유지할뿐더러 온 백성이 각기 평화로운 전원생활(田園生活)을 하며 안연히 거하게 되었음을 보여주고 있는

것이다.

이런 의미에서 솔로몬 왕이야말로 메시아 왕국을 상징(象徵)하는 평화의 왕이라 칭할만하다고 보는 바이다.

4) 솔로몬 왕 병거(兵車)의 말 (26b-28)

"솔로몬의 병거의 말 외양간이 사만이요 마병이 만 이천 명이며 그 지방 관장들은 각각 자기가 맡은 달에 솔로몬 왕과 왕의 상에 참여하는 모든 자를 위하여 먹을 것을 공급하여 부족함이 없게 하였으며"(26b-27)

팔레스틴에서 말이 사용된 것은 다윗 이후(삼하 8:4)이며, 많이 수입(輸入)된 것은 솔로몬 시대이다. 그 때에는 "병거의 말 외양간이 사만이요 마병(馬兵)이 만 이천 명이며"(26b)라고 하여 평지(平地)인 므깃도 지역이나 블레셋 지역 같은 데서 저들의 전차부대(戰車部隊)를 제압(制壓)해야만 했기 때문에 기마병(騎馬兵)의 필요성을 느꼈으며, 또한 앞서 말한바 조공(朝貢)을 바치는 나라들이 혹 반역을 시도(試圖)하려 해도 이 강력한 기마부대(騎馬部隊)와 전차부대(戰車部隊)로써 제압할 수 있었기에 그들이 감히 반역할 생각을 못하였으리라 생각된다.

하지만, 솔로몬 이후에는 말은 전쟁용으로는 물론, 농경(農耕)이나 승용(乘用)으로 이용된 예는 별로 없다. 그 이유는 사실 팔레스틴 지역은 대부분이 산지(山地)이기 때문에 말 이용이 필요치 않았으며, 또한 말수입이란 사실상 하나님의 율법에서 금지 항목이기 때문이기도 하였다(신 17:16).

앞서 언급한 징세(徵稅) 목적으로 설치된 관직(官職)인 12 관장(官長)에 의하여 왕실(王室)의 식탁(食卓)에 온 나라의 진귀(珍貴)한 식물(食物)들을 진상(進上)하여 차질 없이 공급하였음은 물론 '말과 준마(駿馬)'가 있었으니, 즉 '말'은 군수물자(軍需物資) 수송(輸送) 및 일반 승용마(乘用馬)를 지칭한다. 그리고 '준마'란 파발(擺撥)제도에 의한 전령(傳令)용 말이며(에

8:10, 14), 또한 기병(騎兵)용 군마(軍馬)(미 1:13)로서 "말과 준마에게 먹일 보리와 꼴을 그 말들이 있는 곳으로 가져왔더라"(28)라고 하여 이 직무를 관장(管掌)하는 관리를 별도로 두어 전국 각처에 산재하는 기병부대의 사료(飼料) 공급도 원만히 하였음을 보여 준다.

솔로몬의 기병육성의 목적은 평화의 왕이면서도 만일이라도 배신자(背信者)가 있을 경우를 대비하여 미연방지책(未然防止策)으로 취해진 것으로서 그는 율법을 어기면서까지 애굽에서 말을 수입함으로써 많은 군비(軍費)를 투입하여 기병육성(騎兵育成)을 한 것으로 보는 것이다.

이것이 바로 솔로몬 왕국이 메시아 왕국의 그림자로 평가 받으면서도(마 6:29) 실제 메시아 왕국과 다른 면이라 할 수 있다. 메시아 왕국이 "칼을 쳐서 보습을 만들고 그들의 창을 쳐서 낫을 만들 것이며 이 나라와 저 나라가 다시는 칼을 들고 서로 치지 아니하며 다시는 전쟁을 연습하지 아니하리라"(사 2:4)이기 때문이다.

그러므로 우리가 솔로몬이 아닌, 솔로몬보다 더 큰 이(마 12:42)이신 예수 그리스도를 대망(待望)하는 이유는 이분이야말로 진정한 의미에서 평화의 왕이시기 때문임을 명심해야 할 것이다.

3. 솔로몬의 지혜와 명성(名聲) (29-34)

이 단락에 대하여는 3장 12절의 약속을 따라서 "하나님이 솔로몬에게 지혜와 총명을 많이 주시고"라고 하였지만 3장에서 재판상의 필요한 정치력에 따른 지혜와는 다른, 즉 학술(學術) 문예(文藝)에 따른 창의력(創意力)을 지칭(指稱)하는 것으로서 필자가 이미 3장 강해 말미(末尾)에서 언급한 바 있는 부분이다.

여호와께서는 솔로몬에게 이러한 인생의 제 문제에 대한 총명(聰明) 즉

영명한 이해력을 주시고 또한 '넓은 마음' 즉 광대한 이해력을 주시되 마치 "바닷가의 모래 같이 하시니"(29b), 이는 무수히 많음과 풍부함에 대한 속담적(俗談的)인 표현(4:20, 창 41:49, 수 11:4)으로서 헤아릴 수 없이 방대(尨大)함을 의미한다.

그 지혜가 "동쪽 모든 사람의 지혜"(30a) 즉 동방에 거주하는 아랍인, 갈대아인, 바벨론인 등 고대(古代) 문명인들의 지혜를 능가하며 또한 그 대표격인 애굽의 천문(天文)과 지리(地理)(창 41:8, 사 19:3, 11-12, 행 7:22) 등 과학적 지식보다 뛰어남을 예찬하고 있다(30).

그리고 31절에 기록된 지혜인(智慧人)으로서의 "예스라 사람 에단과 마홀의 아들 헤만과 갈골과 다르다"보다 우수하다고 하였지만 이상 3인에 대하여는 정확한 기록이 없으며 모두가 레위 족에 속하는 지혜자라고 짐작할 뿐이다(대상 15:17-19, 25:15).

그가 "잠언 삼천 가지를 말하였고 그의 노래는 천다섯 편이며"(32)라고로 시작하여 33절까지에서 그의 저서목록(著書目錄)과 문학작품(文學作品)에 대한 설명을 하고 있어, 이미 3장에서 필자가 언급한바 있기에 재론은 생략키로 한다.

그의 지혜의 높은 명성(名聲)은 많은 외국인들을 예루살렘으로 오게 하였고, 이들은 천하 모든 왕들의 파송을 받은 자들이었으며 그중 스바 여왕의 내방(來訪; 10장)은 특기할만한 것으로 널리 알려진 사실이다.

결론

솔로몬 왕은 역사상 가장 뛰어난 지혜의 왕으로서 이는 하나님을 높이는 결과의 산물인 지혜를 그로부터 받음으로써 위대한 통치자(統治者)가 되어 정치, 경제, 외교, 사법(재판), 군사 등 제 방면에서 크게 성공한 자가 되었으며, 또한 그는 문화애호가(文化愛好家)이며 특히 건축문화(建築文化)

의 발전(성전, 왕궁 건축), 세계문물(世界文物)의 교류(交流) 등 그리고 무엇보다 문학가(文學家)로서의 큰 업적으로서는 오늘까지 성경 중 많은 잠언(箴言), 시가(詩歌) 등을 남기고 있어, 저술가(著述家)로서 너무도 유명하다.

이는 앞서 언급한바와 같이 시인(詩人)이 국왕(國王)이 되었으며, 베이커 주석은 "솔로몬은 유대 민족의 아리스토텔레스(Aristoteles)이다"라고 할 만큼 '신앙과 문화'의 조화(調和)를 시도(試圖)한 왕이라 할 수 있다.

하지만, 그는 말년(末年)에 이르러 신앙보다도 문화생활에 치중(置重)하여 결국 실패자가 되었다고 보는 것이다. 앞서 말했듯이 그는 그의 마지막 작품(作品)인 「전도서」에서 자신의 생애의 무상(無常)함을 참회(懺悔)하면서 인류역사상 가장 아름다운 문화의 꽃 한 송이를 남긴 채, 역사무대(歷史舞臺)에서 서서히 사라진 것이다.

제 2 부

성전건축의 현대적 의의 (성전 편)

성전건축의 현대적 의의(意義)

왕상 5:1-18

솔로몬은 그의 왕국이 안정되자, 성전을 건축할 준비를 시작하였다. 먼저 두로 왕 히람과의 협상을 통하여 건축자재 즉 백향목, 잣나무 등을 실어올 뿐 아니라 기술자까지 조달(調達)받도록 하였다(1-12). 그리고는 국내에서 많은 역군(役軍)들을 징집(徵集)하여 레바논으로 보내어 그곳 건축역군(建築役軍)들과 합세하여 건축자재를 마련토록 조치하였다(13-18).

오늘 우리는 이 솔로몬의 성전건축을 준비한 사실을 보면서 오늘도 역시 성전을 건축해야만 하는 현대교인들에게 주는 교훈이 과연 무엇인가에 대하여 제시하는 바를 배워야 할 것이다.

1. 성전건축을 위한 이방 왕과의 조약(條約) (1–12)

1) 두로 왕에 대한 솔로몬의 요청 (1-6)

두로 왕 히람이 솔로몬이 다윗을 이어 왕이 되었다는 소문을 듣고 그의 신하들을 축하사절(祝賀使節)로 솔로몬에게 보내었다. 두로는 이스라엘 나라 서북쪽 지중해 해안에 있는 도시국가(都市國家)로서 일찍이 해상무역

(海上貿易)으로 시돈과 더불어 소문난 페니키아의 속한 항구도시(港口都市)이다.

그 왕 "히람이 평생에 다윗을 사랑하였음이라"(1b). 이처럼 히람은 다윗 생전에 깊은 우정관계를 갖고 평생 불변의 사랑을 유지해왔던 것이다. 이 같은 훌륭한 인물들에 의하여 형성된 깊은 우정은 그 아들 솔로몬에게 귀중한 유산(遺産)이 되어 상호 교류케 되는 강한 유대(紐帶)가 된 것이다.

솔로몬은 히람의 사절단을 정중하게 대하였으리라 생각되며 그 답례(答禮)로 솔로몬이 사신(使臣)을 보내어 사례하는 한편 "당신도 알거니와 내 아버지 다윗이 사방의 전쟁으로 말미암아 그의 하나님 여호와의 이름을 위하여 성전을 건축하지 못하고 여호와께서 그의 원수들을 그의 발바닥 밑에 두시기를 기다렸나이다"(3)라고 성전 건축 계획이 부왕(父王) 다윗에 의한 것임을 지적(指摘)하면서 이것이 생전에 실현되지 못한 이유를 제시한다.

그것이 바로 전쟁 때문에 미루어 왔음을 지적하고 있다. 하지만 여러 곳에 있는 기사(記事)를 종합해 보면 실제는 세 가지 이유이다. ① 모세시대로부터 유래한 성막(聖幕)이 예배장소로 부족함이 없다는 것(삼하 7:5-7). ② 다윗이 전쟁으로 많은 피를 흘렸기 때문(대상 22:8)에. ③ 본문에 지적대로 일생 사방의 적과의 계속 전쟁으로 성전을 지을 상황이 못 됨(3) 등이다.

하지만, 이제는 하나님의 은혜로 원수도 없고 재앙도 없는 태평시대를 맞은 만큼, 성전건축을 결심하였음을 두로 왕에게 알리는 것이다(4-5).

솔로몬은 여기서 진정한 우정(友情)의 결실을 기대하면서 정중히 성전 건축의 협력을 요청하고 있다. 우리는 이 사실에서 아버지는 계획하고 아들이 완성하는 아름다운 신앙적인 부자관계(父子關係)의 모습을 보게 된다. 그리고 또한 평생 아버지 다윗을 사랑한 히람의 우정(友情)이 아들 솔로몬에게 이어져 대를 이어 지속되는 모습 역시 모두를 감격케 한다.

언제 어떤 경우를 막론하고 남에게 무엇을 요청하기란 어려운 법이다. 오늘도 역시 성전을 건축하려면 여러 사람의 도움이 필요하기 때문에 부득이 어려운 요청을 하지 않을 수가 없게 된다.

솔로몬의 경우는 그가 아무리 풍성한 부(富)와 세계제패(世界制覇)의 권력을 갖고 있다 하더라도 건축 상 필수요건인 다음 두 가지를 갖고 있지 못하였기 때문에 그 역시 두로 왕 히람에게 이것을 간청하지 않을 수가 없었다.

(1) 가장 귀중한 자재(資材)를 구하기 위함이다(6-a).

솔로몬이 성전건축 준비 중 가장 필요한 것이 목재(木材)였다. 이스라엘 나라에는 감람나무, 무화과나무 그리고 포도나무뿐, 건축에 필요한 목재는 없었다. 더구나 성전 건축을 위한 최고급의 목재는 본국 내에서는 전혀 구할 수 없을 만큼 이스라엘 나라는 건축 자재가 부족한 나라이다.

그런 목재 중 가장 귀중한 것이 레바논의 백향목(柏香木)이다. 백향목은 목질(木質)이 견고하고 향기로운 방향목(芳香木)이며 고사병(枯死病)에도 강하고, 높이가 30m, 수령(樹齡)이 1,000년이며, 상징적 비유(象徵的譬喩)로서도 이스라엘의 영광(민 24:6), 성도의 성장(成長)(시 92:12), 그리스도의 영광(겔 17:22, 25) 등으로 최고급의 건축자재(建築資材)이다.

솔로몬은 "당신은 명령을 내려 나를 위하여 레바논에서 백향목을 베어 내게 하소서"(6a)라고 하였다.

이 사실이 주는 교훈은 오늘 우리가 하나님의 교회를 위하여 무슨 일을 하든지 가장 좋은 것으로 해야 한다는 점을 보여주는 것이다. 이는 오늘의 교회당 건축에 있어서도 적용이 되지만, 무엇보다 신령한 영적 교회를 형성하는 과정에서 교회의 각 기관들이 보다 신령과 진리의 예배를 드리며 합리적인 교회 활동을 하기 위하여서는 많은 예산을 세워서라도 필수적인 하나님의 신령한 집을 세워나가는 데 최선을 다하라는 의미임을 잊지 말아야 할 것이다.

(3) 가장 우수한 기술자를 요구하기 위함이다(6b).

"당신도 알거니와 우리 중에는 시돈 사람처럼 벌목을 잘하는 자가 없나이다"(6b)

거대(巨大)한 백향목을 베고 다루는 데는 대단한 기술이 필요하다. 오늘처럼 벌목기술(伐木技術)이 발달하여 기계화(機械化)가 되었다 하더라도 30m 높이의 거목(巨木)을 채벌(採伐)하는 데는 상당한 기술적 인력(人力)이 필요함은 사실이다.

그러므로 솔로몬은 벌목기술이 능숙한 '시돈 사람'의 기술제공을 요구한 것이다. 시돈은 두로 밑에 있는 항구도시(港口都市)로서 같은 베니게 왕국에 속하며 고래로 우수한 벌목공(伐木工)이 많기로 유명할 뿐 아니라 벌목의 시기, 채벌 후 건조 방법 등 나무를 다루는 기술자 들이 많으며 동시에 건축가로서도 유명하였다. 그리고 또한 모든 종류의 금속품(金屬品)을 생산하고 가공(加工)하는데 능숙하며 그 외에도 각종 유리제품과 공산품(工産品) 등을 많이 소유하고 있어, 당시 희랍인들이 즐겨 사용하던 귀중하고 값진 진귀(珍貴)한 포도주 그릇들이 모두 시돈으로부터 수입되었다고 호메르스는 말할 정도였다.

솔로몬은 벌목기술(伐木技術)뿐 아니라 석공(石工) 그리고 다양한 금속 및 유리공업기술(琉璃工業技術)을 겸비한 시돈사람 같은 우수한 기능공(技能工)을 요구하였던 것이다.

오늘의 교회 역시 여러 가지 은사(恩賜)를 받은 자들이 각각 자기의 특수한 기능을 발휘하여 마치 몸의 지체(肢體)(고전 12:12-31)처럼 전문 인력으로서 상호 협력하게 될 때, 아름답고 신령한 성전이 지어진다는 사실을 기억해야 할 것이다.

2) 두로 왕 히람의 수락(受諾) (7-12)

(1) 기쁨으로 여호와를 찬양함으로 수락(7)

"히람이 솔로몬의 말을 듣고 크게 기뻐하여 이르되 오늘 여호와를 찬양할지로다"(7)

두로 왕 히람은 이방나라의 왕이며 이교도(異教徒)임은 사실이다. 하지만 그가 솔로몬의 성전건축자재와 인력(人力) 요청을 듣고 크게 기뻐하며 여호와를 찬양한 사실은 장차 예수 그리스도 이후 교회 설립에 있어서 이방인들이 그리스도의 피로써 영적 교회가 형성될 것에 대한 모형(模型)임을 보여 준다고 할 것이다(엡 2:14, 19-22, 3:4-6).

히람이 여호와를 찬양하였다는 사실에 대하여는 학자들 간에 논란이 많다. 그는 여호와를 신봉(信奉)하는 자가 아니기 때문이다. 그러므로 히람의 '여호와 찬양 운운'을 보고 그가 이스라엘 여호와를 믿었다거나 또한 여호와를 그가 신봉하는 신(神)과 동일시하였다는 의미는 아니다.

그러므로 그가 다윗과 솔로몬의 신앙으로 개종(改宗)하였다는 의미는 전혀 아닌 것이다. 그런 만큼 그의 '여호와 찬양 운운'은 70인 역이 명시한 대로 "그가 자기의 하나님 여호와가 아니라 이스라엘의 하나님 여호와를 찬양할지로다"가 적절하다고 보는 것이다. 그리고 그의 찬양 이유를 보면 "그가 다윗에게 지혜로운 아들을 주사 그 많은 백성을 다스리게 하셨도다 하고"(7b)를 보아, 히람은 단지 다윗에 대한 절실한 우정(友情)이 생각나서 그에게 지혜로운 아들을 주신 그들(다윗과 솔로몬)의 신을 찬양한다는 의미일 뿐이다. 이는 마치 모세의 장인(丈人) 이드로가 모세가 섬기는 이스라엘의 신(神)의 우수성을 인정한 사실(출 18:9-12)과 동일하게 생각하는 것이 옳다고 본다.

두로 왕 히람은 솔로몬이 보낸 사신의 말을 다 듣고 "백향목 재목과 잣나무 재목에 대하여는 당신이 바라시는 대로 할지라"(8)라고 흔쾌히 승낙하였다. 여기 '잣나무 재목'의 용도는 건축 자재(왕상 5:8-10, 6:34), 조선(造船)재료(겔 27:5), 악기용(樂器用)재료(삼하 6:5, 대상 13:8) 등에 사용되었다고 한다.

오늘도 역시 교회 건축에 관한 것뿐 아니라 교회 일에 관한 제반사(諸般事)를 위하여 누구에게 어렵게 요청할 경우, 그것을 허락해 준다면 그 순간의 기쁨이야말로 형용키 어려울 정도이다. 이런 의미에서 성도들의 기도 응답 시의 기쁨이야말로 오직 경험자만이 알 수 있을 뿐이다.

(2) 수송(輸送) 방법과 궁중에서 필요한 음식물 요구(9a-12)

수송방법은 나무를 베어 채벌(採伐)한 후 이것을 뗏목으로 엮어 "당신이 지정하는 곳으로"(욥바 항구, 대하 2:16, 스 3:7) 보낼 것이니 수령(受領)하기 바라며(9a) 동시에 나의 소원대로 나의 궁중에 필요한 "음식물을 주소서"(9b)라고 요구하였다. 베니게는 삼림이 울창하여 고급 목재는 흔하지만, 음식물(식료품)이 부족한 나라로서 목재와 기술자를 제공하는 대신 식료품 공급을 바란 것이다.

이리하여 솔로몬의 요청대로 히람이 백향목과 잣나무 목재를 주었고 솔로몬은 목재의 대가(代價)와 기술자의 임금(賃金)(6)과 함께 그들의 궁중에 필요한 음식물을 다음과 같이 주도록 하였다. 즉 밀 이만 고르(2만석), 맑은 기름 20 고르(20석)인데, 맑은 기름이란 좋은 감람을 선별하여 이것을 절구에 찧어 베자루에 넣어 매달아 자연히 흐르도록 한 고급기름이다[하등품은 발로 밟아 압축(壓縮)하여 짠 기름]. 이 최상의 기름은 하나님의 성막(聖幕)에서 등잔용(燈盞用)으로 사용하였다(출 27:20, 29:40, 레 24:2, 민 28:5).

단, "해마다 그와 같이 주었더라"(11b)에 대하여는 성전건축 완성까지인가, 영구적인가에 대하여는 정확한 기록이 없음으로 미상(未詳)하나, 전자의 경우가 타당하당하다는 생각이 든다.

12절은 솔로몬이 성전 건축을 위한 두로 왕 히람과의 협상이 잘 되었다는 결론이다. 이 협상이 잘 된 것은 "여호와께서 그의 말씀대로 솔로몬에게 지혜를 주신고로"(12)임을 지적하였으며, 이 때문에 "히람과 솔로몬이 친목하여 두 사람이 함께 약조를 맺었더라"라고 하여 솔로몬이 히람과의 협상하는 외교정책에서 성공하였음을 보여준다.

이는 솔로몬이 선왕(先王) 다윗의 유훈(遺訓)을 따르며 오로지 하나님의 영광만을 위한 순수한 목적과 동기에서 시작했기 때문이며, 한편 히람의 입장에서는 다윗과의 오랜 우정의 발로에서 친구의 아들인 솔로몬의 지혜로운 요구를 순순히 받아들임으로써, 물론 자신의 국익(國益)을 바라는 통상무역(通商貿易)의 차원이기는 하지만, 이익(利益) 본위에서보다는 우정(友情)을 앞세운다는 심정에서 크게 기뻐하며 협력하는 자세로 나온 것이 이방인으로서 여호와의 성전건축에 기여(寄與)하는 왕이 되었다는 생각이 든다.

이로써 솔로몬은 성전 건축에 가장 중요한 목재(木材)와 기술능력(技術能力)을 확보한 셈으로 성전 건축의 초기진행과정이 순조롭게 이루어졌음을 보여 주고 있다. 이는 솔로몬의 신앙적인 지혜와 히람의 깊고 진실한 우정(友情)이 아우름에 따라 성취된 결과로 볼 수가 있다.

2. 성전건축을 위한 인력(人力) (13-16)

솔로몬이 계획한 거대한 토목공사(土木工事)인 성전건축을 위하여서는 많은 역군(役軍)이 필요하기 마련이다. 이 때문에 솔로몬이 대량의 역군(役軍)을 모집한바, 여기 응모된 역군을 세 종류로 구분하고 있음을 다음과 같이 보여주고 있다.

1) 삼만 명의 벌목역군(伐木役軍) (13-14)

"이에 솔로몬 왕이 온 이스라엘 가운데서 역군을 불러일으키니 그 역군의 수가 삼만 명이라"(13)

역군징발 범위는 "온 이스라엘 가운데서"(13a)인바 이는 전국적인 범위에서 모집하였음을 보여주며, 이들의 신분(身分)은 모두가 이스라엘의 자유민(自由民)이었다. 그리고 이들의 업무는 레바논으로 파송 받아 그곳 벌목 기술자와 합세하여 채벌노무자(採伐勞務者)의 자격으로 일하도록 하였으며 일정한 급료를 받고 일하는 자들로 생각한다.

그리고 이들의 노무기간과 활용방법은 총 3만 명을 3조로 나누어 1만 명 씩 파송 받아 12개월 씩 교대로 노무(勞務)에 임하도록 하였다. 즉 이들은 레바논에서 한 달간 일하고는 두 달은 집에 와서 [자신의 가업(家業)을 돌보며] 지나도록 조치하였다. 그리고 그 감독관은 아도니람(14, 4:6)이었다. 이들은 자국민으로서 상당한 우대(優待)를 받았음을 보여주고 있다.

2) 칠만 명의 짐꾼과 팔만 명의 돌 뜨는 자 (15)

'칠만 명의 짐꾼'(15)이란 벌목한 목재를 운반하는 자로서 과거 우리나라에서도 일명 '목도꾼'이라는 직종(職種)이 있었다. 이들 역시 벌목장(伐木場)이나 철도국(鐵道局) 소속으로 목재와 철로의 레일을 운반하는 어려운 노동현장에서 힘겨운 일을 하였다. 예컨대 약 10m 길이의 목재를 운반할 경우, 약 6명이나 8명의 목도꾼이 필요한데, 이때는 두 사람씩 짝을 지어 전후(前後)와 중간에 두 명씩 재목을 사이에 두고 서서 각각 밧줄을 목재 밑으로 걸어 올린 다음 이것을 약 1.5m 길이의 몽둥이에 걸어 두 사람씩 목에 메고는 '어기차 어기차'라고 보조(步調)를 맞추기 위한 신호(信號)

를 하며 조심성 있게 걸으면서 운반한다. 철로(鐵路) 레일도 역시 이런 식으로 운반하였다. 이는 가장 어려운 노동에 속하기 때문에 건장한 장정(壯丁)이 아니고는 감당할 수 없는 중노동이다.

그리고 "산에서 돌을 뜨는 자가 팔만 명이며"(15b), 이들은 채석(採石)하는 자와 채석한 돌을 다듬는 자, 즉 석공(石工)들인 바, 이 일 역시 어려운 중노동으로서 이에 종사하는 자는 이스라엘의 자유인이 아니고 솔로몬 당시까지 그 땅에 남아 있던 가나안 원주민들이었다(9:20-21, 대하 2:16-17, 8:1-9).

이에 대하여는 학자들 간에 양론이 있는바 돌을 뜨고 다듬는 장소를 레바논으로 보는 견해(카일·델리취)와 이스라엘 나라의 산으로 보는 견해(黑崎)이다. 이에 대하여는 후자의 설이 옳다는 생각이 든다. 이스라엘 나라는 산에 나무는 거의 없지만, 돌은 그야말로 전체가 돌산으로 되어있기 때문이다. 오늘까지도 채석장(採石場)의 유적(遺蹟)이 예루살렘 근방에 남아 있어 거의 확실하다고 보인다.

이들은 레바논에 파견(派遣)되지 않고 국내에서 이 어려운 일을 하였다고 생각된다. 채석장(採石場) 일꾼이나 석공(石工) 등은 역시 목재를 운반하는 짐꾼 못지않게 매우 어려운 중노동임은 사실이다.

3) 사역(使役)을 감독하는 관리 (16)

"이 외에 그 사역을 감독하는 관리가 삼천삼백 명이라 그들이 일하는 백성을 거느렸더라"(16)

이 구절은 역시 난해절(難解節) 가운데 하나로서 학자들 간에 논란(論難)이 되는 것 중 하나이다. 그것은 본장 16절에서 "사역(使役)을 감독하는 관리가 3,300명이라" 한데 비하여 병행기사(竝行記事)인 역대하 2:18에서는 3,600명이라 한 것이 문제인데, 게다가 이들이 이스라엘 땅에 사는 이방인이라는데(17) 더욱 문제가 된다. 그리고 왕상 9:23에서는 550명의 감독자가 더 나오는가 하면, 또한 역대하 8:10에서도 250명의 감독자가 더 나온다. 이리하여 열왕기서와 역대서와의 차이점이 생기고 있음을 보게 된다. 하지만 이 두개의 기록을 각각 합하면 둘 다 3,850명이 된다. 그러므로 솔로몬 성전 건축 시 감독관이 총 3,850명이라는 데는 일치하고 있다.

그런 중 가장 문제되는 것이 앞서 이미 지적한대로 역대하 2:17에 수록된 감독 3,600명이 가나안에 남아 있는 원주민이라는 것이 모순을 초래하고 있는 것이다. 이에 대하여 카일·델리취는 다음과 같이 해석하였다. 본장 16절에 나오는 3,300명의 감독은 모두가 이스라엘 출신이며 이는 보통감독이다. 그리고 550명(왕상 9:23)은 상급감독이며 그중 250명은 이스라엘 사람 중에서, 그리고 300명은 가나안 원주민 중에서 선발(選拔)되었다고 하였으며, 중요한 사실은 역대하 2:17에 수록된 3,600명의 감독을 "이스라엘 땅에 사는 이방사람(가나안 원주민) 중에서"라는 것은 사본(寫本) 기록자의 오기(誤記)라고 설명하고 있다(카일·델리취 구약주해 한글 번역판 p.76 註1 참조).

우리가 이 단락을 마치면서 기억할 것은, 건축에 있어서는 많은 인력(人力)이 소요된다는 사실이다. 하물며 솔로몬의 성전 같은 대규모의 건축공사를 위하여서는 이스라엘 국민 전체와 가나안 땅에 남은 족속들, 그리고 히람이 통치하는 두로와 시돈의 이방인들의 왕과 다양한 기능공(技能工)들까지 모두 가담되었다는 사실이다.

무엇보다 백향목과 잣나무 채벌(採伐)을 위하여 징집(徵集)된 이스라엘 출신 노무자 3만 명은 그런대로 교대근무의 혜택을 받아, 한 달 일하고 두 달을 쉬는 우대(優待)를 받았지만(13-14), 7만 명의 짐꾼(벌목 운반자)과 8만 명의 채석광부(採石鑛夫)(15) 등은 모두 가나안 노예 출신이라서 말할 수 없는 담부지역(擔負之役)에 혹사(酷使)당한 것으로 생각이 된다.

오늘의 우리는 이 사실에서 우리의 현대적인 인력시장(人力市場) 상황을 생각하지 않을 수 없다. 2011년 8월 초 신문(조선일보 만물상 코너)에 의하면 우리나라의 외국인 불법체류자 수가 16만 6,518명이라 하며 이들이 현재 우리나라 근로자들이 꺼리는 3대 직종(職種)을 대행(代行)하고 있기 때문에 단속이 느긋한 상황이지만, 앞으로 인력관리를 잘못할 경우 '우리 사회의 폭탄이 될 것'이라고 경고하고 있는 실정이다. 이는 인력시장관리(人力市場管理)가 그만큼 중요하다는 의미일 것이다.

오늘의 우리나라 교회의 현실 역시 신령한 인력시장으로서의 많은 문제가 있음은 사실이다. 마태복음 20:1-8에는 품꾼을 포도원에 고용(雇用)하는 비유가 나온다. 교회란 큰 포도원에 비유되는 만큼, 많은 인력이 요구됨은 사실이다. 솔로몬이 성전건축을 완료하기까지 그 많은 일꾼을 관리하기 위하여서는 무려 3,850명이라는 많은 수의 감독관이 요구되었다는 데는 그만큼 인력관리(人力管理)의 어려움이 크다는 사실을 보여준다고 할 것이다.

하지만, 교회 일이라는 것은 일반사회의 노동현장(勞動現場)과는 판이(判異)하다. 교회의 사역(使役)이란 결코 강제노동(强制勞動)에 혹사(酷使)당하는 노예적 사역(奴隷的使役)이 아니라 모두가 자진(自進)하여 각자가 은혜를 받을수록 사람들이 꺼리는 어려운 일들을 솔선수범(率先垂範)하여 봉사하는 특징적(特徵的)인 노동현장(勞動現場)인 것이다.

문제는 각자 특수한 은사적(恩賜的) 기능을 지닌 교회 봉사자들이 독자적인 자세를 버리고 마치 신체의 오장육부(五臟六腑)처럼, 모든 장기(臟器)들이 유기적 관계(有機的關係)를 가지고 몸을 위해 봉사하듯(고전 12:12-31, 롬 12: 4-8), 개개의 교회 일꾼들이 오직 하나님의 영광을 위한다는 단 한 가지 공동목표달성(共同目標達成)을 위하여 단합(團合)함으로써 오늘의 교회 건설의 역군(役軍)이 되는 것이 매우 중요하다는 사실을 알아야 할 것이다.

3. 성전의 기초공사(基礎工事) (17-18)

1) 크고 귀한 다듬은 돌 (17)

"이에 왕이 명령을 내려 크고 귀한 돌을 떠다가 다듬어서 성전의 기초석으로 놓게 하매"(17)

건축에 있어서 가장 중요한 것은 기초공사(基礎工事)이다. 여기서 "크고 귀한 돌"이란 값지고 귀중하다는 의미이다. 그것은 "떠다가 다듬어서"라는 사실로 알 수 있다. 즉 채석(採石)과 아울러 이것을 정으로 쪼아 다듬는 일은 가장 힘든 노력과 기술을 요하기 때문이다.

이 기초석(基礎石)은 6~9m 길이에, 폭이 1.8m 정도 되는 것으로 오늘도 예루살렘의 통곡의 벽 광장에 가서 성곽외벽(城郭外壁)의 기초석(성벽 공사는 솔로몬 이후의 것)을 보게 되면 솔로몬 성전 기초석의 규모를 대략 짐작할 수 있을 것이다.

이는 그 노력의 결과로 보아 크고 값진 귀한 돌이라고 할 수 있지만, 보다 영적인 의미에서 볼 때 성전의 기초석이야말로 우리 주 예수 그리스도를 상징하고 있다(엡 2:20-22, 고전 3:10-11, 벧전 2:7)는 데서 그야말로 크고 귀한 보배로운 돌이라 함이 타당하다고 할 것이다.

오늘의 교회를 구성(構成)하는 요소 중 가장 중요한 기초석(基礎石)은 예수 그리스도이시다. 이는 이미 닦아 둔 터이기 때문이다(고전 3:11). 만일 그리스도 반석 위에 세워진 교회가 아니라면 비가 내리고 창수가 날 경우 마치 모래 위에 세워진 집처럼, 쉬 무너지고 말 것이다(마 7:24).

이런 의미에서 솔로몬이 성전 기초석(基礎石)의 중요성을 강조(强調)하는 이유를 알아야 할 것이다.

2) 건축가들의 협력 (18)

"솔로몬의 건축자와 히람의 건축자와 그발 사람이 그 돌을 다듬고 성전을 건축하기 위하여 재목과 돌들을 갖추니라"(18)

'그발 사람'은 희랍인들이 비플러스라 불렀고 베이루트 북방에 위치하였으며(수 13:5), 베니게의 레바논 숲에서 가장 가까운 거리에 거주하며 그들은 조선기술(造船技術)에 능할 뿐 아니라 건축(建築)기술에도 능숙(能熟)한 자들이었다(겔 13:5). 여기서 그발 사람을 거론하는 이유는 히람의 건축자들을 보다 구체적으로 설명하려는 것임을 알 수 있다. 이들은 이스라엘의 건축자들의 수보다는 비록 소수에 불과하였지만, 아마도 기술 감독 등에 종사한 것으로 생각된다.

게다가 전국에서 징집(徵集)된 자유노동자인 이스라엘 역군(役軍) (13-14), 채벌(採伐)한 목재를 운반하는 7만 명의 짐꾼(15), 또한 8만 명의 돌 뜨는 자(15a) 그리고 3,300명의 감독관 등이 각각 자기 위치에서 총동원되어 일함으로써 이 웅장(雄壯)하고 정교(精巧)한 성전건축의 대 과업을 이루게 된 것이다.

이 사실이 우리에게 주는 현대적인 의미는 하나님의 주소(住所)인 영적 교회가 형성되는 과정에서 예수의 제자들을 비롯한 120명의 유대인을 위시하여 오순절을 기하여 모여온 천하 각국 사람들이(행 2:10-11) 모두 성령을 받음으로써 유대인과 이방인의 구별이 없이, 모든 사람들에 의하여 구성(構成)된 만민(萬民)의 전당(殿堂)으로서의 예루살렘 교회를 예표(豫表)하고 있다는 사실을 명심(銘心)하는 데 큰 의미가 있음을 기억해야 할 것이다.

솔로몬의 성전 건축

왕상 6:1-38

다윗은 모리아 산 위에 성전을 건축했다. 우선 성전에 관한 역사적 의미를 찾아보면 다음과 같다.

첫째는 제단(祭壇)이다. 인간이 에덴에서 실낙원한 후 하나님을 만나는 길은 제단을 통해서였다. 즉 가인과 아벨에 의한 제단으로부터 시작하여 아브라함, 이삭, 야곱 등을 거쳐 출애굽 시까지 계속 되었다. 이 당시 제단이란 것은 돌단이나 토단(土壇) 등을 마련하고 양(羊)과 염소를 잡아 제사를 드림으로써 여호와의 응답으로 말미암아 영교(靈交)가 이루어졌다.

둘째는 성막(聖幕)이다(출 40:1-38). 모세로 말미암아 출애굽 이후 시내산에서 율법이 주어지고 성막제도가 생겨, 광야 40년간 유랑생활에서 성막시대가 열리게 되었다. 성막의 특징은 이스라엘 백성이라면 하나님의 택함을 받은 자들인 만큼, 하나님이 그들 가운데 임재(臨在) 하신다는 장소가 바로 성막이다. 이것은 이동식(移動式)으로 된 것으로 하나님의 임재를 상징(象徵)하는 법궤(法櫃)가 그 성막 안에 안치되어 있었다(출 37:1-9, 40:1-4).

그러므로 모세로부터 율법에 의한 합법적인 제사(祭祀)가 가나안 땅 입국 후 바로 솔로몬이 성전을 건축하는 그 당시까지 계속 되었다.

셋째는 성전(聖殿)이다(5-6장). 성전은 솔로몬 시대에 와서 지금 건축하는 중이며, 이는 이스라엘의 오랜 유랑시대(流浪時代)가 끝이 나고, 다윗 왕에 의하여 큰 나라로서의 기틀이 다져진 후 비로소 평화시대가 도래(到來)하자, 평화의 왕 솔로몬에 의하여 예루살렘의 시온 산(모리아 산) 위에다 성막의 2배가 되는 면적과 규모에 해당하는 장엄한 성전을 건축하기에 이르렀다. 그런 후 지금까지 장막(帳幕; 성막) 안에 있던 여호와의 법궤(法櫃)를 옮겨다가 신축한 성전 지성소에 안치함으로써 중동의 작은 나라인 히브리 민족이 하나의 위대한 국가로 인정 되는 민족적 구심점(求心點)을 이루게 된 것이다(8:1-11).

오늘도 어느 교회를 망론하고 교회 창립기념일은 매주 발행하는 주보에 기록하며, 교회당 건축 연대도 머릿돌에 새겨 기념한다. 이는 각각의 교회 자체로 볼 때 가장 중요한 일이기 때문이다.

1. 솔로몬 성전의 건축 연대(年代) (1)

"이스라엘 자손이 애굽 땅에서 나온 지 사백팔십 년이요 솔로몬이 이스라엘의 왕이 된 지 사 년 시브월 곧 둘째 달에 솔로몬이 여호와를 위하여 성전 건축하기를 시작하였더라"(1)

이는 솔로몬이 성전 건축을 시작한 때를 제시(提示)하는 기록이다. 여기서 "이스라엘 자손이 애굽 땅에서 나온 지 480년이요"라고 출애굽한 때를 기준(基準)으로 성전 건축연대를 측정한 데 대하여는 여러 가지 논란이 되고 있다. 학자들 간에는 480년 설 외에 440, 484년 등 주장이 각기 다른데, 그 중 본절에 기록된 480년 설이 근래에 와서 더욱 지지를 받고 있다. 이 설의 계산은 출애굽 후 모세의 40년, 여호수아 17년, 사사시대 299년, 엘리 제사장 40년, 사울 왕 40년, 다윗 왕의 40년, 그리고 솔로몬의 치세(治世) 4년을 합산하면 480년이 된다.

440년 설은 70인 역에 따른 것으로서 다른 어떤 사본(寫本)에도 다시 나타나지 않으며, 484년 설 역시 제사장 연대로 계산한 것으로 출애굽 당시 아론으로부터 다윗 시대의 제사장 아히마아스까지 총 12대를 각각 40년씩 계산하여 480년으로 보고 솔로몬 치세 4년을 합하여 484년이리라는 것인데, 여기서 1대를 균일(均一)하게 40년으로 본 것에는 아무런 납득할 만한 근거가 못 된다는 데서 지지를 못 받는 학설이다.

그러므로 본절이 제시(提示)하는 480년 설이야말로 가장 타당한 것으로 보는 것이다.

그리고 이보다 더 중요한 사실은 어찌하여 성전 건축 연대(年代)의 기준(基準)을 솔로몬 재위 기준만으로 하지 않고 이스라엘 자손이 애굽에서 나온 해를 우선시 하고 있는가가 의문이다.

솔로몬이 지은 성전이야말로 하나님의 영광을 위하여 가장 화려하고 찬란하게 지은 바, 온 세계의 보물급에 해당하는 건축물임은 사실이다. 하지만 여호와께서 중시(重視)하시는 것은 그 외관의 화려함이 아니라 그 성전을 구성(構成)하고 있는 건축 자재 하나하나가 바로 애굽에서 유월절을 지키고 나온 이스라엘 백성을 상징(象徵)하고 있다는 사실이다. 그러므로 출애굽기 12장 1-2절에 보면 "여호와께서 애굽 땅에서 모세와 아론에게 일러 말씀하시되 이 달을 너희에게 달의 시작 곧 해의 첫 달이 되게 하고"라고 하여 유월절을 기준하여 새로운 달력이 시작된 것이다. 이는 유월절 이전의 생활이란 아무런 가치가 없는 것으로 그것은 다만 '제로'일 따름이며, 유월절 이후부터의 생활만이 비로소 새로운 가치가 부여된다는 사실을 의미하는 것이다.

그러므로 솔로몬의 성전을 구성(構成)하고 있는 레바논의 백향목, 잣나무, 다듬어진 대리석 그리고 성전 내부를 장식하고 있는 황금 판 등 모두는 그리스도의 속성과 성품의 상징(象徵)인 동시에 유월절 양의 피로 구속(救贖)함을 받은 성도들의 상징이라는 것이다.

시작한 달은 "시브월 곧 둘째 달에"라고 하였는데, 시브월은 가나안 옛 달력의 이름이며 '시브'는 '찬란'이라는 뜻으로 '봄철에 꽃이 피다'에서 유래 된 것으로, 시브월인 2월은 '꽃 달'이라고 불렀다고 한다. 오늘의 태양력으로는 4월 하순부터 5월 중순에 해당되는 아름다운 계절에 성전 건축이 시작된 것이다.

2. 성전의 외부구조(外部構造)와 건축 (2-10)

1) 성전의 크기 (2-3)

성전의 본당 길이는 60 규빗, 너비가 20 규빗이며, 높이가 30 규빗이다. 1 규빗은 보통 사람의 팔꿈치에서 가운데 손가락 끝까지(신 3:11)로 대략 45cm로 생각한다. 하지만 이것은 보통척(普通尺)을 말하며, 옛 척에 따르면 보통 척에다 손바닥 너비 하나를 더한 것으로 이를 왕척(王尺)이라고 하였다. 여기서 말하는 1 규빗은 왕척으로 계산한 것으로 58cm 정도이다(겔 40:5, 43:13).

성전의 성소 앞에는 주랑(柱廊; 현관)이 설치되었는데(3), 주랑의 길이(이 길이는 성소의 경우 너비를 의미함)는 20 규빗이며, 그 너비(이 너비는 성소의 경우 길이를 의미함)는 10 규빗이다(3).

이상 솔로몬 성전의 규모(規模)를 모세의 성막(聖幕)과 비교해보면, 그 길이, 너비, 높이 그리고 주랑(현관) 등 모두가 꼭 두 배의 규모임을 알게 된다.

그렇다하여도 솔로몬의 성전이 그 당시 이방제국(異邦諸國)들의 우상의 신전(神殿)들과 비교해 볼 때는 그 웅장한 거대성(巨大性)에는 미치지 못한다. 하지만 그 특징(特徵)을 예거(例擧)하면 ① 자료들의 고급화 즉 레바논의 백향목, 화강암의 대리석 그리고 금은동(金銀銅) 등의 선별(選別)된 자료, ② 당시 최고의 우수한 기술진(技術陣), ③ 무엇보다 하나님의 지시에 따른 설계(設計)에 의함이라는 3대의 조화(調和)로 이루어져, 여호와 하나님께 예배드리기에 가장 적합한 구조물(構造物)로, 그리고 특수하게 구별된 걸작품(傑作品)인 것이다.

2) 성전의 창문(窓門) (4)

"성전을 위하여 창틀 있는 붙박이 창문을 내고"(4)

창문에 대하여는 자세한 설명이 없기 때문에 창문의 수, 위치, 크기, 용도 등을 전혀 알 수가 없다. 다만 '붙박이 창문'(고정된 창문)이라는 데서 성소의 높은 곳 즉 사람이 여닫을 수 없는 곳에 설치된 것으로 추측할 뿐이다. 그리고 그 용도에 대하여는 구역(舊譯)에서 교창(交窓)이라 한 것을 보아 빛과 공기를 통하기 위함이라고 대부분의 주석가들이 해석한다.

하지만 본래 성막(聖幕)에는 창이 없도록 설계 되었으며 이 때문에 성소는 물론, 지성소까지도 캄캄하고 어둡지만, 성소는 순금 등대의 빛이 환하게 비춰 주었고(출 25:31-40), 지성소는 여호와의 영광의 빛으로 찬란케 하였다. 그런 만큼, 솔로몬 성전의 창문 실치 목적은 공기를 순환시키기 위함이라고 보는 것이 옳다는 생각이 든다.

요컨대 오늘의 교회 역시 하늘로 통하는 교창(交窓)이 있어야 한다. 이는 기도의 창이다. 교회를 상징하는 노아의 방주(方舟)에는 3층 높은 곳에 창문이 있었다(창 6:16). 그리고 다니엘은 매일 윗방에 올라가 예루살렘으로 향한 창문을 열고 … 하루 세 번씩 무릎을 꿇고 하나님께 기도하였다(단 6:10).

오늘의 성도들 역시 각각 마음에 창문을 열고 계속 기도하라는 교훈을 여기서 배워야 할 것이다.

3) 부속 건물 (5-10)

이는 성전 밖에 있는 부속 건물이라기 보기보다는 주랑(현관)을 제외하고 성소와 지성소 벽에 연접하여 3면으로 돌아가며 15 규빗 높이에 2중 벽을 쌓아 올린 다음, 이것을 성전 벽과 들보로 연결하여 지붕을 덮어 3층으로 된 다락방을 만든 것을 말하는 것이다. 이것을 성전 전면(前面)에서 바라보면 마치 성전 본체에 달린 좌우 날개처럼 보였을 것이다.

다락의 높이는 각 3 층이 균일하게 5 규빗이지만 너비는 매 층마다 다르다. 즉 맨 하층(下層)이 5 규빗, 중층(中層)이 6 규빗, 그리고 3 층인 맨 상층(上層)이 7 규빗이어서 올라갈수록 방이 넓어져 있다. 그 이유는 성전 본당의 벽의 두께가 위 아래가 다르기 때문이다. 벽의 내면은 상하(上下)가 동일하지만 외벽 면은 벽 중간인 15 규빗에서부터 마치 운동장의 계단처럼 3 층계로 내려갈수록 벽 두께가 1 규빗씩 넓어져 있다.

이런 특수한 공법을 취한 이유는 성전 주위에 다락방을 건축하면서 성전 벽에 안전을 도모하기 위함이었다. 그것을 6절 하반절에 명시한다. 즉 "성전의 벽 바깥으로 돌아가며 턱을 내어 골방 들보들로 성전의 벽에 박히지 아니하게 하였으며" 만일 벽을 넓게 하지 않을 경우 성전의 벽을 뚫어 구멍을 내고야 다락방 들보를 끼울 수 있을 것이다. 그럴 경우 벽에 손상(損傷)이 갈 것을 우려하여 벽을 매 층마다 한 규빗씩 턱을 만들어 골방 들보를 그 위에 안전하게 얹도록 설계한 것이다. 메튜 헨리는 이 사실을 들어 "교회가 필요하다는 미명 아래 교회 자체의 힘이 손상되는 일이 없도록 해야 한다."라고 경고하였다.

그러므로 내려갈수록 벽이 점차로 두터워지니 그만큼 기초(基礎)를 더욱 견고케 만들고 있음을 기억해야 할 것이다.

그리고 방은 올라 갈수록 매 층마다 1 규빗씩 넓어 졌다. 이 사실이 의미하는 것은 우리의 신앙이란 위로 올라 갈수록 점차 안계(眼界)와 신앙 영역(領域)이 넓어지게 마련이며 마침내는 천상(天上)까지 이르게 됨을 의미한다. 주께서 일찍이 말씀하신바 "내 아버지 집에 거할 곳이 많도다"(요 14:2)라고 하신 사실이 바로 우리 신앙의 성장(成長)과 아울러 하늘나라가 점차 확장(擴張) 됨을 뜻한다고 볼 것이다.

골방의 수와 그 용도가 무엇인가에 대하여는 본문에는 기록이 없지만, 에스겔 선지서의 성전 설계도(設計圖)에 의하면 골방수가 30(겔 41:6)이었으며 그리고 그 용도는 제사장과 레위인이 성전에서 봉사하는 동안 생활하던 거실(居室)이었으며, 또는 각종 제사용품들의 저장실과 제사(祭祀) 준비실(겔 42:13-14) 및 각종 보물(寶物)과 여러 기구(器具) 등의 저장실(貯藏室)(왕상 7:51)로 쓰였다.

오늘도 역시 교회당 예배실인 본당 외에도 여러 개의 부속실을 필요로 한다. 즉 각급 교회 학교 교육공간을 위시하여 각 기관 사무실, 성가 연습실, 기도실 그리고 교역자 사택 등 다양한 목적의 부속실이 필요함은 사실이다.

본장 이 단락에서 우리는 교회 부속실(附屬室)의 필요와, 아울러 설치 방법, 내지 사용 목적 등에 관한 다양한 교훈을 받게 되는 것이다.

4) 건축현장의 진행상황 (7)

이 성전의 자재(資材)들 중 내부 장식용의 백향목과 잣나무는 레바논에서 취하였고, 기초석과 외벽(外壁)용 석재(石材)는 예루살렘 성 밖 채석장(採石場)에서 취하여 다듬어진 것이다. 그런 만큼, 톱과 도끼소리는 레바논에서 들려졌고, 돌을 뜨고 다듬는 해머(hammer)와 정 소리는 채석장에서만 들릴 뿐, 모리아 산 건축현장에서는 아무런 소음(騷音)도 들리지 않았다.

오늘도 지구상에서 들려지는 위대한 일들은 대체로 침묵(沈默) 속에서 되는 경우가 많이 있다. 가령 천체(天體)들의 움직임이나 지구(地球)의 중력, 바다 가운데 흐르는 조수(潮水), 그리고 식물(植物)들의 성장 등에서 알 수가 있다. 역시 인간들이 하는 일 중 떠들썩함과 과시적(誇示的)인 것은 진정한 발전이 아니며 다만 하나의 거품에 불과할 뿐이다.

그러므로 하나님의 집을 세우는 과정에서 가장 강력한 특징은 오직 침묵(沈默)일 뿐이다. 그런 만큼, 세상을 향한 교회의 소리 없는 증거는 불가항력적인 효력을 지니게 마련이다. 그 이유는 오늘의 교회를 형성하는 고귀한 자재(資材)로서의 성도들의 도덕적 성품은 곧 그리스도의 속성(屬性)을 닮은 것으로서 이는 하나님의 교회를 세우는 일 그 자체가 곧 그리스도의 성품을 세우는 것임을 인식한다면 아무런 소음(騷音)이 없이 조용히 진행되어야 한다는 점을 기억해야만 할 것이다.

그럼에도 불구하고 오늘의 교회 중에서는 날카로운 철(鐵) 연장 소리와 둔탁(鈍濁)한 망치소리들이 들려오는 경우가 있다. 솔로몬 시대에서 수십 세기가 지난 현대의 레바논에서는 도끼 소리 대신 전쟁의 소음(騷音)이 들려오고 있는가 하면, 예루살렘 성 밖에서도 역시 채석장(採石場)에서 들리는 소리보다 훨씬 더 요란한 전쟁의 폭음(爆音)이 계속 들려오고 있다.

그런가하면 조용해야만 할 오늘의 교회 역시 별반 큰일도 아니면서 소음들이 너무 요란하게 들리는 경우가 있음은 크게 반성해야만 할 일이다.

골방으로 올라가는 문은 성전 오른쪽에 있으며 마치 높은 탑(塔)이나 등대(燈臺)에 오르는 계단처럼 나선형(螺旋形)으로 되어 있어, 이런 문을 통하여 중층을 거쳐 3층까지 오르내리도록 설계되었다(8).

부속 건물인 다락방 건축을 마침으로 9절에서 "성전의 건축을 마치니라"라고 하였는데 이는 성전의 전체 공사가 끝났다는 의미가 아니라 성전의 외부공사가 일단 끝이 났음을 의미하는 것이다.

5) 건축 중에 들려진 여호와의 말씀 (11-13)

이는 건축 중에 솔로몬에게 주신 여호와의 훈시(訓示)인바 그 전달(傳達) 방법에 대하여는 직접 계시인가, 아니면 다윗처럼 나단 선지를 통하여 주신 것인가에 대하여는 알 수가 없다. 그 내용은 다윗과의 약속한 바를 상기(想起)시키며(삼하 7:1-17) 이를 재확인하는 것으로 "네가 만일 내 법도를 따르며 내 율례를 행하며 내 모든 계명을 지켜 그대로 행하면"(12), 이 성전도 오래 존속될 것이고 내가 이 성전에 거하여 이스라엘 중에 게신 증거가 될 것이며 내 백성 이스라엘을 버리는 일이 없을 것이나 만일 이 계명을 어기면 이 성전은 파괴될 것이라는, 조건적인 훈시이다.

그 후 불행하게도 이스라엘 왕과 백성들이 이 경고를 무시함으로써 이 성전은 마침내 파괴되는 비운(悲運)을 면치 못하였다(왕하 25:8-10, 렘 52:12-33).

오늘의 현대 교인들 역시 하나님의 말씀을 무시하고 인간들의 생각이 지배할 경우 촛대가 옮겨진다는 사실을 기억해야 할 것이다(계 2:5).

4. 성전의 내부구조(內部構造)와 장식(裝飾) (14-22)

1) 성전 내부의 단장(丹粧) (14-22)

(1) 성전 내벽(內壁)의 나무장식(14-15)

성전 안벽과 마루 및 천장까지에 3면의 모든 벽을 백향목 널판으로 둘러쌌기 때문에 튼튼하고 질기며 온 실내(室內)에는 향기가 가득하였다. 이는 베니게 건축방식에 의한 것으로 추측하지만, 사실 현대의 건축 방식과도 일치한다. 필자는 오래전 국산 향나무로 된 접는 부채를 선물 받았는데 지금도 그 부채를 펴면 향기로운 냄새가 풍겨온다. 하물며 온 성전 내부벽 전체를 온통 백향목 판자로 둘렀으니 그 향기로움이 어떠했을지 짐작이 간다.

그리고 "또 잣나무 널판으로 성전 마루를 놓고"(15b)를 보아, 바로 직전 "백향목 널판으로 성전의 안벽 곧 성전 마루에서 천장까지의 벽에 입히고"(15a)라고 한 것과 모순되지만, 아마도 백향목으로 창대를 놓고 그 위에다 잣나무 널판으로 마루를 깐 것이 아닌가 생각된다.

이는 오늘의 우리들도 마치 베다니의 마리아가 "지극히 비싼 향유를… 예수의 발에 부으니… 향유 냄새가 집에 가득하더라"(요 12:3) 함같이 신자들 모두는 그리스도의 향기로 온 성전 안을 가득 차게 해야 한다는 교훈을 받아야 할 것이다.

(2) 성소와 지성소를 구분(區分)함(16-19)

성전의 길이는 주랑(현관)을 제외하고 총 60 규빗인데 그 삼분 일에 해당하는 20 규빗의 지성소(至聖所)를 만들기 위하여 마루에서 천장까지를 백향목 널판으로 가로막아 장, 광, 고가 모두 20 규빗의 정 4각형 입방체(立方體)가 되도록 하였다(16). 이는 천국의 상징이며(계 21:16-17), 4 각형 입방체는 동서남북(東西南北) 즉 온 세계를 의미하는 것이다.

지성소란 이스라엘, 아니 전 세계에서 가장 거룩한 장소인바 이는 여호와의 임재를 상징하는 언약궤(the ark of covenant)가 놓였기 때문에 이곳이야말로 '지성소(The holy of holies)'는 "거룩함들의 거룩함"의 곳이 되는 것이다. 언약궤 위 속죄소(mercy seat)는 전 세계의 중심 핵(核)으로서 대제사장만이 1년에 1차 속죄일이 되면 제단에서 흘린 속죄의 피를 가지고 지성소에 들어가 그 피를 이곳에 부을 때, 모든 이스라엘 백성들의 누적(累積) 된 죄가 깡그리 속죄 되는, 그리스도의 갈보리 제단의 모형이 되는 곳이다.

지성소를 설치하고 보니, 성소(the holy place)의 규모는 길이 40 규빗 너비, 20 규빗의 장방형(長方形)이 된다. 그곳에는 떡 상과 등잔대와 향단이 놓이고 일반 제사장이 연중(年中) 매일 밤낮 출입하며 봉사하는 곳이다.

이곳이야말로 오늘의 교회를 상징(象徵)한다고 볼 수가 있다.

(3) 성소와 지성소 경계(境界)에 금 사슬(21)

"솔로몬이 정금으로 외소 안에 입히고 내소 앞에 금사슬로 건너지르고"(21)

이 구절은 이해하기 어려운 점이 있다. 모세의 성막에는 성소와 지성소를 구분하기 위하여 휘장(揮帳)을 만들어 쳤고 문은 없었다(출 26:33). 그런데 본장에서는 앞서 언급한 바 16절에서 백향목 널판으로 가로막아 성소와 지성소를 구분한 기사(記事)가 나오며, 또한 31절에는 내소(지성소)로 들어가는 문이 있어, 벽에 5분 1에 해당하는 감람나무로 된 두 개의 짝문이 있음을 보여주고 있을 뿐 아니라, 병행기사(竝行記事)인 역대하 3:14에서는 "청색 자색 홍색 실과 고운 베로 휘장문을 짓고 그 위에 그룹의 형상을 수(繡)놓았더라"라는 기록이 있어 독자로 하여금 혼란을 일으키게 한다.

이를 이해하기 쉽게 정리해 보면 다음과 같다. 모세의 성막에는 내외(內外) 성소의 구분을 위하여 휘장(揮帳)으로 가로막았지만, 솔로몬의 성전에는 20 규빗에 해당하는 성전 폭을 백향목 판자로 가로막고는(16) 그 폭에 5분의 1의 넓이로 감람나무로 된, 문 두 짝을 내어 이것을 항시 열어 놓고는 휘장을 만들어 문에 드리운 다음, 속죄일에 대제사장 외에는 누구든 출입을 못하도록 금 사슬로 차단하였다(21)라고 보는 것이 정당하다는 생각이다.

이 사실을 보아 그 후 그리스도의 십자가 운명 시에 파열(破裂) 될(마 27:51) 그의 몸을 상징하는(히 10:20) 이 휘장(揮帳)이 제거될 것임에도 불구하고 솔로몬의 성전에는 역시 출입금지의 딱지가 붙어있음을 알게 된다.

4) 솔로몬이 세운 두 개의 그룹 (23-27)

솔로몬은 언약궤 뚜껑에 해당하는 속죄소 위에 있는 두 개의 그룹 외에 이보다 규모가 훨씬 큰 두 개의 그룹을 감람나무로 만들어 지성소 안에 세웠다는 것이다. 그 그룹의 모양은 역시 사람 모양에다 날개가 달린 천사의 모습으로서 성소를 향하여 나란히 서 있었는데 한 그룹이 날개를 펴면 10 규빗이기 때문에 두 그룹이 날개를 펼 경우, 20 규빗인 지성소에 가득 차서, 각각 두 그룹의 한쪽 날개 끝은 지성소 중앙에서 서로 맞닿았고(27), 다른 날개 끝은 각각 지성소 좌우 벽에 닿을 정도이다.

그 높이(高)는 각각 10 규빗으로 지성소의 높이 20 규빗(성소는 30 규빗)에 비하면 10 규빗의 여유 공간이 생기기 마련이다. 그룹이란 스랍(사 6:2)과 함께 최고의 천사이다. 그룹의 직능(職能)은 ① 성전 수호(守護; 창 3:24, 겔 28:14, 16), ② 하나님의 계시 전달(겔 10:9-16), ③ 하나님의 영광을 드러냄(삼하 22:11) 등을 수행한다.

여호와의 언약궤는 이 큰 그룹의 날개 밑에 있었으며 언약궤 위의 그룹과는 동일한(출 25:20) 의미를 재 강조한 것으로 본다.

천사는 신자의 숭배 대상은 아니며, 앞서 언급한대로 하나님의 뜻을 인간들에게 전달하기 위한 사자(使者)일 뿐이다. 역시 그들의 사명은 생명의 전달자(傳達者)이며 이 사명을 위한 수단은 날개이다. 고로 날개의 움직임은 곧 생명의 움직임인 것이다. 성전의 지성소에는 이런 거대한 그룹의 형상이 설치되었고, 성전 내벽(內壁) 전체에도 역시 그룹들이 조각(彫刻)되어 있었다(29).

오늘의 성전에 가득 찬 신자들 역시 어느 면에서 그룹으로 상징되는 복음의 전달자인 것이다. 그러기 위해서는 하나님의 명령을 수행함에 있어서

민활한 반응을 보이기 위한 생명력이 넘치는 천사의 날개 같은 영력(靈力)이 필요함을 절실히 느껴야 할 것이다.

5) 성전내부 전체의 금장식(金粧飾) (20-25)

성전 내부 전체를 "백향목 널판으로 성전의 안벽 곧 성전 마루에서 천장까지의 벽에 입히고"(15)는 그 위에다 금도금(金鍍金)을 한 것이 아니라 얇은 금판(金版)으로 덧입힌 것이다. 그리하여 지성소와 성소는 전체가 정금 벽, 정금 천장, 정금 마루가 되어 온통 황금색으로 빛나게 되었다(20-22).

그리고 지성소 안의 두 그룹도 감람나무로 만들고(23) 금으로 입혔다(28). 여기서 특히 지적할 사실은 성소의 마루까지를 금으로 입혔다는 사실이다. 세상에 그 어떤 왕궁(王宮)이나 신전(神殿)도 마루까지 금으로 된 건물은 없을 것이라 생각된다. 성전이야말로 천국의 상징이기 때문에 황금 마루바닥도 이해가 된다(계 21:17). 이로써 사막의 모래바닥에 오래 머물렀던 언약궤는 비로소 황금바닥에 놓이게 된 것이다.

우리는 여기서 성전의 원형(原型)인 성막(聖幕)에서 하나의 원칙을 알아야 할 필요가 있다. 성막 외부(外部)의 기구(器具)는 모두가 놋이며, 내부(內部)의 기구는 모두가 금이다. 전자의 경우는 놋 제단, 물두멍(세수 통), 심지어 장막 말뚝까지도 놋으로 되어 있다(출 27:19). 놋은 심판(審判)의 상징으로서 제단(祭壇)은 짐승을 잡아 제사 드리는 곳인 만큼, 죄인에 대한 심판을 의미한다. 그리고 세수 통은 세례를 의미하는 것으로 속죄 받은 자의 정결(淨潔)을 위함이다. 이는 모두 구리 뱀으로 상징된 예수 그리스도의 우리 죄를 대신하여 받으신 심판을 의미하는 것이다(요 3:14).

한 가지 예외가 있는데, 성막 주위를 둘러싼 조각목으로 된 널판(길이 10 규빗, 너비 1 규빗 반)과 40개의 받침(출 26:19-25)만은 은(銀)이다. 이는 성막 외부와 내부 중간 위치에 있는 만큼, 외부의 놋(銅)과 내부의 금(金)을 조화시키는 의미에서 은(銀)인 듯하며, 보다 신령한 의미는 제단을 통하여 속죄 받은 자의 의로움을 상징한다고 볼 수 있다. 그 증거는 이 널판의 설치비용 전부가 이스라엘 사람 중 20세 이상 해당자들이 각자 생명의 속전(贖錢)으로 반 세겔씩 바친 것으로(출 30:11-16, 38:25-27), 이것이 성막 벽 받침의 기초석이 되도록 한 것이다. 그 액수(額數)가 동일한 이유는 예수를 믿어 받는 구원은 빈부의 차이 없이 누구나 동일하기 때문이다.

이리하여 성막 내부 공간 전체가 황금으로 되어 있는데다 그 공간 안에 비치(備置)된 성기구(聖器具), 즉 떡상(출 25:23-30), 등잔대(출 25:31-40), 향단(출 30:1-5) 등 모두가 금으로 되어 있기 때문에 성소 안은 온통 황금빛으로 충만하다.

정금(精金)이야말로 예수 그리스도의 고귀한 속성(屬性) 즉 그의 완전 의로우심과 성결함 그리고 영화로움의 상징인 만큼, 오늘도 예수를 구주로 믿어 구원 얻은 자들은 참 성전 되신 예수 그리스도 안에 거하여, 마치 정금처럼 찬란한 빛을 발하는 자들이 되어야 함을 배워야 할 것이다.

6) 벽의 장식(裝飾), 문짝, 안뜰 (29-35)

"내 외소 사방 벽에는 모두 그룹들과 종려와 핀 꽃 형상을 아로새겼고"(29). 이는 18절과 모순된다. 거기에는 "박과 핀 꽃을 아로새겼고"라고 했기 때문이다. 그 이유는 미상하나, 주석가 카일·델리취는 이 기사(記事)는 모순이 아니라 이미 18절에 지적한 '박과 꽃' 외에 그룹과 종려의 형상을 첨가하여 구체화시킨 것이라고 하였다. 그리고 그는 매 판(板)마다 위아래에 박을 조각하고 그 사이에 꽃과 그룹과 종려 모양을 조각(彫刻)한 것으로 추상(推想)하고 있다.

그 제작 과정은 백향목 판에다 이것들을 먼저 조각한 다음, "그 새긴 데에 맞게"(35) 금판(金版)을 입히도록 제작한 것으로 생각한다.

'문짝'(31-35)에 대하여 내소(지성소)로 가는 문의 경우는 21절에서 이미 설명한 바 있기에 생략하며, 외소(성소)로 들어가는 문은 성소의 폭 20규빗에 4분의 1로서 지성소 문보다 넓다. 이는 제사장들이 자주 출입하여 활용도가 빈번하기 때문이며, 그 자료 역시 지성소 문의 자료가 감람나무(31)인데 비하여 성소의 문이 잣나무인 것 역시 자주 사용하기 때문에 가벼운 재료를 쓴 것으로 생각한다. 이 문 역시 두 짝으로 되어 각각 접게 만들었다는 데는 여러 가지 문제가 있다. 하지만 문짝에 그룹들과 종려와 핀 꽃을 조각한 것과 금으로 입힌 것(35)은 지성소의 경우와 동일하다.

예수님은 자신을 가리켜 '양(羊)의 우리의 문'으로 비유하였다. 그러므로 이 문을 통하지 않고 다른 데로 넘어가는 자는 절도며 강도라고 하셨다(요 10:1-3). 이 말씀은 오늘 이 순간도 교회에서 일하는 모든 주의 일꾼 중 만일 예수 그리스도를 믿어 구원 받은 확신이 없는 자라면 이는 목자로서의 자격이 없다는 의미이다.

오늘의 성전 문을 출입하는 모든 자들은 들어가며 나오며 참 선한 목자이신 예수 그리스도로 말미암아 꼴을 얻는(요 10:9) 양들이 되어야 할 것이다.

'안뜰'(36)에 대하여 "또 다듬은 돌 세 켜와 백향목 두꺼운 판자 한 켜로 둘러 안뜰을 만들었더라"고 했다.

안뜰은 제사장들이 일하고 있는 제단과 물두멍이 놓인 활동공간을 의미한다. 그 건립과정을 보면 다듬은 돌 세 켜[켜는 층(層)을 의미함]와 두꺼운 판자 한 켜(한 층)로 만드는 4층 구조(構造)의 담장으로 되어 있다. 이런 높이라면 밖에서 사람들이 담 안에 제사장들의 활동상황을 넉넉히 볼 수 있는 낮은 담장이다.

이는 백성들에 대한 폐쇄(閉鎖)된 공간이 아니라 공개된 작업장으로서 백성들이 제사장들이 무엇을 하는지, 심지어 무슨 말을 하는지 모두 들을 수 있을 정도로 민주화(民主化)된 면을 보여 준다(대하 7:3).

안뜰 밖에는 바깥 뜰 즉 '큰 뜰'(대하 4:9)이 있었다. 안뜰의 크기는 기록이 없으나 성전의 크기가 성막에 크기에 2배(2, 출 27:9)인 만큼, 거기 준한다면 동서의 장이 200 규빗(91m), 남북의 광이 100 규빗이었을 것이라고 생각한다.

'성전 뜰' 역시 거룩한 성역(聖域)의 공간이다. 이는 오늘의 교회 내에서의 다양한 교회생활을 의미함은 사실이다. 하지만 우리 모두는 성전 뜰만 밟는(사 1:12) 자가 되지 말고 제단과 세수 통을 지나 성전 문으로 들어가서 봉사하는 자들이 될 뿐 아니라 마침내는 지성소에까지 들어감으로써 그 지극히 영화로운 자리에서 여호와 하나님을 직접 만나는 궁극적인 소망을 이루는 자들이 되어야 할 것이다.

5. 성전건축의 완성 (37-38)

"넷째 해 시브월에 여호와의 성전 기초를 쌓았고"(37)

넷째 해는 솔로몬의 즉위 4년을 말하며, 시브월 즉 2월에 기공(起工)하여(1), 재위 11년 불월 곧 8월에 완성되었으니 건축 기간이 7년, 정확히 말하면 7년 반이 걸린 셈이다. 시브월과 불월은 가나안의 옛 달력의 이름이며 앞에서 말하였지만 '시브'는 난만(爛漫)을 뜻하며 꽃 달로서 태양력으로는 4월 하순에서 5월 중순에 해당하며, '불월'은 '비오는 달'의 뜻으로 보리와 밀의 파종기이며 무화과가 결실하는 달로 태양력으로는 10월에서 11월에 해당된다. 즉 꽃 피는 봄에 시작하여 결실의 가을에 완성되었다는 의미이다.

그리고 무엇보다 이 성전은 하나님의 지시하시는 그 설계와 양식(樣式)대로 건축함으로써 다윗이 준비한 오랜 기간과, 타국(他國)인 레바논에서 건축자재를 마련한 기간도 제외(除外)하고, 다만 솔로몬이 기초(基礎)를 놓고 기공(起工)한 때를 기준하여 성전의 완성과 아울러 성전 안뜰의 담을 쌓기까지만 7년 반이 걸려 완성한 것으로 보는 것이다.

사도 바울은 고전 3:10-15에서 교회설립의 원칙을 말하면서 바로 전장에서 언급하였듯이, 솔로몬 성전의 기초석이 "크고 귀한 돌"(17-18)인바 이것이 예수 그리스도의 상징이라면 금이나 은이나 보석으로 된 모든 건축자재(建築資材)는 하나님의 말씀을 상징하며, 또한 최고의 기술진(技術陣)을 동원하여 공력을 들여 지어야 한다고 하였다. 이는 솔로몬의 성전 건축과 일치한다.

오늘의 성도들도 교회를 설립함에 있어서는 반석이신 예수 그리스도를 기초로 삼고 불변의 진리인 성경 말씀을 재료로 삼아 최선의 정성과 공력을 들여 정교하고 완벽한 집으로 지어야 한다는 점을 기억해야만 할 것이다.

결론

솔로몬의 생애에 가장 크고 귀중한 업적은 성전 건축이다. 그는 이 숭고한 대 사업을 위하여 7년 반의 세월과 막대한 재정과 수많은 인력(人力)을 동원하였다. 그리하여 예루살렘 시온 산 위에다 그야말로 황금보석의 굉장절미(宏壯絶美)한 성전을 완성한 것이다. 솔로몬의 성전은 앞서 이미 언급한 바와 같이 신전(神殿)으로서 만세의 모범이 되는 것으로, 그 건축 동기에 있어서, 건축 방법에 있어서, 헌당(獻堂)의 정신에 있어서 모두가 그러하다.

하지만, 이 성전은 무너졌다. 그 이유는 하나님의 말씀을 무시했기 때문이었다. 그는 부왕(父王) 다윗의 유언(遺言)도 저버렸고(2:1-4), 건축 중에서까지 훈계하신 여호와의 말씀조차 무시했다(6:11-13). 성경은 그의 타락의 원인을 11장에서 상세히 지적하고 있다. 그것은 두 가지다. 하나는 이방여인을 취한 사실로서 "왕은 후궁이 칠백 명이요 첩이 삼백 명이라 그의 여인들이 왕의 마음을 돌아서게 하였더라"(11:3)이며, 또 하나는 그 여인들의 꾀에 넘어가 다른 신들을 따른 사실을 지적하고 있다(11:4-8).

이 성전은 바벨론 침략으로 마침내 무너지고(왕하 24장; B.C. 597), 그 후 수차 성전이 재건되기도 하였지만, 현재는 그 폐허(廢墟)가 된 성전자리에 이슬람 신전(神殿)이 위용을 과시하고 있는 실정이다.

솔로몬은 말년에 이르러 참회서(懺悔書)인 전도서를 쓰면서 자신의 생애의 허무(虛無)함을 한탄하였지만(전 1:1-2), 그래도 영원히 남을 것은 한때 자신의 힘과 정성을 모아 이룩한 성전 건축의 업적 하나가 아닐까 생각될 뿐이다.

솔로몬의 왕궁건축과 성전의 설비(設備)

왕상 7:1-51

본장은 솔로몬의 왕궁(王宮)건축과 성전의 비품완비(備品完備)에 관한 기록이다. 1절은 왕궁건축에 관한 서론으로서 즉 "솔로몬이 자기의 왕궁을 십삼 년 동안 건축하여 그 전부를 준공하니라"라고 건축과정을 간단히 기록하고 있다.

솔로몬이 왕궁건축을 시작한 연대(年代)는 기록이 없고 다만 성전 건축 완료 후에 시작하여 13년간을 요한 것으로, 성전 건축기간에 비하여 꼭 배에 해당이 된다(6:37-38). 그것은 성전의 건축 규모가 단 한 동(棟)으로 되어 있는데 비하여, 왕궁의 경우는 레바논 궁, 주랑(柱廊), 왕의 궁전 등 3개의 건축물로서 이를 세분(細分)하면 5동(棟)이 되기 때문이기도 하지만, 메튜 헨리는 솔로몬이 하나님의 집을 짓는 것보다 자기 집을 짓는 데는 열심이 적었기 때문이라고 그 지연(遲延) 이유를 밝히고 있다.

그리고 건축 상황기록에 있었어도 성전의 경우, 6:1에서 7:13-51까지 근 3장에 걸쳐 상세히 기록한 데 비하여, 왕궁의 경우는 7:1-12에 단 한 장도 못되게 요약 기술하고 있음을 보아, 성전에 대한 솔로몬의 관심이 훨씬 컸음을 보여준다고 할 수 있다.

왕궁의 위치(位置)에 대하여도 여러 가지 학설이 분분하지만, 대체로 성전 서남쪽에 연접(連接)하여, 성전지대보다 조금 낮은 위치에 있었으며 지금은 매몰(埋沒)되어 있는 상태라고 보는 견해가 가장 타당하다는 생각이

들 뿐이다.

1. 왕궁건축의 구조(構造)와 자료(資料) (1-12)

1) 건축물의 구조(構造) (1-8)

(1) 레바논 나무의 궁(宮)(1-5)

"그가 레바논 나무로 왕궁을 지었으니 길이가 백 규빗이요 너비가 오십 규빗이요 높이가 삼십 규빗이라 백향목 기둥이 네 줄이요 기둥 위에 백향목 들보가 있으며"(2)

이 구절의 원문은 "레바논 숲에 집을 짓다"로 되어 있기 때문에 많은 논쟁이 되고 있다. 주석가 메튜 헨리(Matthew Henry)는 원문에 치중하여 "솔로몬이 레바논에 경관(景觀)이 좋은 백향목 숲에 여름 별장(別莊)으로 지은 집"이라고 해석하였고, 미카엘리스(Micaelis)와 하몬드(J. Hammond) 등은 "레바논의 백향목으로 건축한 여러 기둥(특히 주랑)들이 마치 숲에 나무처럼 보였기 때문이라"고 해석하였다. 후자의 경우가 훨씬 타당성이 있다고 본다. 그 이유는 왕의 집무실이 수도(首都)인 예루살렘에 있음이 당연하며 또한 성전 가까이서 여호와를 섬기기 위함이라고 보기 때문이다.

왕궁의 위치(位置)는 성전의 위치가 동향(東向)이라면 성전 서남쪽 편에 정문(正門)을 내고 첫 동(棟)으로 지은 것이 '레바논 궁'(2-5)이며 그 다음이 '주랑'(柱廊)과 '보좌의 주랑'(6-7)이고, 그리고는 성전과 인접(隣接)하여 '솔로몬 왕이 거처할 왕궁'(8a)과 '바로의 딸인 왕후(王后)를 위한 집'(8b)을 지었다고 생각한다.

그러므로 왕궁 정문으로 들어서면 바로 첫 동(棟)이 '레바논 나무 궁'이다. 그 규모는 장이 100 규빗, 너비가 50 규빗, 높이(高)가 30 규빗으로 성전 크기(6:2)에 비하면 약 배가 되는 규모의 건물이다. 그리고 그 건축양식을 보면 "백향목 기둥이 네 줄이요"(2b)라고 하였지만 다음 절에 들보가 45개라 한 것을 보아 기둥이 15개씩 세 줄로서 총 45개로 생각한다.

그 주용도(主用途)는 무기고(武器庫)였으며(왕상 10:16-17, 사 22:8), 4절에서 창(窓)을 세 줄로 냈다는 것을 보아 마치 성전의 골방처럼(6:5) 3층으로 된 45개의 골방이 있었다고 생각된다.

이 골방들의 용도(用途)가 무기고(武器庫)뿐 아니라 시위대(侍衛隊)원들의 숙소(宿所)로도 사용한 것으로 추측이 간다.

(2) 주랑(柱廊)과 보좌(寶座)의 주랑(6-7)

주랑과 보좌의 주랑은 한 동으로 짓고 용도상 둘로 구분하고 있다. 주랑의 규모는 레바논 궁에 비하면 반에 해당하는 것으로 그 용도는 왕의 보좌(寶座)가 있는 주랑으로 들어가는 현관(玄關) 역할을 하며 또한 왕에게 재판을 받기 위하여 찾아오는 자들의 대기실(待機室) 기능을 하였다고 생각한다.

주랑과 보좌의 주랑과의 구분(區分)은 6절에 "또 그 앞에 기둥과 섬돌이 있으며"를 보아 두 개의 기둥을 세워 현관을 만들고는 '섬돌'을 놓아 출입하도록 연결시키고 있음을 알 수가 있다.

그리고 보좌의 주랑은 전체 왕궁의 핵심(核心)이 되는 곳으로 상아(象牙)로 만들고 정금(精金)을 입힌 왕의 보좌(寶座)가 놓인 곳이다(10:18-20). 3면은 벽(壁)으로 차단(遮斷)되고 앞면만이 트인 넓은 낭실(廊室)이 있어, 이곳이야말로 군신(君臣)들의 접견(接見)과 아울러 백성을 재판하는 법정(法廷)의 역할을 하는 것이 주 용도였다.

"온 마루를 백향목으로 덮었고"(7b)를 보아, 잣나무로 마루를 깔고 그 위를 금으로 입힌 성전마루에 비하면(6:15, 30) 역시 왕궁의 소박(素朴)함을 보이고 있어, 솔로몬의 신앙심이 반영되고 있음을 알 수 있다.

(3) 왕의 궁전과 왕후(王后)의 거소(居所)(8)

"솔로몬이 거처할 왕궁은 그 주랑 뒤 다른 뜰에 있으니 그 양식이 동일하며"(8a)

왕이 거처할 궁은 보좌의 주랑(柱廊) 뒤(옆) '다른 뜰', 이는 마치 성전의 다른 뜰과 같이 만들고 그 안에 위치하였고 그 동북쪽은 성전과 인접(隣接)되어 있다. 이리하여 '재판하는 주랑'(집무실)으로 가기가 편리할 뿐만 아니라 성전으로 통하는 문도 있었다고 생각되어 명 재판관으로 소문난 지혜의 왕으로서의 업무수행과 아울러 그 지혜를 주신 하나님을 섬기는 성전예배를 중요시한, 이 두 가지를 위하여 가급적 편리하도록 설계되어 있다는 생각이 든다.

궁궐(宮闕) 전체는 마치 성전처럼 바깥 뜰(큰 뜰)이 있고 왕의 궁전과 왕후의 거소만은 안 뜰이 별도로 되어 있었다. "그 주랑 뒤 다른 뜰"(8a)이 바로 이 사실을 말해준다.

"솔로몬이 또 그가 장가 든 바로의 딸을 위하여 집을 지었는데 이 주랑과 같더라"(8b)

왕후(王后)인 바로의 딸을 위한 집 역시 안 뜰 안에 있는 왕궁 바로 뒤에 연접되어 있기는 하나 독립된 건물인 것으로 생각하는 이유는 고대(古代)의 왕궁에서는 왕후의 궁을 따로 지었기 때문이며 당시는 평민의 경우도 여인의 장막이 따로 있었음을 보아도 알 일이다(창 24:67).

그런 중 이 바로의 딸의 집이, 위치상 바로 성전과 인접(隣接)해 있다는 데 문제가 있지 않나 하는 생각이 든다. 게다가 왕의 처소는 성소와 인접되었는가 하면 공교롭게도 왕후 바로의 딸의 집이 바로 지성소(至聖所)와 인접(隣接)해 있다는 사실이다.

이것이 후에 성전과 왕궁이 함께 무너지는 이유가 되었다는 생각이 든다.

2) 왕궁건축의 자료(資料) (9-12)

왕궁건축의 주 자료는 외벽은 예루살렘 근교(近郊)인 채석장에서 떠낸 석회암(石灰岩))이며, 내부는 레바논에서 수입(輸入)한 백향목과 잣나무 그리고 약간의 국내산인 감람나무로 되어 있다. 이것은 성전건축 자재와도 동일하다. 하지만 성전에 비하여 다른 점은 성전 내부의 벽(壁), 천장, 마루까지 전체를 금판(金版)으로 입힌 것과는 다르게 왕의 황금보좌를 제외한 내부 전체를 백향목 판자(마루까지)로 둘러친 것에 차이이다.

여기서 말하는 것은 왕궁의 외벽과 기초석(基礎石) 그리고 왕궁의 다른 뜰(안 뜰)과 바깥 뜰 전체의 기초석(基礎石)까지 일정한 규격으로 다듬은 돌로 조성하고 있음을 보여준다. 9절에서 "이 집들은"(9)이라는 것은 앞서 언급한바 있는 레바논 나무 궁, 주랑 및 보좌의 주랑, 왕의 궁궐 및 왕후의 거소(1-8)까지를 총칭하는 것이다. 그리고 "안팎"(9a)은 벽(壁)을 말한다. 이는 자연석(自然石)이 아니라 일정한 규격으로 다듬은 석재(石材)로 조성되어 있음을 보여준다. 이것으로 초석(礎石)에서 처마까지의 벽 전체를 쌓았으며 그리고 "큰 뜰에 이르기까지" 여기 '큰 뜰'은 성전에서부터 왕궁 전체까지를 포함하여 둘러친 담장(슬로트키의 주장)을 의미하는 것이다. 그 기초석의 규격은 10 규빗(약 5.3m)과 8 규빗(4.2m) 되는 돌로 되어 있고 그 기초석 위에다 일정한 규격대로 다듬은 돌 즉 기초석보다 조금 작게 공들여 만든 '귀한 돌'로 왕궁 벽과 담장까지를 쌓았다는 것이다(11-12).

이처럼 솔로몬의 성전이나 왕궁들의 건축은 모두 예루살렘 근교(近郊)의 채석장에서 채굴(採掘)하여 명장(名匠)들의 손에서 다듬어진 석회암(石灰岩)의 귀한 돌과 레바논의 백향목을 주 자료로 하여 많은 공을 들여 지은 석조궁(石造宮)이다.

하지만 이보다 더 귀중한 이유는 이 기초석(基礎石)이야말로 예수 그리스도를 상징하고 있기 때문이다. 사도 바울은 다음과 같이 말하고 있다. "이 닦아둔 것 외에 능히 다른 터를 닦아둘 자가 없으니 이 터는 곧 예수 그리스도라"(고전 3:11).

교회야말로 반석 되신 예수 그리스도를 기초로 하여 굳게 서 있는 이상, 음부의 권세가 감히 침해할 수 없는(마 16:18) 고귀한 가치를 지니고 있는 존재임을 인식해야 할 것이다.

2. 성전의 설비(設備) (13-50)

1) 놋쇠 장인(匠人)인 히람을 초청함 (13-14)

앞서 언급한 바와 같이 성막 외부의 기구들은 모두가 놋(청동)으로 되어 있다. 그런 중 성막시대에는 없던 우람한 놋기둥을 현관 앞에 세우는 대공사와 아울러 놋바다라는 규모가 큰 물탱크를 만드는 고도의 기술을 요하는 공사가 첨가되는가 하면 그 외에도 여러 가지 기구들을 만드는 계획이 서 있었다.

그러므로 솔로몬 왕이 사람을 보내어 그 당시 소문난 두로의 놋쇠 명장(名匠)인 히람을 데려왔는데, 그는 "납달리 지파 과부의 아들이요 그의 아버지는 두로 사람이니 놋쇠 대장장이라"(14a), 이상 어렵게 표현된 인적사항을 주석가 카일은 다음과 같이 설명하고 있다. 즉 "그녀는 단 지파 태생(대하 2:19)으로서 납달리 지파로 출가(出嫁)했다가 남편이 죽자 과부로서 두로 사람과 재혼하였고 그 사이에서 난 자가 히람이라"는 것이다.

또한 주석가 메튜 헨리는 "히람은 어머니 쪽으로는 납달리 지파인 이스라엘 사람이요 그의 부친 쪽으로는 두로 사람이다. 만약 그가 두로 사람으로서의 재능을 구비하고 이스라엘 사람으로서 하나님의 전에 대한 애착을 가지고 있었다면(두뇌는 두로 사람, 마음은 이스라엘 사람으로) 두 민족의 피가 그에게 섞여 있다는 것이 다행한 일이며, 이로써 그가 계획하는 일을 수행하는데 충분한 자격을 구비한 자라고 할 수 있다."라고 하였다.

'히람'이라는 이름의 뜻은 '모사', '명공', 또는 '대가'로서 출 31:1-3에 나오는 성막(聖幕) 설치 당시 명장인(名匠人)이었던 브살렐에 비하면 다른 것임을 알 수 있다. 즉 브살렐의 재능은 초자연적으로 충만했던 하나님의 영에 의한 것이었고, 히람의 재능은 자연적인 하나님의 선물에 의한 것이기 때문이다.

이 말씀이 주는 교훈은 사람마다 하나님께로부터 받은 달란트가 있으며 그것은 사람마다 특이한 개성(個性)을 지닌 것으로 매우 귀중한 것이다. 우리들 각자는 자신의 달란트를 발견하고 이를 발전시켜야 하는 것이며, 무엇보다 브살렐이 천품적인 재능 위에 하나님의 영(靈)으로 충만 되었던 것처럼, 지혜로운 두뇌(頭腦)에다 뜨거운 성령의 역사가 함께하는, 그야말로 두로의 명장(名匠) 히람보다 더 우수한 오늘의 브살렐이 되어야 함을 기억하기 바라는 바이다.

2) 성전의 외부(外部)설비 (15-47)

(1) 두 놋 기둥(15-22)

히람이 놋으로 기둥 둘을 만들었는데 "그 높이는 각각 18 규빗(약 8.2m)이라"(대하 3:15에 35 규빗은 오기). 18 규빗이 정당함은 예레미야 52:21에 의해 증명된다. 그 둘레는 12 규빗(약 5.5m)(15), 그리고 원통(圓筒)으로 된 기둥 속은 비어있고 "그 두께는 네 손가락 두께이며"(렘 52:21· 약 7.5cm), 또한 기둥머리를 만들었는데 그 높이가 5 규빗(약 2.3m)이었으며 그 제조과정은 역시 놋쇠를 녹여 부어 만든 주조물(鑄造物)이다(16).

기둥머리 장식은 최고의 기술을 발휘하여 바둑판 모양의 그물을 만들어

기둥머리를 덮었고 또한 사슬 모양을 만들어 각각 일곱 번씩 늘어지게 하였다. 기둥꼭대기 주위에는 400개의 석류(石榴) 모양을 만들어 각각 200개씩 두르게 하였다. 그리고 그 두 기둥 꼭대기는 백합화 모양을 만들어 마무리를 하였다(19-22).

놋기둥의 위치는 성전 전면 낭실(현관) 앞 좌우편에 세운 것으로 보며, 기둥 명칭은 "오른쪽 기둥을 세우고 그 이름을 야긴이라 하고"(21a). '야긴'은 '세운다'는 의미로 우리가 하나님의 전에 와서 마음에 안정이 없이 갈팡질팡 할 때, 하나님이 그 마음을 일으켜 세우신다는 의미이다.

그리고 "왼쪽의 기둥을 세우고 그 이름을 보아스라 하였으며"(21b). 이는 "그에게 능력이 있다"는 의미이다. 이 두 개의 기둥의 의미를 합치면 "교회는 하나님이 세우실 것이며 또한 능력을 주어 영속적(永續的)으로 보존케 하신다."로서 교회야말로 세상 권세가 도저히 이길 수 없는 하나님의 보호아래 있음을 말해주는 것이 바로 솔로몬의 성전 앞에 세워진 두 개의 놋기둥의 의미라는 것이다.

마지막 유의할 점 하나는 "그 두 기둥 꼭대기에는 백합화 형상이 있더라 두 기둥의 공사가 끝나니라"(22)고 했는데, 이 거대한 기둥의 머리에다 활짝 핀 백합화 모양을 장식함으로써 마무리가 된 것이다. 백합화는 순결, 겸손, 향기로서 예수 그리스도의 모형이다(아 2:1).

오늘 우리들도 이 형상이 있음으로써 비로소 하나님의 성전의 기둥이 될 자격을 얻게 된다는 것이다.

(2) 놋바다의 주조(鑄造)(23-26)

솔로몬이 만든 성전외부시설 중 '두 놋기둥' 외에 '놋바다'라는 것이 있다. 이 규모가 큰 두 개의 시설물은 모세에 의하여 만들어진 성막(聖幕)에는 없는 것이다. 그 중에서도 두 놋기둥은 전혀 성막의 상비물(常備物)과는 상관없이 솔로몬이 성전을 완성한 후 이를 기념하기 위하여 세운 것으로 본다.

하지만, '놋바다' 역시 성막에 없던 것이기는 하나, 이는 물두멍을 본 따서 성전의 기능과 제사장들의 활동이 빈번(頻煩)하여짐에 따라 물두멍의 용도가 더욱 커짐에 대비하여 그 기능을 확대시킨 것으로 보는 바, 이는 성막과 전혀 상관없이 만든 것은 아님을 알 수 있다.

사실 솔로몬 성전의 원형(原型)은 모세의 성막(聖幕)이며, 솔로몬은 다만 성전의 건물과 시설물 등을 확대 제작한 것의 차이라고 보기 때문에, 제사(祭祀)형식이나 기구(器具), 기명(器皿) 등이 상징하는 일체의 것들은 여호와께서 지시하신 그대로의 것으로 아무런 차이가 없다는 것이다.

다만 광야 40년 생활에 편리하도록 제작된 이동식(移動式) 성막이 가나안 땅에 정착된 후 다윗과 솔로몬 대에 이르자, 이제는 일정한 장소에 고정(固定)된 건축물로서의 성전(聖殿)으로 발전된 것임을 알게 될 뿐이다.

이런 의미에서 또한 '물두멍'이라는 성막의 세수통(洗手桶)을 10개로 대량 확대 제작할 뿐 아니라 제사장들과 레위인들의 세정(洗淨)을 위한 '놋바다'의 신설 작업이 필요하였다고 보는 것이다.

이 놋바다의 제조 공법은 "또 바다를 부어 만들었으니"(23)라고 한 것을 보아, 이는 놋을 녹여 "요단 평지에서 숙곳과 사르단 사이의 차진 흙"(46)으로 모형(模型)을 만들고 거기에 놋 물을 부어 주조(鑄造)한 것이다(놋기둥 제조도 동일함).

그 모양과 규격은 엄청나게 큰 세수 대야 모양인데, 직경이 10 규빗(4.5m), 높이 5 규빗(2.3m), 주위 둘레가 30 규빗(13.7m)으로서, 용량은 2000 밧(46000 리터) 즉 약 500통의 물을 담을 수 있는 거대한 용기(容器)이다.

"바다의 두께는 한 손 너비만 하고"(26a) "한 손 너비"는 네 손가락 넓이를 말하는 것으로 히브리 도량형(度量衡)에서 6분 1 규빗(7.5cm)이며 그 두께는 성전 앞 두 기둥의 두께와 동일하다. 그리고 그 위 가장자리는 백합화 모양의 잔(盞)같이 아름답게 만들었다(26).

이 큰 대야의 주위(周圍)를 돌아가며 박 모양을 위아래로 장식하였는데, 매 규빗에 열 개씩, 그 둘레가 30 규빗인 만큼, 총 300개의 박 모양을 바다를 만들 때 같이 두 줄로 부어 만든 것이다(25b).

이 거대(巨大)한 용기(容器)를 안전하게 놓기 위하여 소 12 마리 모양의 받침대를 만들었다. 소 12 마리를 각각 세 마리씩 짝지어 동서남북으로 향하도록 세워 머리를 앞으로, 고리를 안쪽으로 향하게(25) 하고 그 위에다 이 무거운 놋바다를 올려놓도록 안전하게 고정(固定)시켰다.

학자들 중에는 놋 바다의 받침이 하필 12 마리 소 모양인가에 대한 해석이 분분하다. 메튜 헨리는 말하기를 "어떤 이들은 솔로몬이 이스라엘 백성들이 광야에서 금송아지를 섬기던 일을 회상하여 그 우상 소들이 그 큰 물통을 받드는 벌을 쓰게 하였다."라고 해석하기도 한다. 하지만, 카일·델리취는 보다 긍정적으로 해석하여 "놋 바다를 받친 12 마리의 소는 이스라엘의 성결을 위한 12 지파를 상징하며, 소는 제물 중 가장 으뜸가는 것으로서 솔로몬 보좌의 사자상(獅子像)과 비교해 볼 때, 이는 제사(祭祀)의 일을 상징하기에 알맞다."라고 하였다.

이 물탱크만 해도 높이가 5m인데 게다가 받침 소들의 높이를 가산하면 10m내외가 될 것이라고 보면 성경에 기록은 없지만 그곳에 물을 채우기 위하여서는 필시 오르내리는 계단(階段)이 있었을 것이고 또한 물을 쓸 때는 수도꼭지 같은 장치(裝置)가 있었을 것이라고 추측한다. 그리고 이 어려운 작업을 위하여서는, 물을 길어 채우는 일을 전업으로 하는 기브온(수 9:21-27), 또는 느디님 사람(스 8:17, 20)들이 있어, 약 500통이 들어가는 물을 길어 채우는 일을 감당한 것으로 생각한다(메튜 헨리).

놋바다가 놓인 위치는 성전 동남쪽 바로 번제단(燔祭壇) 가까이에 설치되었을 것으로 추측하며, 그 용도는 앞서 언급한 대로 물두멍을 확대하여 제사장과 레위인이 자신의 몸을 정결케 하는데 사용된 것으로 보는 것이다(대하 4:6).

오늘의 교회에는 이런 형식의 장치는 없지만 그 진리는 역시 계승(繼承)되고 있다. 그것은 말씀으로 매일 정결케 되는 일이다. 구약의 제단(祭壇)은 예수 그리스도의 속죄를 의미하고, 물두멍은 그리스도로 말미암아 정결케 됨을 의미한다. 물두멍에서 놋바다가 된 것은 예수 그리스도로 말미암아 더 풍성한 생명수의 강이 넘침을 상징(象徵)한 것으로 보아야 할 것이다(슥 13:1).

(3) 물두멍 받침과 물두멍(27-39)

물두멍에 대하여는 상식적으로 대체로 알고 있지만, 솔로몬이 새로 만든 기록에서는 물두멍보다는 그 받침에 대하여 상세히 설명하고 있으며 이해하기가 어려운 복잡성을 보이기 때문에 비교적 알기 쉽도록 설명하고자 한다.

그 자료(資料)는 물론 놋이며 제조공정 역시 놋을 녹여서 주조(鑄造)하는 방식으로 되어 있다. 먼저 물두멍 받침 제조 과정을 상세히 설명하고(27-37), 다음 물두멍의 경우는 간략하게 설명하고 있다(38-39).

물두멍 받침은 장과 폭이 각각 4 규빗(1.8m)이며 고가 3 규빗(1.35m)의 네모난 상자 모양으로 되어 있다(27). 그 각판(板) 4면에는 액자(額字) 틀 모양이 있으며 그 틀 안에 판(板)이 있고 그 가운데 판에는 사자(獅子)와 소와 그룹들의 조각(彫刻)이 있으며 그 위 가장자리 위에는 물두멍을 놓는 자리가 있고 거기에도 사자와 소, 그리고 아래에는 화환(花環) 모양을 새겼다(28-29).

받침대의 아래쪽에는 네 모퉁이에 바퀴 축(軸)을 만들고, 1 규빗 높이의 바퀴를 달았다. 그리고는 받침수레 위를 뚜껑으로 덮은 후, 높이가 반 규빗 되는 둥근 원통(圓筒)을 올려놓은 후 이것을 받침상자 네 모퉁이에다 지지대로 고정시키고(35) 그 위에다 물두멍을 올려놓을 수 있도록 우묵하게 만들어 물두멍을 고정시키도록 하였다.

이런 식으로 받침수레 열 개를 다 놋으로 부어 만들었고, 크기와 양식을 동일하게 제작하였다(37).

그 다음 물두멍 10 개를 만들었는데(38-39), 그 한 개의 크기는 물 40 밧(1밧은 22.991리터) 즉 919리터의 물을 담을 수 있는 직경이 4 규빗이나 되는 큰 세수 대야 모양의 놋 주조물(鑄造物)을 만들어 각각 10개의 받침대 위에 얹었다(38).

본래 성막에는 물두멍이 한 개로 그 용도가 제사장이 성소에 들어가기 전 수족(手足)의 결례를 위한 것이었는데(출 30:18), 솔로몬 성전에서 놋바다의 제작으로 이것을 대신하였고 물두멍을 10 개나 만들어 그 용도가 희생제물을 씻는 것으로 바뀐 것이다(대하 4:6).

"그 받침 수레 다섯은 성전 오른쪽에 두었고 다섯은 성전 왼쪽에 두었고"(39). 필요에 따라 자유자재로 이동하도록 바퀴를 달아 편리하게 제작되었다. 본래 성막의 물두멍은 성전에서 봉사하는 여인들의 놋 거울을 모아서 제작한 것으로(출 38:8), 제사장이 제단을 지나 성소로 들어가기 전 손을 씻으려고 물두멍 앞에 서면 자신의 얼굴이 비친 영상(影像)을 보면서 참회하였다는 해석은 솔로몬의 물두멍에서는 찾아볼 수가 없다.

(4) 작은 기구(器具)들(40-45)

"히람이 또 물두멍과 부삽과 대접들을 만들었더라"(40)

여기 '물두멍'은 대하 4:11과 왕상 7:45에 의하면 '솥'의 오기(誤記)로 본다. 솥은 화목제와 각종 제사 후에 제사장과 그 가족들의 회식(會食)을 위하여 사용되는 기구이다(삼상 2:13-14).

'부삽'은 제단에서 재를 퍼내는 삽(鍤)을 말하며(출 28:3, 민 4:14), 이것을 수없이 많이 만들어서 예비해 둔 것으로 생각한다. 그리고 '대접'은 희생제물의 피를 담는 그릇으로, 출 38:3에서 '대야'라고 한 것이 더 적절하다는 생각이 든다. 거기서는 이것 외에 "제단의 모든 기구 곧 통과 부삽과 대야와 고기 갈고리와 불 옮기는 그릇을 다 놋으로 만들었고"라고 더 세밀하게 기록하고 있다.

이런 기구들은 모두가 필수품(必需品)으로서 사용 중 후폐(朽廢)하고 파손(破損)되기 쉬우므로 부유(富裕)한 삶을 살던 솔로몬으로서는 많은 비장품(備藏品)을 만들어 작업상 지장이 없게 할 뿐 아니라 후손들을 위하여서도 도움을 주도록 한 것이다.

40절에서는 성전 외부 기구의 제작을 끝내고 41-45절에서는 그 작품목록(作品目錄)을 제시하고 있다. 그런데 학자들 중에는 번제단만 기록이 없다는 데서 번제단은 히람이 만든 것이 아니라는 추측이 있다(Hammond). 그렇다면 그 이유가 무엇일까? 궁금해 하기도 한다. 하지만 역대하 4:1에서는 솔로몬이 만든 것으로 되어 있다.

3) 성전 내부(內部)의 설비 (48-50)

앞서 언급하였지만 성전 외부시설과 기구는 다 놋이며, 성전 내부의 시설과 기구는 도두가 금이다. 이것이 상징(象徵)하는 의미는 성전 외부 시설들이 예수 그리스도의 인성(人性)을 표시하는 것이라면, 성전 내부의 것은 예수님의 신성(神性)을 의미한다.

성전 내부는 크게 두 개의 방으로 구분되는데, 즉 성소와 지성소이다. 현관에서 문을 열고 들어가면 성소가 열리는데 그곳에는 3 개의 성구가 놓여 있다. 성소에 들어서자 마주 보이는 위치, 바로 지성소 앞에 "금 단"이 놓여 있는 바, 이는 향(香)을 사르기 위한 제단을 의미한다(출 30:1, 39:38).

그리고 그 오른쪽에 "진설병의 금 상"이 놓여 있다. 그 위에는 이스라엘의 12 지파를 상징하는 열두 덩이의 떡을 만들어 두 줄로 여섯 개씩 진열

(陳列)하고, 매 안식일마다 새 것으로 교체(交替)한다(출 24:4, 28:9-12). 역대하 4:8의 병행구(竝行句)에 의하면 솔로몬 성전에는 진설병 상(床) 10 개를 만들어 좌우 양편에 다섯 개씩 배치하였다는 기록이 있다. 그 이유는 알 수 없지만, 메튜 헨리는 10 개 중 떡은 한 상(床)에만 진설(陳設)했을 것이고 그 상(床)은 다른 것보다 더 컸을 것이라고 하였다.

정금 등잔대(精金燈盞臺)는 왼편에 놓였는데(출 25:31-40, 37:17-24) 출애굽기에서 더 자세히 설명하고 있다. 솔로몬의 경우 등잔대도 10 개를 만들어 내소(지성소) 앞 좌우 양편에 다섯 씩 배치(配置)했다고 하였다. 금등대는 본래 살구나무 일곱 가지 모양으로 만들고 매 가지 마디마다 꽃모양을 장식한 다음, 일곱 가지 맨 위에다 등잔(燈盞)을 만들어 기름을 담아 불을 켜도록 한 것이다. 그리고 '불집게'는 등잔의 불꽃을 조절하는 기구이다.

이 세 기구의 영적 의미는 '금 단'(金壇)은 예수 그리스도의 우리를 위한 중보자로서 기도하심을 뜻하며, '진설병의 금 상'(金床)은 생명의 떡이 되신 그리스도, 그리고 '정금 등잔대'(精金燈盞臺)는 예수 그리스도가 세상의 빛 되심을 의미하는 것으로서, 이것 모두를 정금으로 만든 것은 예수 그리스도의 무죄하신 신성(神性)을 뜻하는 것으로 보는 것이다.

그리고 50절에서는 성소에서 필요했던 작은 기구까지 모두 금으로 만든 것을 보여 준다. "또 정금 대접과 불집게와 주발(周鉢)과 숟가락과 불을 옮기는 그릇이며 또 내소 곧 지성소 문의 금 돌쩌귀와 성전 곧 외소(外所) 문의 금 돌쩌귀더라"

여기 '대접'은 향단의 향을 담거나 재를 옮기는데 사용한 기구이며(출 25:38), '불집게'는 49절에서 말한 것과는 달리, 등잔의 심지를 잘라내는 가위 같은 것으로 생각한다. '주발'은 제사의식에서 피를 뿌리는 의식용 기구로 생각되며(출 25:29), '숟가락'은 유향을 떠서 향단에 뿌리거나 진설병 위에 얹는 기구이다(출 25:29, 레 24:7).

'불을 옮기는 그릇'(50)은 향단의 불을 옮길 때 쓰는 기구이며, 심지어 지성소와 성소 출입문의 돌쩌귀까지 금으로 만든 것을 지적하는 이유는 성소와 지성소 내부의 벽과 천장과 마루, 그리고 그 안에 안치(安置)된 3대 기구는 물론, 모든 소도구(小道具)까지 모두가 정금으로 되었음을 지적(指摘)하기 위함이다. 이를 영적(靈的)으로 보면 예수 그리스도야말로 완전 성결하신 분으로, 조그만 흠도 티도 없음을 상징하는 것으로 보이기 위함임을 알 수 있다.

3. 성전 곳간(庫間)에 안치한 각종 보물 (51)

51절은 두 가지 의미를 제시한다.

그 첫째는 "솔로몬 왕이 여호와의 성전을 위하여 만드는 모든 일을 마친지라"(51a)로서, 성전 내외(內外)에 필요한 비품(備品) 만드는 일이 일단 종료됨을 선언하는 것이다. 하지만, 번제단 만든 기록이 없어, 논란이 되나 병행(竝行)기사인 역대상 4:1에는 분명히 "솔로몬이 또 놋으로 제단을 만들었으니"라고 한 것을 보아 번제단도 만든 것이 확실하다.

그리고 지성소 안에 안치된 언약궤(言約櫃)에 대한 언급도 역시 성전기구 제조과정에서 빠져있다. 그 이유는 과거 성막시절의 모세에 의해 제작된 모든 것은 다 새로 만들었지만, 언약궤만은 그대로 보존되었으므로 다음 장인 8:1-10에서 다윗 성 곧 시온에서 메어다가 새로 지은 성전 지성소에 이동 배치(移動配置)한 사실을 보아 알게 된다. 이로써 성전 내외(內外)의 모든 성구(聖具) 제조과정이 종료(終了)되었음을 알리고 있는 것이다.

둘째는 성전 곳간(庫間)에 각종 보물 안치(安置) 사실에 대하여 언급하고 있다. "솔로몬이 그의 아버지 다윗이 드린 물건 곧 은과 금과 기구들을 가져다가 여호와의 성전 곳간(庫間)에 두었더라"(51b)라고 하였는데, 역대상 22:14에 의하면 “내가 환난 중에 여호와의 성전을 위하여 금 10만 달란트와 은 100만 달란트와 놋과 철을 그 무게를 달 수 없을 만큼 심히 많이 준비하였고 또 재목과 돌을 준비하였으나”를 보아 솔로몬이 아버지 다윗이 준비한 것을 가지고 또한 자신의 것들과 족장들의 것들을 보태고 게다가 백성들의 헌납(獻納)한 것을 모두 합하여 이것으로 성전을 황금(黃金)으로 장식하고 성기구(聖器具)들을 모두 정금으로 만들고도 아직 남은 것이 있어 이것을 곳간(庫間)에 비치하였고 그 외에도 전리품(戰利品)과(삼하 8:7, 10-11), 그리고 각종 조공물(朝貢物)(삼하 8:7-11) 등을 성전 곳간에 안치(安置)한 것이다.

부모가 하나님께 바친 것은 자녀들이 결단코 다른 데 쓰지 말고 유쾌히 하나님께 봉헌(奉獻)해야 한다. 이것이 곧 축복의 길임을 메튜 헨리는 말하고 있다. 오늘도 역사 깊은 교회들은 초창기 교역자나 교인들의 기증품(寄贈品)이나 기타 기념할만한 것들을 잘 보관하여 기념하는 일을 보게 된다. 이것들은 후세(後世)의 신자들에게 신앙의 본보기가 되기 때문이다.

결론

솔로몬은 성전(聖殿)을 먼저 지은 다음 왕궁(王宮)을 지었다. 그리고 성전은 7 년의 건축기간이 걸리고, 왕궁은 14 년간의 건축기간을 요하였다. 성전은 기능상 1동(棟)인데 비하여 왕궁은 4 동이나 되는 만큼, 기간이 오래 걸린 것은 사실이지만, 메튜 헨리는 지연(遲延)된 이유를 “성전만큼 열심이 없었기 때문”이라고 지적하였다. 그리고 성전 내부는 마루까지도 황금으로 장식한 데 비하여 왕궁은 외벽은 돌로 쌓고 내부는 백향목 판자를 쳤을 뿐이다. 다만 왕의 보좌(寶座)만을 금장식(金粧飾)으로 하였을 뿐으로(10:18-20) 솔로몬은 성전 우선주의 정신으로 산 것은 사실이다.

그러므로 솔로몬 생애의 업적 중 가장 가치 있고 공을 들인 것은 성전

건축임은 사실이다. 그리고 외부시설 중 '두 놋기둥'과 '놋바다'는 모세에게 보이신 여호와의 지시에는 없는 것이어서 의문이 가지만, 놋기둥은 성전 건축 완공 후, 이 성전을 세운 이가 여호와이시라는 의미에서 '야긴'이라 하였고, 여호와께 능력이 있어 오래 보존되기를 바람에서 '보아스'라 명명(命名)하여 기념물로 세운 것으로 생각이 된다.

'놋바다' 역시 신축한 성전은 성막보다 훨씬 규모가 크고 제사장과 레위인 수도 많은 만큼, 큰 대야 모양의 물두멍 한 개로는 감당할 수가 없기 때문에 이 규모가 큰 놋바다를 만들어 성전의 기능(技能)과 제사(祭司)들 활동에 지장 없이 하려는 것으로서, 이는 물두멍의 기능 확대라고 보며, 이것은 모세의 율법에 비하여 예수 그리스도의 복음이 죄를 씻음 받음에 더 풍성하여 마치 바다 같이 넓고 깊어 정결케 하는 능력을 확대 표시한 것으로 보는 것이다(슥 13:1).

하지만, 이 성전도 무너졌다. 그 이유는 무엇인가? 성전과 왕궁의 배치도(配置圖)를 자세히 보면 왕궁(王宮) 중 왕이 거주하는 거실(居室)과 그 뒤에 바로의 딸(왕후)의 궁(宮)이 성전과 담을 사이에 두고 인접(隣接)해 있어, 왕의 처소는 성소와 인접하고, 바로의 딸의 처소는 공교롭게도 지성소와 인접해 있다. 이것이 바로 성전 파괴의 첫째 이유라고 생각된다.

솔로몬이 성전완공 후 성전의 영속적(永續的)인 보존을 간절히 바람에서 야긴과 보아스의 두 기둥을 세운 것으로 생각되지만, 그 후 성전이 파괴됨은 물론, 그 두 놋기둥마저 흔적(痕迹)도 없이 사라지고 만 것이다. 솔로몬의 타락의 시작은 바로의 딸과 혼인한 데서 기인하는 것이었다(3:1). 이는 곧 세속(世俗)과 타협하는 신앙의 타락(墮落)을 의미하기 때문이다.

우리는 솔로몬의 성전과 왕궁 후면에 바로의 딸의 처소가 서로 맞닿아 있는 배치(配置)상태를 보면서, 오늘의 교회를 향한 세속(世俗)의 물결은 마치 태풍에 전선주가 넘어지듯, 모래 위의 세운 집이 창수에 무너지듯(마 7:26-27) 대단하다는 사실을 각자 기억할 수 있기를 바라는 바이다.

성전 봉헌식

왕상 8:1-66

본장은 솔로몬이 성전 건축을 완성하고 봉헌식을 거행한 기록이다. 역사적 순서에 따르면 솔로몬이 성전 건축 개시 후 7년이 걸렸으며(6:38), 왕궁건축완성이 13년(7:1, 9:10)이라 하여 기공(起工)한 지 20년 후에 봉헌식을 하였다고 보지는 않는다. 본장의 기록은 역사적 순서에 따르지 않고 성전완성 후 어느 시점(時點)에 이르러 봉헌식을 한 것으로 생각한다.

봉헌식 절차는 필자의 경우, 5단계로 설정(設定)하였지만, 사실 3단계로 구분할 수도 있다. 첫째, 언약궤를 성전으로 옮김(1-11). 둘째, 솔로몬의 봉헌사와 봉헌기도(12-53). 셋째, 봉헌식에 마지막 의식(儀式)(54-66)이다.

필자는 다만 독자의 이해(理解)를 돕기 위하여 5 대지(大旨)로 세분(細分)하고 있을 뿐이다.

1. 언약궤(言約櫃)를 새 성전으로 옮김 (1–11)

솔로몬이 온갖 정성과 아울러 많은 비용과 수고로 장엄(莊嚴)하고 품위(品位) 있는 성전을 건축하고, 그 안팎에다 성전 기구를 안치하는 등 온갖 일들을 다 마쳤음에도(7:51) 불구하고 아직 없어서는 안 될 한 가지가 남아 있었다. 그것이 곧 언약궤를 지성소에 안치(安置)하는 일이다.

언약궤야말로 여호와의 임재(臨在)를 상징하는 것으로서(민 10:35-36) 성전에 이것이 없다면 아무리 화려한 성전이라도 주인 없는 빈집(눅 11:24-26)에 불과할 따름이다. 그렇기 때문에 솔로몬은 일곱째 달에는 세 절기(나팔절, 속죄일, 초막절이 7월에 있음)가 있지만 그 중 초막절이 대표적인 것이니 만큼, 이 초막절 절기에 다윗 성 곧 시온에서 신축한 성전으로 언약궤를 메어 올리는 행사를 거국적(擧國的)으로 시행했다.

먼저 이스라엘 장로와 12 지파의 대표인 족장들, 그리고 이스라엘 모든 회중(2, 5)을 소집하고 제사장들로 하여금 궤를 메게 하였다. 아마도 레위인들은 그들에게 할당된 대로(민 4-7장 참조) 각기 자기 것을 메고 갔을 것이다. 그 당시 언약궤 이외에 기구는 다 분실된 듯 새로 만들었고, 레위인들은 기브아 산당(山堂)에 설치된 성막과(3:4) 시온에 설치했던 회막(3:15), 그 자체를 운반한 것으로 생각한다.

언약궤를 모시고 성전에 와서는 지성소에 안치(安置)하기 전에 성대한 제사를 드렸다. 제물은 백성들이 바친 것으로 "양과 소로 제사를 지냈으니 그 수가 많아 기록할 수도 없고 셀 수도 없었더라"(5)고 하여 백성들의 생활이 매우 부유(富裕)하고 활달(豁達)하였음을 보여준다.

제사 후에 제사장들이 여호와의 언약궤를 자기들의 처소인 지성소 안 그룹들의 날개 아래 안치하니 그룹들이 날개를 펴서 궤와 그 채를 덮었다(6).

8절에는 "채가 길므로 채 끝이 내소 앞 성소에서 보이나" 하였는데, 원래 언약궤의 채는 궤 양쪽에 두 개씩 부착된 고리에 꿰어 궤를 메게 하였으며 "채를 궤의 고리에 꿴 대로 두고 빼내지 말지며"(출 25:15)라고 하였는데 그 이유는 이스라엘이 광야생활에 편리하도록 제작된 것으로 이는 잦은 이동(移動) 시마다 여호와의 명령만 내리면 즉시 행진해야 했기 때문이었다.

그런데 이제는 고정(固定)된 장소인 성전에 안치된 이상 채가 무용 할듯하지만 그냥 둔 것은 언약궤의 향방(向方)을 조정하기 위함이라고 학자들은 해석하며, 그 당시 언약궤의 놓인 방향은 그 채가 성소에서 보인 것으로 보아 지성소의 동서(東西) 방향으로 놓여졌다고 생각한다.

"그 궤 안에는 두 돌판 외에 아무것도 없으니……여호와께서 저희와 언약을 맺으실 때에 모세가 호렙에서 그 안에 넣은 것이더라"(9). 이는 여호와께서 모세에게 전수(傳授)하신 10계명을 기록한 석판(石板)이다. 히브리서 9장 4절에는 "만나를 담은 금 항아리와 아론의 싹난 지팡이와 언약의 돌판들이 있고"라고 하였지만 사실 이것들은 증거궤 앞에 있었고 증거궤 안에 있지 않았다(출 16:33-34, 민 17:10). 이것들은 모세 때부터 솔로몬 시대까지 약 500년 간 지나는 사이, 상실된 것으로 생각된다. 하지만 성경 전체의 축소(縮小)인 두 돌판에 새긴 10계명이 남아 있었다는 사실, 이는 천만 다행한 일로 생각된다.

오늘의 교회도 역시 성전의 대소나 건물 가치 여하와 상관이 없이 오직 하나님의 말씀이 살아 있는 한, 하나님의 성전으로서의 가치가 있다는 사실을 기억해야 할 것이다.

제사장들이 지성소 안에 언약궤를 안치하고 나올 때에 구름이 여호와의 성전에 가득하매 제사장들이 직무를 수행하기가 어려울 만큼, 여호와의 영광이 성전에 가득하였다(11). 이는 이 성전이 하나님께 영합(迎合)되었음을 증명하는 것으로 보아야 할 것이다.

2. 솔로몬의 봉헌사(奉獻辭) (12-21)

1) 여호와께 드리는 봉헌사 (12-13)

"그때에 솔로몬이 이르되 여호와께서 캄캄한 데 계시겠다 말씀하셨사오

나"(12)

솔로몬의 봉헌사는 단 두절로 요약(要約)되어 있다. "그 때에", 이는 바로 전절인 10-11절에서 솔로몬이 언약궤를 신축한 성전 지성소에 안치하자 "구름이 여호와의 성전에 가득하매 … 이는 여호와의 영광이 여호와의 성전에 가득함이었더라" 하던 그 시점을 의미하는 것이다.

이 사실을 확인하는 순간, "솔로몬이 이르되 여호와께서 캄캄한 데 계시겠다 말씀하셨사오나"(12)라고 봉헌사를 시작하게 된 것이다. "캄캄한 데 거하시는 여호와"는 출애굽기 20장에서 10계명이 주어질 때 상황에서 "뭇 백성이 우레와 번개와 나팔 소리와 산의 연기를 본지라…백성은 멀리 서 있고 모세는 하나님이 계신 흑암으로 가까이 가니라"(출 20:18-21)고 했는데, '흑암'은 두터운 구름이 덮인 상태를 의미하는 것으로서 구름은 여호와의 임재와 영광을 상징한다(레 16:2, 출 19:9, 20:21, 신 4:11, 5:22).

그러므로 솔로몬이 지성소에 언약궤를 안치함과 동시에 구름이 성전에 가득하여 제사장이 능히 서서 섬기지 못할 정도가 되자(11), 여호와께서 이 성전에 임재하였음을 확인하게 된 것이다. 구름이 여호와의 임재의 가시적(可視的) 상징(象徵)으로 나타난 최초의 언급은 이스라엘 백성들이 애굽을 탈출하여 광야로 나왔을 때, 그 신비로운 영광의 구름기둥이 그들의 위험한 여행길을 인도해 주신 때였다(출 14:19-20, 24-25). 그 후 시내산에서 율법이 주어지고 성막(聖幕)이 세워져, 하나님께 예배드리는 백성이 되었을 때, 여호와의 구름이 성막 안에 충만하게 되었다(출 40:34-35). 이제는 솔로몬이 지은 성전 안에 역시 구름을 통한 가시적 방법으로 여호와 하나님의 임재(臨在)를 확인시켜 준 것이다.

오늘도 역시 언약궤의 원형(原型)으로서의 하나님의 말씀이 옳게 선포되고, 온 성도들이 그 말씀에 따라 신령과 진리의 예배가 이뤄질 때는, 구름 대신 성령 충만의 영광이 그 신비로운 외적 징조(徵兆)로 나타나게 되는 것이다. 이런 의미에서 오늘의 교회야말로 영광스런 여호와의 계시와 임재의 처소임을 알아야 할 것이다.

그러자 솔로몬은 “내가 참으로 주를 위하여 계실 성전을 건축하였사오니 주께서 영원히 계실 처소로소이다”(13)라고 하였다. 그 의미는 오랜 세월동안 성막(聖幕; 장막으로 된 성소) 안에서 유랑민(流浪民)과 같이 하시던 이동생활(移動生活)을 끝내시고 이제는 내가 건축한 고정(固定)된 성전 안에 영원히 거하실 처소로 삼으시기를 바라는, 그야말로 흐뭇함을 느끼는 감격의 봉헌사인 것이다.

오늘도 역시 하나님의 성전을 건축하고 헌당식(獻堂式)을 할 때야말로 성도들의 감격이 가장 큰 것임을 경험하게 되는 것이다.

2) 백성을 향한 축복 (14-21)

(1) 백성들을 축복함(14)

“얼굴을 돌이켜 이스라엘의 온 회중을 위하여 축복하니 그 때에 이스라엘의 온 회중이 서 있더라”(14)

제사장들이 언약궤를 지성소에 안치하는 동안 솔로몬은 밖에서 지성소를 향하여 긴장한 자세로 바라보고 있었고, 그 뒤에는 온 이스라엘의 회중들이 역시 그 쪽을 주시(注視)하고 있었다. 그러자 검은 구름이 성전 안으로 들어가는 것을 보고는 백성들이 놀라고 두려워하고 있음을 본 솔로몬은 그들을 안심시키려고 ‘얼굴을 돌이켜’ 회중을 향하여 축복하였던 것이다.

이는 마치 사사 기드온이 여호와의 사자를 만나 놀라고 있을 때, 천사가 그를 축복한 그대로 “너는 안심하라 두려워하지 말라 죽지 아니하리라”(삿 6:22-23)와 같은 경우라고 메튜 헨리는 말하고 있다.

그러자 온 회중은 이 축복을 받아들이는 표시로 일제히 일어선 것이다.

(2) 백성들에게 성전에 관한 모든 것을 알림(15-21)

① 이스라엘의 하나님 여호와를 송축(頌祝)함(15)

송축의 내용은 "여호와께서 그의 입으로 내 아버지 다윗에게 말씀하신 것을 이제 그의 손으로 이루셨도다"(15b), 즉 성전 짓기를 허락하신 분이 여호와시며(삼하 7:2-17) 또한 그의 손으로 이루셨기 때문이라는 것이다.

우리 성도들은 하나님께로부터 즐거움을 얻게 되면, 그에 대한 감사의 찬양을 드리기를 잊지 말아야 할 것이다.

② 아버지 다윗의 신앙을 회중에게 상기(想起)시킴(16-19)

여호와께서는 출애굽 이후 모세를 통하여 시내산에서 율법을 선포하시고는 "내 이름을 둘 만한 집을 건축하기 위하여"(16a), 여기서 '내 이름'은 여호와 자신을 의미하며, 구체적으로는 여호와의 언약궤를 지칭(指稱)한다. '집을 건축하기 위하여'에서 '집'은 성전을 의미한다. 언약궤가 일정한 집이 없이 광야 40년간을 성막에 있었고 가나안 정복 후에도 역시 500년간을 성막에 머물렀다. 하나님은 이 언약궤의 안정(安定)한 처소가 될 성전 건축을 위하여 다윗에게 위탁하셨다(16)는 사실을 회중에게 알리고 있다(삼하 7장 참조).

다윗은 그 후 계속된 전쟁과 국내외의 안정을 위하여 분망한 중에 미루어오다가 자신의 거할 궁(宮)도 이미 건축하고 보니(삼하 5:11), 아직 휘장(揮帳) 가운데 계신 하나님의 궤(櫃)를 생각하여 선지자 나단에게 "나는 백향목 궁에 살거늘 하나님의 궤는 휘장 가운데에 있도다 나단이 왕께 아뢰되 여호와께서 왕과 함께 계시니 마음에 있는 모든 것을 행하소서 하니라"(삼하 7:2-3).

솔로몬은 이 사실을 상기(想起)하여 "내 아버지 다윗이 이스라엘의 하나님 여호와의 이름을 위하여 성전을 건축할 마음이 있었더니"(17), 여호와의 말씀이 "네가 내 이름을 위하여 성전을 건축할 마음이 있으니 이 마음이 네게 있는 것이 좋도다"(18)고 했다. 이는 다윗의 성실한 의도(意圖)를 하나님께서 인정하시며 받아주셨다는 의미이다(18-19, 삼하 7:12-13).

이처럼 여호와께서는 다윗의 성전을 건축할 마음만을 받으시고 그 실천을 허용치 않는 이유에 대하여 대상 28:3에서 "너는 전쟁을 많이 한 사람이라 피를 많이 흘렸으니 내 이름을 위하여 성전을 건축하지 못하리라"고 밝히고 있다. 다윗이 아무리 하나님의 뜻을 따라 한 전쟁이라 할지라도 그 피 흘린 손으로는 성전을 건축할 수 없다는 것으로서 그만큼 성전의 신성성(神聖性)을 알게 해 주신 것이다.

이처럼 다윗은 자신의 간절한 숙원(宿願)이 저지(沮止) 당했음에도 불구하고 그는 아무런 원망이 없이 성전 건축에 필요한 많은 자재(資材)들을 준비하였으며(대상 22:14-16), 그리고 성전 건축의 대업(大業)을 자신은 준비하고 아들로 짓게 하시는 사실에 대하여 대(代)를 이어서 이루게 하시는 하나님의 은혜에 대하여 감사를 드렸다(삼하 7:18-29).

③ 솔로몬 자신이 행한 일에 의미를 설명함(20-21)

솔로몬은 여기서 자신의 업적에 대하여는 일언반구(一言半句)의 언급이 없다. 다만 "여호와께서 말씀하신 대로 이루시도다…내 아버지 다윗을 이어서"(20a)라고 하여 하나님이 계획하시고 내 아버지 다윗의 뜻을 이어서 건축하였을 뿐이며, 나 자신의 이름을 위하여서가 아니라 "이스라엘의 하나님 여호와의 이름을 위하여 성전을 건축하고"(20b), 또한 그 곳에 "여호와의 언약을 넣은 궤를 위하여 한 처소를 설치하였노라"(21)라고 성전 건축의 목적을 명확히 설명하고 있다.

메튜 헨리(Matthew Henry)는 다음과 같이 말하고 있다. "우리의 선행은 무엇이든 간에 우리가 하나님에게 약속한 바를 수행하는 것이 아니라, 오히려 하나님께서 우리에게 약속하신 바를 이루시는 것으로 생각해야 한다는 사실을 명심하자. … 그 이유는 우리들의 능력이란 그로 말미암은 것이지 결코 우리 자신으로 말미암은 것이 아니기 때문이다."

이상과 같이 솔로몬은 성전 건축의 대 역사를 하나님께 돌리고, 또 그 아버지 다윗에게 돌린 것은 아름다운 자세로서, 오늘도 그리스도의 몸인 교회를 세우는 모든 성도들의 귀감(龜鑑)이 된다고 할 것이다.

3. 솔로몬의 봉헌기도 (22-53)

본문 22-53절은 솔로몬의 성전봉헌 기도로서 이는 오늘의 교회당헌당식(敎會堂獻堂式) 기도를 의미한다. 이 기도는 매우 길며 또한 가장 모범적인 봉헌 기도로 평가받고 있다.

기도의 장소는 "여호와의 제단 앞에서"(22)이며, 성전을 등지고 "이스라엘의 온 회중과 마주서서"의 위치이다. 기도 자세는 서서 기도하는 고대(古代)의 전통방식으로(창 18:22, 출 17:9, 12, 삼상 1:26) 서서 기도하다가, 도중에 무릎을 꿇은 것으로(54) 생각한다. 그리고 "하늘을 향하여 손을 펴고"라고 했는데, 이는 기도의 대상이 하나님이심을 표시하는 자세이다(출 9:29, 사 1:15). 이처럼 그의 기도드리는 자세는 매우 경건했고, 겸손함과 진지함, 그리고 간절함이 나타나 있는 모범적 기도이다.

1) 왕실(王室)에 대한 기도 (23-26)

그는 기도의 대상을 "위로 하늘과 아래로 땅에 주와 같은 신이 없나이다"(23a)라고 유일신(唯一神)으로서의 하나님을 '이스라엘의 하나님 여호와'로 호칭하고 있다. 그리고 "온 마음으로 주의 앞에서 행하는 종들에게 언약을 지키시고 은혜를 베푸시는"(23b) 주로 믿고 기도를 드린다. 그 한 예가 바로 다윗에게 언약하신 바를(삼하 7장) 이루시어 오늘의 성전이 완성된 것으로서 즉 솔로몬의 성전은 하나님의 언약의 성취임을 지적하고 있다.

그런 다음, 그가 드린 간구(懇求)는 24-25절인바 그 내용은 "내 아버지 다윗에게 언약하신대로 그의 자손의 왕위가 영원하리라"(삼하 7:3, 16)라고 하신 예언의 성취를 비는 기도이다.

2) 성전에서 드리는 기도의 응답을 바라는 기도 (27-30)

성전은 하나님과 사람의 만나는 장소이다. 본래 하나님의 보좌(寶座)는 "하늘과 하늘들의 하늘"(27)이다. 이는 히브리인의 천국 개념을 반영한 것으로, 이는 사도 바울이 말한 3층천의 사상이다. 즉 '첫째 하늘'은 인간이 사는 세계, '둘째 하늘'은 마귀가 사는 공중 세계(엡 2:2), 그리고 하나님이 계시는 곳이 '셋째 하늘'(고후 12:2)로서 최고의 세계이다. 땅과 하늘은 모두 하나님의 피조물(被造物)로서 창조주이신 하나님은 피조물 위에 초연(超然)하신 분이시다. 그런 하나님이 어찌 내가 지은 초라한 집에 계시오리이까(27)라는 것이다.

하지만, 솔로몬은 이전에 하나님께서 모세에게 "내 이름이 거기 있으리라"(29) 하신 말씀을 인용하여(신 12:5, 11, 23) 이 성전이 기도의 장소로서 "주의 종과 주의 백성 이스라엘이 이 곳을 향하여 기도할 때에 주는 그 간구함을 들으시되 주께서 계신 곳 하늘에서 들으시고 들으시사 사하여 주옵소서"(30)라고 기도한다.

오늘의 교회 역시 기도하는 집이며 하나님이 임재하시는 특정한 장소인 만큼, 우리들의 주 앞에서 부르짖음과 간구함을 주께서 계신 곳 하늘에서 들으시고 응답하시기를 바라는 기도를 본문의 솔로몬처럼 반복해야 할 것이다.

3) 맹세의 때에 드리는 기도 (31-32)

이는 법정(法廷)에서 재판할 때에 정의로운 판결이 이루어지기를 바라는 기도이다. 즉 거짓맹세를 하는 자를 심판하는 성전이 되어달라는 것이다. 모세의 율법이 정한 규정에 의하면 사람이 이웃으로부터 위탁받은 것이 없어졌을 경우, 무죄를 증명하기 위하여 여호와 앞에 맹세하는 규정이 있다(출 22:7-11).

솔로몬은 이 율법이 그 사회에서 잘 시행되어 성전맹세를 통하여 범죄자가 처벌 받고 무죄자의 결백이 드러나서 사회정의가 확립되기를 바라는 마음으로 명재판관으로 알려진 그로서의 간절한 기도이다.

4) 전쟁에서 패했을 때를 위한 기도 (33-34)

이스라엘이 전쟁에서 패하는 경우는 그들이 하나님을 배반하고 죄를 범한 형벌이라고 생각하였다(수 7:11). 그러므로 그 때는 "주께로 돌아와서 주의 이름을 인정하고 이 성전에서 주께 기도하며 간구하거든 주는 하늘에서 들으시고"(33-34), 먼저 지은 죄를 사(赦)하시고 그 포로(捕虜) 된 상태에서 놓여 조상들에게 주신 땅으로 돌아오게 해 달라는 것이다.

전쟁에 대한 이와 같은 신앙적 이해(理解)는 이미 율법에 규정된 바이다(레 26:17, 신 28:25). 이런 경우 이 성전에서의 기도를 통하여 패전(敗戰)에서 회복되는 역사(役事)가 나타나기를 바라는 기도이다.

5) 가뭄이 들었을 때를 위한 기도 (35-36)

가뭄에 재앙 역시 범죄의 결과로 생각하였다(신 11:13-17). "하늘이 닫히고 비가 없어서" 고대(古代)의 신앙에 의하면 비는 하늘의 창고에 저장되어 있는 것으로(창 7:11), 그 문이 닫힘으로 비가 내리지 않아 가뭄이 온다고 생각하였다. 이것 역시 범죄의 결과로 보기 때문에 그럴 경우, "이 곳(성전)을 향하여 기도하며 주의 이름을 찬양하고 그들의 죄에서 떠나거든 주는 하늘에서 들으사… 죄를 사하시고…주의 백성에게 기업으로 주신 주의 땅에 비를 내리시옵소서"(35-36)라고 솔로몬은 기도한다.

6) 기근, 전염병, 기타 재해의 때를 위한 기도 (37-40)

본문은 농경사회(農耕社會)에 속한 백성들이 경험하게 되는 다양한 자연재앙들을 상세히 언급하고 있다. 즉 기근, 전염병, 곡식이 시드는 것, 깜부기가 나는 것, 메뚜기와 황충(蝗蟲)의 재앙, 적군에 의하여 포위당함, "무슨 재앙이나 무슨 질병"(37b) 등의 경우를 언급한다.

위에서 언급한 재해(災害)들은 거의가 농경민으로서 흉작(凶作)이 가져오는 부산물들이다. "기근(饑饉)이나 전염병"은 식량부족으로 먹지를 못하여 영양실조로 병에 걸림을 의미하며, "곡식이 시드는 것"은 사막에서 불어오는 열풍(熱風) 때문이며(창 41:6, 호 13:15, 암 4:9, 신 28:22), "깜부기"는 병충해(病蟲害)에 의한 고사병(枯死病)(암 4:9, 신 28:22, 학 2:17)이다. "메뚜기나 황충"(욜 1:4) 재앙은 근동지방의 농민들에게 가장 위협적인 재해(災害)이다(시 78:46, 출 10:12-19). "적국이 와서 성읍을 에워 쌈"은 본문의 경우, 식량 탈취 목적으로 기습(奇襲)하는, 즉 기드온 시대에 미디안의 경우를 상기(想起)시킨다(삿 6:3-6). 그리고 "무슨 재앙이나 무슨 질병"(37b)은 기타 하나님의 징벌(懲罰)로 내리는 모든 재앙과 질병을 총칭하는 것이다.

만일 이런 상황에 처하는 경우라도 개인이나 온 백성이 각각 자기의 마음에 죄악을 깨닫고 회개하는 마음으로 성전을 향하여 하나님께 기도하면 주께서 하늘에서 들으시고 용서해 주기를 바라는 기도이다(38-39).

40절은 주께서 백성들의 기도를 응답하실 경우, 어떤 결과에 이르는 지를 설명한다. 그것은 이런 경험을 한 자들이라면 하나님께서 주신 땅에서 사는 동안에 항상 하나님을 경외하게 될 것이라는 의미이다.

7) 이방인들을 위한 기도 (41-43)

"또 주의 백성 이스라엘에 속하지 아니한 자 곧 주의 이름을 위하여 먼 지방에서 온 이방인이라도"(41)

여기서 말하는 이방인(異邦人)이란 유대교에 개종하여 여호와를 하나님으로 섬기는 자를 의미한다(사 56:6-7, 슥 4:34). 포로에서 돌아온 후 이러한 이방인 개종자(改宗者)들이 많았던 것 같다. 이런 이방인들의 기도가 응답(應答)되면 여호와의 이름이 온 세계만방에 널리 알려질 것이라는 의미이다.

솔로몬의 이 기도야말로 그 당시로 보면 놀라운 기도이다. 자칫하면 이 성전이 유대인의 전용(專用)물로서 하나님 여호와는 오직 유대인만의 신(神)으로 생각하여 일종의 국수주의(國粹主義)적 오류에 빠질 위험을 경계하는 것으로, 온 세상만민이 주의 이름을 부르면 구원된다는 진리를 제공하는 기도이다.

이 사상은 구약시대인 아브라함 때부터 발아(發芽)되어(창 12:3), 이방 여인 라합(수 2:11)과 모압 여인 룻(룻 1:16)에게 이어지고, 요나서와 이사야(사 46:6)의 예언으로 성장하여 마침내 예수 그리스도로 말미암아 세계적 복음으로 꽃을 피우게 된 것이다.

이런 의미에서 이 성전이야말로 만민의 기도하는 집이기를 솔로몬은 바랐던 것이다.

8) 전쟁 시 출정(出征) 전에 드리는 기도 (44-45)

"주의 백성이 그들의 적국과 더불어 싸우고자 하여 주께서 보내신 길로 나갈 때에 그들이 주께서 택하신 성읍과 내가 주의 이름을 위하여 건축한 성전이 있는 쪽을 향하여 여호와께 기도하거든"(44)

여기서 말하는 전쟁은 "주께서 보내신 길로 나갈 때에" 즉 하나님께서 인도하셔서 보내신 전쟁임을 암시한다. 이를 이른바 성전(聖戰)(신 20:1-4)이라 칭한다. 솔로몬은 전쟁에서의 승리하기 위해서는 하나님의 도우심이 절대적으로 필요하다는 사실을 알고 있다. 그러므로 군사들이 전쟁을 위하여 출정(出征) 시는 "그들이 주께서 택하신 성읍과 내가 주의 이름을 위하여 건축한 성전이 있는 쪽을 향하여 여호와께 기도하거든" 여기서는 성전뿐 아니라 "주께서 택하신 성읍(城邑)" 쪽도 향하도록 첨부하고 있다. '택하신 성읍'이라는 명칭은 열왕기서 중에 8회나 나오는 예루살렘 성을 의미한다. 그중 가장 완전한 구절은 왕상 14:21로서 "여호와께서 자기 이름을 두시려고 이스라엘 모든 지파 가운데에서 택하신 성읍 예루살렘"이다.

이것을 여기서 첨부하는 이유는 예루살렘이 당시 수도(首都)이기 때문이며, 만일 전쟁에서 패할 경우, 예루살렘 수도가 적에게 유린(蹂躪) 당할 수 있다는 데서 전쟁에 출정하는 군인들은 수도방위(首都防衛)의 책임을 느낌에서라고 생각된다.

그러므로 출정 군인들이 예루살렘 성 쪽과 성전이 있는 쪽을 향하여 기도할 때는 주께서 들으시고 전쟁에서 승리하게 해 달라는 요지의 기도를 솔로몬이 드리고 있는 것이다.

9) 포로(捕虜) 되었을 때에 기도 (46-51)

"범죄하지 아니하는 사람이 없사오니"(46a)

솔로몬은 이스라엘이 범죄하리라고 예상하였다. 그는 인간의 본성이 타락하여 누구에게나 죄성(罪性)이 그 속에 있기 때문이다(전 7:20). 범죄한 인간은 전쟁에서 패하고 먼 적국(敵國)으로 포로(捕虜)가 된다. 솔로몬은 이런 상황을 예상하고 그런 경우를 위해 기도하고 있다.

"그들이 사로잡혀 간 땅에서 스스로 깨닫고 그 사로잡은 자의 땅에서 돌이켜…온 마음과 온 뜻으로…주께서 택하신 성읍과…성전 있는 쪽을 향하여 주께 기도하거든 주는 계신 곳 하늘에서 그들의 기도와 간구를 들으시고 그들의 일을 돌아보시오며"(47-49) 여기서 "그들의 일을 돌아보시오며"(49)는, 포로생활에서 놓여 본국으로 돌아오게 하신다는 뜻이다.

이 기도는 모세의 말에 근거(根據)하고(신 30:1) 다니엘 때에 가서 성취(成就)를 보게 되었다(단 9:2-19). 다니엘은 생명을 걸고 예루살렘과 성전 쪽을 향하여 창문을 열고 하루 세 번씩 기도하다가 사자 굴에 던져지는 위험에서도 구출되었다(단 6:2-19).

특히 50절에서 유의할 점 하나는 "주께 범한 그 모든 허물(이 경우는 반역)을 사하시고…그들을 불쌍히 여기게 하옵소서"라는 것이다. 어찌하여 포로생활에서 해방시켜 본국으로 보내주기를 기도하기보다 그들을 사로잡아 간 자 앞에서 '불쌍히 여김을 얻게'라고 하였는가가 의문이다. 이는 포획자(捕獲者)들이 포로 된 자들을 해방시킬 기미가 전혀 보이지 않을 때, 극히 잔인한 박해자들로 하여금, 그들 마음에 긍휼지심을 품게 하여 포로생활을 좀 편하게 해 달라는 기도이다.

이 기도의 응답은 시편 106:46에서 보여 준다. "그들을 사로잡은 모든 자에게 긍휼히 여김을 받게 하셨도다"

이스라엘이 구원 받을 이유는 이미 "주께서 철(鐵) 풀무 같은 애굽에서 인도하여 내신 주의 백성, 주의 소유(51)…세상 만민 가운데에서 그들을 구별하여 주의 기업으로 삼으신"(53) 자가 되었기 때문이다.

이는 이스라엘이 하나님과의 긴밀한 관계와 아울러 하나님의 권익(權益)

을 들어 구원하심의 당연성을 호소하는 기도이다.

10) 기도의 끝맺음 (52-53)

이상에서 드린 기도들은 솔로몬이 온 백성을 대표하여 드린 기도이다. 이제 기도를 끝맺음에 있어서 다시 한 번, 이 성전에서, 또는 이 성전을 향하여 드리는 "종의 간구함과 주의 백성 이스라엘의 간구함을 보시고 주께 부르짖는 대로 들으시옵소서"(52)라고 거듭 강조한다.

이는 주 여호와께서 출애굽 당시 "주의 종 모세를 통하여 말씀하심 같이"(출 19:5-6, 신 9:26, 29, 14:2) 이 백성은 "주께서 세상 만민 가운데에서 그들을 구별하여 주의 기업으로 삼으셨나이다"(53)이기 때문에 주께서는 자신의 기업을 지키심이 당연하다는 것으로, 이 긴 성전봉헌기도를 끝맺고 있다.

이러한 성전에서 드리는 기도는 이 후도 오랫동안 수많은 생축(牲畜)을 드리는 제사와 함께 장기간 지속(持續)해왔다. 하지만 신약시대에 와서는 예수님 자신이 십자가 제단에 피 흘려 구속하셨기 때문에 그 후로는 예수님 자신이 곳 성전(聖殿)이 되시어 이 세상 어디서든, 예수 그리스도의 이름으로 드리는 기도는 다 응답이 된다는 사실이다.

5. 봉헌식의 마지막 의식(儀式) (54-66)

1) 솔로몬의 축복과 권고 (54-61)

(1) 태평을 주신 하나님 여호와를 찬송함(54-56)

솔로몬이 성전봉헌기도를 할 때는 제단 앞에 서서(22) 기도하였지만 마지막 부분에서는 "무릎을 꿇고 손을 펴서 하늘을 향하여"(54), 전통적인 방식으로 기도하였다(왕상 19:18, 사 45:23, 스 9:5 참조).

기도를 끝내자 "여호와의 제단 앞에서 일어나 서서 큰 소리로" 이스라엘 온 회중을 위하여 축복하였다(54a-55). 축복의 내용은 그의 백성 이스라엘에게 "태평을 주신 여호와를 찬송할지로다"(56a)라고 하나님께 영광을 돌리고 있다. 그는 재물과 명예와 권세 등을 말하지 않고 태평 누림을 우선순위(優先順位)에 두고 모세를 통하여 하신(레 26:3-13, 신 28:1) 태평시대에 관한 약속이 성취됨을 감사하였다.

즉 여호수아를 통한 가나안 정복, 사사시대에 이방인들과의 승패(勝敗)가 엇갈리는 와중(渦中)에서, 다윗시대에 이르러 이방인들의 침략을 완전히 물리치고, 이제 솔로몬시대는 전쟁이 없는 태평시대를 누리게 됨을 하나님께 감사하며 찬송하여 영광을 돌린 것이다.

이는 미래(未來)적 의미에서 영적 이스라엘이 그 모든 수고로부터 안식하게 될 날이 올 것을 확인하는 뜻을 함축(含蓄)하고 있다고 볼 수 있다(계 14:13).

(2) 솔로몬 자신과 백성을 위한 축복(57-61)

① 하나님의 임재(臨在)(57)

"우리 하나님 여호와께서 우리 조상들과 함께 계시던 것 같이 우리와 함께 계시옵고 우리를 떠나지 마시오며 버리지 마시옵고"(57)

오늘 봉헌식에 참석한 모든 회중(會衆)도 이 예식이 끝나면 각각 헤어져, 어쩌면 이런 거족적(擧族的)인 모임을 다시 갖기는 어려울 것이다. 하지만 우리 각자들 마음속에 언제나 여호와께서 임재(臨在)하셔서 영원히 함께하시기를 바라는 마음에서 드리는 축도(祝禱)이다.

② 하나님 여호와와 공존(共存)하는 비결(58)

"우리의 마음을 주께로 향하여 그의 모든 길로 행하게 하시오며 우리 조상들에게 명령하신 계명과 법도와 율례를 지키게 하시기를 원하오며" (58)

여기서 솔로몬은 하나님과 이스라엘 백성이 영원히 공존(共存)하는 비결(秘訣)을 제시(提示)한다. 그 비결은 "우리의 마음을 주께로 향하여" 우리 마음이 마치 해바라기가 종일 태양을 향하고 있듯이 하나님의 얼굴을 주시(注視)하며 그 길로 행하여 그의 명하시는 계명과 법도와 율례를 의무적으로 잘 지켜 준수할 때 이것이 가능하다는 것이다.

솔로몬은 국민 모두가 하나님과 공존(共存)하는 자가 되기를 축도하고 있다.

③ 기도의 계속과 응답을 바람(59)

솔로몬이 그의 기도가 일시적으로 끝나는 것이 되지 말고 언제나 계속되기를 바라는 심정에서, 그는 오늘도 하나님 우편에서 중보기도를 드리시는 그리스도의 모형이 된다(메튜 헨리).

성도는 날마다 주야로 계속 기도하고(59a), 여호와는 즉시 응답하사 "날마다 필요한 대로 돌아보시는"(59b) 관계가 간단없이 지속되기를 바람이 오늘의 교회에서도 실시되어야 할 것이다.

④ 여호와 하나님의 영광을 위하여(60)

여호와 그만이 "세상 만민에게…하나님이시고 그 외에는 없는 줄을 알게 하시기를 원하노라"(60)

이는 여호와의 유일신관(唯一神觀)을 선포하는 것으로, 마치 온 세계를 비추는 태양이 하나인 것처럼 "이에 세상 만민에게 여호와께서만 하나님이시고 그 외에는 없는 줄을 알게 하시기를 원하노라"(60)라고 하여, 지구상의 모든 인류는 오직 여호와께만 영광을 돌려야 한다는 것이 성전봉헌의 목적임을 밝히고 있다.

(3) 백성에 대한 권고(61)

솔로몬이 백성을 위한 축복기도를 끝내고는, 결론적으로 두 가지 권면을 하고 있다.

첫째는 하나님과 화합(和合)하는 것이며, 그러기 위하여서는 "그런즉 너희의 마음을 우리 하나님 여호와께 온전히 바쳐 완전하게 하여"(61a) 즉 완전한 헌신을 함으로써 완전해 질 때 가능하다는 것이다.

둘째는 이미 58절에서 언급한 대로 하나님의 법도와 계명과 율례를 힘써 지키는 것임을 재강조하고 있다. 즉 "오늘과 같이 그의 법도를 행하며 그의 계명을 지킬지어다"(61b). 여기서 '오늘과 같이'는 성전봉헌식(聖殿奉獻式)에 참여한 온 백성들의 마음이 신앙적으로 최고조(最高潮)에 달하고 있음을 지적(指摘)하는 것으로 그 헌신적(獻身的) 신앙을 지속(持續)토록 하라는 권면이다.

2) 봉헌제사와 절기축제 (62-66)

(1) 봉헌제사(奉獻祭祀)(62-64)

"이에 왕과 및 왕과 함께 한 이스라엘이 다 여호와 앞에 희생제물을 드리니라"(62)

솔로몬은 봉헌기도를 마친 후 자신과 거기에 모인 이스라엘 백성이 합력하여 하나님께 희생제물(犧牲祭物)을 드렸다. 먼저 화목제의 제물을 드렸는데, 제물의 수가 소 22,000 마리, 양 12만 마리를 드렸다. 화목제는 감사의 제사로서(레 3장) 제사형식은 기름만을 제단 불에 소화(燒火)하고 나머지는 제사장(레 7:28-34)과 제물 드린 자가 같이 그 고기를 먹을 수 있는 제사이다(레 7:15-18).

이 엄청난 화목제 제물 외에도 번제와 소제 등을 겸하여 드리기 위하여서는 기존(旣存) 제단만으로는 다 소화(燒火) 할 수가 없기 때문에 성전 뜰에다 임시제단을 만들어 제사를 드렸으며(64), 그 당시 제사를 드리기 위한 종사자는 레위인이 38,000명(대상 23:3)이었고, 제사장은 2~3천 명에 달했을 것으로 본다.

이상 세 가지 제사에서 화목제는 우양(牛羊)의 기름만을 제단에 올리지만 그 기름을 도살(屠殺) 후 채취하는 작업이 매우 크며(레 3:9-11), 번제는 희생물의 가죽을 벗긴 후 그 전체를 제단에서 소화(燒火)하는 제사이며(레 1장), 소제는 고운 가루와 기름과 유향(레 2:2)을 제물로 삼아 드리는 만큼, 많은 인력(人力)이 필요하기 때문에 레위인과 제사장 전원이 동원되었으며 임시제단(臨時祭壇)까지 설치할 수밖에 없었다고 보는 것이다.

역사 이래 이처럼 규모가 큰 제사를 드린 왕은 솔로몬 왕 외에는 없을 것이라 생각된다.

한국전쟁을 계기로 여의도 광장에서 빌리그래함 초청부흥회 시 운집(雲集)한 대중을 연상(聯想)시켜 줌을 솔로몬 헌당식에서 찾아 볼 수 있다는 생각이 든다. 그 후 한국교회 부흥의 원동력이 바로 그 당시 부흥회의 결과임을 무시할 수 없을진대, 오늘에 와서 침체상태(沈滯常態)에서 허우적거리는 모습과는 상호 대조(對照)가 된다는 생각이 든다.

우리는 솔로몬의 성전헌당식을 계기로 이스라엘의 거족적(擧族的)인 신앙 부흥 상황을 회상하면서 오늘의 한국교회에도 새로운 신앙부흥(信仰復興)의 불길이 타오르도록 분기(奮起)하는 계기가 되었으면 하는 마음이 간절하다.

(2) 절기축제(節期祝祭)(65-66)

"그 때에 솔로몬이 칠 일과 칠 일 도합 십사 일간을 우리 하나님 여호와

앞에서 절기르 지켰는데"(65a)

처음 7일은 8~14일까지로 성전 봉헌식이었고, 두 번째 7일은 15~22일까지로 초막절 축제(草幕節祝祭)이다. 이를 합하여 7+7=14일이 된다.

이 당시 모인 군중은 "하맛 어귀에서부터 애굽 강까지의 온 이스라엘의 큰 회중이 모여 그와 함께 하였더니"(65b), '하맛 어귀'는 솔로몬 당시 북편경계(北便境界)이며, '애굽 강'은 남방경계(南方境界)이다. 이는 곧 전국적으로 굉장한 수가 모여서 성대한 성전봉헌식과 아울러 초막절(草幕節) 절기를 지킨 사실을 말한다.

"여덟째 날에 솔로몬이 백성을 돌려보내매"(66a). 여덟째 날, 즉 제 8일은 7일간의 초막절이 끝나고 백성들을 돌려보내는 날이다(대하 7:10). 왕의 폐회사(閉會辭)와 함께 백성들은 "왕을 위하여 축복하고," 이는 백성들이 이미 왕의 축복을 받았음으로(55), 해산직전(解散直前)에 왕을 위하여 축복한 것이다. 그리고는 그간에 여호와께서 베푸신 모든 은혜로 말미암아 기뻐하며 각자 흐뭇한 감격을 안고 자기 처소로 귀가하였다(66b).

오늘도 역시 성도들이 교회의 큰 행사를 마칠 때뿐 아니라, 매 주일마다 예배를 마치고 각각 집으로 돌아갈 때는 받은바 은혜로 말미암아 기쁨과 즐거움에 넘치는 흐뭇한 마음으로 귀가(歸家)하였으면 하는 마음이 간절하다.

이로써 유사 이래 가장 장엄한 솔로몬의 성전봉헌식의 막(幕)이 서서히 내려지고 있다.

제 3 부

솔로몬 왕의 전성기

(영·욕 편)

솔로몬 왕의 전성기(全盛期)

왕상 9:1-28

1. 솔로몬에 대한 여호와의 약속과 경고 (1-9)

본장에서 가장 중요한 부분이 1-9절이다. 이는 성전에 대한 여호와의 약속과 경고가 서로 대조되어 있는 예시적(豫示的) 기록이기 때문이다.

1) 여호와의 현현(顯現)과 약속 (1-5)

1-2절에 여호와께서 두 번째 솔로몬에게 나타나신 사실을 기록하고 있는바, 그 시각(時刻)은 "솔로몬이 여호와의 성전과 왕궁 건축하기를 마치며 자기가 이루기를 원하던 모든 것을 마친 때에"(1)라고 하여 바로 전장(前章)에서 솔로몬이 성전 봉헌식과 아울러 절기(초막절) 축제의식(祝祭儀式)을 끝낸 그날 밤이었다고 생각한다(Matthew Henry).

그 시점에 여호와께서 나타나신 이유는 솔로몬의 성전 봉헌기도에 대한 응답으로서였다(3). 그리고 그 나타나신 양상(樣相)은 "여호와께서 전에 기브온에서 나타나심 같이 다시 솔로몬에게 나타나사"(2)로 보아, 꿈으로(3:5) 현현(顯現)하신 사실로 생각한다(Keil). 첫 번째가 기브온에서였고 이번은 두 번째이다.

이 두 가지를 비교해 보면 첫 번 기브온의 경우는 솔로몬이 왕으로 등극(登極)하여 백성을 다스리기 시작하는 중요한 시점(時點)이었으며, 이번 경우는 왕궁과 성전을 완성하고 “자기가 이루기를 원하던 모든 것을 마친 때에”(1) 즉 가장 큰 숙원(宿願)을 달성한 중요한 시점이라는 공통성이 있음을 알 수 있다.

이로 보아 우리가 하나님을 만날 수 있는 때는 우리 각자가 느끼는 가장 중요한 시각에 주께서 나타나시어 적절한 교훈을 주신다는 사실을 알아야 할 것이다.

여호와께서 나타나시어 약속하신 내용은 3-5절인바, 그 사실을 요약하면 3절 초두에서는 솔로몬이 드린 봉헌기도가 응답되었음을 보여주며 “이 성전을 거룩하게 구별하여 내 이름을 영원히 그 곳에 두며 내 눈길과 내 마음이 항상 거기에 있으리니”(3b), 이는 8:29에 솔로몬이 드린 기도의 응답이다. 거기서는 “주의 눈이 주야로 보시오며”라고 하였지만 여기서는 ‘내 마음’을 첨가(添加)하여 응답하였다. 이를 개인에게 적용하면 마치 애기를 키우는 어머니가 애기에 대하여 그의 눈과 마음과 사랑으로 간단없이 보살피는 것으로 비유된다고 할 것이다.

4-5절은 솔로몬이 드린 기도(8:25-26)의 응답이며 그리고 그가 받은 복이 조건적임을 보여준다. 즉 이 성전을 중심으로 마음을 온전히 하고 바르게 하여 하나님의 명령과 법도와 율례를 순종하고 지키는 것이 선행조건(先行條件)임을 분명히 제시한다. 그리고 그 표본(標本)은 “네 아버지 다윗이 행함 같이”이다. 다윗에게도 몇 가지 실수가 있었지만 여호와 보시기에 ‘온전하다’ 인정하시고 표본을 삼으셨다(3:14, 11:4, 6, 38, 15:5).

그러므로 아버지 다윗과 언약(삼하 7:12-16, 왕상 2:4, 6)하신 바를 솔로몬에게 확인시키며 이것을 준행하는 조건으로 왕위가 계속되며 영원히 견고하리라는 약속이다. 모름지기 경건한 부모들의 자녀들은 자기들보다 앞서간 분들의 발자취를 따라 행할 때 복이 임하지만 선조의 미덕과 경건을 유지하지 않는 한, 복을 상속(相續) 받으려고 기대해서는 아니 된다는 것이다(Matthew Henry).

2) 징벌(懲罰)의 경고 (6-9)

6-9절은 위에서 언급한 4-5절과 대조되는 구절이다. 전자가 축복의 약속이라면, 후자는 경고의 벌칙(罰則)이다. 본문의 내용은 세 가지 의미를 제시하고 있다.

(1) 배교(背敎)에 따르는 저주(詛呪)(6)

만일 솔로몬과 그의 자손이 "아주 돌아서서," 이는 철저한 배교(背敎)를 의미한다. "나의 계명과 법도를 지키지 아니하고 가서 다른 신을 섬겨 그것을 경배하면," 이것이 저주의 원인이 된다. 이 경고는 이미 레위기 26:27-39에서 언급한 것으로 이를 재확인시키는 것이다.

(2) 저주(詛呪)의 내용(7-9)

① 가나안 땅에서 추방(追放)될 것(7a)

"내가 그들에게 준 땅에서 끊어 버릴 것이요"(7a)

이것은 이스라엘이 앗수르(722 B.C.)에게, 유다가 바벨론(586 B.C.)에 의해 포로(捕虜) 됨으로 응하여졌다.

② 솔로몬의 성전이 파괴(破壞)될 것(7b)

"내 이름을 위하여 내가 거룩하게 구별한 이 성전이라도 내 앞에서 던져버리리니"(7b)

이 성전은 바벨론 포로 때 파괴됨으로 이 말씀대로 응하여졌다(왕하

25:9).

③ 만민 중에서 조롱거리가 될 것(7c-9)

"이스라엘은 모든 민족 가운데에서 속담거리와 이야기거리가 될 것이며"(7c)

이것은 하나의 가상적(假想的)인 대화(對話)로서 하나님의 백성들이 배교, 불순종, 우상숭배 등으로 하나님의 징계를 받아 나라가 망하여 포로가 되고, 또한 이 웅장하고 화려한 성전이 불타고 파괴된 채, 높은 곳에 서 있는 것을 지나가던 이방인들이 바라보고는 서로 비웃으며 질문하고 대답하는 대화(對話)이다. "여호와께서 무슨 까닭으로 이 땅과 이 성전에 이같이 행하셨는고"(8b)라고 하면, 그 동료 중에서 대답하기를 "그들이 그들의 조상들을 애굽 땅에서 인도하여 내신 그들의 하나님 여호와를 버리고 다른 신을 따라가서 그를 경배하여 섬기므로 여호와께서 이 모든 재앙을 그들에게 내리심이라"(9)라고 하리라는 것이다.

세상에서 가장 슬픈 일은 하나님을 믿는 자들의 범죄사실이 드러날 경우, 불신자들에 의하여 하나님께 벌을 받았다고 조롱거리가 되는 경우라고 할 것이다. 하나님을 배반하고 율법과 율례를 범하고 우상을 섬기는 죄악에 대한 가르침은 비단 이 곳뿐만이 아니라 신명기적 역사서(歷史書)들과 예언서(豫言書)들에서도 일관하여 강조된 경고이다(신 28:36-37, 29:24-29, 렘 22:8-9).

2. 솔로몬의 히람과의 거래(去來) (10-14)

솔로몬이 '두 집' 곧 여호와의 성전건축에 7년 반, 왕궁건축에 13년, 도합 20년이 걸려 완공하고는 갈릴리 땅에 성읍 20곳을 히람에게 주었다는 것은 히람이 백향목과 잣나무와 금 등 건축자재를 제공한 대가로 생각되지만, 사실 이에 대한 대가로는 이미 히람의 요구대로 식료품(食料品) 즉 밀과 기름을 해마다 주기로 약속하였기에(5:9-11) 아마도 솔로몬이 새로운 건축계획을 위하여(15-23) 히람이 금 120 달란트를 보내준 데 대한 보상이 아닌가 생각된다.

솔로몬이 히람에게 제공한 땅은 갈릴리 북방 베니게에 가까운 곳으로 이는 여호수아의 영토분배 시 이스라엘에 분배되지 않은, 가나안 원주민과 베니게인 등이 거주하는 작은 성들이며(삼하 24:7, 왕하 15:29, 사 8:23) 솔로몬 당시에 이르러 다윗이 점령한 것으로 생각한다.

히람이 솔로몬이 준 성읍들을 둘러보고 나서 마음에 들지 않아 실망하여 그 땅 이름을 '가불'(Cabul)이라고 하였는데, 그 뜻은 여러 가지로 해석한다. '폐쇄된 땅' 이는 산간(山間) 오지(奧地)로 사람의 내왕이 없는 땅이라는 의미이며, 혹은 '결박(結縛)된 땅'이라 하여 사지(沙地)이거나 소택지(沼澤地)로 발이 빠지면 움직일 수 없다는 의미이다. 역사가 요세푸스에 의하면 베니게 방언으로는 이 단어를 '즐겁지 못한 것'이라 하였고, 탈무드에서는 '열매 없는'의 뜻으로 해석하고 있다는 것이다. 위클리프 주석에 의하면 이 20개 성읍은 후에 '이방인의 갈릴리'(마 4:15)로 알려진 지역이라고 하였다.

이리하여 13절에서 히람이 "이르기를 내 형제여 내게 준 이 성읍들이 이러한가 하고 이름하여 가불 땅이라" 한 것을 보아 수령(受領)을 거부(拒否)한 것으로 보이며, 역대하 8:2에 보면 "후람이 솔로몬에게 되돌려 준 성읍들을 솔로몬이 건축하여 이스라엘 자손에게 거기에 거주하게 하니라"라고 하여 반환(返還)된 것이 확실하다.

그 후 솔로몬이 이 차관형식(借款形式)으로 빌린 120 달란트(4,112kg)로, 15-25절에 나오는 제2차 건축사업자금으로 쓰고 그의 통치 20년간에 걸쳐, 이것을 갚았을 것이라고 생각한다(카일·델리취).

이처럼 그 땅은 히람의 성벽(性癖)에는 맞지 않았다. 두로인들은 해상무역(海上貿易)으로 치부(致富)한 상인(商人)들이었고, 토지개간이나 곡물재배에 필요한 땅의 귀중함과 이용가치(利用價値)에는 둔감(鈍感)했기 때문에, 두로 평야에 세워진 해안도시(海岸都市)에서 넓고 깨끗한 거리만 보아온 히람으로서는, 산간내륙지방(山間內陸地方) 작은 마을에 좁은 골목길을 보고는 실망했을 것이라는 메튜 헨리의 주장이 옳다고 생각된다.

히람이 만일 갈렙 같은 토지활용 안목(眼目)만 있었더라면, 마치 갈렙이 유다 산지(山地)를 소유지로 자청하였고 은퇴 후 이를 개간(開墾)하여 자활공헌(自活貢獻)한 것처럼(수 19:49-51), 히람이 이를 개간하여 좋은 농토를 만들어 그가 필요로 하는 식량과 기름(5:9-11)을 산출하여 나라에 크게 유익이 되었으리라 생각된다.

이러한 사고방식과 생활양식의 차이 때문에 좋은 것을 제공(提供)한 솔로몬이 인색(吝嗇)하고 야비(野卑)한 행동을 한 것처럼 비쳐졌으며, 반면에 수령자(受領者)로서의 히람 역시 변덕(變德)이 심한 자로 느껴진다는, 메튜 헨리의 해석에 수긍(首肯)이 간다. 하지만 이것 때문에 두 왕 사이의 관계가 악화되어 거래가 단절된 것은 아니다. 수령자(受領者)로서의 히람 왕의 거절 자세도 신사적(紳士的)이다. "이르기를 내 형제여 내게 준 이 성읍들이 이러한가"(13) 한 것을 보아 알 수 있다. 그 후도 이들의 조약(條約)관계는 평생 동안 좋은 의리(義理)로 유지되었고, 애굽의 시삭(Shiskak) 왕이 주변국가들을 침략할 때까지 계속 이어졌다.

우리는 이 사건을 통하여 인간관계에서 상호의 입장을 이해하는 법을 배워야한다는 생각이 든다. 상업국가의 왕으로서의 두로 왕 히람과 낙농업(酪農業)의 백성을 거느린 이스라엘 왕으로서의 솔로몬의 입장이 각이(各異)한 것처럼, 그러면서도 상호 이해하고 공존(共存)하는 원리를 두 왕에게서 배워야한다고 생각한다.

3. 솔로몬의 건축사업 (15-23)

솔로몬이라면 지혜의 왕으로서 명 재판관으로 유명하지만(왕상 3:16-28) 그는 건축가로서도 역시 많은 업적을 남긴 왕이다. 솔로몬의 건축 사업을 순서적으로 보면 1, 2차로 각각 나눠져 있다. 1차는 "여호와의 성전과 자기 왕궁과"(15a)로서 첫 번째가 여호와의 성전건축이며, 그 다음이 왕궁건축이고, 연이어 왕후궁(王后宮) 건축으로서 3단계로 진행되었다.

1차 공사는 8:12-66에 수록(收錄)된 것으로, 이는 봉헌식을 하므로 완료되었음을 9:1에서 확인하고 있다. 2차 공사현황(工事現況)에 대하여는 15-23절에서 보여주는바 이는 두 단계로 진행되었는데, 그 첫째가 수도방위(首都防衛) 목적의 건축이고, 둘째가 각 지방 요충지(要衝地)인 하솔, 므깃도 등을 축조(築造) 내지 리모델링하여 요새화(要塞化)한 것으로 이는 전국토방위(全國土防衛)가 목적이었다.

1) 수도방위(首都防衛) 목적의 건축 (15)

"솔로몬 왕이 역군을 일으킨 까닭은 이러하니 여호와의 성전과 자기 왕궁과 밀로와 예루살렘 성과"(15a)

1차 건축에서와 마찬가지로(4:6, 5:13-18) 2차 건축에서도 역군(役軍) 즉 공사를 위한 인부(人夫)를 징집(徵集)하여 건축 현장에 투입하였음을 보여 준다(15).

수도방위목적의 건축물은 두 개인데, 첫째는 '밀로'(Millo)이며 둘째는 '예루살렘 성'이다. 밀로에 대하여는 그 정확한 위치, 건축물의 종류와 용도 등이 미상하나 예루살렘 성 북편 언덕 위에 세워진 탑(塔)이라고 생각하는 학자들이 많다. 그러나 메튜 헨리는 시청사(市廳舍) 또는 집회장소(集

會場所)라고 하였는데 이상 둘을 종합해 보면, 다윗 성곽(城郭)의 왕궁과 성전 사이에 해당하는 지점에 큰 건물을 세우고 위에는 적(敵)의 내습을 관찰하는 망루(望樓)가 되고 아래는 병사(兵士)들과 때로는 시의회(市議會)가 모이는 넓은 공회당이 아닌가 생각된다. 어쨌든 밀로는 수도방위를 목적으로 한 요새(要塞)로 만든 것임은 틀림이 없다고 생각한다.

그 다음은 '예루살렘 성'이라고 한 것인데 이것은 본래 다윗이 쌓은 성벽에 무너진 곳을 수축(修築)한 것으로(11:27), 아마도 새로 지은 성전과 왕궁을 안전하게 방어(防禦)하도록 더 견고하게 그리고 더 넓게 성벽(城壁)을 연장 증축(增築)한 것으로 생각된다(삼하 5:9).

예루살렘 성은 본래 다윗이 여부스인에게서 탈취한 것을 솔로몬이 더 견고하게 중수(重修)한 것임은 사실이다(삼하 5:6-9).

2) 지방 요충지(要衝地) 요새화(要塞化) 건축 (15b-19)

이하에서 열거(列擧)되는 성(城)들 역시 솔로몬이 신축한 것이 아니고 본래 각 지방 요충지에 요새화 되었던 것들이 퇴락하여 제 구실을 못하고 있는 것을 중수보강(重修補强)하여 완벽을 기한 것으로 보는 것이다.

'하솔'(Hazor)은 갈릴리 호수 북쪽과 훌렐 평야(Hulel Plain) 서남쪽에 위치하여 갈릴리 지역에서 가장 중요한 요새 중 하나로 납달리 지파에 속한 성읍이다. 이는 본래 가나안 왕 야빈의 수도(首都)였다(왕하 15:29, 수 11:1, 19:36, 삿 4:2). 그러므로 이미 요새화(要塞化)되었던 것을 솔로몬이 중수(重修)한 것이다.

'므깃도'(Megiddo)는 이스르엘(Jezreel) 평야에 위치하고 므낫세 지파 소속이었으나 이를 활성화시키지 못하다가 솔로몬이 이를 요새화 하였다. 이는 교통요충지이며, 훗날에 아하시야 왕이 예후에게 죽었고(왕하 9:27), 요시야 왕이 애굽의 느고 왕과 싸우다가 죽은 곳이다(왕하 23:29). 므깃도는 요한계시록에 종말적 대전쟁의 장소인 아마겟돈(Armageddon)으로서 미래적인 중요한 의미를 지니고 있는 요새이기도 하다.

'게셀'(Gezer)은 유다지역 산기슭에 있는 구릉(丘陵)지역에 위치하고 있으며, 여호수아가 가나안 정복 전에서 게셀 왕이 죽게 되었으나 여호수아가 이 성을 완전히 함락시키지 못하고 가나안 족에 소유로 남아있었다(수 10:33, 12:12, 16:10, 삿 1:29). 그 후 얼마간 블레셋이 차지하고 있던 중, 애굽 왕 바로가 싸워 이기고 그 성을 자기 딸과 결혼하게 된 솔로몬에게 결혼지참금(結婚持參金) 형식으로 주었다(16). 솔로몬은 전쟁을 싫어하는 평화주의자로서 게셀을 싸워서 취하지 않았지만, 호전적(好戰的)인 애굽 왕이 예루살렘 방어벽(防禦壁)이 되는 이 성을 빼앗아 줌으로써 솔로몬이 이를 요새화하여 수도(首都) 예루살렘과 성전의 안전을 도모(圖謀)하게 된 것이다.

'벧호론'(Betn-Horon)(17b)은 예루살렘 북쪽 고원지대로부터 아얄론 계곡 중간에 위치하며 상하로 나뉘어 있었다. 여호수아가 아모리 족속과 싸워 이기고 이것을 탈취하여 아래쪽 벧호론은 에브라임 지파에게 주었고(수 16:3), 위쪽 벧호론은 에브라임과 베냐민 지파에게 주어 각각 양분되었다(수 10:10, 16:3, 18:13-14). 역대하 8:5에 따르면 솔로몬이 상하 양 벧호론을 견고한 성읍으로 요새화한 기록이 있다

'바알랏'(Baalath)과 '다드몰'(18). 바알랏은 벧호론 서남쪽에 위치한 도시로 단 지파에게 배당된 지역이다(수 19:44). 그러나 단 지파가 그 지역을 가나안 족으로부터 지키지 못한 상태였다(삿 1:34). 이곳은 평야지대로서 예루살렘으로 통하는 대로(大路)가 있어 수도방위 목적으로 솔로몬이 이곳을 요새화한 것으로 본다.

'다드몰'은 다메섹과 유브라데 강 상류지방 중간지점에 위치하여 솔로몬이 북쪽 국경선을 보호하기 위하여 요새화한 것으로 생각한다. 그러나 "또 바알랏과 그 땅의 들에 있는 다드몰"(18a)이라 한 것이 문제가 되어 바알

랏 근방에 위치한 또 다른 다드몰이 아닌가, 추측하기도 한다.

'국고성' '병거성' '마병의 성' '예루살렘과 레바논' 성의 건축(19)으로 제2차공사가 필역(畢役)되었다고 하였다(19).

'국고성'은 기근(饑饉)의 때를 대비하여 곡식을 쌓아 저장하는 창고가 있는 성이다(창 41:35, 출 1:11, 대하 17:12). '병거성'과 '마병의 성'은 병거(兵車)들을 보관하고 마병(馬兵)이 쉴 수 있는 공간(空間)과 말을 사육(飼育)하는 시설이 있는 성이다. 솔로몬에게는 그 당시 병거가 1,400, 마병이 12,000이나 되었다(10:26).

'예루살렘과 레바논'(19b), '예루살렘'에 대하여는 밀로와 예루살렘 성 보수 내지 연장축성에 관하여 이미 상술(詳述)하였는데(15), 또 다른 것이 있었는지 알 수 없으며 특히 '레바논'의 건축에 대하여는 여름 별장(別莊)을 지은 것으로 생각한다. 메튜 헨리는 이것을 솔로몬이 쾌락을 위한 건축물로서 수렵(狩獵)이나 오락(娛樂)을 위한 건물일 것이라고 추측하고 있다.

레바논 건축을 끝으로 "그가 다스리는 온 땅에 건축하고자 하던 것을 다 건축하였는데"(19b)라고 하였는데, 이는 성전과 왕궁완성 후 제2차로 시작한 건축공사가 완료되었음을 말하는 것이다.

이상에서 되어진 솔로몬의 건축물 순서를 보면 제일 먼저 경건한 종교를 위해 하나님의 집인 성전을 짓고 그 다음에 자기 왕궁을 지었으며, 그런 뒤에 지기 아내를 위한 왕후궁(王后宮)을 지었다.

그리고는 수도방위를 위한 밀로를 짓고는 예루살렘 성 보수(補修) 내지 연장공사를 하였다고 보며, 그런 후에 국토방위(國土防衛)를 위한 지방요충지에 손을 대어 하솔, 므깃도 등을 비롯한 여러 성들을 보수(補修) 축조(築造)하여 요새화하였던 것이다.

이상의 건축물 중 가장 공들여 짓고 건축 상황을 상세히 기록한 것이 성전건축이며, 궁궐(宮闕)과 기타 건축물들에 대하여는 간단하게 건축과정을 언급하고 있음에서 솔로몬이 신앙 중심주의로 이제까지 살아 왔음을 알 수 있다.

흔히들 고대(古代)의 위대한 국가들은 건축물들의 장엄(莊嚴)하므로 이를 통한 과시(誇示) 현상을 강조하고 있는 것이 통례이다. 하지만 솔로몬은 성전을 가장 심혈(心血)을 기울여서 건축하고 또한 그 건축 상황 역시 상세히 기록으로 남기고는, 화려(華麗)한 왕궁과 밀로(Millo)와 다드몰(Tadmor) 같은 웅장(雄壯)한 건축물에 대하여는 간단히 언급하고 있을 뿐이다. 이로써 솔로몬은 신정국가(神政國家)의 왕으로서 특이한 점을 보여주고 있다.

하지만 말년에 이르러 신앙을 저버린 때에 그의 작품들은 왕조(王朝)의 변천사(變遷史) 속에서 사정없이 파멸돼 버렸으며 모리아(Morian) 산상에 화려한 성전 역시 자취도 없이 사라져 버렸다. 마치 오랫동안 버려진 전쟁터에 마구 뒹구는 백골처럼, 오직 파멸의 흔적만을 남기고 있을 뿐이다.

"솔로몬의 위업(偉業)에 대하여 이들 폐허(廢墟)보다 더 잘 보여주는 것은 없으며, 모든 영화의 헛됨과 보잘것없음에 대하여도 이보다 더 절실히 보여주는 것이 없다"라고 베이커 주석에 쓰여 있다.

이것이 바로 오늘도 역시 여호와의 율례와 법도를 저버린 모든 인간에 대한 하나의 경종(警鐘)이라고 생각한다.

3) 건축을 위하여 징집(徵集)된 역군(役軍) (20-22)

솔로몬이 성전 건축 당시 역군을 징집한 기록이 5:13-18에 이어서 다시 나온다. 이는 제 2차 공사 시작과(15) 완료 시(20-22)에 다시 언급하고 있다. 그 요지는 앞에서 언급한 대로 가나안 땅에 남은 원주민(原住民)(삿 1:19-36)들을 징집하여 공사장에 투입하는 일이다. 이것은 여호와의 율법에 의한 것이며(레 25:44), "가나안은 저주를 받아 그의 형제의 종들의 종이 되기를 원하노라"(창 9:25)는 노아의 예언도 성취된 셈이다.

그러나 이스라엘 백성들은 보다 명예로운 일에 사용되었다. 즉 "군사와 그 신하와 고관과 대장이며 병거와 마병의 지휘관이 됨이라"(22) 하였다. 그리고 또는 일을 감독하는 우두머리 550명으로 삼아 일하는 백성(역군)을 다스리게 하였다(23).

이런 제도는 다윗 때에도 시행되었는데(대상 22:2), 솔로몬 대에 와서 성전건축이라는 미명(美名) 아래 이스라엘인도 징집하는 이변(異變)이 일어났다고 보는 학자들이 있다(5:13).

고대의 위대한 건축물들은 대부분이 노예(奴隷)들의 작품이다. 근대에 와서 일본인들이 한국인을 징병(徵兵)으로, 징용(徵用)으로 그리고 출가(出嫁) 전 소녀들을 징집하여 일본 병사들의 성노예(性奴隷)로 삼은 악행을 저질렀다. 그리고도 아직까지 반성을 못하고 있는 실정이다.

아무리 좋은 목적의 것이라 하더라도 사람을 강제로 징집하여 혹사(酷使)시키는 노예제도(奴隷制度)는 마땅히 배격되어야 할 만행(蠻行)임은 틀림없는 사실이다.

4. 솔로몬의 해외무역(海外貿易) (26-28)

이 단락에서 솔로몬의 해외진출(海外進出)을 위한 통상무역(通商貿易)으로 나라의 위세를 펼치는 기록을 볼 수 있다. "솔로몬 왕이 에돔 땅 홍해 물 가의 엘롯 근처 에시온게벨에서 배들을 지은지라"(26).

엘롯(Eloth)은 사해(死海) 남단에서 수직(垂直)으로 160km이상 남쪽에 위치한 당시 에돔 땅에 속하는 홍해 동북단 항만(港灣)이며, 바로 그 북단(北端)에 에시온게벨 항구(港口)가 있다. 이곳은 이스라엘 백성이 광야 유랑 시 들렀던 곳이다(민 33:35-36, 신 2:8). 이 항구(港口)는 에돔 사람들의 소유였지만 다윗이 그것을 장악(掌握)하여 유다의 영토가 된 것이다.

솔로몬은 이곳에서 마치 우리나라 남해안(南海岸)에 세계적 자랑인 거대한 조선소(造船所)가 있음 같이 하나의 선단(船團)을 건설한 것이다. 이런 대기업(大企業)을 완성하기 위하여서는 그가 일찍이 교류(交流)한 바 있는 해상무역(海上貿易)의 선구자인 히람의 도움이 필요하였다. 이스라엘인들은 그때까지 해상무역을 하지 않았으며 조선(造船)에도 경험이 없었기 때문이다. 그리하여 이들이 솔로몬의 종들과 협력하여 선단조성(船團造成)에 성공한 것이다(27)

배들의 목적지는 오빌(Ophir)로서 그 위치에 대하여는 학자들 간에 논란이 많으나 결론을 내리지 못하고 있다. 어떤 이는 아라비아 동남 해안, 어떤 이는 인도, 또 다른 이는 동부 아프리카 중 하나일 것이라는 등의 설들이 있어, 사실 이것들이 가장 유력하다. 그런 중 메튜 헨리는 동인도제도(東印度諸島)의 현재 세일론으로 추정된다고 하였다.

무역 대상이 된 품목(品目)은 황금이었다. 그 이유는 솔로몬이 성전과 그 외에 건축물들을 세우는 데 대량의 금을 다 쓰고 또한 웅장(雄壯)한 왕궁과 사치스런 궁중생활을 유지하는 데 큰 비용이 들었기 때문에 황금이 필요하였을 것이라고 베이커 주석은 밝히고 있다.

그 함대(艦隊)는 솔로몬에게 420 달란트의 금을 실어다 주었다(28). 다음 10:22에 보면 "다시스 배로 삼 년에 한 번씩 금과 은과 상아(象牙)와 원숭이와 공작(孔雀)을 실어 왔음이더라"라고 하여 수입품목(輸入品目)을 밝히고 있다. 그 대신 이스라엘에서 생산되는 진귀(珍貴)한 물품들과 주변 국가들에서 수집(蒐集)한 각종의 물품들을 수출(輸出)하였을 것이라고 추측한다.

솔로몬은 무역(貿易)으로 많은 것을 얻었지만, 다윗은 정복(征服)으로 더 많은 것을 얻었다. 솔로몬의 금 420 달란트도 다윗의 10만 달란트에 비하면 아무것도 아니다(대상 22:14, 20:4).

그는 무역으로 많은 황금을 모아 다음 장에 나오는 호화사치생활을 하였지만, 그는 자신의 경험에서 "지혜를 얻는 것이 은을 얻는 것보다 낫고 그 이익이 정금보다 나음이니라"(잠 3:14)라고 고백하여 금보다 더 귀한 것이 지혜라고 하였지만 우리는 이 사실에서 무엇을 배울 수 있는가 묻고 싶다.

모름지기 우리나라는 3면이 바다이며, 다만 북쪽으로 중국과 러시아를 거쳐 유럽에까지 갈 수 있는 육로(陸路)가 있지만 이것마저 군사분계선(軍事分界線)으로 막혀 있어, 우리나라는 해상무역(海上貿易)을 통하여 세계 시장(世界市場)을 상대로, 그리고 공항(空港)을 통하여 세계 각국과 통상(通商)하여 세계 제7위에 해당하는 무역국(貿易國)이 되었다. 이제는 한국의 대형선박(大形船舶)들이 5대양을 누비고 있는 실정이다.

지금부터 120년 전에 서해 바다로 영미(英美)의 선교사(宣敎師)들이 복음(福音)을 싣고, 토마스(R.J. Thomas) 목사는 1866년 8월에 평양(平壤)으로 들어왔고, 1885년 4월 언더우드와 아펜젤러 선교사는 인천항(仁川港)을 통하여 서울로 들어왔다. 오늘에 이르러 인천항은 부산과 더불어 온 세계를 향한 해상무역항(海上貿易港)으로 이름 나있으며 게다가 세계에서 가장 크고 기능면(技能面)에서 세계 제1위로 평가되는 모범공항(模範空港)으로서의 지위를 계속 보유하고 있는 인천국제공항(仁川國際空港)이 있어, 이제는 전 세계를 향하여 무려 수만 명의 한국선교사들에 의한 복음수출(福音輸出)의 기지(基地)가 되어 있는 실정이다.

솔로몬이 "지혜는 정금보다 귀하다"(잠 3:14)는 사실을 알면서도 그 지혜를 수출(輸出)하려 하지 아니하고, 다만 오빌에서 황금만을 수입(輸入)하였음을 후에 가서야 전도서에서 허사(虛事)임을 고백하고 있다. 솔로몬 입장에서의 지혜란 신약적(新約的) 의미에서 보면 믿음이며 복음(福音)이다.

모름지기 복음이야말로 많은 정금보다 귀한 것임을 우리 모두가 인식할진대, 오늘의 전 세계를 상대로 복음을 수출(輸出)하고 있는 한국교회로서는 큰 자랑이 아닐 수가 없다.

스바 여왕의 내방(來訪)과 솔로몬의 영화(榮華)

왕상 10:1-29

본장의 개요(槪要)는 스바의 여왕이 솔로몬 왕을 방문한 사실과(1-13), 솔로몬 왕이 누린 부귀영화가 어떠했는지에 대해 자세히 소개하고 있다(14-29). 여기서 중요한 것은 솔로몬이 누린 부귀영화의 출처가 여호와 하나님이 제공하신 지혜에 기인(起因)한다는 사실을 분명히 지적하고 있다는 점이다.

이때까지는 솔로몬이 여호와께서 약속하시고, 부왕(父王) 다윗이 유언(遺言)한 바를 잘 지켜 나왔음을 보여 줌으로써, 바로 다음 장에 이어지는 타락의 생활과 극적인 대조를 이루고 있다. 하지만 본장에서도 솔로몬에 타락의 싹이 이미 내포(內包)되고 있음을 엿볼 수 있다.

1. 스바 여왕의 내방(來訪) (1-13)

1) 스바 왕국의 위치 (位置)

'스바'(Sheba)라는 나라의 위치에 대하여는 여러 가지 이론(異論)들이 있으나 크게 두 가지로 정리할 수 있다. 첫째는 아라비아 반도 서남쪽 끝에 위치한 오늘의 예멘(Yemen)으로 추정하는데, 이 지방의 개척자가 아브라함의 후처 그두라의 자손인 욕산의 아들이 바로 스바이다(창 25:3, 욥 1:15, 6:19). 둘째는 아프리카 중앙 동부, 애굽과 수단의 남방이고 나일강의 상류지방에 위치한 이디오피아(Ethiopia)로서 이 지방에 유포(流布)된 구수의 아들이 스바라는 것이다(창 25:3, 대상 1:32). 요세푸스는 그녀가 애굽과 에디오피아의 여왕이었다고 전하고 있다.

이상 두 가지 학설 중 후자가 믿을 만하다. 에디오피아의 국가 전설에 의하면 그 시대의 여왕이 솔로몬이 가졌던 신앙으로 개종하였으며, 솔로몬은 그녀와의 사이에서 메넬리크(Menelik)라는 이름의 아들을 얻었고, 이가 장성하여 아버지를 만나러 간 일이 있다고 주장한다. 한국 전쟁 후에 에디오피아의 하일레 셀라시에(Haile-Selasian) 황제가 내한하여 (서울영락교회 예배참석 시) 자신을 솔로몬의 자손이라고 공언한 바가 있다.

솔로몬 왕 당시 에디오피아는 해상무역(海上貿易)을 통하여 막강하고 부유(富裕)한 나라였다고 추정한다.

2) 스바 여왕의 내방 목적(來訪目的) (1-3)

"스바의 여왕이 여호와의 이름으로 말미암은 솔로몬의 명성을 듣고 와서 어려운 문제로 그를 시험하고자 하여"(1)

스바 여왕의 내방 목적은 무역(貿易)이나 상업상 거래를 위한 것이 아니고, 국가 상호간의 동맹체제(同盟體制)를 맺기 위함도 아니며, 또한 공동(共同)의 적들에게 대항하기 위한 군사동맹(軍事同盟)을 체결하려는 목적도 아닐뿐더러, 이러한 목적을 이루기 위한 정상회담(頂上會談)도 아니었다.

그녀의 내방 목적은 단지 "여호와의 이름으로 말미암은 솔로몬의 명성을 듣고"(1)인바, 이는 솔로몬의 탁월한 지혜의 소문을 들었다는 것인데, 이는 아마도 오빌을 항해(航海)하는 선원(船員)들을 통하여(9:25) 들었다고 생각되며, 여왕이 이 소문을 듣고는 그 진실성을 확인하기 위하여 방문을 결심하였다고 생각된다.

그녀는 많은 수행원(隨行員)들과 그가 갖고 온 많은 양(量)의 각종 보물(2)이 암시하듯, 풍성한 자원(資源)을 소유하고 있는 나라의 여왕인 만큼, 그녀에게는 왕관(王冠)이나 홀(笏)보다도 더 귀중한 지혜를 사랑하는 정신적 탐구심이 강한 자였다. 즉 종교적으로 말하면 진리 추구심(眞理追求心)이 강함에서 솔로몬의 지혜가 여호와께로부터 왔다는 그 지혜를 친히 가서 만나 어려운 문제로 그를 시험하려는 목적에서 내방하였다는 것이다. 즉 솔로몬 왕으로부터 지혜로운 말을 들음으로써 자신의 지혜(智慧)를 개선(改善) 내지 증진(增進)시키려고 생각하였다(마 12:42). 그리하여 그녀는 보다 나은 지혜를 들음으로써 자신이 통치하는 나라의 백성들에게 보다 유익을 주는 군주가 되기를 원했던 것으로 본다.

한 걸음 더 나가서 스바의 여왕은 솔로몬의 지혜가 하나님께로부터 왔다는 사실에 매우 관심이 컸음을 알게 된다. 그녀는 솔로몬의 신앙심에 쏠리고 있었다. 그리하여 그는 솔로몬에게 지혜를 주신 여호와의 신을 찬양하며 그 하나님 여호와에 대하여 알기를 원했던 것이다.

오늘 우리도 각자 나의 입장에서 보다 나은 자가 되기 위하여서는 여호와께로 말미암은 지혜의 말씀을 들음으로써 계속 자신을 개선(改善)시키려는 강한 의욕이 있어야 할 것이다.

그녀는 솔로몬을 만나서 "자기 마음에 있는 것을 다 말하매"(2b), 이는 그녀가 미리 준비한 질문이며, 또한 그녀의 마음속에 숙제(宿題)로 남아있던 문제였을 것이다. 솔로몬은 여왕의 질문에 대하여 대답하지 못한 것이 하나도 없었다(3).

3) 스바 여왕이 받은 감동과 고백 (4-9)

(1) 스바 여왕이 받은 감동(4-5)

여왕이 감동받은 것은 네 가지다.

① '지혜'이다.

"스바의 여왕이 솔로몬의 모든 지혜와"(4a). 이것은 이하의 여러 가지 경탄(驚歎)할 항목(項目)들을 가능케 한 요인이다. 그리고 이 지혜는 하나님께 기도하여 받은 실증적(實證的)인 것이다(4:29-49). 그녀는 이제 그 비범한 지혜에 대하여 의심할 여지가 없는 심증(心證)을 얻게 된 것이다.

② 솔로몬 왕이 '건축한 왕궁'이었다(4b).

그 왕궁에 화려함과 완벽을 기한 설비에 감탄하였다.

③ 솔로몬의 '궁중 생활'의 모습이다(5).

이것은 다섯 가지 실례를 들고 있다.

첫째는 그의 식탁(食卓)에 날마다 공급되는 '식물'(食物)이었다(5a, 4:22-23참조). 둘째는 각기 제자리에 질서 정연히 앉은 '신하'들의 모습이며(5b), 셋째는 아무런 혼란 없이 시중들 태세를 갖추고 시립(侍立)한 '시종'(5c)들이고, 넷째는 각각 그들의 신분에 어울리는 값비싸고 찬란한 '관복'(官服)이었다(5d). 그리고 다섯째는 '술 관원들'인데, 이는 고대(古代)의 왕을 암살하기가 쉬운 직책이므로 특히 왕의 신임 받는 고관이었다(5e).

④ "여호와의 성전에 올라가는 층계"(5f)이다.

이 구절도 학자들 간에 논란이 많은 난해구(難解句)에 속한다. 여러 사본(寫本)에는 이 '층계'가 '번제'로 번역되어 있기 때문이다(70인역, 갈대

아역, 시리아역 등). 이 번역들은 스바 여왕이 솔로몬이 드리는 번제의 경건함을 보고 놀랐다는 것이다. 하지만 우리가 보는 성경(개역개정판)에서는 "성전에 올라가는 층계"라고 되어 있어 카일·비너(Keil·Winer) 등이 이는 '층계'(層階)일 뿐이라고 주장한다. 아마도 그것은 왕궁에서 성전에 이르는 높은 고가교(高架橋) 같은 것이 아닐까(왕하 16:18) 생각되며, 매우 화려하게 꾸며졌으리라 추상한다(베이커). 그러나 아무리 계단(階段)이 규모가 크고 아름답다 한들, 그것만을 보고 여왕이 놀랐을 것이라고는 수긍(首肯)이 가질 않는다.

그러므로 번제(燔祭)로 보는 것이 타당하다는 생각이 든다. 그 이유는 앞서 여왕이 솔로몬의 지혜, 그리고 그가 건축한 왕궁을 보고 놀랐다고 하였는데 어찌하여 솔로몬 건축의 백미(白眉)인, 그 화려한 성전은 보여주지를 않았을까가 의문이다. 그러므로 그 자랑스러운 성전을 여기서 보여주면서 번제물(燔祭物)이 타오르는 장엄한 모습과 이를 바라보는 솔로몬의 경건한 자세 등이, 이 이교도(異教徒)인 여왕에게 크게 감동을 주었으리라는(메튜 헨리) 주장이 옳다는 생각이 든다.

(1) 스바 여왕의 고백(告白)(6-9)

① 소문보다 기대 이상이라는 찬사(讚辭)(6-7)

그녀는 소문을 듣고 무척 큰 기대(期待)에 부풀었지만 실제는 그 기대를 훨씬 능가(凌駕)한다고 고백한다. 그리고 그녀는 이 여행을 시도(試圖)한 일이 매우 보람된 일이었다고 만족해하며 치하(致賀)하고 있다. 대체로 소문이란 과장(誇張)되기가 일수인데도 이 경우는 실제 사실이 듣던 소문을 훨씬 능가한다는 것이다.

우리가 장차 저 영화로운 시온 성문으로 들어가서 황금 길을 걸을 때는 우리가 교회에서 천국에 대하여 듣던 그 어떤 설교자의 전하던 것보다 훨신 능가(凌駕)하는 것임을 실감하게 될 것이라 생각된다.

② 왕을 모신 신하(臣下)들을 복되다고 선망(羨望)함(8)

여왕은 솔로몬 왕에게서 지혜로운 말을 항상 들을 수 있는 신하들이 부러운 생각이 들었고, 자기도 그들 중 하나였으면 하고 선망하는 심중(心中)을 보였다. 고라의 자손의 시(詩)에서 시인은 여호와의 집에 제 집을 얻고 사는 참새와 제비가 부럽다고 하면서 "주의 집에 사는 자들은 복이 있나니 그들이 항상 주를 찬양하리이다"(시 84:2-5)라고 한 것이 있다.

우리 중에는 교회생활에서 하나님의 말씀에 근거한 지혜로운 설교를 들으면서도 감격이 없는 자들이 많은 것 같다. 우리도 스바 여왕의 진리탐구심(眞理探究心)과 아울러 지혜로운 왕들의 종들을 부러워한 그 심정을 모두 가져야 할 것이다.

③ 하나님 여호와를 송축(頌祝)함(9)

스바 여왕이 여호와를 송축한 내용은 두 가지이다. 첫째는 "여호와께서 당신을 기뻐하사 이스라엘 왕위에 올리셨고"(9a)이다. 솔로몬이 지혜의 왕이 된 것은 여호와께서 그를 사랑하신 데 기인(起因)한다. 그것은 솔로몬의 공적 때문이 아니라 그가 여호와의 기쁨이기 때문이다. 역시 오늘도 우리를 만민 중에서 택하여 세우심은 그의 무조건적 선택에 의한 것임을 인식한다면 우리 입에서 찬송이 절로 흘러나올 것이다.

둘째는 "여호와께서 영원히 이스라엘을 사랑하시므로"(9b)이다. "여호와께서 당신을 왕으로 세우신 것은 당신으로 하여금, 사치와 쾌락 속에서 살라는 것이 아니라 하나님의 택하신 백성 이스라엘로 정의와 공의를 행하게 하시기 위함이다."(메튜 헨리)라는 것이다. 이는 솔로몬에게 있어서 가장 충격적인 깨우침의 지적(指摘)이다. 이는 이교도(異敎徒)인 여왕의 말로서 세상진리를 추구하는 철학자다운 지적이지만, 솔로몬에게는 매우 적절한 교훈적인 충고가 아닐 수 없었다.

모든 분야에서 상위권(上位圈)에 있는 지도자들이나 교회의 목사들은 자신의 명예나 지위 보존 내지 이익을 위하여 존재하는 것이 아니라 정의와 공의로 하나님의 자녀 된 백성과 교인들을 잘 다스리는 데 있음을 자각해야만 할 것이다. 이 여왕의 말은 당시 솔로몬 왕에게 너무도 적절한 충고(忠告)의 말이었음에도 불구하고 이를 명심(銘心)치 않았으며, 그 후 이스라엘 남북 왕조의 왕들 역시 이 충고를 무시한 채, 하나님의 사랑으로 세우신 왕이라는 자각과 이스라엘을 사랑하사 공의와 정의로 다스리라는 사명을 망각하고 방종생활(放縱生活)을 계속하다가 줄줄이 악한 왕이 되어 백성을 파멸로 몰아넣었던 것이다.

스바의 여왕이 솔로몬의 지혜로운 말을 듣고 감동을 받은 것은 사실이지만, 그가 여호와 하나님을 송축(頌祝)한 것은 여호와의 종교로 개종(改宗)한 것은 아니며 다만 '솔로몬의 하나님을 찬양한 것'에 불과하다. 하지만 그의 하나님을 보는 눈은 바르다고 할 수가 있으며 이는 그가 귀국 후 여호와의 신앙을 본국에 유포(流布)시켜, 아프리카 유일의 기독교 국가로 만들었다는 전설은 거의 정확한 사실이 아닌가 생각된다.

4) 여왕의 선물과 솔로몬의 환대(歡待) (10-13)

여왕은 하나님께 대한 송축(頌祝)과 솔로몬에 대한 감사의 말을 하는 것으로 만족해하지 않고 그가 올 때에 낙타(駱駝)에 싣고 온(2) 것 중 금 120 달란트(현 시가 약 45억 원)와 아울러 "많은 향품(香品)과 보석"(10)을 솔로몬 왕에게 드림으로써 고마움을 표시하였다. 이는 후에 동방박사들이 만왕의 왕이신 예수께 황금과 유향과 몰약을 선물로 바친 일에 예표가 되었다고 볼 수 있다(마 2:11).

스바의 여왕은 이처럼 많은 황금보석을 왕께 드리면서 그가 받은 지혜와 진리의 대가(代價)를 비싸게 지불한 것으로 생각지 아니하고 오히려 너무 적음을 아쉽게 생각한 듯 느껴진다.

역시 우리들도 아무리 많은 헌금을 주께 드린다 해도 결코 그의 보배로운 피 값을 갚지는 못할 것이다. 우리는 마치 밭에 감추인 보화를 발견한 사람이 자기 것을 다 팔아 그 밭을 샀듯이(마 13:44) 진리의 값어치는 돈으로는 계산할 수 없을 만큼 귀중한 것이다. 그러므로 우리가 드리는 십일조나 헌물(獻物)은 다만 그 크신 은혜에 대한 하나의 마음의 표시가 될 뿐이다.

어떤 주석에는 여왕이 이 많은 선물을 솔로몬에게 바친 것은 앞으로 바다와 육지를 통한 더욱 활발한 무역관계(貿易關係)를 유지하기 위한 마음에서라고 하지만, 본문의 문맥(文脈)상으로 보아 그런 전략적(戰略的)인 흔적은 보이지 않는다. 다만 중심에서 우러나오는 감사심의 표시로 느껴질 따름이다. 우리는 스바의 여왕에게서 만왕의 왕께 드리는 헌금의 정신을 배워야 할 것이다.

한편 이런 값진 선물을 받은 솔로몬 왕의 입장에서는 각국의 왕들이 방문해 올 때 그들이 가져 온 선물에 상응(相應)한 규례에 따른 선물 외에 "또 그의 소원대로 구하는 것을 주니"(13)를 보아, 이는 물질적인 것이 아닌 것으로 생각이 되며 "지혜와 경건에 대한 교훈을 책으로 만들어 주었다"는 메튜 헨리의 주장도 수긍(首肯)이 간다.

역시 솔로몬보다 더 크신 우리 주님은 우리가 세상에서 사는 데 필요한 물질 이외에 그의 나라와 그의 의를 구하는 자들에게 더 좋은 신령한 은혜를 주신다(마 6:33)는 사실을 기억해야 할 것이다.

이리하여 여왕은 마치 저 광야 길에서 빌립에게 말씀을 듣고 세례를 받은 후 기쁜 마음으로 길을 간 에디오피아 내시(행 8:35-39)처럼, 황금보석에 비교될 수 없는 귀중한 지혜와 경건(敬虔)의 보물을 갖고서 기뻐하며 귀향길에 올랐다.

사람들은 고향을 떠나 멀리 가서 금은보화를 많이 벌어가지고 돌아오면 금의환향(錦衣還鄕)이라고 모두들 부러워하지만 대체로 그런 경우는 진리에 대한 믿음을 잃어버리고 오는 자들이 많이 있다. 사실 이들은 얻은 것보다 잃은 것이 더 많지만 자타(自他) 모두가 성공했다고 착각(錯覺)을 한다. 하지만 스바 여왕은 잃은 것보다 더 많은 신령한 진리의 보화를 얻어가지고 흐뭇한 심정으로 고국인 에디오피아를 향한 귀로에 오른 것이다.

2. 솔로몬의 부귀영화(富貴榮華) (14-29)

이 부분에서는 솔로몬이 국제무역(國際貿易)을 통해 얻게 된 부귀영화가 당시 천하에 어떤 왕들보다 뛰어남을 보여주며 그 성공의 비결은 하나님께서 솔로몬에게 주신 지혜로 말미암은 것임을 알려주고 있다.

1) 황금의 나라 이스라엘 (14-29)

솔로몬은 이스라엘로 하여금 당시 세계에서 제일가는 황금보유국(黃金保有國)으로 만들었다. 요새로 말하면 세계에서 가장 큰 외화보유국(外貨保有國)이 되었다는 뜻이다. 솔로몬의 치부방법(致富方法)에 대하여 다음과 같이 보여준다(14-15, 23).

"솔로몬의 세입금(歲入金)의 무게가 금 육백육십육 달란트요"(14). 이는 솔로몬 정부의 1년 총 수입금을 말하는 것으로 달란트는 화폐(貨幣)의 단위가 아니고 무게를 의미하는바 이것은 22,815.125kg으로 약 3톤에 가까운 중량(重量)에 해당된다. 이것을 이스라엘의 화폐가치로 환산하면 1달란트는 3,000세겔이며 당시 노예(奴隸) 한 사람의 값이 은 30세겔이었으므로(출 20:32), 은 666 달란트만 해도 노예 66,600명의 값이 된다고 보면 금

(金)일 경우는 더 막대한 액수가 된다.

이 큰 세입의 내용을 보면, 첫째는 각종 세금으로 징수된 것이며, 둘째는 오빌에서 무역선(貿易船)이 실어온 것이고(9:28), 셋째는 스바 여왕처럼 솔로몬을 방문하는 왕과 사신들로부터 받은 것(23-24) 등이다.

그 외에도 또 다른 수입이 있었는데 "그 외에 또 상인들과 무역(貿易)하는 객상(客商)과 아라비아의 모든 왕들과 나라의 고관들에게서도 가져온지라"(15), 즉 여기 '상인들'은 먼 길을 다니면서 장사하는 대상(隊商; a caravan)을 의미하며, '무역하는 객상(客商)'은 무역업자(貿易業者)를 말한다. 그리고 '아라비아의 모든 왕들'은 동맹국의 왕들이 아니고 아라비아 광야에 거주하는 잡종들의 추장(酋長)을 의미한다. '나라의 고관들'은 국내의 지방장관과 제후(諸侯)들을 의미한다(4:7-19).

이상 여러 분야의 집단으로부터 받은 세입금을 금으로 환산(換算)하면 솔로몬 왕국은 황금으로 성(城)을 두를 만큼 황금의 나라가 된 것이다. 구약시대의 왕국들은 다윗의 아들 솔로몬에게서 절정(絕頂)에 도달하고 있다. 이것은 솔로몬이 기브온 산당에서 일천 번제를 드린 때 그가 지혜를 구함으로써 지혜 외에 덤받이로 받은 약속의 성취라고 볼 수 있다(왕상 3:11-13).

2) 솔로몬의 금 사용(金使用) (16-25)

(1) 금 방패(防牌)를 만듬(16-17)

"솔로몬 왕이 쳐서 늘인 금으로 큰 방패 이백 개를 만들었으니…또 쳐서 늘인 금으로 작은 방패 삼백 개를 만들었으니"(16-17)

솔로몬은 금으로 큰 방패 200개와 작은 방패 300개를 만들었는데, 본래 방패란 나무로 만들고 가죽으로 입히는 법인데 솔로몬은 가죽 대신 금을 쳐서 입혔다. 큰 방패 한 개의 든 금이 600 세겔(1 세겔은 11.4g), 즉

6.85kg에 해당한다면 200개라면 1,370kg 중량의 방대한 금이다. 그리고 작은 방패에 든 금은 매당 '3 마네' 인바(1 마네는 50 세겔) 이는 1.71kg에 해당된다. 이것이 300개라면 514kg이 된다. 이 크고 작은 방패에 든 금을 합치면 1,884kg이라는 계산이 된다.

방패의 규격과 모양은 큰 방패는 장사각형으로 된 것으로 전신(全身)을 다 가릴 수 있게 만든 것이며, 작은 것은 가슴만을 가리도록 둥근 형태의 휴대용(携帶用)으로 만들었다. 그리고 그 용도는 전투용(戰鬪用)으로 사용하기 위한 것이 아니라 왕의 행차 시나 외국 왕 내방 시 의장대(儀仗隊)의 위의(威儀)를 갖추기 위한 상징물(象徵物)로 만든 것으로 생각한다.

이 방패를 보관한 곳은 "레바논 나무 궁"(17)이라 한 것으로 보아 솔로몬 왕궁의 입구 첫 동이 무기고(武器庫)임을 알게 된다.

이 금 방패들은 솔로몬의 아들 르호보암 왕 때 애굽 왕에게 빼앗기고 르호보암 왕이 놋 방패로 대신 한 것으로 보아(14:26-27) 권력과 영화의 무상함을 실감케 된다.

(2) 상아(象牙)와 정금(精金)의 보좌(寶座)(18-20)

"왕이 또 상아로 큰 보좌를 만들고 정금으로 입혔으니"(18)

솔로몬의 보좌(寶座)가 놓인 곳은 왕궁 정문에서 레바논 궁 다음 동(棟)인 '심판의 주랑'(柱廊)이다(7:7). 그 주랑 안에 솔로몬의 권위와 영화의 상징인 상아(象牙)와 정금으로 된 보좌가 놓여 있다. 보좌의 제작 자료에 있어 "상아로 큰 보좌를 만들고 정금으로 입혔으니"라는 데서 학자들 간에 논란이 있는데, 카일(Keil)에 의하면 나무로 의자를 만들고 금을 입히고 상아(象牙)로 장식한 것이라 하였고, 로린슨(Rawlinson)의 견해는 전체를 상아로 만들고 금판으로 쌌다는 것이다. 이 둘 중 후자의 것이 훨씬 타당하다고 보는 이유는, 실제로 상아의 다산지(多産地)인 인도에는 상아의자(象牙倚子)가 있었기 때문이다(Bahr).

보좌에 오르는 층계(層階)는 6 층계로 되어 있는데, "보좌 뒤에 둥근 머리가 있고"(19)에 대하여는 의자 자체의 등판이 둥글다는 의미로 해석하는가 하면, 보좌가 놓인 배경(背景)이 둥근 아치(arch)형이라고 주장하기도 하며, 또한 보좌(寶座)가 놓인 천정을 둥글게 만들었다고 해석하기도 한다(흑기 주석). 그런가 하면 70인 역에서는 보좌(寶座) 뒤를 둥글게 하고 거기에 송아지 머리가 그려져 있다고 하였다.

앉은자리 양쪽에는 팔걸이가 있고 팔걸이 곁에는 사자(獅子)가 좌우편에 한 마리씩 앞을 향하여 서 있다. 그리고 여섯 층계 좌우편에도 층계마다 사자 12 마리가 서 있다. 앉은 자리 양쪽 팔걸이 좌우의 사자는 왕의 권위를 상징하며(잠 30:30-31, 암 3:8, 계 10:3), 여섯 층계 좌우편에 12 마리의 사자는 이스라엘의 12 지파를 상징(象徵)하는 것으로, 그 크기가 팔걸이 좌우의 것보다는 작게 설계되어 차이가 있었을 것으로 본다.

솔로몬은 이 상아(象牙)와 황금으로 꾸며진 화려한 의자에 앉아 명재판관으로 소문난 그는 많은 재판을 하였을 것이며, 자신의 신하들과 또한 각국의 왕들과 사신(使臣)들을 접견(接見)하였을 것이다. 하지만 통치자의 보좌가 반드시 이런 외적인 장엄(莊嚴)함과 화려함에 있어야 하는 것은 아니다. 국가적인 삶이 미개한 단계에서는 왕은 강(江)가에서나 또는 어떤 큰 나무 밑에서 재판을 하였다. 하지만 나라의 부(富)가 증가하게 되면 왕권의 위대함을 과시(誇示)하기 위한 의식(儀式)적인 화려한 방식으로 대체(代替)하게 된다. 그 극단의 예가 바로 솔로몬의 보좌이다.

여호와께서는 자신이 정하신 율례와 법도를 지키는 조건으로 솔로몬 왕위(王位)의 영속적(永續的) 존재를 약속하셨고, 바로 전 스바의 여왕도 "여호와께서 영원히 이스라엘을 사랑하시므로 당신을 세워 왕으로 삼아 정의와 공의를 행하게 하셨도다"(9)라고 한 것이다.

솔로몬 왕의 보좌가 상아(象牙)와 황금으로 된 것은 상아와 황금의 순수함을 상징(象徵)할 뿐이다. 이는 이스라엘의 12 지파를 다스리는 왕으로서의 청렴(淸廉)과 결백성(潔白性)을 지적해 주는 것으로 보아야 한다. 알렉산더 대왕이 아프리카 원정(遠征)에서 어떤 마을의 추장(酋長)이 허술한 자신의 초막(草幕)으로 동민(洞民)들을 모아 놓고 명 재판을 하는 장면을 보고 크게 감동을 받았다는 일화(逸話)가 있지만, 필자 역시 수십 년 전 제네바 대학 구내(構內)에 있는 교회당에서 칼빈이 앉아서 성경을 가르쳤다는 소박한 의자를 보는 순간 큰 감명을 받은 일이 있다.

하지만 이 화려한 솔로몬의 보좌는 마침내 부서져 먼지로 사라진지 이미 오래이다. 그는 자신의 황금보좌보다 저 하늘에 영원한 백 보좌 심판대 앞에 자신도 서야 한다는 사실을 생각지 못한 것 같다(계 20:11-15).

하나님의 법도와 율례를 무시한 왕권은 장구하지 못한다. 우리 모두는 솔로몬보다 더 크신 만왕의 왕 예수 그리스도의 백 보좌 심판대 앞에 설 준비를 결코 잊어서는 아니 될 것이다.

(3) 금 기물(金器物)(21-22)

"솔로몬 왕이 마시는 그릇은 다 금이요 레바논 나무 궁의 그릇들도 다 정금이라 은 기물이 없으니 솔로몬의 시대에 은을 귀히 여기지 아니함은"(21)

솔로몬의 부(富)를 상징하는 또 하나는 그 식탁(食卓)에 올린 그릇들이 모두 금으로 되어 있고 은 그릇은 레바논 궁(7:2)에서도 사용치 않았다는 것이다. 한국 전쟁 당시 우리나라 목사 중 소문 난 부자가 있었는데 그가 식탁에서 사용하는 수저가 금이라는 말을 들은 일이 있다.

유대나라의 화폐가치(貨幣價値)는 고래로 은으로 통상(通常)된 만큼 은도 소중한 보물이었는데 ,솔로몬시대는 '은을 돌 같이'(27) 흔하게 여겨 보물가치가 없을 정도였다. 하지만 사람이란 반드시 고급 그릇에 음식을 담아 먹어야만 맛이 있는 것은 아니다. 우리가 몹시 더운 날에 일을 하거나 길을 가다가 목이 마를 때 샘물을 만나서 바가지로 물을 떠서 마실 경우 그 상쾌감은 어디에도 비할 데가 없다.

그러므로 바울은 큰 집에는 금 그릇과 은 그릇, 나무 그릇과 질 그릇 등이 있으며 귀히 쓰는 그릇과 천히 쓰는 그릇이 있기 마련이지만 주인이 쓰기에 합당한 그릇은 깨끗한 그릇이라고 하였다(딤후 2:20-21참조). 아무리 가치 높은 금 그릇이라도 깨끗하지 못하면 음식 맛은 떨어지기 마련이다.

3) 솔로몬의 황금 실은 무역선(貿易船) (22)

22절은 솔로몬 시대에 은을 귀하게 여기지 않을 만큼 황금의 나라로 만든 원인을 설명해 준다. "왕이 바다에 다시스 배들을 두어 히람의 배와 함께 있게 하고"(22a). '히람의 배'는 9:27에서 이미 언급한 솔로몬이 히람의 선원과 합세하여 에시온게벨에서 제작한 선단(船團)을 뜻하며, '다시스 배'는 여기서 처음 등장(登場)하는데 이는 다시스 사람이 만든 배라기보다 해상국(海上國)으로 유명한 두로 왕 히람이 이미 다시스와 교역(交易)하고 있던 선단(船團)이라고 보는 것이 옳다고 생각된다.

이 배들이 스페인의 항구 다시스까지 가서 "삼 년에 한 번씩 금과 은과 상아와 원숭이와 공작을 실어 왔음이더라"(22b). 이로써 이미 히람의 배(솔로몬의 선단)가 오벨에서 많은 금을 실어온 데(11) 더하여 다시스 선단이 역시 금과 은을 실어오니 솔로몬으로 하여금 황금성(黃金城)을 이루게 한 것이다.

그리고 이 다시스의 배가 스페인과 이스라엘 사이를 내왕하며 금과 은 이외에도 상아(象牙)와 원숭이와 공작(孔雀)을 실어 온 것을 보면(22) 아마도 솔로몬이 동물원을 만들어 백성들과 무엇보다 그의 비빈(妃嬪)들을 기쁘게 할 목적에서라고 위즈위즈는 말한다. 이는 솔로몬 왕이 해상무역(海上貿易)을 성공적으로 이루어 황금의 나라로 만든 데 대한 하나의 실례라고 볼 수가 있다.

또한 솔로몬 왕의 재산과 지혜가 세상 어느 왕보다 높아짐에 따라 그 소문을 듣고 "온 세상 사람들이 다 하나님께서 솔로몬의 마음에 주신 지혜를 들으며 그의 얼굴을 보기 원하여"(24) 찾아오게 되었다. 이때야말로 솔로몬 왕의 명성이 최고 절정(絕頂)에 오른 때라고 볼 수 있다.

그들이 오면서 각기 "은 그릇과 금 그릇과 의복과 갑옷과 향품과 말과 노새"(24) 등의 예물(禮物)을 가지고 오게 되니 이로써 또 하나의 금 수입을 증폭(增幅)시키는 결과가 되었다고 볼 수 있다.

3. 솔로몬의 강병정책(强兵政策) (26-28)

솔로몬 왕이 병거(兵車)와 마병(馬兵)을 육성하여 상설병력(常設兵力)으로 설치 강화하였다. 병거가 1,400 대이며 마병이 12,000 명이나 되었다. 하지만 이것은 지혜로운 왕이라는 솔로몬에 있어서 하나의 어리석은 정책일 뿐이다.

그 이유는 첫째, 하나님의 명령 위반이다(신 17:16). 둘째는 전 국토가 거의 산지(山地)로 형성된 이스라엘 땅에는 이렇게 많은 병거와 마병은 전략상(戰略上)에 아무런 도움이 되지를 못한다. 셋째, 이는 신앙을 결여(缺如)시키는 것으로 부왕(父王) 다윗과 그 밖에 여러 사사(士師)들을 비롯한 이스라엘의 모든 정복자들은 그렇게 많은 전쟁을 하면서도 오직 하나님의 능력을 의지하고 승리하였을 뿐, 한 번도 병거(兵車)나 기마병(騎馬兵)을 사용한 적이 없기 때문이다(사 20:7). 넷째, 백성의 부담(負擔)을 가중(加重)시켜 백성들에게 크게 외면당하는 이유가 되었을 것이다.

그리고 그 병거(兵車)와 말의 구입처(購入處)는 애굽이었으며 왕의 상인(商人)인 무역업자들을 통하여 비싼 값을 주고 사왔다. 병거(兵車) 한 대의 가격은 은 600세겔(1세겔은 11.424kg)이었고, 말은 한 필에 150세겔로

1.71kg이다. 솔로몬은 이것을 사다가 자국(自國)의 방위력을 강화하는 한편 이것을 헷 사람의 왕들과(헷 사람은 함의 자손; 창 10:15) 아람 사람(다메섹 중심의 시리아 왕국)에게 되팔아 이익을 보는 무기무역상(武器貿易商) 역할까지 하였다(29).

특히 '27절'은 솔로몬의 병거와 마병 육성(26) 사실과, 병거와 말을 구입한 기록 중간에 쓰여 있는 것으로(29) 이는 상하 절의 기록(병거와 말에 대한 것), 모두가 부당함을 강조하기 위함임을 알 수 있다.

"왕이 예루살렘에서 은을 돌 같이 흔하게 하고 백향목을 평지의 뽕나무 같이 많게 하였더라"(27b). 이 강력한 과장법(誇張法)은 비단 병거와 마병 설치의 부당성을 지적한 것은 물론, 솔로몬 치세(治世) 동안에 커다란 부(富)와 풍요로움을 가장 인상적으로 보여주는 한편 솔로몬의 지나친 사치(奢侈)와 낭비(浪費)에 대한 비판이 함축된 것으로 볼 수 있다. 이는 백성들의 불만을 사게 되어 마침내 여로보암의 주도(主導) 아래 폭동(暴動)으로 이어지는 불씨가 되었음을 알게 된다.

"싸울 날을 위하여 마병을 예비하거니와 이김은 여호와께 있느니라"(잠 21:31). 솔로몬은 이를 알면서도 그는 하나님의 금령(禁令)을 생각지도 않고 제 마음대로 행하는 비극의 왕자(王者)가 된 것이다.

결론

본장은 솔로몬 왕 치세(治世)의 최고 전성기(全盛期)에 올라있는 사실을 보여준다. 전반부인 스바 여왕의 방문은 당시 세계의 왕들의 호기심을 대표하여 하나님께 지혜를 받은 왕을 찾아온 사실로 그는 듣던 소문보다 실제적 사실이 더 놀랍다며 많은 양(量)의 지혜에 대한 대가(代價)를 지불하고도 오히려 아쉬운 마음으로 이교도(異敎徒)의 왕으로서 하나님 여호와를 송축(頌祝)하고 흔연(欣然)히 돌아갔다.

하지만 솔로몬 왕은 후반에 와서 그의 재산목록(財産目錄)과 그 수입원(收入源)을 공개하면서 일종의 과시적(誇示的) 경향으로 흐르고 있으며, 과도한 징세(徵稅)와 무역업으로 치부(致富)하여 황금으로 성(城)을 두르고 은(銀)을 길가에 굴러다니는 돌 같이, 백향목을 당시 노변(路邊)에 서있는 흔한 뽕나무 같이 여기고, 금으로 방패(防牌)를 만들어 국위(國威)를 과시하고 왕좌(王座)를 상아(象牙)와 금으로 만들어 왕의 위세를 과시할 뿐 아니라, 술잔을 비롯한 궁중 생활에서 식탁(食卓)의 그릇들을 모두 금으로 만들어 사치향락으로 기울면서 여호와 하나님이 금(禁)하신바 기마병(騎馬兵)의 육성과 심지어 병거와 말을 사서 되파는 무기무역(武器貿易)까지 하면서 그는 많은 점들에서 하나님의 명령에 대하여는 거의 관심을 두지 않았다.

"민족적 번영의 최고점(最高點)은 민족쇠퇴(民族衰退)의 시작을 의미한다. 바다의 밀물이 최고점(最高點) 수위(水位)에 도달하자마자 곧 빠져나가듯이, 그리고 지구(地球)가 하지(夏至)에 가장 높은 온도에 도달하자마자 곧 겨울의 어둠과 추위를 향해 내려가듯이, 한 민족이 물질적 번영의 최고점에 도달해있는 시간은 피할 수없는 징표(徵表)들이 나타나기 직전에 해당된다. 부귀와 명예 그리고 인간의 가장 웅장한 작품 등은 모두 사라지는 것들이다. 반면에 지혜와 의와 도덕적 선은 불멸의 아름다움을 꽃 피운다." 라고 베이커 주석은 말하고 있다.

우리는 다음 장에서 마치 경사(傾斜)진 언덕을 굴러가듯이 급전직하(急轉直下)로 떨어지는 솔로몬의 타락상(墮落狀)을 보게 될 것이다.

솔로몬의 범죄와 죽음

왕상 11:1-43

히말라야 산 정상(頂上)에 오른 산악인(山嶽人)은 안계(眼界)에 펼쳐진 산하(山下)의 세계를 바라보며 자신의 성공을 자축(自祝)하는 환호성을 지르기 마련이다. 하지만 그것은 잠시뿐 그 산을 내려가야만 하는 것이다. 내려가기란 오를 때보다는 좀 쉽지만 조심조심 하산(下山)해야만 한다. 정상점령(頂上占領)이라는 승리감에 도취되어 만일이라도 추락할 경우는 급전직하(急轉直下)의 위험에 직면하여 죽는 수도 있다. 이는 오늘 본문에 대한 하나의 예(例)이다.

솔로몬이 전장(前章)에서 인간 승리의 정상(頂上)에 오른 사실을 보여주었지만 본장(本章)에서는 그의 추락사(墜落死)한 비극적 사실을 보여준다. 그것은 하나님의 경고를 무시하고 이방여인들을 사랑한 나머지 이로 인해 여호와 하나님을 떠나 이방신들을 용납한 결과로 여호와의 진노를 삼으로써 많은 대적(對敵)들이 생겨 마침내 왕국 분열의 무서운 심판을 받게 된다.

오늘 우리는 이 역사적 사실 앞에 서서 '전차(前車)의 복(覆)이 후차(後車)의 계(戒)'가 되기를 바람에서 주어진 말씀을 같이 상고하고자 하는 바이다.

1. 솔로몬의 변절(變節)과 타락(墮落) (1-8)

이 단락에서는 솔로몬의 변절(變節) 이유를 세 가지로 거론하고 이로 인한 여호와의 경고를 무시함으로써 타락하게 된 경위를 보여준다.

1) 이방(異邦)의 많은 여인을 사랑함 (1)

"솔로몬 왕이 바로의 딸 외에 이방의 많은 여인을 사랑하였으니 곧 모압과 암몬과 에돔과 시돈과 헷 여인이라"(1)

솔로몬의 변절과 타락의 이유는 그 첫째가 일부다처(一夫多妻)이다. 하나님이 정하신 제도는 일부일부(一夫一婦)제였다(창 2:21-25). 하지만 라멕이 두 아내를 취하여 최초의 축첩자(蓄妾者)가 된(창 4:19) 후로 족장시대(族長時代)에 와서는 축첩제도(蓄妾制度)가 용인되어 있었다. 그 후 모세의 율법에서 이스라엘인에게 금지된 혼인은 가나안 족속만으로 한정하였다(출 34:15-16, 신 7:3).

솔로몬 왕의 경우 "바로의 딸 외에 이방의 많은 여인"이라 한 것은 바로의 딸도 이방 여인이기는 하지만 솔로몬의 합법적인 정비(正妃)임을 의미한다(3:1). 그 외에 많은 여인 중에는 "모압과 암몬과 에돔과 헷 여인이라"(3:1) 한 것은 모압과 암몬과 에돔은 이스라엘의 방계족(傍系族)이긴 하지만 '모압과 암몬'은 이스라엘 총회에 들어올 수 없는 자로 되어 있으며(신 23:3-6), '에돔'은 3대 후에는 총회 입적(入籍)이 가능하지만(신 23:7-8), 혼인은 꺼리는 족속이다. 그리고 '시돈'은 베니게 인으로서 아스다롯 여신의 본거지이며(5:6), 헷 여인은 가나안 7족 중 하나로 혼인이 완전 금지된 유일의 족속이다(신 7:1-3).

이들과의 혼인을 금하는 이유는 그들이 섬기는 우상신(偶像神)에 감염

(感染)될 우려(憂慮)에서였다(2b, 출 34:13, 16). 하지만 솔로몬은 이 금령(禁令)을 무시하고 "솔로몬이 그들을 사랑하였더라"(2c) 하였으니 이는 그들과 연애(戀愛)하였음을 의미한다.

이리하여 솔로몬은 "후궁이 칠백 명이요 첩이 삼백 명이라 그의 여인들이 왕의 마음을 돌아서게 하였더라"(3)라고 하였다. 후궁(後宮)은 바로의 딸 외에 정식결혼(正式結婚)한 왕비(王妃)들을 의미하며, 이들은 모두가 정책결혼(政策結婚)에 의한 이방나라 왕들의 딸로서 귀족을 의미하며, 첩(妾)이란 구역(舊譯)에서는 빈장(嬪嬙)이라 하여 외모(外貌)만은 반듯하고 애교(愛嬌)적이며 화려한 복장과 음탕(淫蕩)한 말로 유혹적(誘惑的)인 교태(嬌態)가 흐르는 여성들이다.

이처럼 왕비와 첩을 합한 비빈(妃嬪)이 1,000명이나 되었다. 이는 그 당시 이방대국(異邦大國)들에 비하여 수(數)적으로 최고라는 의미는 아니다. 페르시아 왕 다리우스 3세(Darius Ⅲ)는 알렉산더를 향해 진격할 때 360명의 후궁을 진중(陣中)에 데리고 있었다고 하며, 우리나라 백제의 경우도 3,000명의 궁녀(宮女)가 있었다는 전설도 있다. 문제는 솔로몬이 이방 왕들의 풍속을 따른 것이 잘못이라는 것이다.

솔로몬은 하나님의 금령(禁令)을 무시할 뿐 아니라 그의 어머니의 잠언(箴言)도 무시하였다(잠 31:3). "네 힘을 여자들에게 쓰지 말라"(르우엘 왕을 솔로몬으로 보는 학설에 준함), 이는 삼손을 연상(聯想)시키는 어머니의 훈계임에도 불구하고 그는 화려한 궁전에서 이방 출신인 비빈(妃嬪)들의 교태(嬌態)에 정신이 팔려 마침내는 기울어진 왕궁의 석양(夕陽)을 맞게 된 것이다.

그는 그의 아버지 다윗의 몰락 역시 육신의 정욕과 더불어 시작되었지만 다윗은 즉시 회개하고 정신을 돌이킨 사실에서 경고를 받았어야 했건만 그는 회개의 기회마저 놓친 채, 후에 그의 참회록(懺悔錄)에 해당(該當)하는 전도서에서 "내 마음이 계속 찾아 보았으나 아직도 찾지 못한 것이 이것이라 천 사람 가운데서 한 사람을 내가 찾았으나 이 모든 사람들 중에서 여자는 한 사람도 찾지 못하였느니라 내가 깨달은 것은 오직 이것이라"(전 7:28-29)라고 하였지만 이미 때가 늦은 하나의 후회(後悔)에 불과할 뿐이었다.

2) 우상숭배를 허용(許容)함 (4-8)

하나님의 금령(禁令)을 어기고 1,000명의 이방 여인을 비빈(妃嬪)으로 맞아 저들과 연애하며 즐기는 사이 "솔로몬이 나이가 많을 때에"(4a) 즉 솔로몬이 60 전후하여 죽은 것으로 볼 때, 그의 나이 회갑(回甲)에 가까우면서 노쇠(老衰)현상을 보일 때 쯤 이방 비빈들의 계획적인 유인책(誘引策)에 휘말려(3-4) "그의 하나님 여호와 앞에 온전하지 못하였으니"(4b)를 보아, 솔로몬이 그녀들의 우상숭배를 허락한 것뿐, 그 자신은 숭배하지 않았다는 사실을 강력히 주장하는 학자들도 있지만(Hammond), 설혹 그랬다 해도 솔로몬이 무죄(無罪)라고 할 수는 없다. 예수님의 계명관(誡命觀)에 의하면 율법의 정신은 "네 마음을 다하며 목숨을 다하며 힘을 다하며 뜻을 다하여 주 너의 하나님을 사랑하고"(눅 10:27)이기 때문이다. 그리고 6절에서는 "솔로몬이 여호와의 눈앞에서 악을 행하여"라고 하여 그의 죄가 발전하고 있음을 보여준다.

솔로몬은 여호와 하나님께 대한 예배를 끊어 버린 것이 아니라 매년 세 번씩 절기마다 제사를 드렸으며(9:25) 신앙생활을 계속 하였지만 그는 여호와 예배와 우상예배를 함께 드리는 혼합주의에 빠져있는, 말하자면 선과 악이 공존하는 상태였다. 셰익스피어는 말하기를 "우리의 삶에 옷감은 선과 악이 혼합된 실로 되어 있다."라고 하였다. 그리고 영국역사에서 베이콘이 '가장 지혜롭고 위대하며 가장 비천한 사람'이었듯이 솔로몬이야말로 성스런 이스라엘 역사 속에 가장 비천한 인물이 되었다고 할 수 있다.

그는 하나님을 섬기는 성전을 정성으로 건축하고 장엄하고 거룩한 헌당식을 행하였다. 하지만 오늘에 와서는 이방 비빈(妃嬪)들에게 홀려 저들이 주도(主導)하는 대로 각종 우상숭배를 허용할 뿐 아니라 예루살렘 앞산(감람산)을 비롯하여 높은 산 푸른 언덕 위에는 모두 우상의 신당(神堂)을 지음으로써 이것들로 여호와의 성전을 둘러싸게 했던 것이다.

그리하여 솔로몬은 빈번(頻繁)히 우상의 신당을 방문했을 것이며 그 불결한 행위에 동조(同調)함으로써 실질적으로 여호와의 종교를 버리지는 않았지만 배교(背教)행위가 된 것은 사실이다(베이커).

이 단락에서 우리가 기억할 것은 솔로몬의 신앙이 마치 언덕을 굴러가는 공처럼 급전직하(急轉直下)하는 과정에서 이를 저지(沮止)시킬 만한 세력이 없었다는 것이다. 부왕(父王)인 다윗에게도 여러 번 신앙적 위기가 있었지만 그에게는 선지자들이 있어 이를 저지(沮止)시켰다. 소년 시절에는 사무엘, 밧세바 사건 당시에는 나단, 그리고 인구조사(人口調査)로 인한 재앙 시는 선지자 갓이 있었다(삼하 24:10-16).

하지만 솔로몬에게는 그의 타락을 막을 수 있는 여호와의 말씀을 전해주는 선지자가 없는 것이, 그의 왕국이 비록 외형적(外形的)으로는 화려하였으나 종교적으로는 슬픈 상태에 있었음을 지적(指摘)해 주고 있다.

오늘 우리들 역시 날마다 여호와의 말씀으로 깨우침을 받지 않으면 솔로몬의 전철(前轍)을 밟을 수밖에 없음을 기억해야 할 것이다.

2. 솔로몬에 대한 하나님의 진노와 사랑 (9-13)

1) 솔로몬에 대한 하나님의 진노 (9-11)

솔로몬이 이방 여인과 결혼하고 이들이 갖고 온 우상 신앙을 허용하고 저들의 요구대로 우상의 신당(神堂)을 세워 준 일은 그의 마음이 변하여 이스라엘의 하나님 여호와를 떠난 것이므로 여호와께서 그에게 진노하셨다(9).

이는 율법의 금령(禁令)과 10계명 중 1, 2 계명의 위반일 뿐 아니라 솔로몬에게 두 번이나 꿈을 통하여 현현(顯現)하신 사실(3:5, 9:2)을 상기(想起)시킨다. 그 당시 경고하신 내용은 율법에 대한 순종과 우상예배에 대한 심판의 경고였다. 솔로몬은 그 후 하나님의 축복으로 지혜의 왕이 되었고, 그가 구하지 않은 부귀영화까지 누리게 되었으나 노년(老年)에 이르러 1,000명의 이방여인으로 비빈(妃嬪)을 삼고 그들이 가져 온 우상을 허용(許容)하여 여호와의 율례와 법도를 범함으로써 여호와의 진노를 사게 된 것이다.

무지(無知)로 법을 어겨도 범죄가 성립된다. 하지만 알면서 법을 어겼을 때만큼 중죄(重罪)는 아니다. 하나님의 일꾼들을 통하여 하나님의 말씀을 전달 받는 것은 큰 특권이다. 솔로몬은 선지자를 통해서가 아니라 여호와께로부터이며 또한 두 번이나 거듭하여 말씀을 들었다. 그리고도 범죄한 솔로몬은 마치 안전한 수로(水路)를 명시(明示)하는 등대(燈臺)와 나침반(羅針盤)을 무시하고 무서운 암초(暗礁)에서 배를 난파(難破)시킨 어리석은 선장이 그만큼 더 큰 비난을 받는 것 같은 입장이다.

하나님의 진노에는 형벌이 따른다. "여호와께서 솔로몬에게 말씀하시되 네게 이러한 일이 있었고 또 네가 내 언약과 내가 네게 명령한 법도를 지키지 아니하였으니 내가 반드시 이 나라를 네게서 빼앗아 네 신하에게 주리라"(11).

진노에 따른 형벌은 엄격하고 단호했다. 그것은 나라를 잃는 결과를 초래하는 일이다. 그리고 그의 심판은 공정했다. ① 그가 하나님을 배반하였으므로 나라의 일부가 그의 가문(家門)을 배반하리라는 것. ② 그가 하나님의 영광을 우상에게 바쳤으므로 그의 왕권을 그의 신복(臣僕)에게 주신다는 것 등이다(Matthew Henry).

2) 진노 중에 보여주신 하나님의 자비와 사랑 (12a-13)

우리가 아는 대로 하나님의 속성(성품)에는 양면성(兩面性)이 있다. 그것은 정의와 사랑이다. 하나님은 죄는 미워하여 가차 없이 심판하시지만 죄인에 대하여는 사랑과 자비심을 버리지 못하신다. 이것이 기독교 구속교리(基督敎救贖敎理)의 중요성이다.

솔로몬의 변절(變節)은 그의 왕국을 분열케 할 정도의 중형(重刑)을 피할 수 없지만 여기에는 단서가 붙어 있다. 하나님의 진노를 그의 자비와 사랑으로 완화(緩和)시킨다는 것이다.

(1) 솔로몬에 대한 징벌(懲罰)의 연기(12a)

"그러나 네 아버지 다윗을 위하여 네 세대에는 이 일을 행하지 아니하고 네 아들의 손에서 빼앗으려니와"(12a)

솔로몬에 대한 여호와의 징벌(懲罰)은 그의 아버지인 다윗의 온전한 신앙과(6) 하나님께서 그와 맺으신 언약 때문에(삼하 7:8-17) 솔로몬 생전에는 왕국의 분열(分裂)은 없을 것이며 그의 아들 세대에 이르러 실현된다는 것이다. 그의 아들은 르호보암이며 아들의 어머니는 암몬 여인이다(왕상 14:31).

징벌의 연기(延期)는 회개할 수 있는 기회를 주는 것으로, 이는 기다림의 기간이다. 만일 그 기간에 회개치 않는다면 더욱 큰 가중처벌(加重處罰)을 받게 될 것이다. 솔로몬은 이 기회를 놓치고 후에 전도서에서 참회(懺悔)하였지만 때는 이미 늦어 기울어가는 나라를 일으켜 세우기에는 힘이 부족하였다(전 7:25-26).

인간이 범죄하여 심판이 오고 있다 하더라도 그가 사는 동안에 임하지 않는다면 그것은 큰 은총이 아닐 수 없다. 이런 의미에서 솔로몬은 그 아버지의 신앙 때문에 크게 덕을 보게 된 자임을 알게 된다.

(2) 징벌(懲罰) 가혹도(苛酷度)의 완화(緩和)(13)

"오직 내가 이 나라를 다 빼앗지 아니하고 내 종 다윗과 내가 택한 예루살렘을 위하여 한 지파를 네 아들에게 주리라 하셨더라"(13)

여호와께서는 나라를 통째로 여로보암에게 넘기지 아니하고 10 지파만을 넘기고, 한 지파를 아들에게 주리라고 하셨는데 실제로는 두 지파이다. 인접(隣接)해 있는 베냐민 지파가 유다 지파에 합류된 것이다(12:21, 23).

솔로몬도 단번에 하나님으로부터 돌아서지 않았고 점진적(漸進的)이었으며, 또한 그는 우상 예배를 허용하면서도 여호와의 신앙을 버리지 않았으므로 그에게 남겨진 두 지파는 그의 남은 신앙을 의미한다고 볼 수 있다.

무엇보다 이는 하나님이 다윗에게 약속하신 말씀의 성취임을 알 수 있다. "그가(솔로몬) 만일 죄를 범하면 내가 사람의 매와 인생의 채찍으로 징계하려니와 내가 네(다윗) 앞에서 물러나게 한 사울에게서 내 은총을 빼앗은 것처럼 그에게서 빼앗지는 아니하리라"(삼하 7:14-15).

이 때문에 솔로몬의 변절(變節)은 그에게 치욕이 되고 개인적인 명예에 큰 오점(汚點)이 되기는 하였지만 그에 치적(治積)에 대한 평판마저 훼손되지는 않았으며, 그의 통치(統治)는 후에 선정(善政)의 표본이 되었다(대하 11:17). 이는 그의 말년에 회개하였음을 증명한다.

이 사실로 보아 큰 죄인이라도 스스로 각성하여 회개의 혜택을 입을 수는 있지만, 평안(平安)과 명예(名譽)는 되찾지는 못한다. 이는 지은 죄는 사함을 받지만, 그의 오명(汚名)은 그대로 남아 있기 때문이다(Matthew Henry).

(3) 하나님의 숨은 목적을 위한 자비(13)

"나의 종 다윗과 내가 택한 예루살렘을 위하여"(13)

다윗은 유다 지파 출신이며 그의 후손에서 메시아 출생이 예고된 왕이다. 그러므로 메시아 출생의 가계(家系)는 보존되어야 하기 때문에 그토록 전반적인 솔로몬의 배교(背敎)의 와중(渦中)에서도 기적적으로 유다 지파의 그 왕통(王統)을 보존케 하신 의도(意圖)가 여기에 있다고 클라크(A. Clarke) 박사는 말하고 있다. 이는 다윗이 메시아의 예표이기 때문이다.

다윗이 메시아의 예표(豫表)라면, 예루살렘은 교회의 예표이며 천국의 상징(象徵)이다. 그러므로 예루살렘 성전은 그리스도로 말미암아 신약교회(新約敎會)가 세워질 때까지 보존되어야 하며 성전이 세워진 예루살렘은 그리스도의 왕국(王國)인 새 예루살렘으로 온 인류가 들어갈 때까지 유다 지파의 손에서 보존되어야 하는 것이다.

이 때문에 솔로몬 같은 위대한 왕의 실패라 하더라도 하나님의 웅대(雄大)하신 계획 안에 있는 이상, 꺾을 수 없다는 사실을 알아야 할 것이다.

3. 솔로몬의 대적(對敵)들 (14-40)

평화의 왕이라는 솔로몬이 여호와 하나님께 범죄하자 국내외적(國內外的)으로 대적자(對敵者)들이 일어나서 평화를 교란시키는 일이 발생하였다. 그중 대표적인 것이 국외적으로는 에돔 사람 하닷과 다메섹의 르손이었고 국내적으로는 그의 신하였던 여로보암이었다.

1) 하닷의 반역 (14-22)

하닷의 반역 동기가 무엇인지를 알려면 본문에 기록된 그의 성장과정을 보면 알 수 있다.

다윗이 에돔과의 전쟁에서 에돔인 18,000명을 죽인 사건에서(삼하 8:14), 사실은 그 당시 요압 장군이 이스라엘 전사자(戰死者)들을 장사(葬事)하고는 그곳에 6개월간을 머물면서 그의 휘하(麾下) 장군 아비새와 같이 협력하여 에돔인 18,000명을 죽인 전과(戰果)를 말한다(대상 18:12).

이처럼 에돔이 완전히 망하는 와중(渦中)에서 에돔의 왕자(王子)로 추측되는 어린 하닷이 부왕(父王)의 신하 몇몇의 도움으로 미디안과 바란 광야를 거쳐 애굽 왕 바로에게로 피신(避身)하자 바로 왕의 도움으로 애굽에 정착하였다(17-18).

그후 하닷이 성장하면서 바로 왕의 눈에 들어 바로는 자기 처 다브네스의 아우와 결혼을 시켜 동서(同壻)지간이 되었고 둘 사이에서 낳은 아들 그누밧을 왕후 다브네스가 궁중에서 자기 아들과 같이 키웠다(19-21).

그런 중 하닷이 다윗 왕이 죽었다는 소식과 아울러 군대장관이며 에돔의 오랜 숙적(宿敵)인 요압도 죽었다는 소식을 듣고는 바로 왕에게 자기를 고국인 에돔으로 가게 해 달라고 요청하였다(21).

바로 왕은 헤어지는 것이 아쉬워서, 애굽 체류(滯留)를 강권하며 "무슨 부족한 것이 있었느냐"고 물었지만 "없나이다"라고 하면서도 귀국허가 받기를 강력히 요청한 것은(22), 솔로몬의 대적(對敵)이 되기 위함인 것이었다(14).

그는 귀국 후 이제까지 다윗 왕 이래 속국(屬國)으로 조공(朝貢)을 바쳐온 사실 등에 반기(反旗)를 들고 국가재건(國家再建)을 위하여 힘쓰는 한편, 이스라엘에 대하여 크게 전쟁을 일으킨 일은 없지만 아마도 이따금 게릴라(guerrilla)전을 펼친 것으로 추측한다.

하지만 하나님께로부터 아무런 힘을 받지 못하는 늙은 왕 솔로몬에게는 하닷이 크게 고통스런 가시가 되었음이 사실임을 알 수 있다.

2) 다메섹 왕 르손의 반역(反逆) (23-25)

하닷이 이스라엘 동남쪽 에돔 나라 경계에서 반기(反旗)를 들고 일어난데 비하여, 이번에는 이스라엘 북쪽 아람과의 경계에서 르손에 의한 공격을 받게 되니, 솔로몬은 남과 북의 이방나라로부터 협공(挾攻)을 받게 된 것이다.

르손이 속한 소바 국은 아람나라에 속한 소왕국으로 기원전 11세기에는 아람의 남쪽에서 막강한 힘을 가진 나라로 존재했다. 그 나라의 강력한 왕이었던 하닷에셀의 영토확장정책(領土擴張政策)으로 이스라엘과 전쟁을 하기도 하였으나 다윗 왕에게 패한 후 다윗에 의하여 다메섹에 수비대(守備隊)를 둠으로써 이스라엘에 속국(屬國)이 되었다(삼하 8:3-12, 10장).

그 당시 하닷에셀의 신하로 생각되는 르손은 그에게서 도망하여 남은 무리를 모아 그 집단의 괴수(魁首)가 되었다가 다메섹으로 가서 왕이 되었다. 그러자 솔로몬이 이방 여자들에게 빠져 무심한 틈을 타서 르손이 반기(反旗)를 들고 일어난 것이다(24).

하닷과 르손은 둘 다 다윗에 의하여 피해를 입은 소왕국의 후예(後裔)들로서(15, 24) 다윗에 대한 원수를 그 아들인 솔로몬이 약해진 틈을 타서 비록 이스라엘과 맞설 만한 큰 힘은 없었지만 솔로몬이 하나님을 떠나 세상허영(世上虛榮)에 도취된 순간, 마치 죽은 사자(獅子)에게 날파리 떼가 모여들듯 작은 나라의 두 왕이 먼저 반역의 깃발을 들고 나선 것이다.

그리하여 이들은 앞서 말했듯이 아직 큰 전쟁을 일으킬 만한 능력은 없으면서도 마치 옆구리에 가시처럼 솔로몬의 재위기간 동안 원수가 되어 괴로움을 준 것이다.

아직도 딴 군왕들은 이스라엘과 솔로몬을 찬양하고 조공(朝貢)을 바치고 있는 때에 이스라엘을 미워하는 대적(對敵)이 생겨난 것을 보면, 사람이란 지나친 압제로 일평생 보복심(報復心)을 품은 적(敵)을 만들어서는 안 된다는 교훈을 여기서 배워야 할 것이다.

3) 여로보암의 반역(反逆) (26-40)

하닷과 르손의 경우는 외적(外敵)으로서 솔로몬의 대적이 되었지만, 여로보암의 반역은 자국(自國) 내에서 일어난 반란의 범주(範疇)에 해당하는 역모(逆謀)를 자행한 자로 볼 수 있다. 뿐만 아니라 솔로몬 왕의 총애(寵愛)를 받던 신복(臣僕) 중에서라면 경악(驚愕)할 일이다.

하지만 이것이 솔로몬의 죄악 때문에 하나님의 섭리 속에서 이루어진 것이라면 당연하게 생각할 수도 있는 일이다.

(1) 여로보암의 인물과 출세(出世)(26-28)

먼저 그의 가계(家系)를 보면 여로보암은 에브라임 족속인 요단 계곡(溪谷)에 위치한 스레다(Zereda) 출신으로 과부인 어머니 스루아에 의하여 생장한 자이다(26). 그가 어떻게 솔로몬 휘하에 들어갔는지는 기록이 없어 알 수 없지만, 그는 솔로몬에게 부지런한 자로 인정받아 점차로 승진하여 솔로몬의 대업(大業) 중 하나인 밀로 건축과 무너진 성벽 수축 시는 그의 용사적 기질과 근면성으로 인하여 요셉 족속(에브라임과 므낫세)의 감독관으로 인정받을 만큼 무난히 출세가도(出世街道)를 걸어온 자였다(27).

하지만 그는 왕의 호의(好意)를 저버리고 "그가 왕을 대적하는 까닭은 이러하니라"(27)를 보아 밀로 건축 시 솔로몬의 중세(重稅)와 중노동(重勞動)에 대한 반감으로 역모(逆謀)를 도모(圖謀)한 것임을 말해준다(12:4).

(2) 여로보암에 대한 선지자 아히야의 예언(29-39)

① 여로보암에게 보여준 아히야의 징조(徵兆)(29-33)

솔로몬이 예루살렘에서 나가 한적한 들길을 걸어가고 있을 때 실로의 선지자 아히야(Ahijah)를 만난다. 다윗과 솔로몬 시대에 크게 역사한 나단은 이미 죽은 것으로 보이며, 대신 아히야가 활동하고 있던 것으로 생각된다(14:1-13, 대하 9:29).

아히야가 여로보암을 들에서 단 둘이 만나자, 아히야는 자기가 입은 새 옷을 열두 조각으로 찢고 여로보암에게 이르기를 "너는 열 조각을 가지라 이스라엘의 하나님 여호와의 말씀이 내가 이 나라를 솔로몬의 손에서 찢어 빼앗아 열 지파를 네게 주고 오직 내 종 다윗을 위하고 이스라엘 모든 지파 중에서 택한 성읍 예루살렘을 위하여 한 지파를 솔로몬에게 주리니"(31-32), 그런 후 계속하여 왕국 분열의 이유를 "이는 그들이 나를 버리고"(33a)에서 '그들'이란 솔로몬과 그의 아내들과 자녀들 그리고 신하들을 포함한 것으로 이들 모두가 각종 우상을 섬기고 "경배하며 그의 아버지 다윗이 행함 같지 아니하여 내 길로 행하지 아니하며 나 보기에 정직한 일과 내 법도와 내 율례를 행하지 아니함이니라"(33)라고 지적하였다.

이는 여로보암의 선한 인격이나 공적(功績) 때문이 아니라 솔로몬의 배반을 징계하기 위함에서임을 밝혀 준다.

② 한 지파를 남겨둔 이유(34-36)

"그러나 내가 택한 내 종 다윗이 내 명령과 내 법도를 지켰으므로 내가 그를 위하여 솔로몬의 생전에는 온 나라를 그의 손에서 빼앗지 아니하고 주관하게 하려니와"(34)

선지자 아히야가 자기 새 옷을 열두 조각으로 찢어 10 조각을 여로보암에게 주고(30-31) "오직 내 종 다윗을 위하고 이스라엘 모든 지파 중에서 택한 성읍 예루살렘을 위하여 한 지파를 솔로몬에게 주리니"(32), 여기서 솔로몬에게 준 한 지파가 유다 지파임이 사실이라면 남은 한 지파는 어디로 갔을까? 의문이 가지만 그것은 유다 지파에 인접(隣接)해 있는 베냐민 지파이다(12:21, 대하 11:3, 23).

여기 대하여 카일은 "여로보암에게 준 열 지파나 솔로몬에게 준 한 지파는 다만 상징적(象徵的)으로 이해되어야 하며 수학적으로 이해되어서는 아니 된다."라고 하였다. 10은 '완전과 전체'를 의미하는 수로서 1과 대조되고 있으며, 그러므로 12:20에서는 "그들이 여로보암으로 '온 이스라엘'의 왕을 삼았다"는 말에서 10 지파를 전체로 보고 있으며 남은 두 지파를 '한 지파'로 보고 있음을 보아 상징적(象徵的)임을 알게 된다.

사실 실제적으로는 여로보암이 받은 것은 9 지파이고, 솔로몬에게 남은 것은 3 지파이다. 왜냐하면 여로보암의 경우 에브라임과 므낫세는 요셉 지파로 하나이기 때문이며, 솔로몬의 경우는 시므온 지파가 본래 유다 경내(境內)에 속해 있기 때문이다(수 19:1-9)

선지자 아히야는 두 지파를 남겨 둔 이유를 두 가지로 들고 있다. 첫째는 다윗을 위한 것이고, 둘째는 택한 성읍 예루살렘을 위해서이다(32, 34-36). 그리고 다윗을 위함은 "내가 택한 종 다윗이 내 명령과 내 법도를 지켰으므로"(34a)이며, 이 때문에 솔로몬 생전에는 온 나라를 통치하는 왕으로 존속시킨다는 것이다(34b). 솔로몬은 부왕(父王) 다윗의 신앙과 공로 때문에 왕권연장(王權延長)의 혜택을 받게 된 것이다. 하지만 솔로몬 사후(死後)에는 "열 지파를 네게 줄 것이요"(35)라고 하였다.

그리고 둘째, 예루살렘을 위함은 "내가 거기에 내 이름을 두고자 하여 택한 성읍 예루살렘에서 내 종 다윗이 항상 내 앞에 등불을 가지고 있게 하리라"(36), 여기서 '택한 성읍 예루살렘'이란 '성전이 있는 예루살렘'을 의미하며 이 때문에 '한 등불' 즉 유다 지파를 솔로몬에게 주어 다윗으로 하여금 항상 내 앞에 가지고 있게 하리라는 것이다

그리고 한 지파를 남겨 둔 보다 근본적인 이유는 장차 오실 메시아가 유다 지파에서 나실 것이 예언되어 있기 때문이며(창 49:10, 미 5:2), 이로써 예루살렘이야말로 메시아 왕국의 수도(首都)가 될 것이므로, 이는 천국의

그림자가 되기 때문이다.

③ 여로보암에 대한 아히야의 약속(37-39)

"내가 너를 취하리니 너는 네 마음에 원하는 대로 다스려 이스라엘 위에 왕이 되되 네가 만일 내가 명령한 모든 일에 순종하고 내 길로 행하며 내 눈에 합당한 일을 하며 내 종 다윗이 행함 같이 내 율례와 명령을 지키면"(37-38a)

이는 선지자 아히야를 통한 여호와의 말씀으로서 다윗과 솔로몬에게 약속하신 말씀과 유사(類似)하지만 실제는 다르다. 우선 여로보암은 예언자로부터 기름부음을 받지 못하였고, 또한 다윗 언약처럼 영원한 왕위의 보장도 하지 않았다(삼하 7:13,16). 하지만 유다 지파는 단 한 지파일망정 이는 주 앞에 항상 켜져 있는 등불이며, 메시아를 통한 영원한 왕국으로 보장을 받았다. 비록 솔로몬의 범죄로 지금은 징계를 받을 수밖에 없어, 여로보암에 의하여 다윗의 자손으로서의 징계를 받을 것이나 영원히 하지는 아니하리라는 것이다(38b-39).

이로 보아 분국(分國)상태가 오래가지 않을 것을 보여준다.

하지만 10지파의 왕권을 잡게 될 여로보암으로서는 선행(善行)에 의존되어 있음을 그에게 이해(理解)시킨다. 이는 면류관은 그가 선행을 보이는 동안에만 허용(許容)되어 있기 때문이다(카일).

④ 애굽으로 도주(逃走)한 여로보암(40)

여로보암은 솔로몬 생존 시까지는 분열 없이 통일왕국으로 보존된다는 아히야의 약속을 받은 이상 이것을 자기만 알고 기다렸어야 했건만 정권야욕을 억제하지 못하고 반역을 시도(試圖)하다가 들통이 난 것으로 생각된다. 다윗은 사울 왕을 죽일 기회가 수차 있었어도 이를 자제(自制)한 데 비하면 역시 여로보암의 경솔(輕率)은 다윗의 신앙과 인격과는 거리가 먼

인물임을 알 수 있다.

여로보암의 만행(蠻行)은 마침내 솔로몬까지 알게 되어 그가 여로보암을 죽이려 하자 그는 당시 가장 안전한 피난처로 생각하는 애굽으로 도망쳐, 당시 왕 시삭(Shishak)에 의하여 솔로몬이 죽기까지 그곳에서 피난살이를 하게 되었다.

그가 이런 큰일을 발설(發說)치 않고 미래(未來)의 웅비(雄飛)할 꿈을 안은 채 국내의 어디에 머물렀다면 그 신변이 보장되었을 것이다. 하지만 그는 하나님의 약속을 어기고 선행(善行)에 서지 못한 자가 되었다.

한편 솔로몬 역시 평화의 왕 답지 못하게 하나님이 세우신 자신의 후계자(後繼者)를 죽이려 함으로써(40) 평화의 왕이 피 흘리는 왕으로 변한 것이다. 그는 잠언에서 사람의 마음에 어떤 계획이 있더라도 "여호와의 뜻만이 서리라"(잠 19:21)라고 남에게 가르치면서 그 자신은 하나님의 뜻을 꺾어 보겠다고 늙은 손에 힘에 겨운 칼을 들고 정적(政敵)을 죽이려고 서둘렀다. 이로써 지혜로운 왕으로서의 솔로몬은 어리석은 추태(醜態)를 부리는 미련한 왕이 되고 말았다.

오늘 우리들은 저 하늘의 왕국의 소유권을 보장 받은 자들이다. 우리는 그 약속의 말씀을 굳게 믿고 마치 "농부가 땅에서 나는 귀한 열매를 바라고 길이 참아 이른 비와 늦은 비를 기다리나니"(약 5:7)와 같이 약속의 성취를 조용히 대망(待望)하는 자들이 되어야 할 것이다.

4. 솔로몬의 죽음 (41-43)

솔로몬의 죽음에 대하여 거론(擧論)한 이 단락에서는 세 가지 요점을 보여주고 있다.

1) 솔로몬의 실록(實錄)(The Book of the Acts of solomon)

"솔로몬의 남은 사적과 그의 행한 모든 일과 그의 지혜는 솔로몬의 실록에 기록되지 아니하였느냐"(41)

이스라엘 나라가 남북으로 분열된 후, 북 왕국 이스라엘의 왕 여로보암이 죽자 "이스라엘 왕 역대지략에 기록되니라"(왕상 14:19) 하였고, 그 후 남 왕국 유다에서도 르호보암이 죽은 후 역시 "유다 왕 역대지략에 기록되지 아니하였느냐"(왕상 14:29)라고 기록하고 있다.

그리고 역대상 27:24에 보면 '다윗의 역대지략'이란 것이 나온다. 이에 의하면 남북왕조분열(南北王朝分裂) 후부터 왕의 업적을 기록한 '역대지략'이 생겨, 왕들의 업적을 계속 기록한 듯하며 다윗이나 본문의 '솔로몬의 실록' 등은 개개의 업적을 기록한 실록이 아닌가 생각된다.

'역대지략'은 우리나라의 조선(朝鮮) 500년 역사를 기록한 조선왕조실록(朝鮮王朝實錄) 같은 것이라고 생각된다. 우리나라가 이것을 지금까지 보존하여 세계문화유산(世界文化遺産)으로 등록되었다는 것은 큰 자랑거리이다.

여하튼 '솔로몬의 실록'은 그 후 분실(紛失)되었고 열왕기 기자는 여기서 중요한 솔로몬의 업적만을 발췌(拔取)하여 열왕기서에 기록한 것으로 생각한다. 만일 그것이 지금까지 남아 있었다면 솔로몬 40년 통치의 역사를 더 상세히 알 수 있었을 것이다.

하지만 오늘의 열왕기서 만으로도 이것이 성령의 영감(靈感)을 받은 기록인 만큼, 우리는 더 보충(補充)할 필요 없이 충분함을 알아야 할 것이다.

2) 솔로몬의 재위(在位) 기간 (42)

"솔로몬이 예루살렘에서 온 이스라엘을 다스린 날 수가 사십년이라"(42)

솔로몬은 그의 아버지 다윗이 헤브론에서 왕이 되어 7년간 유다 지파만의 왕이 되었고, 그 후 예루살렘에서 33년(2:11)간 통일왕국(統一王國)의 왕이 된 것과는 달리, 그는 '온 이스라엘'을 예루살렘에서만 다스렸다. 그리고 통치기간(統治期間)은 부자(父子)가 동일하여 각각 40년이지만 수명(壽命)은 아버지만 못하여 60 전후로 짧았다. 이는 "네 힘을 여자에게 쓰지 말며"(잠 31:3)라는 그 어머니의 훈계를 무시하고 여성편력(女性遍歷)으로 건강을 해쳐서가 아닌가 추측한다.

3) 솔로몬의 죽음과 장례 및 후계자(後繼者) (43)

"솔로몬이 그의 조상들과 함께 자매 그의 아버지 다윗의 성읍에 장사되고"(43a)

그는 그의 조상들을 따라 무덤으로 내려갔다. 그러므로 그에게 주어졌던 이 세상에서 그의 사역(事役)은 막을 내렸다. 그는 20세를 전후하여 왕위에 올랐으며 그의 성격은 아버지와 달리 호전적(好戰的)이 아닌 평화의 사람이었고 왕정(王政) 초기 기브온 제사에서 하나님께 지혜를 구했다. 그리고 여호와의 율법을 따라 왕 노릇 하겠다고 다짐하며 많은 돈을 들여 정성으로 성전을 짓고 봉헌식(奉獻式)을 할 때는 역사상 가장 당당하고 위엄(威嚴)있는 왕이었음은 틀림이 없었다.

그는 명재판관이며 저명한 정치가일 뿐 아니라 성전과 왕궁을 지은 유명한 건축가이기도 하며, 무엇보다 뛰어난 문학가(文學家)로서 그의 사상(思想)과 관찰(觀察)을 시편과 잠언으로 남기었다. 또한 외교력(外交力)이 풍부하여 조선(造船)과 무역(貿易)을 통하여 세계시장(世界市場)을 석권(席卷)하며 예루살렘을 황금의 도시로 만들었다.

그리하여 은(銀)을 돌 같이 여기게 되니, 그때부터 솔로몬은 사치향락에 빠지기 시작했고, 1,000명의 비빈(妃嬪)을 얻어 그들이 주도(主導)하는 우상숭배에 빠져 들어가면서 여호와의 명령을 어기고 범죄하게 되자, 점차로 그의 영화는 사라져갔고 마침내 추(醜)한 노년(老年)으로 인생의 석양(夕陽)을 맞게 되었다.

사람들은 그가 죽기 전 완전한 회개를 통하여 신앙을 회복하였을까 궁금해 한다. 그의 노년의 작품으로 생각하는 전도서에서 그는 세상의 부귀영화란 "다 헛되고 헛되니 모든 것이 헛되도다"(전 1:2)라고 시작하여 여호와의 뜻을 따라 사는 것만이 값있는 삶임을 고백하였다. 이런 의미에서 전도서야말로 솔로몬의 참회록(懺悔錄)이라고 평가한다.

전도서 후에 그는 아가서를 쓰면서 술람미 여인을 사랑하는 왕으로서 여호와께서 교회를 사랑하시는 고상(高尙)한 사랑을 그의 풍성한 세속적인 연애경험을 영적(靈的)으로 승화(昇華)시켜 매우 아름답게 묘사(描寫)하고 있다. 이로써 그의 마지막이 신앙으로 마무리한 것이 아닐까 생각하게도 된다.

이제 그는 세상에서 떠나 조상과 함께 잠들어 무덤에 내려감으로써 명재판관인 그 역시 백 보좌 심판대(계 20:11-15) 앞에서 피고인석(被告人席)에 서게 된 것이다.

그의 묘소(墓所)는 아버지 다윗의 선영(先塋)에 마련되어 장사지낸바 되었다(43a). 그러자 "그의 아들 르호보암이 대신하여 왕이 되니라"(43b)로 영화의 왕 솔로몬의 역사(歷史)를 끝내고 있다.

제 4 부

남·북 왕국의 분열
(분열왕국 편)

남북 왕국의 분열(分裂)

왕상 12:1-33

다윗과 솔로몬 두 왕의 치세(治世), 합하여 80년간은 나라의 정세가 다사다난(多事多難) 하기는 하였으나, 이스라엘 민족사에서 볼 때는 황금시대라 할 만큼 자랑거리였으며, 특히 왕국이 다 멸망한 후에도 다윗시대의 재래(再來)를 희망하였고, 그것이 마침내는 메시아 대망(待望)으로 이어지기까지 하였다.

하지만 솔로몬 치세 말기에 그는 여호와 하나님의 준엄한 경고(9:6-9)를 무시하고 다른 신을 섬긴 벌이 솔로몬 사후(死後) 즉시 나타나서 남북 왕국으로 분열(分裂)되는 비극적인 역사가 시작된 것이다.

그리하여 본장부터 남북 왕국사(王國史)가 시작되어 왕하 17장까지에서 북 왕국 이스라엘과 남 왕국 유다의 흥망사(興亡史)를 엇갈려 보여 주고 있다.

1. 세겜 회담과 그 결렬(決裂) (1-15)

우리나라가 얄타(Yalta)회담(1944. 2)에 의하여 북위 38도 선을 기준으로 남북이 갈렸듯이 솔로몬 사후(死後) 르호보암 왕의 대관식(戴冠式)이라는 표면상 이유로 세겜 회담을 열었지만 남북의 견해차로 결국 결렬되는 비극이 연출되었다.

1) 회담 장소 (1-3)

르호보암이 세겜으로 간 이유를 1절에서 설명하고 있다. 솔로몬이 죽고 난 다음 그의 아들인 르호보암이 대신하여 이미 왕이 되었다(11:43). 하지만 북쪽의 10 지파는 오래전부터 유다 지파와 갈등의식(葛藤意識)이 있어 왔고, 다윗이 헤브론에서 왕 노릇 할 때도 북쪽 10 지파 대표 장로들이 찾아와서 말하자면 "충성맹세"를 한 일도 있어 이로써 다윗이 통일 왕국에 왕이 되었듯이(삼하 5장) 르호보암도 역시 온 이스라엘의 왕으로 인정받고자 북쪽 10 지파가 요구하는 역사 깊은 세겜에서 열리는 회의 장소로 찾아 간 것으로 생각한다.

하지만 북의 10 지파는 르호보암을 왕으로 세우려는 것이 아니라 사실은 폐위(廢位)시키려는 저의(底意)가 있음을 알게 된다. 그것은 느밧의 아들 여로보암이 아히야 선지의 예언을 들은 후 참지를 못하고 선수(先手)를 쓰다가 솔로몬에게 발각되어 애굽으로 도망해 있으면서 그는 이미 "그 소문을 듣고"(2)라고 하였는데, 이는 솔로몬이 죽고 그 아들 르호보암이 왕이 되었다는(혹은 세겜 회담 소문으로 보는 학자도 있음) 소문을 듣고 있어서 그냥 두어도 돌아올 것인데 "무리가 사람을 보내 그를 불렀더라"(3a) 고 한 것을 보면, 그를 데려다가 자기들의 대변자(代辯者)로 삼은 것을 미루어 반역을 사전 계획하고 있음을 알 수 있다(36).

2) 회담진행 상황 (4-15)

(1) 북 10 지파의 제안(提案)(4)

회담이 열리자 여로보암이 온 회중과 함께 르호보암에게 요청한 내용은 두 가지다. 첫째는 솔로몬 왕의 실정(失政)을 비판하였다. "왕의 아버지가 우리의 멍에를 무겁게 하였으나"(4a). 여기서 "멍에"는 짐승에게 메우는 것으로 짐승을 부리기 위한 농기구(農器具)이다. 이는 강제적 고역(苦役)을 상징하는 말로서 이들의 경우는 과중한 세금과 중노동을 의미하는 것이다.

하지만 이것은 솔로몬 실정의 핵심적 요소인 신앙과는 전혀 무관한 비판이었다. 이들이 신앙 위에 바로 선 자라면 솔로몬의 다처주의(多妻主義)와 이로 인한 우상숭배로 하나님의 진노를 산 바를 지적했어야 했다. 그러나 솔로몬의 신앙타락 문제는 한 마디의 거론(擧論)도 없이 다만 과중한 세금과 노역면제(勞役免除)에 대해서만 관심이 있었다. 저들은 하나님이나 몰록을 매한가지로 생각할 뿐이었다.

그리고 그들의 불평은 무근(無根)하고 부당하였다. 그 당시 솔로몬 치하(治下)에서 이들보다 더 잘 살고 풍족한 생활을 하는 백성은 없었으며 왕궁건축과 성벽개축공사 같은 노동현장에서의 중노동은 다 노예들이 하였으며 이스라엘 사람들은 다만 감독관만을 하였을 뿐이다.

또한 "세금 문제 운운" 역시 백성이 되었으면 이는 의무일 뿐, 솔로몬 때는 전쟁이 없는 시대로 피를 요구하는 징병의무(徵兵義務)도 없었다. 은(銀)을 돌 같이 여기는 풍부한 생활환경 속에서 저들이 솔로몬의 "중세 중노동 운운"은 근거가 없는 것으로 저들은 솔로몬 실정의 핵심에서 비켜, 세속적 안일(安逸)에만 치중된 잘못된 불평을 하고 있음을 알 수 있다.

물론 솔로몬 말년의 우상숭배로 다소 소홀한 대우를 받았다 하더라도 이들은 사무엘에 의한 왕의 제도에 따른 부담이 클 것이라는 말을 듣고도 왕을 요구했던 자들이 아닌가(삼상 8:9 이하). 둘째는 중세와 중노동에 대한 과중한 부담의 경감(輕減)을 요구한 것이다. "그리하시면 우리가 왕을 섬기겠나이다"(4b). 저들은 돈에만 정신이 팔려있고 신앙유지의 문제나 정치적 보호 등 정작 중요한 문제에는 아무런 관심이 없었다.

이것이 회담 벽두에 북 10 지파의 제안이었다. 오늘도 역시 아무리 정치를 잘하는 정부라도 개중에는 정부를 비판하는 계층이 있기 마련이며 비판 내용도 핵심을 떠나 자신들의 이익 위주로 슬로건을 내걸고 비판의 함성(喊聲)을 높이는 자들이 많이 있다.

(2) 르호보암의 자세(姿勢)(5-15a)

세겜 회담은 북 10 지파에 대한 답변을 위한 르호보암의 3일 간의 연기로 일단 정회(停會) 되었다. "르호보암이 대답하되 갔다가 삼 일 후에 다시 내게로 오라"(5). 르호보암의 삼 일 간에 지연작전(遲延作戰)은 그의 신하들의 자문(諮問)을 받기 위함이었다. 세겜에서 예루살렘까지는 하루길(60km)이었으므로 가고 오는데 2일, 자문을 위해서 하루를 계산한 것으로 생각된다.

그가 자문한 것에 잘잘못을 말하기 전에 자신의 지혜가 부족하여 자문을 받기 원했다면 먼저 하나님께 자문을 구해야 했었다. "너희 중에 누구든지 지혜가 부족하거든 모든 사람에게 후히 주시고 꾸짖지 아니하시는 하나님께 구하라"(약 1:5). 르호보암이 자기 아버지처럼 위로부터 오는 빛을 구하는 기간이었다면 이후 이어진 회담결과가 무참히 결렬되지는 않았을 것이다.

르호보암은 오직 하나님께 구하여 지혜를 얻어야 했고 사람을 의지하지 말았어야 했다. 노인과 소년 두 계층의 자문(諮問) 중 노인들의 충고는 현실타개에 유익된 것이지만, 노인들 역시 여로보암을 두려워하고 있었고, 또한 자신들의 안전을 위하여 무조건 그들의 요구를 들어주는 자세를 취하라는 것, 이 고비만 넘기면 될 것이라 한 것 역시 자기중심적이었다. 그리고 동료(同僚)인 소년들은 인생의 경험이 없고 다만 혈기만 넘치는 거만(倨慢)한 청년의 기질을 갖고 다만 혹독하고 위협적인 말로 대응(對應)하라고 권한 것은 둘 다 자기들 본위에서 한 것뿐이다.

우리가 어떤 사람과 의논하든지 사람이란 누구든 자기 위주에서 사리를 판단하기 마련이다. 그렇기 때문에 르호보암은 오직 3일 간을 하나님께 간구함으로 응답을 받아 자신의 주관을 세워서 적절한 회답(回答)을 주었어야 했건만 그러하지 못한 것이 그의 잘못이다. 설혹 사람에게 상반(相反)된 두 개의 충고를 받을 경우라도 그것들을 하나님의 말씀에 비추어 택일(擇一)을 해야만 하는데(시 19:8, 119:10) 믿음 없는 르호보암은 이것마저 하지 않았다.

이것은 북 10 지파의 제안에 대한 정면도전(正面挑戰)하는 독재군주의 자세였다. 3일 후에 속회(續會)된 회담에서 어리석은 왕은 기고만장(氣高萬丈)한 자세와 포학(暴虐)한 어투로 어린 동료에게서 자문 받은 그대로 "내 아버지는 너희의 멍에를 무겁게 하였으나 나는 너희의 멍에를 더욱 무겁게 할지라 내 아버지는 채찍으로 너희를 징계하였으나 나는 전갈 채찍으로 너희를 징치하리라 하니라"(14). "아버지가 지운 멍에보다 더욱 무겁게"(14a), 내 아버지는 채찍, 나는 전갈 채찍, "채찍"은 가죽 끈으로 된 것인데 비하여, "전갈 채찍"은 채찍 끝에 전갈의 발 모양의 철편(鐵鞭)이 달린 것을 의미한다. 또는 전갈의 독(毒)처럼 혹독하게 대하는 상징으로 해석하기도 한다(J. Hammond).

우리는 포악한 군주의 모습을 르호보암에게서 볼 수 있다. 솔로몬은 20 전후에 등극하였으나 매우 지혜롭고 신앙적인 데 비하여 르호보암은 41세에 왕위에 올랐다(14:21). 동양에서는 불혹(不惑)이라 하여 유혹을 받지 않는 나이로 보았지만 르호보암은 보통 사람 수준에도 미치지 못하는 우매(愚昧)함을 보이고 있다.

그는 지혜로운 아버지에게서 생장(生長)하였고 당시 솔로몬 궁정(宮廷)은 지혜자들의 회합처(會合處)이며 최고 지성인들의 활동무대였다. 하지만 이런 분위기에서 성장(成長)한 르호보암은 그들에게서 아무런 영향도 받지를 못하였다. 그의 우매(愚昧)는 오직 믿음 없는 데서 생겨난 것이다. 아버지는 기브온 제사에서 무엇이든 주리라는 하나님의 지시에 부귀영화를 마다하고 지혜를 구했다. 그것이 유사 이래 그가 가장 지혜의 왕으로 평가를 받고 있다.

이로써 사람을 지혜롭게 하는 것은 유전(遺傳)도 아니고 환경도 아니며 세월도 아니고 교육도 아니다. 오직 믿음으로 하나님께 구할 때만 받을 수 있는 하나님의 선물인 것이다. 이런 의미에서 우리는 르호보암의 우매(愚昧)야말로 오직 신앙의 결핍에서 온 것임을 알게 되는 것이다.

3) 회담의 결과 (15b-18)

세겜 회담은 결렬되었고 그 결과는 두 가지로 나타났다. 첫째는 여호와께로 말미암은 것이라(15a) 하였고, 둘째는 북 10지파의 반란(叛亂)이다.

(1) 여호와께로 말미암은 것(15b)

"이 일은 여호와께로 말미암아 난 것이라 여호와께서 전에 실로 사람 아히야로 느밧의 아들 여로보암에게 하신 말씀을 이루게 하심이더라"(15b)

여로보암에게 하신 말씀은 선지자 아히야가 12 조각으로 찢은 자기 옷 중 열 조각을 여로보암에게 준 예언(11:29-35)을 지적하는 것이다. 이 말씀은 흡사 애굽 왕 바로가 이스라엘에 대하여 악행을 거듭한 것이 "여호와께서 바로의 마음을 완악하게 하셨으므로 그들의 말을 듣지 아니하였으니"(출 9:12)라고 한 경우와 동일하다. 이는 르호보암의 악행이 하나님이 시킨 것처럼 보이나 그것이 아니고 르호보암이 자기 생각대로 악행을 행한 것이 하나님의 예정(豫定)을 이루시는 것이 되었다는 의미이다. 하나님은 사람들로 하여금 죄를 짓게 하는 분이 아니시다. 죄는 사람이 짓지만 하나님은 그것을 역전(逆轉)시켜 좋은 방향으로 이끄신다는 뜻이다.

그러므로 왕국 분열의 책임은 솔로몬과 그 아들 르호보암에게도 있고 여로보암과 북 10지파에게도 있기 마련이다. 하지만 하나님은 이런 인간들의 죄악 된 일들을 통하여 하나님의 고원(高遠)하신 예정을 성취시킨다는 것이다. 가장 대표적인 예는 사탄의 생각으로 예수 죽이는 것을 성공하는 것으로 알아 당시 고위층과 가룟 유다를 매수하여 죽이고 보니 그것이 만민을 죄에서 구원하는 엄청난 사실로 역전(逆轉)시킨 것이 하나님의 섭리였던 것이 아닌가!

이스라엘 역사에서 남북 왕국으로 결렬됨은 비극적 사실이지만 다른 관점에서 본다면 ① 유다 지파는 영토(領土)의 축소(縮小)로 예루살렘 성전이 보다 더 가까워짐에 따라 진리 수호와 예배 참석 등 신앙 유지에 도움이 되었고, ② 역시 영토 축소로 우상 숭배적인 유혹의 범위도 그만큼 좁아졌다는 것이며, 그리고 여로보암에 의한 우상 예배적인 배교(背教)의 오염(汚染)에서 그들을 지켜 주었으며, ③ 성경 보존의 열망도 고조되었고, ④ 다윗의 후손으로 나실 메시아와 동일한 유다의 후손으로서의 긍지(矜持)와 아울러 메시아 대망(待望)에 대한 열망도 더욱 강화되었다는 것이다.

그러므로 우리는 인간들의 실패 속에서 새로운 희망의 싹을 키우는 하나님의 섭리가 왕국 분열의 비극적인 상황에서도 오히려 그 자신의 선하신 뜻을 성취시킨다는 진리를 배워야 할 것이다.

(2) 열 지파의 반란(叛亂)(16-19)

① 다윗 왕국과의 결별선언(訣別宣言)(16)

"온 이스라엘이 자기들의 말을 왕이 듣지 아니함을 보고… 우리가 다윗과 무슨 관계가 있느냐 이새의 아들에게서 받을 유산이 없도다"(16a)

여기서 "온 이스라엘"은 북쪽의 열 지파를 지칭한다. 그것은 17절에서 남쪽 유다를 "유다 성읍들에 사는 이스라엘"이라고 지칭하였기 때문이다. 왕국 분열 전에는 이스라엘이라고 하면 통일 왕국을 지칭하였지만 남북으로 분리된 후로는 북 왕국을 이스라엘이라 하고, 남 왕국은 유다라 부르게 되었다. 그러나 여기서는 남북이 분리 진행과정에 있는 만큼 헷갈리게 된다.

"온 이스라엘" 즉 북 10 지파는 르호보암의 거친 말 한 마디로 일제히 분기하여 "우리가 다윗과 무슨 관계가 있느냐"(16b), 이 말은 다윗이 헤브론에서 7년간 왕 노릇할 때 북 10 지파가 찾아와서 다윗과 맺은 언약을 파기한다는 의미이다. 그리고 "이새의 아들에게서 받을 유산이 없도다"라는 것은 앞으로 르호보암을 섬겨 봤자 우리에게 돌아올 몫이나 아무런 유산이 없다는 실망적인 말이다. 그들은 다윗을 "이새의 아들"이라고 불러 자기와 같은 평민의 아들이라고 그 인격을 격하(格下)시키고 있다. 다윗과 솔로몬 시대에 저들이 누린 은혜는 깡그리 잊어버리고 성급한 결단으로 배반하는 배은망덕의 추태를 보였다.

그리고 계속하여 "이스라엘아 너희의 장막으로 돌아가라"(16c), 이것은 문맥상 유다를 가리키는 듯하지만 이는 북 10 지파에게 하는 말이다. 왜냐하면 이 사람 르호보암은 우리의 통치자나 군주가 되기에는 적합하지 않다는 선언이기 때문이다. 그리고 유다에 대하여는 "다윗이여 이제 너는 네 집이나 돌아보라"(16d)라고 하여 다윗 왕가는 10 지파에 대하여는 간섭을 말고 네 자신의 왕가(王家)나 돌아보라는 것으로 다윗 왕가에 대한 완전 결별을 선언하고 있다.

② 르호보암의 대관(戴冠)(17)

열 지파가 반항하여 다윗 왕국과의 결별을 선언하고 각각 집으로 돌아가자 르호보암은 회의 장소에 그대로 남아 유다 성읍들에 사는 이스라엘 자손의 왕이 되는 대관(戴冠)형식을 취하였다. 이것은 솔로몬이 죽음과 동시에 당시 남북 통일정부의 왕이 된 셈이지만(11:43) 이번 세겜 회담의 목적이 전에 부왕(父王) 때처럼 북 10 지파의 인준(認准)을 받기 위한 것인 만큼 비록 이를 위한 회담은 결렬되었지만 세겜 회담의 취지를 살려 유대

성읍에 사는 이스라엘 자손들의 왕으로 즉위하는 대관식(戴冠式)의 형식을 취한 것이다.

여기 "유다 성읍들에 사는 이스라엘 자손"(17)이란 오래 전부터 유다 지파 영내에 살던 열 지파 사람들이며, 베냐민 지파 사람들이 가담했고 이는 유다 지파 북쪽에 인접해 있기 때문이며(수 18:11), 또한 남부지역에 인접(경내)해 있는 시므온은(수 19:1) 자동적으로 르호보암 왕국에 속하였다(Rowlinson). 그리고 북 10 지파 사람(人) 중에서도 분리를 싫어하는 자들이 개인적으로 남 왕국에 속하였을 것이라 생각한다(Montgomery).

생각건대 이는 마치 얄타(Yalta)회담에 의하여 우리나라가 광복 후 북위 38도선을 경계로 남·북으로 나뉘어 1948년 8월에 이승만을 대통령으로 하는 대한민국이 수립되어 남·북 분단이 됨 같이 이로부터 바벨론에 의하여 예루살렘 멸망까지 387년간을 분단국가로 이어져왔다.

이 사실에 대하여 이면(裏面)에서 역사하신 하나님의 섭리차원(攝理次元)에서의 의미가 무엇일까? 이 문제를 잘 알 수는 없지만 분명한 사실은 다윗의 후손으로 나실 메시아 신앙을 보존 내지 그 실현을 봄으로써 전 인류를 죄에서 구원하신 것으로 인식한다면, 오늘 우리나라의 남·북 분단 67년의 비극적인 상황 속에서 역사하시는 하나님의 섭리차원에서는 그 이유를 아직 찾을 수가 없는 실정임을 개탄할 뿐이다.

③ 르호보암의 수습책(收拾策)과 도피(逃避)(18)

"르호보암 왕이 역군의 감독 아도람을 보냈더니 온 이스라엘이 그를 돌로 쳐 죽인지라"(18a)

르호보암 왕이 북 10 지파에게 역군의 감독 아도람을 사신으로 보냈다고 하였는데 역군의 감독제는 다윗 왕 시대에 생겨 아도람이 임명된 후(삼하 20:24) 솔로몬 시대를 거쳐(왕상 5:14) 르호보암 시대까지(18) 무려 3대에 걸쳐 역군의 감독(감역관) 즉 노동현장 감독을 지낸 것으로, 아마 르호보암 당시는 아도람의 아들로 추정한다(Josephus).

이 사건은 르호보암의 또 하나의 선택상 실패이다. 르호보암의 생각은 북 10 지파가 단결하여 자신의 의사를 무시하고 반항선언(反抗宣言)을 하였음에도 불구하고 이 점을 사소하게 생각한 듯하다. 그래서 역군의 감독관을 사신으로 보낸 목적에 대하여는 두 가지 견해가 있다. 첫째는 협상 목적으로 보냈다는 것으로 저들의 요구 중 "우리에게 시킨 고역과 메운 무거운 멍에를 가볍게 하소서"(4)에 대하여 "가볍게 하리라"는 왕의 의사를 전달하기 위하여 역군 감독 아도람을 보냈다는 것이고, 둘째는 르호보암이 다윗이나 솔로몬처럼 역사를 감독하기 위하여 파송했다는 것인데, 아직도 10 지파가 반항 선언을 하였지만 독립한 것이 아닌 이상, 자기 치하에 있다는 착각에서 보낸 것이라고 보는 견해인데, 그의 무지함을 보건대 그럴 수도 있다는 생각이 든다.

이상 두 가지 사실로 볼 때, 둘 다 르호보암의 실책(失策)임을 알게 된다. 후자의 경우는 말할 것도 없거니와 전자의 경우라도 현장감독(現場監督)으로 그들의 증오(憎惡)의 초점(焦點)이 된 아도람을 사신으로 보낸 것은 큰 잘못이다. 아도람을 보자 흥분한 온 이스라엘(흥분한 군중)이 돌로 쳐 죽인 것이다. 그제야 비로소 분노한 민심의 동태를 깨닫고 자신의 신변(身邊)에 위험을 느끼자 르호보암은 급히 수레를 타고 예루살렘으로 도망을 쳤던 것이다(18b).

우리나라도 남북분단(南北分斷) 이후부터 여러 번 남북협상(南北協商)을 시도(試圖)하였지만 하나의 시간과 재정의 낭비일 뿐, 마치 예레미야의 깨진 항아리처럼 다시 새로 만들기 전에는 어렵다는 사실을 알게 된다. 하물며 르호보암 같은 미련한 외교술책(外交術策)으로서는 전혀 가망 없는 허사일 뿐이라는 생각이 든다.

3. 북 왕국의 독립(獨立) (19-22)

1) 여로보암의 즉위(卽位) (19-20)

르호보암이 황급히 예루살렘으로 귀환함으로써 남·북관계가 결정적으로 분열이 확정되었음을 19절에 밝히고 있을뿐더러, 여로보암에게는 이스라엘 왕으로 즉위하는 데 도움을 주었다.

여로보암의 즉위(卽位)는 이미 하나님의 계획된 일이었고, 여로보암 자신도 이를 알고 성급하게 서둘다가 솔로몬의 칼을 피하여 애굽으로 도피까지 한 사실이긴 하지만 여로보암이 그리 쉽게 포기하지 말고 계속 협상노력을 했더라면, 그리고 역모(逆謀)할 생각을 버리고 중노동감면(重勞動減免)과 중세경감(重稅輕減) 등만 들어 주면 "우리가 왕을 섬기겠나이다"(4b)가 진실이었다면, 또한 르호보암 역시 자신들의 요구를 거부한 사실뒤에 선동자가 누군지를 알아보며 분열저지노력(分裂沮止努力)을 계속 했더라면 왕국분열이란 극한 상황을 막았으련만 이것이 모두 진실결핍의 위선적 정치협상에 불과하다보니 르호보암의 예루살렘 귀환을 계기로 여로보암의 정해진 각본에 의한 10 지파의 왕으로 즉위함을 촉진시킨 결과가 된 것이다.

이로써 한 나라가 400년간이란 긴 세월을 분리하는데 단 3일 간의 회의결렬(會議決裂)로 확정되었다는 사실은 너무도 엄청난 비극의 역사가 아닐 수 없다. 온 이스라엘이 공회를 소집하고(공회는 지파 장으로 생각함) 여로보암으로 하여금 이스라엘 왕을 삼으니 때는 주전 930년경이었고, 수도(首都)는 세겜이었다(25). 이와 같은 남·북으로의 분국(分國)의 원인(遠因)은 솔로몬의 우상 숭배였고(11:10-13), 근인(近因)은 르호보암의 어리석은 폭력정책(暴力政策)에 기인(起因)함을 알 수 있다(12-15).

2) 르호보암의 북벌계획(北伐計劃)과 무산(霧散) (21-22)

세겜 회담에서 실패하고 예루살렘으로 도망하여 온 르호보암이 이번에는 패장(敗將)의 모습과는 달리 전쟁으로 북 10 지파의 영토를 회복할 목적으로 누구의 사촉(唆囑)을 받았는지는 모르지만 유다 온 족속과 베냐민 지파에서 택한 용사 18만 명으로 전쟁을 일으키려 하였다.

응모된 군사 중 "유다 온 족속"은 다 동원되었고 "베냐민 지파를 모으니"(21a), 이는 일부만 응모됨을 의미한다. 왜냐하면 베냐민은 전체가 유다 지파와 합세한 것이 아니고, 벧엘, 길갈, 여리고 등 주요한 성읍을 포함한 북쪽 지역은 여로보암 정부에 포함되었기 때문이다.

르호보암의 전쟁계획은 전혀 무모(無謀)한 것은 아니었다. 두 지파에서 응모된 18만 명의 병사들은 르호보암에게 충성을 바치기로 결심한 용사들이며 북쪽은 10 지파로서 인구 비율로는 우세하나 아직 군사적으로 정비되지 못한 상황이었기 때문에 르호보암의 계획이 인간적으로 보면 승산(勝算)이 없는 것은 아니라고 본다.

하지만 이는 동족의 피를 흘리는 것이며 이미 하나님의 뜻 안에서 예정된 것이기에 하나님은 스마야라는 무명의 예언자를 통하여 이 일을 제지시켰다. 그러자 우직한 르호보암도 자신의 계획을 버리고 하나님의 뜻을 따르기로 결심하고 군사를 해산시킨 것이다. 그것은 "이 일이 나로 말미암아 난 것이라 하셨다 하라 하신지라"(24a)라는 예언자의 전언(傳言)을 듣고 즉시 자신의 의지를 꺾고 여호와의 말씀에 복종키로 한 것이다(24b).

어리석은 왕으로 평가 받는 르호보암이 세겜 회담에서 패하고 황급히 예루살렘으로 도망 칠 때와는 달리, 전쟁으로 실지회복(失地回復)을 꾀한 동기는 가상(嘉尙)한 데가 있지만, 하나님의 말씀을 전해 듣고 즉시 자신의 계획을 버리고 복종한, 자기극복(自己克服)의 동기는 더욱 잘한 일로 학자들은 평가한다.

오늘 우리들 역시 아무리 사태(事態)가 내 편에 유리하고 정당한 권리를 갖고 있다 하여도 이것이 하나님의 뜻을 거슬러 싸우는 일이라면 중단해야 한다는 신앙적 진리를 깨달아야 할 것이다.

4. 여로보암의 종교정책 (25-33)

여기서부터 이스라엘의 역사는 남북왕조사로 갈려, 먼저 북 왕조사가 시작되어 여로보암의 역사가 14장 20절까지 계속된다. 그 첫째로 여로보암의 종교정책에 대하여 언급하고 있다.

1) 북 왕국의 수도(首都) 세겜 (25)

여로보암은 북 왕국 이스라엘의 초대 왕으로 즉위한 즉시 유서 깊은 도시 세겜을 건축하여 수도(首都)로 삼고, 또한 수도방위(首都防衛)의 일환으로 부느엘을 건축한 것이다. 이리하여 세겜은 남 왕국 수도인 예루살렘과 맞서는 북 왕국의 수도가 된 것이다.

2) 금송아지 우상예배 (26-36)

수도(首都)가 정해지자 여로보암이 첫 번째 한 일은 금송아지 둘을 만들어 남쪽 벧엘과 북쪽 단에 하나씩 설치한 것이다(28).

이것을 세운 목적은 정치적인 것으로 본래 이스라엘 백성들은 3대 절기에는 누구나 성전이 있는 예루살렘으로 올라가서 여호와께 예배하는 전례가 있는바(탈선한 솔로몬도 이것을 지킴) 백성들이 절기를 당하여 일제히 예루살렘으로 가서 제물을 바치고 예배하다 보면 그 장엄한 성전에 매료될 뿐 아니라 북 왕국을 떠나 남 왕국으로 대이동할 가능성도 있다는 생각에서, 그럴 경우는 여로보암 자신을 죽이고 르호보암에게로 도망가리라 생각하고 그 대비책으로 금송아지를 만들어 예루살렘 성전예배를 대신한 우상예배를 권장했던 것이다.

금송아지는 본래 농업국가인 애굽 인들이 섬기는 농신(農神)이었으나 여로보암은 애굽의 동물숭배를 염두에 두지 않고 아론의 금송아지 우상숭배를 마음에 두었다는 것은 이 고사(古事)를 백성들에게 소개한 것을 보면 분명하다. "이스라엘아 이는 너희를 애굽 땅에서 인도하여 낸 너희의 신이로다"(출 32:4)는 아론의 말 그대로를 인용한 것을 보아 알 수 있다. 이는 초대 대제사장 아론을 상기시킴으로써 새로운 종교가 아니라 조상들이 광야에서 섬기던 예배의 형태임을 강조하고 있는 것이다.

그러므로 예루살렘에 그 먼 거리까지 갈 필요가 없다고, 순례자(巡禮者)로서의 고달픈 기억을 회상시켜 호소력 있게 동의를 구하고 있다(28). 설치 장소는 "하나는 벧엘에 두고 하나는 단에 둔지라"(29). 벧엘은 북 왕국 남쪽 국경에 있으며, 원래는 배냐민 지파에 속했고(수 18:13, 22) 조상 야곱과 관계 깊은 곳으로 야곱이 그 곳에서 환상을 보았고 약속을 받은 곳이며(창 28:11, 19), 그 후 다시 가나안으로 돌아와 제단을 쌓은 곳이다(창 35:7). 단은 왕국의 북쪽 경계에 있으며 요단강의 근원지이고 본래 라이스로 불리던 이곳을(삿 18:26) 단 지파가 분배지(分配地)를 잃고 방황하다가 이 평화로운 백성들을 죽이고 빼앗아 단 지파의 영지로 명명하고 우상의 단을 세워 예배하던 곳이다. 그러므로 나라의 북쪽 거민들로서는 이곳이 예배드리기가 편리 할 것을 고려하여 정한 것으로 생각된다.

하지만 이것은 여호와 앞에 범죄가 되었다. "이 일이 죄가 되었으니 이는 백성들이 단까지 가서 그 하나에게 경배함이더라"(30). "단까지 가서"는 북쪽 경계까지로, 남쪽은 벧엘, 북쪽은 단으로 이는 나라 전체에 미침을 의미한다. 여기에는 세 가지 잘못이 있다.

① 우상숭배이기 때문이다. 그는 하나님을 섬긴다면서 금송아지 형상을 하나님으로 섬겨 제2계명을 범한 것이다(출 30:4).

② 예배 장소 선택 위반이다. "오직 너희의 하나님 여호와께서 자기의 이름을 두시려고 너희 모든 지파 중에서 택하신 곳인 그 계실 곳으로 찾아 나아가서"(신 12:5). 이는 예루살렘 성전을 의미하는데 "백성들이 단까지 가서" 우상예배를 하게 함은 잘못이라는 것이다.

그리고 성전예배(聖殿禮拜)의 중요성은 언약궤(言約櫃)가 중심인데 그곳에는 이것이 없었고 다만 산당(山堂)을 지어 그 안에 금송아지만을 안치(安置)한 것은 큰 죄악이다.

③ 종교적 형식만 갖춘 빈껍데기의 위선행위이다. 우상예배에 반대하여 제사장들이 다 예루살렘으로 가고 보니(대하 11:13, 14) "레위 자손 아닌 보통 백성으로 제사장을 삼고"(31), 이것은 일찍이 에브라임 사람 미가의 우상숭배에서 생겨, 단에까지 가서 세운 우상제단이 이미 설치되어 있는 곳인데(삿 17:10이하) 여로보암이 이를 답습(踏襲)한 셈이 되었다. 제사장은 원래 레위인 중 아론의 자손에게 한하였는데도(출 28:1-4, 삿 17:13), 여로보암은 비 레위인인 평민으로 제사장을 삼아 율법의 규정을 어긴 것이다.

3) 절기일(節期日) 자유변경 (32)

여로보암은 또한 7월에 지켜야 할 장막절(레 23:34)을 8월로 변경했다. 그 변경의 이유로는 북방의 추수기가 남방보다 1개월 늦기 때문이라는 추측도 있다. 하지만 이는 모세가 하나님의 명을 받아 7월 15-22일까지로 정한 것을 여로보암이 마음대로 8월 15일로 바꾼 것이다. 이것 때문에 앞서 말한 레위인 외에도 많은 경건한 사람들이 이 불법적인 인위적 제도(人爲的制度)에 불만을 품고 예루살렘으로 갔던 것이다(대하 11:16).

여로보암은 이처럼 마음대로 절기 일을 변경하고 평민을 제사장으로 세우고는 자신이 친히 대제사장 격으로 벧엘의 송아지 제단으로 올라가서 분향하여(33) 장막절 행사를 감행함으로써 율법을 어기고 우상을 섬기는 죄를 범하였을 뿐 아니라 우상숭배를 온 백성 중에 만연(蔓延)케 하였다.

이것이 곧 "여로보암의 죄"로서 그 후 역대의 이스라엘 왕들은 이 죄에서 떠나지 못하고 그 결과 그 나라는 주전 722년, 앗수르에 의해 망하게 되었던 것이다.

결론

세겜 회담은 단 3일 만에 결렬되어 다윗 이래 3대만에 나라가 분열(分裂)되는 비극을 초래했다.

본장 전체를 통하여 볼 때 르호보암은 우직(愚直)한 억압자(抑壓者)로 출발하였지만 점차 하나님의 명령을 순종하는 왕으로 묘사(描寫)되는가 하면(21-24), 여로보암은 백성들의 해방자(解放者)로 출발하였지만 결국 하나님의 말씀인 율법을 어김으로써 여호와에 대한 신앙을 버리고 대신 금송아지 우상숭배에 앞장서서 온 백성으로 하여금 우상예배를 드리도록 하는 자로 부각(浮刻)되어 있다.

우리나라는 일제(日帝)강점에 의한 철권통치(鐵拳統治) 36년 만에(1945. 8.15) 광복의 기쁨을 누림도 잠시뿐, 종전직전(終戰直前) 전후처리문제(戰後處理問題)로 모인 미·영·소 3거두(巨頭)의 이른바 얄타(Yalta)회담에서 단 시간의 탁상공론(卓上空論)으로 말미암아 남과 북의 분단국가(分斷國家)로서의 천인공노(天人共怒)할 비극적인 상황아래서 근 70년에 이르는 시점에 있는가 하면, 아직도 정치, 경제, 사회적 내지 교회적 차원에서 남·북 모두가 인물숭배(人物崇拜), 황금우상숭배(黃金偶像崇拜)로 분열에 분열을 거듭하고 있는 현실을 보며, 우리 모두는 하나님 말씀에 절대 순종함으로써 평화의 사신(使臣)으로서 통일(統一)과 화합(和合)에 기여(寄與)하는 자들이 되어야 한다는 사실을 명심해야 할 것이다.

유다의 무명선지자와 벧엘의 노선지자

왕상 13:1-34

본문 13장은 여로보암의 우상 숭배를 저지(沮止)하기 위해 하나님으로부터 파송 받은 "하나님의 사람"이라고 칭하는 유다의 한 무명선지자가 여로보암이 벧엘의 제단에서 우상제사를 집행하고 있는 현장에 홀연히 나타나서 심판을 선고하고 놀라운 징조(徵兆)를 보여 주는 장면을 제시하고 있다.

그리고 이 사실을 전해들은 벧엘의 한 늙은 선지자의 유혹에 넘어간 그 유다에서 온 무명선지자가 뜻밖에도 하나님의 말씀을 어긴 죄로 귀가 도중에 사자(獅子)에게 물려 죽임을 당하는 것과, 마지막은 여로보암 왕이 마침내 멸망하게 되는 이유를 보여준다.

본장이 오늘의 독자들에게 보여 주고자 하는 주제(主題)는 여로보암의 우상숭배에 따른 하나님의 심판을 의미하지만 그것은 물론, 그에 대한 하나님의 심판을 전하려고 유다에서 파송 받은 선지자마저 죽임을 당한 사실에서 왕이든, 선지자든, 그 누구를 막론하고 하나님의 말씀에 불순종하게 되면 형벌을 받는다는 것이 본장에서 강조되고 있는 요의이다.

1. 유다의 무명선지자와 여로보암 (1-10)

1) 여로보암의 단을 향한 무명선지자의 경고 (1-2)

벧엘의 제단에서 여로보암이 대제사장 격으로 한창 우상예배를 집행하고 있을 무렵 돌연히 여호와께로부터 대행자로 파송 받아 유다에서 온 한 무명의 하나님의 사람(선지자)이 등장하였다. 그의 초자연적인 힘 앞에서 교만한 왕은 초라해 졌고 공포에 떨게 되었다.

그는 용기 있게 하나님의 메시지를 우상의 제단을 향하여 선포하였다. 그 메시지의 내용은 위협적인 심판의 경고였다. 그는 왕을 개인적으로 만나 책(責)한 것이 아니라 공개석상에서 큰 소리로 제사에 초청받은 신하들과 모여든 모든 회중 앞에서 사자후(獅子吼)를 토하였다.

그의 심판의 대상은 사람이 아닌 제단(祭壇)이었다. "하나님의 사람이 제단을 향하여 여호와의 말씀으로 외쳐 이르되 제단아 제단아 여호와께서 이와 같이 말씀하시기를"(2a). 하나님의 선지자가 제단을 향하여 예언한 것은 벧엘과 단 지역에 세운 여로보암의 제단이 잘못된 것임을 의미하는 것으로, 이는 여호와의 제단은 오직 예루살렘 성전만이라는 유일성(唯一性)에 대한 잘못이며 또한 그 단(壇) 위에 금송아지 우상을 세우고 있음의 잘못을 의미하는 것이다. 그리고 제단을 세운 여로보암과 그 제단 주위에 모여든 군중들의 죄악을 경고함이 목적이지만 그 당시 상황으로 볼 때, 왕이나 백성들은 생명 없고 감각 없는 물체보다도 더 무감각한 상태이기 때문에 직접 왕이나 사람을 책망하기보다는 차라리 생명 없는, 저들이 소중하게 생각하는 제단이 무너짐을 보면 간접적 효과를 얻게 되리라는 데서 라고 추상할 수 있다.

오늘도 역시 잘못된 생각을 가진 목사가 이단성(異端性)을 띤 교회를 세우고 거짓된 예배를 자행하고 있다면 그것이 눈에 보이는 교회당 건물에까지 이어졌을 경우, 그것을 파괴하기란 매우 어렵다는 사실에 비추어보면 여로보암의 잘못된 종교정책이 빚어낸 벧엘과 단 지역에 설치한 제단의 허구성(虛構性)을 파괴하기란 결코 쉬운 일이 아니었음을 알게 된다.

한 걸음 더 나가서 제단을 향한 메시지의 전달이 이어진다. "다윗의 집에 요시야라 이름하는 아들을 낳으리니 그가 네 위에 분향하는 산당 제사장을 네 위에서 제물로 바칠 것이요 또 사람의 뼈를 네 위에서 사르리라 하셨느니라 하고"(2b).

이 용감한 유다의 예언자는 이 우상의 제단이 다윗 집에 한 자손에 의하여 파괴되어 이 예언이 성취될 것이라는 것을 예언한다. 여로보암과 그의 나라가 이 제단에서 예배하면 언제까지나 든든히 서리라고 확신하고 있지만 지금 저들이 멸시하는 다윗 가문에서 요시야라 이름하는 아들이 태어나 그가 네(제단) 위에 분향하는 제사장들을 제물로 바치고 또 이 제단을 섬기다가 죽은 자들의 뼈를 이 제단 위에서 불사른다는 것이다.

이 기이한 예언은 요시야 왕(640-609 B.C.) 탄생 300년 전에 그의 이름을 보여주고 있다. 이 예언이 저 유명한 요시야 왕의 종교개혁 때에 그가 벧엘의 단과 산당을 불사르고 묘실(墓室)의 해골을 가져다 단 위에서 불사름으로 성취된 것이다(왕하 23:15-20).

이로 보건대 하나님께로부터 받은바 정당한 메시지는 비록 그 사람이 죽은 후에라도 반드시 성취된다는 사실을 우리에게 가르쳐주고 있다.

2) 무명선지자가 현장에서 보여준 징조(徵兆)와 그 성취 (3-5)

제단을 향하여 예언한 "그 날에"(3a) 예언자는 여호와께서 말씀하신 징조라며 "제단이 갈라지며 그 위에 있는 재가 쏟아지리라"(3b)라고 하였다. 여기서 "재가 쏟아지리라"는 것은 제단 위에서 제물을 불사른 재로 이는 제단 청소의 일환으로서 제사장이 매일 제단에 재를 거두어 제단 곁에 두었다가 진영 바깥 청결한 지정장소에 버리도록 규정된 사실을 말한다(레 6:10-11).

이 징조의 이유는 네 가지다. ① 그 선지자가 하나님께로부터 보냄을 받았다는 증거이며, ② 하나님께서는 우상예배를 노여워하신다는 증좌이다. ③ 왕과 모인 무리들의 마음이 마치 돌처럼 굳어져 있어 하나님의 말씀 앞에서도 쪼개지지 않는 상태의 수치심을 보인 것, ④ 이것은 요시야 왕에 의하여 이 예언이 성취될 때 심판의 대상이 될 표본으로서 지금은 제단이 갈라졌으나 그 때는 완전 파괴될 것이며 지금은 동물의 재가 쏟아졌지만 그 때는 제사장을 비롯한 사람의 뼈를 사른 재가 흩어질 징조라는 것이다.

그러자 이 말을 듣던 여로보암 왕이 하나님의 사람을 잡거나 치려고 손을 내밀자 그 손을 거두지 못하도록 말라버렸다. 아마도 급성 마비(痲痺)가 생겼거나 근육강직증에 걸린 것으로 생각한다(Bahr).

바로 그때 이미 선지자가 예고한 대로 "제단이 갈라지며 재가 제단에서 쏟아진지라"(5), 선지자의 말한 징조가 당장 성취되는 놀라운 광경이 일어났다. 이는 이 제단이 부정하다는 것과 이 제단에서 드리는 제물이 부정하다는 것을 표시하는 하나님의 진노의 결과인 것이다. 이 순간 왕은 속수무책으로 "마치 동상(銅像)처럼 온몸이 굳어진 자세로 서 있었을 것이라"고 말하는 학자도 있다(Hall).

이는 하나님께서 어떤 목적을 위하여 선지자로 하나님의 사람을 보내신 이상, 그 사명을 이루는 동안은 그를 치려는 손을 불구로 만들어 치지 못하도록 보호하신다는 사실을 알게 된다. 베드로도 바울도 그에게 맡겨진 사명을 완수하기까지는 하나님께서 지켜서 해치지 못하게 하셨다. 여기서 하나님께 보냄을 받은 자가 용감하게 복음을 전하는 담대성의 원천을 보게 되는 것이다.

3) 무명선지자의 죄에 대한 용기와 죄인에 대한 자비 (6)

여로보암은 단이 갈라져 두 동강이 나고 제단의 재들이 쏟아져 휘날리는 징조를 보면서도 그의 완악한 마음은 자신의 잘못을 깨닫고 용서를 빌기 보다는 자신의 죄보다 마른 손 마비의 고통에만 관심을 보였다. 이것이 죄인의 모습이다. 죄인은 육체적 고통이 죄 때문에 오는 경우가 많지만 그 고통의 원인인 죄를 위하여 기도하기보다는 당장 육체적 고통이 물러가게 해 주기를 간청한다.

여로보암도 그런 사람이다. 그는 자기가 숭배하는 제단이 갈라지고 희생을 사른 재가 쏟아지는 징조를 보면서도 마른 손이 치유(治癒)되기만을, 그것도 심판을 경고하는 선지자에게 간청했다. 한편 이 요청을 받은 선지자는 자기를 경멸하고 박해하는 원수인 왕을 위하여 기도하였다. 이것은 바로 오랜 후에 오신 예수님의 가르침과 일치한다(마 5:10, 44).

하나님의 사람이 여호와께 은혜를 구하자 왕의 마비된 손이 전과 같이 회복되었다(6b).

오늘의 성도들과 교역자들이 진정 하나님의 사람이라면 죄를 책망하고 지적하는 데는 용맹한 사자(獅子)처럼 되어야 하지만 죄인이 곤경에 빠져 도움을 구할 때는 즉시 자비의 손을 내밀어 나를 치려고 휘두르던 그 손을 잡고 기도하여 치료해 주는 것이 하나님의 사람의 모습이라는 것이다. 그러므로 하나님의 사람 된 교역자나 성도들은 죄를 책망하는 용기와 죄인에 대한 자비심이 언제나 공존해야 한다는 사실은 알아야 할 것이다.

4) 왕의 유인(誘引)과 무명선지자의 거절 (7-10)

(1) 교묘한 왕의 유인책(誘引策)(7)

여로보암 왕은 자신의 마비(痲痺)된 손이 치유되는 기적을 보자 감사한 생각도 있었겠지만 제단이 갈라지는 놀라운 사태에 직면하여 선지자에 대한 어떤 해(害)도 끼칠 수 없음을 알고 선지자를 자기편으로 만들어 자기 나라에 선지자가 있음을 과시할 뿐 아니라 "제단 파괴 운운"의 예언도 무효가 되도록 하려고, 그럴 경우 병든 손 치료에 대한 감사도 자연히 될 것이라고 생각한 것이 왕의 유인목적이라고 학자들은 말한다(Keil·일어성경 강해).

이로써 하나님의 사람은 두 가지 유혹을 받게 되었다(7).

① 육체적 필요에 가해진 유혹(7a)

"왕이 하나님의 사람에게 이르되 나와 함께 집에 가서 쉬라"(7a). 긴 여행으로 말미암아 몸이 피로하고 쇠약해졌기 때문에 "나와 함께 집에 가서 쉬라"는 당장 아무데서나 눕고 싶은 판국에 나의 왕궁에 가서 쉬라는 유혹이야말로 거부하기에 다소 어려움이 있었을 것이다.

② 예물 제공이다.

"내가 네게 예물을 주리라"(7b). 그 당시 선지자가 요구 받은 임무를 수행했을 경우 선물을 받음은 하나의 관습이었다(삼상 9:7-8, 왕상 14:3, 왕하 5:5, 8:9). 하물며 왕의 선물 약속이랴! 이 순간 선지자는 발람의 유혹을 받은 셈이라고 볼 때, 뇌물공세(賂物攻勢)는 정치가들의 항용 수단(恒用手段)이며 사람들이 가장 선호(鮮好)하는 유인(誘因)의 미끼로 오늘까지도 근절(根絕)되지 않고 있는 술책인 것이다.

왕은 이런 방법으로 선지자를 왕궁으로 유인하여 최고의 접대를 하면서 여러 가지 담화를 나누어 자기 사람으로 만들 계획을 편 듯하다. 한편 예언자의 입장에서도 일단 가서 여러 가지 담화로 왕을 감화시켜 회개케 함은 어떨까, 생각할 수도 있는 유혹이다(Matthew Henry).

(2) 무명선지자의 단호한 거절(拒絶)(8-10)

왕을 통한 사탄의 간교한 유인책에도 불구하고 선지자의 거절은 단호했다. 그는 왕의 유혹에 대하여 고려할 시간을 달라는 우유부단 같은 것은 전혀 없이 즉석에서 온 회중이 보는 앞에서 거절했다. "왕께서 왕의 집 절반을 내게 준다 할지라도 나는 왕과 함께 들어가지도 아니하고 이곳에서는 떡도 먹지 아니하고 물도 마시지 아니하리니"(8).

"왕의 집 절반"은 "왕의 나라 절반"을 말하는 것으로(에 5:3, 7:2) 최대의 보상을 의미한다. 그리고 왕의 식탁에 초대 받음은 가장 큰 영광이며, 거절은 왕명거역으로 왕의 우상숭배를 정죄(定罪)하는 표시가 된다. 이는 왕명거절 죄로 사형에 해당하는 범죄가 되지만, 그는 생명을 내놓고 단호하게 거절한 것이다.

선지자는 왕의 요구를 거절한 이유를 하나님의 명령이기 때문이라고 하였다(9).

하나님께서 선지자에게 벧엘에서는 일체 식사를 거절하라는 이유가 진리의 적과 함께 회식하는 일은 우상 예배자를 면책할 권한을 상실하는 것이 되고, 진리와 부정과의 사이에 동맹을 맺음으로써 그 권위와 의무를 잃게 되는 일이기 때문이다. 즉 우상 제물 먹는 것이 우상예배의 동참을 의미하는 것과 같으며 따라서 회식(會食) 중 담화(談話)에서는 저들의 악한 풍속과 사상에 감염(感染)될 우려에서라고 생각된다.

그러면서 "왔던 길로 되돌아가지 말라"(9)는 것을 금기조항(禁忌條項)으로 추가시킨 이유에 대하여 학자들은 이는 예수 탄생 시 경배하려 왔던 동방박사에게 지시한 사실과 비슷한 것이며(마 2:12), 또한 귀국 길에 선지자를 체포하려는 매복자를 피하게 하기 위함이라고 해석한다. 그리고 또한 베이커 주석은 그에 대한 소문을 들은 자들이 그가 지나온 길 주변에 사는 우상숭배자로부터 박해를 받거나 반면에 호기심 많은 주민들이 그를 붙잡고 벧엘에서 일어난 일을 물어 불편을 느낄 가능 때문이라고 해석한다.

하나님의 말씀은 그 후 예수께서도 전도 초기 광야에서 마귀에게 시험을 받으실 때 격렬한 마귀의 공격을 정복했던 강력한 무기였다(마 4:4, 7, 10). 이 선지자는 가장 효과적으로 이 무기를 잘 활용하였다.

오늘 우리 역시 마귀를 이기고 세속적인 모든 권세를 이길 수 있는 능력은 오직 하나님 말씀에 절대 순종하는 것임을 다시 한 번 명심하는 기회로 삼아야 할 것이다.

2. 유다의 선지자와 벧엘의 노선지자의 만남 (11-32)

하나님께로부터 받은 사명을 가장 효과적으로 수행하고 유다로 돌아가던 하나님의 사람이 우연하게 벧엘에 거주하는 한 늙은 선지자를 만나 그의 유혹에 휘말려 여호와의 명을 어기고 마침내 길에서 사자(獅子)에게 물려 죽는 이변(異變)이 일어났다.

여기서 우리는 유다의 무명선지자와 벧엘의 늙은 선지자의 만남을 보게 된다.

1) 벧엘의 노선지자의 정체(正體) (11-13)

"벧엘에 한 늙은 선지자가 살았더니"(11a)

유다의 무명 선지자가 벧엘의 제단에 대한 멸망을 선언하고 왕의 유혹까지 단호히 물리친 후, 유다로 향하는 도중에 우연히 만난 벧엘의 노선지자라는 그 인물의 정체는 무엇인가? 이 문제에는 부정적인 견해와 긍정적인 견해로 나눠져 있다.

부정적 견해를 가진 메튜 헨리(Matthew Henry)에 의하면 "그는 벧엘 근방에 살면서 사무엘의 선지학교에서 교육을 받았으며 거기서 선지자의 칭호를 얻었으나 점차 세속화 되어서 예언의 영이 그를 떠난 듯하다. 그가 참 선지자라면 여로보암 왕의 우상숭배 정책에 한마디 말도 못하고 우상 예배에 자기 자신이 참석은 안했지만 자기 아들까지도 참석케 방치하지는 않았을 것이다."라고 하였다.

그리고 여러 학자들의 부정적 평가를 종합해 보면 ① 왕국 분열시 참선지자들이 다 남하(南下)했는데도 벧엘에 그냥 남은 것(대하 11:16), ② 그의 아들들을 여로보암 예배에 참여케 한 것(11a), ③ 하나님의 계시를 받지도 않았으면서 받았다고 유다의 선지를 속여 죽음에 이르게 한 것 등이다.

하지만 긍정적 견해 주장자 중 카일·델리취(Keil·Delitzsch)에 의하면 이 노선지자가 벧엘에서 된 일을 그의 아들들에게서 듣고(11) 유다 선지자의 가는 길을 묻고는 급히 나귀를 타고 서둘러 그를 만나러 간 것은(12-13) 여로보암 왕이 제멋대로 제도를 고치고 우상의 신상(神像)을 세우는 일에 자신은 한마디의 말도 못하는 죄를 범하고 있던 차에 유다로부터 온 무명 선지자의 출현은 그의 죄를 깨우쳐 주었으므로 이 참선지자를 만나서 진리에 대한 참 증인과 교제함으로써 자신의 명예를 회복하기 위함이라고 하였다. 그리고 그가 거짓말한 것은 잘못이나 이는 대화(對話)를 이어나가노라면 좋은 결과가 있을 것으로 한 것일 뿐, 해치기 위한 수단으로 한 것은 아니라고 하였다.

우리는 이 양론 중 어느 쪽이 옳다고 단정짓기는 역시 어려운 문제이기 때문에 본문을 계속 보면서 가능한 은혜로운 교훈을 얻고자 한다.

2) 벧엘의 노선지자에게 유다의 선지자가 유인(誘引)당한 이유 (14-19)

벧엘로부터 노선지자는 나귀를 타고 추적하여 상수리나무 아래서 쉬고 있는 유다에서 온 선지자를 만나 신분을 확인한 후(14) 그를 유인하여 다음과 같이 말하였다. "나와 함께 집으로 가서 떡을 먹으라"(15). 이는 유다의 예언자가 금지 당한 조항[벧엘 제단에서 왕에게 공언(公言)한 말을 아들에게서 들음]을 정면으로 도전하는 것이다. 그 순간 유다에서 온 선지자는 역시 단번에 거절하였다.

"대답하되 나는 그대와 함께 돌아가지도 못하겠고 그대와 함께 들어가지도 못하겠으며"(16a)를 보아 유다 선지자가 노선지자의 집을 지나 온 듯하며(돌아가지도 못하겠고) "들어가지도 못한다"는 것은 노선지자의 집에 들어갈 수도 없다는 것이다.

그리고 거절 이유는 벧엘 산당에서 여로보암에게 한 말과(9) 같은 말(17)로 이는 여호와의 말씀이며 명령이기 때문임을 반복하며 유혹을 물리쳤다. 하지만 유다의 선지가 결정적으로 유인 당한 것은 "나도 그대와 같은 선지자라 천사가 여호와의 말씀으로 내게 이르기를 그를 네 집으로 데리고 돌아가서 그에게 떡을 먹이고 물을 마시게 하라 하였느니라 하니 이는 그 사람을 속임이라"(18)는 데 있었다.

벧엘의 노선지자가 자신도 예언자이며, 천사를 통한 지시를 받았다는 데서 유다의 선지자는 동료의식(同僚意識)을 느껴 죽음에 이르는 유혹에 넘어가고 말았다. 여로보암의 위협에도, 그리고 뇌물공세(賂物攻勢)에도 주춤거리지 않았던 그가 머리가 허연 노선지자가 와서 "같은 선지자로서 하나님께로부터 반대 메시지를 받았다"는 유혹에는 쉽게 넘어가고 말았던 것이다(19).

여기서 우리가 기억할 것은 하나님의 메시지는 일관성(一貫性)이 있는 것으로 서로 모순(矛盾)되지 않는다는 것이다. 같은 문제를 벧엘 선지와 유다 선지에게 서로 다른 모순적 메시지를 발하시는 분이 아니시다. 유다에서 온 선지자는 이 사실을 모른 듯 자신이 받은 메시지를 취소(取消)시키라는 명을 받았다는 노선지자의 거짓말에 넘어간 것이다. 사탄은 잔인한 모습으로 나타나 신자를 위협하기도 하지만, 광명한 천사로 가장하고 유혹의 손을 뻗칠 때는 더더욱 거절하기가 어렵게 된다.

벧엘의 선지가 유다에서 온 선지자를 유혹한 이유에 대하여는 앞서 "벧엘 선지자의 정체"라는 항목에서 양론이 있음을 언급하였지만 여기서 보여주는 유다 선지자가 유혹에 넘어간 이유의 경우는 같은 동료(同僚)라는 의식에서였다는 사실을 기억해야 할 것이다.

3) 여호와의 명을 어기고 죽은 유다의 선지자 (20-24)

유다에서 온 선지자는 "나도 그대와 같은 선지자라"(18a)라는 말을 믿고 여호와의 금기조항(禁忌條項)인 금식령(禁食令)을 범하자 그들이 앉은 식탁에서 여호와의 말씀이 벧엘의 노선지자에게 임하였다. "그가 유다에서부터 온 하나님의 사람을 향하여 외쳐 이르되 여호와의 말씀에 네가 여호와의 말씀을 어기며 네 하나님 여호와께서 네게 내리신 명령을 지키지 아니하고…네 시체가 네 조상들의 묘실에 들어가지 못하리라"(21b-22).

참으로 놀라운 일이 벌어진다. 유다에서 온 선지자를 거짓말로 유인하여 금식규례(禁食規例)를 범하게 한 그의 입술을 통하여 진짜 하나님의 말씀이 선고된다. 그는 당당하게 왕을 질책(叱責)하던 유다의 예언자에게 그의 죄목(罪目)을 낭독하고 사형선고를 내린다. 그 죄목은 벧엘에서 여호와의 명을 어기고 떡과 물을 마신 것이며(22a), 판결은 "네 시체가 네 조상들의 묘실에 들어가지 못하리라"(22b)는 것이다. 즉 이 말은 "너는 결코 네 집에 이르지 못할 것이며 곧 길에서 객사(客死)할 것이기 때문에 그 시체가 조상들이 묻힌 선영(先塋)에 장사되지 못하게 된다"는 의미이다.

유다의 선지자는 자신의 육체를 위하여 영양을 섭취하고 있을 때, 자신의 시체(屍體)에 관한 이야기를 들으며 또한 그 식탁(食卓)에서 자신의 무덤에 관한 이야기를 듣는다. 그리고 그것을 거짓말로 자신을 유인한 노선지자를 통하여 듣게 됨은 실로 놀라운 사실이 아닐 수 없다. 그러기에 이 늙은 선지자를 긍정적으로 평가하는 카일(Keil)은 이를 가리켜 악한 뜻에서 한 것이 아니며 이 용감한 선지자의 말을 전해 듣고 자신의 죄를 깨달음으로써 그 선지자를 만나기 위하여 선의의 거짓말을 한 것뿐이며, 음식을 먹은 것은 그가 수일간 금식(禁食)으로 인한 허기를 참지 못하여 스스로 먹었을 것이라는 평가를 내리고 있다.

하지만 벧엘의 노선지자에 대한 진위(眞僞)에 관한 문제는 오직 하나님만 아실뿐, 그 누구도 알 자가 없으며 오직 훗날의 밝혀질 뿐이다. 다만 유다 선지자의 죄가 사형(死刑)에 해당될 만큼 큰 죄이냐의 문제에 대하여는 "여호와께로부터 중대하고 거룩한 사명을 받은 자는 엄격히 다스리는 것이 필요하다."라고 카일·델리취(Keil·Delitzsch)는 말하고 있다. 그리고 "그의 육신의 사망은 벧엘의 노선지자의 영혼을 영원히 살리는 데 기여하였다."라고 덧붙였다.

베이커 주석은 유다의 선지자가 받은 벌에 대하여 다음과 같이 말하고 있다. ① 그의 하나님의 단호한 명령에 대한 불순종은 그 시기에 있어서 두드러지게 응징 받아야 하는 죄였다. 그것이 바로 여로보암과 그의 추종자들의 죄와 같은 불순종의 죄이기 때문이다. ② 하지만 유다의 선지자가 범죄로 죽었다고 해서 영원히 멸망했다고 생각해서는 아니 된다. 그는 북왕국의 중대한 국가적 죄를 지적했고 동료(同僚) 선지자의 꺼져가는 신앙의 등불을 다시 타오르게 만들었다고 하였다.

한편 유다의 선지자는 벧엘의 늙은 선지에게서 유죄판결(有罪判決)을 받음으로써 사형(死刑)이 확정된 사실을 알면서도 하나님을 신뢰하는데 익숙해있던 이 하나님의 사람은 사자(獅子)가 기다리고 있는 길을 홀로 떠나가고 있었다. 그는 이 세상에서의 죽음을 하나님의 중벌로 생각지 않고 이는 미래의 형벌 대신 주어지는 일종의 자비라고 생각한 듯싶다. 그러므로 그는 자신의 죄를 회개하는 심정으로 태연하게 죽음을 맞으려는 자세였다.

예상대로 "사자가 길에서 그를 만나 물어 죽이매 그의 시체가 길에 버린 바 되니"(24a), 이는 하나님의 공의로우신 조치이다. 그가 하나님의 명령을 어겼기 때문이다. 하지만 그의 영은 천국 문을 향하여 비상(飛上)한 것임은 틀림없다. 이는 그가 죽기 전에 자신의 죄를 회개한 것으로 보이기 때문이다. 이를 증명하는 것이 바로 그가 참살당한 현장의 기이(奇異)한 모습이다. "나귀는 그 곁에 서 있고 사자도 그 시체 곁에 서 있더라"(24b).

사나운 짐승들도 하나님의 섭리의 인도를 받는다. 사자(獅子)는 그 본성과 달리 그가 죽인 선지자를 삼키지도 조각조각 물어뜯지도 아니하고, 또한 선지자가 타고 가던 나귀도 잡아먹지 않은 채 시체와 나귀 곁에 서 있었다. 또한 사자는 그 곁을 지나가는 행인들도 해하지 않았으며 이들에게서 소식을 듣고 달려온 벧엘의 노선지자도 역시 해치지 않았다. 그 사자(獅子)가 하나님께로부터 받은 임무는 다만 유다의 예언자를 죽이는 일이었고, 다음은 그 시체를 나귀와 함께 지키는 것이었다. 더 이상 이것을 넘어서는 안 되었다. 이것은 진노 가운데서 베푸시는 하나님의 자비로우신 표상이며 그의 형벌이 죽음 이상으로 넘어서지 않는다는 것을 보이는 증좌이다.

이 사실로 보아 사람은 물론 모든 천하 만물은 다 하나님의 쓰시는 섭리의 도구라는 점에서 그가 만물의 주인임을 보여준다. 발람의 경우는 나귀를 통하여 책망하였고(민 22:22-35), 사울 왕에게는 엔돌의 무녀(巫女)를 통하여 그의 운명을 혹독하게 점치도록 하셨다(삼상 28:3-25). 그런 중 이번 경우는 거짓 예언자로 하여금 참 예언자의 죽음을 선고하도록 하시는가 하면 짐승인 사자를 통하여 죽게 하시고 그 시체를 매장자(埋葬者)가 나타나기까지 지키도록 하셨다는 이 기이(奇異)한 사건에서, 우리는 온 천하 만물은 모두가 하나님의 영광을 위한 쓰임에 도구가 된다는 사실을 기억해야 할 것이다.

4) 유다의 선지자를 매장(埋葬)한 노선지자 (25-32)

벧엘의 노선지자는 유다의 선지자를 거짓말로 유인하여 그의 금기(禁忌)로 되어있는 금식령을 범하게 하고 떡과 물을 먹인 후, 바로 그 식탁에서 여호와의 말씀을 받아 그에게 사형(死刑)을 선고하고는 아마도 그를 나귀에 태워 보내면서 여러 가지 착잡한 생각에 잠겼으리라는 추측이 간다.

그런 중에 유다 선지자의 참살 현장을 목격한 행인들이 전하는 말을 듣자, 노선지자는 즉시 나귀를 타고 현장에 도착하여 늙은 몸으로 손수 그 피 흐르는 시체를 나귀에 실어 자기 성읍으로 돌아와서 자기 묘실에 장례를 치루기까지 계속 슬피 울며 "오호라 내 형제여"(30)라고 부르며 통한(痛恨)의 눈물을 흘리면서 장사를 치렀다. 이는 장례 시 통곡하는 통상 관례 이상의 진정한 슬픔의 눈물을 흘린 것으로 생각된다.

그리고 장례 후 그는 자기 아들들에게 다음과 같은 부탁을 한다. "내가 죽거든 하나님의 사람을 장사한 묘실에 나를 장사하되 내 뼈를 그의 뼈 곁에 두라"(31). 그 이유는 그가 여호와의 말씀으로 벧엘의 제단과 사마리아 전역의 산당(山堂)을 향하여 외쳐 말한 것이 반드시 이룰 것임을 확신하였기 때문이다(32).

이상의 사실을 미루어 생각할 때, 이 노선지자는 자기에게 사형을 선고받고 자신의 집을 떠날 때까지만 해도 그의 용기 있는 메시지 전달을 부러워하기는 하면서도 참 예언자라는 확신은 없었던 듯하며 그러기에 같이 따라가지 않고 다만 나귀만을 제공한 것을 보아 알 일이다.

그런 중 그의 죽음을 보는 순간 자신이 전한 메시지가 적중되었음을 알고 그제야 그가 참 예언자임을 확신한 나머지 그 피 흐르는 시체를 나귀에 실으며 자신이 죽인 것으로 생각한 듯 슬퍼하고 통곡하며 비로소 형제의식을 느껴 자신의 묘실에 장사하며 자신도 죽은 후 같이 합장(合葬)되기를 바람이야말로 이를 가족의 개념으로 생각할 뿐만 아니라 특히 "내 뼈를 그의 뼈 곁에 두라"(31b)는 것은 후에 요시야라는 다윗의 후손에 의하여 산당(山堂)의 제사장들과 사람의 뼈를 이 제단위에서 불살을 것이라(2)는 유다 선지자의 말을 확신하였음을 알 수 있다.

그러므로 이 노선지자는 마치 유다 선지자를 죽인 사자(獅子)가 스스로 죽인 자를 보호하였듯이, 자신 역시 자신이 죽인 자를 자기 가족묘에 장사하는 보호자가 된 것이다. 이로써 이 유다의 선지자는 자신 스스로가 죽으면서 이 늙은 선지자의 영혼을 구원한 셈이 되었다.

이로부터 300년 후 예언대로 요시야 왕이 나타나 종교개혁을 단행하는 중 한 무덤에 세워진 묘비를 보고 저것은 무슨 비석이냐고 묻자 "왕께서 벧엘의 제단에 대하여 행하신 이 일을 전하러 유다에서 왔던 하나님의 사람의 묘실이니이다 하니라 이르되 그대로 두고 그의 뼈를 옮기지 말라"(왕하 23:17-18)라고 하여 그 두 예언자의 뼈가 아울러 보존된 것이다.

이는 둘 다 그 영혼이 구원되었음을 증명하는 것이다. 그러므로 이 유다 선지자의 노상살해사건(路上殺害事件)으로 말미암아 여로보암의 종교정책에 반대하고 여호와 하나님을 경애하는 경건한 무리들이 많이 생겨, 가장 인상적인 방법으로 그 진리를 확인하고 전파하는데 크게 기여하였다고 학자들은 말하고 있다. 이리하여 유다의 예언자는 자기를 유인(誘因)하여 죽게 한 벧엘의 늙은 선지자를 자신의 죽음으로써 그의 영혼을 구원하였고 또한 벧엘에 거주하는 많은 사람들에게 소문을 퍼트려 우상숭배에서 떠나 여호와 하나님께 돌아오도록 하는 신앙심을 일으켰다고 볼 수 있다.

3. 여로보암의 죄와 벌(罰) (33-34)

여로보암은 유다의 선지자를 통한 하나님의 경고를 무시하고 그는 갈라진 제단을 수리하고 다시 그 위에 제물을 바치고 제사를 지냈다. 그를 개심(改心)하도록 하기 위하여 다양한 방법들이 동원되었으나 위협도, 징조도, 심판도, 자비도, 효험이 없었고, 그는 오직 금송아지 우상에게 밀착되어 아무런 개선의 여지가 없었다.

그러므로 그는 여전히 평민으로 제사장을 삼아 누구든지 자원하면 제사장이 되게 하는 것으로 하나님이 정하신 율법의 규정을 파함으로써 자신을 하나님 자리에 올려놓는 만행(蠻行)을 저질렀다(33). 그는 이스라엘 종교의 중요한 제사직의 질을 낮추어 선별기준(選別基準)을 철폐(撤廢)하고 심지어 행악자(行惡者)라도 제사장 자리에서 인간의 생명을 살리는 예식의 집례자가 되게 하여 거룩한 이스라엘의 종교를 마치 속된 무속신앙(巫俗信仰)으로 저하(低下)시키고 만 셈이 되었다.

이로써 여로보암의 죄는 여호와 앞에서 "여로보암 집의 죄가 되어 그 집이 땅 위에서 끊어져 멸망하게 되니라"(34) 하였다. 여로보암은 송아지 우상이 왕권을 강화시켜 자기 자손에게 영속적(永續的)인 확보를 기대하였지만 오히려 이것이 왕권을 상실하게 하고 자기 가족이 몰사(沒死)하는 중벌을 받게 된 것이다(14:10-11, 15:25-30).

우리 모두는 여로보암의 범한 죄와 그 결과로 받은 형벌을 보면서 "어떤 죄든지 간에 죄를 지음으로써 자신의 위치가 확고해 진다고 생각하는 사람은 자신을 기만(欺瞞)하는 것이다."(메튜 헨리)라는 사실을 잊지 말아야 할 것이다.

결론

본장에는 세 사람의 대표적인 인물이 나온다. ① 여로보암 왕, ② 유다에서 온 선지자, ③ 벧엘의 늙은 선지자이다. 여로보암 왕은 솔로몬 왕 만년의 실정으로 북 10 지파의 지지를 받아 왕이 되는 행운아(幸運兒)로서 그의 출발은 좋았지만, 즉위하자 즉시 벧엘과 단에 금송아지 우상을 세워 우상숭배를 전국에 만연(蔓延)시킴으로써 2대만에 폐위(廢位)되는 벌을 받은 비참한 결과에 이른 왕이 되었다.

우리는 여로보암에게서 처음에는 좋았으나 나중이 좋지 않은 자의 거울을 삼아 시종일관(始終一貫) 불변하는 자들이 될 것을 배워야 할 것이다.

다음 여로보암의 죄를 과감히 책망하고 귀가 시 노상(路上)에서 죽은 유다의 선지자에게서는 왕을 책(責)하고 징조까지 보이는 큰일을 감행한 자였지만 뜻밖에 사소하게 생각되는 죄로 인하여 비참하게 맹수의 밥이 된 사실에서 하나님의 공의는 "죄의 값은 사망"이라는 원리에 서 있다는 점을 배움으로써 아무리 사소한 죄라도 용납함을 금해야 할 것이다.

그 다음 벧엘의 노선지자의 경우에서는 그 인물에 대한 찬반양론(贊反兩論)이 있음에도 불구하고, 그가 유다의 선지자를 자기 집에 유인(誘引)하여 죽게 한 것이 사실이라면 그의 우유부단(優柔不斷)은 왕의 잘못도 묵인하고 선지자 구실을 제대로 못하다가 유다 선지자의 죽음을 보자 정신이 들어 그를 눈물로 장사(葬事)하며 새로운 영을 받게 되는 사실에서 사명을 잃어버린 나약한 나의 모습이 아닌가, 반성하는 기회로 삼아야 할 것이다.

그리고 이상 3인은 다 같이 하나님의 말씀에 대한 불순종의 죄를 범했다는 사실의 공통성이 있음을 보게 된다. 하지만 그 정도의 수치는 각각 다르게 나타나 있다. 여로보암 왕의 경우는 선지자의 경고를 받고도 끝까지 회개하지 않은 자의 표본이며, 유다의 선지자의 경우는 큰일을 하고도 금식령(禁食令)의 금기(禁忌)를 어긴 자로 육은 비록 죽었으나 영성(靈性)은 살아 있는 자의 표본이라고 생각된다. 그리고 벧엘의 노선지자의 경우는 비록 육신(肉身)은 오랫동안 살아 있으면서도 선지자로서의 귀중한 영성(靈性)을 잃고 비루(鄙陋)하게 인생을 살다가 우연히 유다 선지자를 죽게 한 죄책을 느끼면서 영성을 다시 회복한 자라는 생각이 든다.

그러므로 본장의 핵심적 교훈은 하나님의 말씀에 대하여는 그 누구나 절대 순종해야만 한다는 것임을 우리 모두는 겸손히 배워야 할 것이다.

왕들의 범죄와 죽음

왕상 14:1-31

본장은 북 왕국 이스라엘 왕 여로보암과 남 왕국의 유다 왕 르호보암의 범죄와 죽음에 관하여 기록한 내용이다. 솔로몬 왕 말기에 실정(失政)으로 나라가 남·북으로 갈리자 북 왕국을 이스라엘이라 하여 10 지파를 통치하는 여로보암이 초대 왕이 되었고, 남 왕국은 유다라 하여 두 지파만을 통치하는 르호보암이 왕이 되었지만, 두 왕 모두가 하나님의 율례와 명령을 불순종하고 우상을 섬기다가 죽는 수치스런 왕조사(王朝史)를 남긴 기록이다.

기록상 순위는 전반부는 여로보암 왕, 후반부는 르호보암 왕의 실정(失政)을 기록하고 있다.

1. 북 왕국의 초대 왕 여로보암 (1-20)

1) 병든 왕자 아비야 (1)

"그 때에 여로보암의 아들 아비야가 병든지라"(1)

인간이 세상을 살아가는 데 가장 큰 적(敵)은 병마(病魔)이다. 병의 유래는 아담의 범죄로 시작되었음은 사실이다. 그렇다고 모든 병이 다 죄 때문에 오는 것은 아니다. 악한 자나 선한 자나 모두 병에 걸린다. 그리고 죽을 때는 누구나 병 때문에 죽게 마련이다. 세상에는 천진난만(天眞爛漫)한 어린아이가 먼저 가고 악한 자가 오히려 장수(長壽)하는 예도 흔히 보는 바이다.

하지만 여로보암의 아들 아비야가 병에 걸림은 여로보암 왕의 죄악을 징계하기 위함임은 사실이다. 1절 초두에 "그 때에"는 이제까지 여로보암이 악한 길을 고집한 사실과 연관시키는 접속사(接續詞)를 의미한다. 갈라진 제단, 마른 손, 선지자의 경고, 그리고 그에 대한 슬픈 운명 등 여러 차례 주어진 경고에도 무심한 채, 계속 금송아지 우상을 섬기고 있는 "그 때에" 그 시점(時點)을 의미한다.

그러자 이번에는 강도(强度)를 높여 그의 집을 지면(地面)에서 끊어지게 하는 작업의 시작으로 부성애(父性愛)의 본능에 호소하는 혈육(血肉)의 정을 이용하여 이 거만한 왕의 회개를 촉구하고 있는 것이다. 그것이 바로 왕자 아비야가 병이 든 이유이다.

세상에는 종종 부모 때문에 죽게 되는 아이들이 많다. 아름답게 피어나는 꽃이 주변에 황량(荒凉)한 영향 때문에 피기도 전에 말라버리듯이 아버지의 주벽(酒癖)이, 또는 흡연(吸煙)이 자녀들에게 정신적 육체적 악영향을 줌으로써 성년(成年)이 못된 채 좌절(挫折)되는 경우도 허다하다.

왕자 아비야의 병이 든 이유가 바로 부왕(父王)인 여로보암의 죄 때문이었으며 결국 이것은 죽음에 이르는 중병이었다.

2) 여로보암 왕의 잘못된 치유책(治癒策) (1-4)

사람이 병이 들면 의사를 찾는 것은 상례이다. 여로보암 역시 병든 왕자를 위하여 의사를 찾게 되었고 그리고 그는 명의(名醫)를 찾아냈다. 그는 자기가 솔로몬의 역군감독(役軍監督)으로 있을 당시 노상(路上)에서 우연히 만나 자기의 장래를 예언해 준 아히야 선지자였다(11:29-38).

그는 지금까지 은혜를 입은 선지자 아히야를 찾은 적이 없다가 자식의 중병이라는 극한 상황에서 비로소 찾게 된 것이다. 그것은 아히야를 참 선지자로 알고 있었기 때문이다. 하지만 지금껏 만남을 지연(遲延)시킨 이유는 그가 자기의 종교정책에 반대함을 알고 있었기 때문으로 생각한다. 그가 자신이 친히 세운 제사장이나 종교지도자(거짓 선지자)를 찾지 않은 이유는 사실 저들을 믿지 않았기 때문이다. 다만 저들은 자신의 정치적 목적에 이용하고 있을 뿐이었다.

한편 아히야가 예루살렘으로 가지 않고 실로에 남아 있는 것은 자신의 예언으로 왕이 된 여로보암의 종교정책에 반대하면서도 그의 회개할 때를 기다리고 있던 것으로 추측한다.

왕이 아히야를 명의(名醫)로 알고 찾기로 한 것은 잘한 일이지만 그 방법이 잘못되었던 것이다. 그가 만일 선지자 아히야를 공개적으로 만나서 자신의 죄악을 회개하고 아들의 병환과 기타 향후 문제에 대한 지시를 바랐더라면 아들도 죽지 않고 살았을 것으로 생각된다. 하지만 그는 명의를 찾을 생각은 하였지만 자기 대신 아내를 보냈다. 그리고 그것도 왕후(王后)의 신분을 감추고 변장(變裝)하여 평민으로 가장하고 평민의 선물인 "떡 열 개와 과자와 꿀 한 병을 가지고"(3) 사람들의 눈을 피하려고 왕후가 타는 가마 대신 걸어서 간 것으로 생각한다.

그가 선지자 아히야 앞에 섰을 때 심정이 과연 어떠하였을까! 마치 에서의 옷을 입고 변장 후 요리 상을 들고 눈먼 아버지 이삭 앞으로 들어가던 야곱의 심정이 아니었을까! 상상이 간다. 하지만 속이는 방법은 비슷하나 그 의도한 바는 서로 다르다. 야곱의 경우는, 비록 기만술책(欺瞞術策)은 잘못이지만 그 목적한 바는 적어도 장자의 기업을 얻으려는 어머니 리브가의 연출에 따른 배우(俳優)역할을 했을 뿐이기 때문이다(창 27:14-19).

3) 선지자 아히야의 예언 (5-18)

(1) 참선지자와 변장(變裝)한 왕후(王后)(5-6)

이 당시 선지자 아히야는 눈이 어두워 잘 보질 못하였다. 요새 의학적 술어로는 백내장(Cataract)에 걸린 것으로 생각된다(4b). 그러므로 선지자 자신으로서는 그에게 오는 여인이 누구인지 알아보기란 불가능한 상태였다. 여로보암의 아내는 이 사실을 알고 쉽게 속일 줄 알았을 것이다. 그러나 그가 오기 전 여호와께서는 선지자에게 그녀가 오는 것과 오는 목적을 알리실 뿐 아니라 그녀가 변장한 것과 어떻게 대답할 것까지도 알려 주셨다(5).

마침 그가 문으로 들어올 때 "발소리를 듣고" 그 여인임을 확인하고 다음과 같이 말하였다. "여로보암의 아내여 들어오라 네가 어찌하여 다른 사람인 체하느냐 내가 명령을 받아 흉한 일을 네게 전하리니"(6).

이 여인은 선지자의 집 문에 들어서자 첫 번째 놀란 것은 모처럼 변장까지 하여 신분을 감추려 하였는데 "여로보암의 아내여"라고 부르는 소리에 정신이 아찔하여 쓰러질 지경이었을 것이다.

아히야의 육체적 시력(肉體的視力)은 비록 멀었지만 그의 영적시력(靈的視力)은 투명하여 사물을 꿰뚫어 볼 수 있었다. 이 하늘에서 보여주는 영적 빛 앞에 여인의 교묘한 변장 따위는 문제도 아니며 미래의 일까지도 명명백백하게 드러낸다.

오늘의 현실에도 죄인들이 성도의 옷을 입고 나타나며 또 성도로 인정을 받고 있다. 그러나 "그들의 너울이 벗겨지고 본색이 탄로 나서 그들 자신의 이름으로 불림을 받을 때면 그 낯을 얼마나 붉힐 것이며 얼마나 떨게 될 것인가! 너 패역하고 성실치 못한 외식자(外飾者)여, 내가 결코 너를 알지 못하니 썩 나가라 네가 어찌하여 다른 사람인 체하느냐?"(Matthew

Henry)라고 지적 받을 것은 뻔한 일이다.

(2) 왕자(王子)의 죽음에 대한 예언(6-13)

여호와의 명을 받은 선지자 아히야는 여로보암의 사신격(使臣格)으로 온 여인의 목적인 왕자 아비야의 운명에 대하여 말하기 전에 먼저 "가서 여로보암에게 말하라"(7a)라고 전제한 후 흉한 일에 원인이 무엇인지를 지적한다.

① 여로보암의 배은망덕(背恩忘德)을 지적(指摘)함(7-8a)

하나님께서는 앞서 여로보암에게 베푸셨던 큰 은혜를 들어서 그를 꾸짖으신다. 하나님은 여로보암을 백성 중에서 곧 하층민(下層民)으로부터 들어 올려 이스라엘의 주권자 곧 왕을 삼으셨다(7). "너는 결코 스스로 그 명예로운 자리에 오를 수 없었다. 너는 너희 동료들보다 뛰어난 자가 아니다"라고 과거에 베푸셨던 은혜를 상기(想起)시킨다.

오늘 우리들 역시 우리에게 베푸신 하나님의 자비를 그는 다 기억하시며 우리가 만약 그 은혜를 모르는 경우에는 그것들을 우리 앞에 열거(列擧)하심으로써 우리를 크게 당황케 하실 것이다(Matthew Henry).

② 여로보암의 죄상을 열거(列擧)함(8b-9)

"너는 내 종 다윗이 내 명령을 지켜 전심으로 나를 따르며 나 보기에 정직한 일만 행하였음과 같지 아니하고"(8b)

역시 심판의 표준은 다윗이다(3:13, 9:4, 11:38, 15:11). 아들 솔로몬도, 손자 르호보암도 이 표준에 이르지 못했기 때문에 다윗의 집에서 10 지파를 찢어내어 여로보암에게 주었거늘 여로보암 역시 다윗의 표준 신앙(標準信仰)에 미치지 못하고 있음을 지적하시는 것이다. 그리고 다음은 우상숭배 죄를 지적하신다. "네 이전 사람들보다도 더 악을 행하고 가서 너를 위하여 다른 신을 만들며…나를 노엽게 하고 나를 네 등 뒤에 버렸도다"(9).

이것이 여로보암 왕의 대표적인 죄악이다. 벧엘과 단에 금송아지 제단설치문제(祭壇設置問題), 이것이 솔로몬이 비빈(妃嬪)들을 위하여 산당(山堂)을 지어준 죄보다 더 큰 이유는 솔로몬은 비빈(妃嬪)들의 간청에 못 이겨 산당을 지어준 것뿐이지만, 여로보암은 온 국민들로 하여금 송아지 신을 섬기게 하고 이를 법제화(法制化)하여 온 나라에 만연(蔓延)시켰기 때문이다. 이는 명백하게 제1, 2계명 위반이며 이것을 앞세우고 "나를 네 등 뒤에 버렸도다"(9)라고 하였다. 등 뒤는 보이지 않는 곳으로(사 38:17) 우상은 잘 보이는 앞에다 두고 하나님은 보이지 않는 곳에 방치(放置)하였다는 의미이다.

오늘의 현대인들 역시 각종 우상은 앞에 두고 하나님은 뒷전에 밀어 놓아 잘 안 보인다. 현대인들이 섬기는 많은 우상 중 그 대표적인 것은 역시 황금우상이다. 오늘 한국 사회에서 일어나고 있는 여러 가지 문제 중 거의 대부분은 돈 문제와 연관되어 있는 것들이다.

이런 의미에서 오늘의 현대인 모두는 역시 여로보암의 후예(後裔)들이라고 볼 수 있다.

③ 여로보암 가문(家門)의 파멸을 예고(豫告)함(10-11)

여토보암의 죄악은 그의 가문을 파멸로 몰아넣을 것을 예고한다.

"내가 여로보암의 집에 재앙을 내려"(10), "여로보암의 집"은 그의 가문(家門)을 의미한다. 그리고 그 방법은 여로보암에게 속한 사내는 다 죽게 된다는 것이다. 이는 첫 유월절을 기해 애굽에 임하였던 10재앙 중 가장 큰 마지막 재앙보다도 더 극심한 재앙이다. 그 때는 애굽인 가정의 장자(長子)만 죽었지만(출 12:29), 이 경우는 이스라엘 모든 사내가 다 죽는 것이기 때문이다.

"이스라엘 가운데 매인 자나 놓인 자나 다 끊어 버리되"(10b)로 보아

"매인 자"는 종을 뜻하며, "놓인 자"는 자유인이라고 보아 이는 전체를 의미한다. 그리고 그 죽음의 모습은 가장 수치스런 상태로 묘사하고 있다. 즉 "다 끊어 버리되 거름 더미를 쓸어버림 같이 여로보암의 집을 말갛게 쓸어버릴지라"(10b)라고 하였다.

여로보암은 지금도 거름 더미 같은 우상들을 섬기고 있다. 그러므로 하나님께서는 그의 가문 중 남자들을 마치 마당이나 길가에 있는 오물을 처리하듯이 치워버린다는 것이다. 아무리 고귀한 제왕의 가족이라도 악을 행하는 자일 때는 하나님의 눈에는 하나의 쓰레기 더미같이 보일 뿐이다.

뿐만 아니라 그 죽은 시체 역시 제대로 무덤에 장사되지 못하고 "성읍에서 죽은즉 개가 먹고 들에서 죽은즉 공중의 새가 먹으리니"(11), 이는 집에서 평안히 죽지 못하고 도시인은 성 중에서 농부나 목동들은 들판에서 죽임을 당하게 된다는 것이며, 또한 그 시체가 매장되지 못하고 방치될 경우 개(유대인들은 개를 사육 안함; 이는 들개를 의미함)들이 먹고 공중의 새들 즉 독수리나 기타 맹금류(猛禽類)의 밥이 된다는 것이다. 이는 신 28:26의 경고를 첨가시킨 것으로 이런 상태는 죽은 자에 대한 가장 극형의 벌로 간주되는 것이다(16:4, 21:24, 시 79:2, 렘 7:13, 겔 29:5).

④ 병든 왕자(王子) 아비야의 죽음을 예고함(12-13)

"너는 일어나 네 집으로 가라 네 발이 성읍에 들어갈 때에 그 아이가 죽을지라"(12)

여로보암이 자기 아내를 은밀한 사신(使臣)으로 보내 선지자에게 물어 회답을 바랐던 그 물음에 대한 답변을 이번에는 선지자 아히야의 사신 격이 된 자기 아내를 통하여 듣게 된다. 그것은 그녀가 "성읍으로 들어갈 때에 그 아이가 죽을지라"(12)라는 것이다. 여로보암 가문의 남자들이 다 죽을 것을 예언한 선지자는 그 첫 번째로 왕자(王子)의 죽음으로써 그 심판이 시작됨을 의미한다.

우리는 성경 중에서 종종 이해할 수 없는 사실을 보게 되는바, 이 왕자의 죽음 역시 그중 하나이다. 다윗의 범죄로 밧세바 사이에서 낳은 아이가 왜 죽어야 하는지 알 수 없음 같이 이 아이의 죽음 역시 의문의 여지를 남겨 준다. 하지만 여로보암에 속한 자는 오직 이 아이만이 국민들의 애도(哀悼)를 받으며 죽어 묘실(墓室)에 안장될 자라 하였고 "이는 여로보암 집 가운데에서 그가 이스라엘의 하나님 여호와를 향하여 선한 뜻을 품었음이니라"(13)라고 하여 그가 온 가문이 몰사(沒死)하는 참화(慘禍) 중에서 유일하게 하나님 여호와를 향한 선한 뜻을 품었기 때문임을 지적한다.

이스라엘 전승(傳承)에 의하면 예루살렘으로 예배하러 가는 순례자들의 길을 막으라는 부친의 명을 어기고 심지어 그 길에 설치된 장애물을 이 왕자가 제거하였다고 한다(Bahr). 그리고 메튜 헨리는 이 왕자의 죽음이야말로 그에 대한 하나님의 자비라고 하였다. "그가 만일 산다면 죄악에 감염(感染)될 것이고 그럴 경우 자기 아버지 집 파멸에 휩쓸려 들게 될 것이기 때문에 하나님께서는 그에게 죽음을 내리셨던 것이다."라고 하였다. 또한 베이커 주석은 "사랑스런 아이의 죽음은 부모의 마음을 죄와 세상에서 돌이켜…하나님 안에 있는 생명으로 향하게 하는 유일한 최상의 수단일 수 있다. 많은 아이들이 일찍 이 헛된 세상을 떠나서 육체와 영혼이 타락할 위험이 있는 주위 상황에서 부름을 받는 것은 하나님의 축복이다."라고 하였다.

많은 양(量)의 쓰레기더미에서 작은 철(鐵) 조각을 찾기 원한다면 대형자석(大形磁石)을 사용하면 가능하다. 왕자 아비야는 쓰레기로 가득 찬 여로보암의 가문 중에 유일의 쇠붙이 같은 신앙으로 하나님의 강한 자석(磁石)에 의하여 찾기운 바 된 자이다(A. 풀러). 그는 쓰레기더미 위에 홀로 아름답게 피어 있는 한 송이의 백합화라고 할 수 있다.

이 믿음의 아들을 장차 올 환난 중에 닥칠 고난에서 피하게 하시려고 그를 미리 데려갔다는 것이다. 한편 그의 죽음은 그의 가족에 대한 하나님의 진노였다. 그것은 범죄자로 가득 찬 그의 가문을 개조시킬 수 있는 자를 잃었기 때문이다. "가족 중 가장 훌륭한 자가 장사(葬事)될 때 그것은 가족에 대한 흉조(凶兆)이다. 귀중한 것을 가려내는 것은 나머지를 아궁이에 갖다 넣기 위함이다."라고 메튜 헨리(Matthew Henry)는 말하였다.

(3) 여로보암의 집과 왕국의 멸망에 대한 예언(14-18)

앞서 왕자의 죽음을 예언한 선지자 아히야는 여기서 여로보암 왕조의 멸망이 목전에 임하였음을 예언한다. 하나님은 그 심판의 대행자(代行者)를 언급하신다. "여호와께서 이스라엘 위에 한 왕을 일으키신즉 그가 그 날에 여로보암의 집을 끊어 버리리라"(14). 그 대행자로서의 "한 왕"은 잇사갈 족속 아히야의 아들 바아사이며(15:27~16:7), 그는 여로보암의 아들 나답 재위 2년에 역모(逆謀)를 하여 나답과 그 일족을 살해함으로 성취되었다. 그 때가 "언제냐 하니 곧 이제라"(14b). 이는 임박하였음을 의미한다. 이 예언은 여로보암이 즉위한 지 24년이 못 되어 그 일족과 왕조(王朝)는 멸절되었던 것이다.

그런 다음 계속하여 북 왕국 이스라엘 나라가 망할 것을 아히야는 예언한다(15). 그 이유는 이스라엘 온 백성이 여로보암의 우상정책에 동조하여 우상예배를 하였기 때문이다. 열 명의 의인이 없으면 그 성을 구해 낼 방법이 없다. 이런 우상숭배 결과로 국력이 약해져 주위에 있는 여러 국가들의 도전(挑戰)을 받게 되니 마치 "물에서 흔들리는 갈대 같이"(15a) 마침내는 "강 너머"(15b) 즉 유브라데스 강 너머에 있는 앗수르로 포로가 되어 "그의 조상들에게 주신 이 좋은 땅에서 뽑아" 버림을 당할 것을 예언한 것이며 이 예언은 주전 722년 제19대 호세아 왕을 마지막으로 성취되었다(15:29, 17:23).

16절은 망국의 원인이 "여로보암의 죄" 즉 우상 예배로 인함이며 또한 "이스라엘로 범죄하게 하였음이니라"(16)임을 강조하고 있는 것이다. 여로보암은 자신이 범죄했을 뿐 아니라 이스라엘 전 국민들로 범죄 하도록 하였다. 이는 마치 객실(客室)을 많이 달고 낭떠러지로 떨어지는 기관차(機關車)와도 같다. 이런 자는 자신의 죄뿐 아니라 타인들을 범죄 하게 한 죄에 대하여도 문책(問責)을 받음으로써 가중처벌(加重處罰)의 대상이 될 것이다.

3) 여로보암 통치의 종료 (19-20)

여로보암 왕의 죽음에 앞서 왕자(王子) 아비야의 죽음을 보여준다. 병든 아들에 대한 길흉(吉凶)을 물으려고 선지자 아히야를 찾아갔던 여로보암의 아내는 아이가 죽을 것과(12) 이에 더하여 왕권의 찬탈(簒奪)(14) 및 왕국의 멸망이라는 엄청난 흉보(凶報)를 듣고 그녀는 무거운 마음으로 디르사에 있는 자기 왕궁으로 돌아온다(17). 본래 세겜에 있던 왕궁을(12:24) 언제 이곳으로 옮겼는지는 모르지만 오므리가 사마리아로 옮기기까지(15:21, 16:24) 디르사가 북 왕국의 수도(首都)로 되어 있었다. 세겜 북방 10km 지점에 있는 디르사는 '유쾌함'이라는 의미의 아름다운 성읍이다(아 6:4, 수 12:24).

이 순간 그녀의 가장 큰 슬픔은 "네 발이 성읍에 들어갈 때에 그 아이가 죽을지라"(12)라는 것으로 모든 다른 슬픔은 이 소식 속에 모두 삼켜버렸을 것이다. 자신이 살아서는 아들을 다시 볼 수 없으리라는 어머니로서의 고통은 얼마나 컸을 것인가! 그녀는 지금 두 가지 상반된 충동을 느끼고 있을 것이라고 생각된다. ① 얼른 집으로 돌아가서 아들의 작별인사를 받아야 한다는 것이었고, ② 자신이 성에 도착하는 순간 죽게 될 아들의 생명을 연장하려고 길에서 오래 지체해야겠다는 이율배반적(二律背反的)인 충동을 느끼고 있었을 것이다.

마침내 그녀는 지친 발걸음으로 성문을 들어서자마자 그녀의 아들은 죽었고 비록 심장의 고동(鼓動)은 멎었지만 아직도 따뜻한 아이의 가슴을 두 팔로 안을 수 있었을 뿐이다(키토). 이리하여 아비야는 아버지 여로보암의 부패의 영향으로부터 떠나간 것이다.

"온 이스라엘이 그를 장사하고 그를 위하여 슬퍼하니"(18). 이는 백성들의 신망이 높고 다음 국왕으로 기대된 인물을 잃었다는 슬픔에서라고 생각된다. 하지만 그들은 자기 자신들을 위하여 울어야 할 자들이다. 사실 그들은 그 선한 왕자에게 어울리지 않는 타락자들이기 때문이다. 그의 죽음으로 인해 수문(水門)이 열렸고 마침내 심판의 물결이 범람해 들어옴을 아직 그들은 모르고 있었다.

아들의 뒤를 이어 여로보암 자신도 죽었다(19-20). 역대기에는 "여호와의 치심을 입어 죽었고"(대하 13:20)라고 하여 모종의 고질병으로 죽은 것이 아닌가 생각한다. 그의 남은 행적은 "이스라엘 왕 역대지략에 기록되니라"(19b)라고 하였다. 하지만 이런 기록은 성령의 감동으로 기록된 것이 아니므로 오래 전에 유실되고 말았던 것이다.

그의 재위는 22년(930-910 B.C.)만에 비참하게 죽었고, 왕위는 그의 아들 나답에게 승계(承繼)되었으나 그 아들 역시 2년 후 왕좌와 생명까지 내놓게 됨으로써 그 일족 모두가 주살(誅殺)되어 "여호와께서 그의 종 아히야를 통하여 하신 말씀"이 그대로 성취케 된 것이다.

"느밧의 아들 여로보암의 죄"로 알려진 그의 죄상을 둘로 나누면, 반은 세속적이고 반은 종교적인 정책을 통해 계속 반복되어온 죄악이다. 이것은 오늘의 교회에서도 답습(踏襲)되고 있는 실정이다. 하나님을 대신한 황금 우상 숭배의 만연(蔓延)과 예배의식의 다양화 등 잘못된 세속주의 물결이 "여로보암의 죄"의 현대판(現代版)으로 교회를 타락시키고 있다. 모름지기 오늘의 교회는 이 말씀을 통하여 새로운 경각심을 가져야할 것이다.

2. 남 왕국 유다 왕 르호보암 (21–31)

왕국 분열 후 북 왕국 이스라엘의 첫 왕인 여로보암의 죄악으로 아들이 죽고 왕조가 2대만에 무너지고 나라가 망하게 되는 실정을 기록한 열왕기 기자는 이어서 남 왕국 초대 왕인 르호보암의 사적(事蹟)을 보여주고 있다.

1) 르호보암의 종교정책 (21-24)

(1) 즉위(卽位) 3년간의 실적(21, 대하 11:5-17)

르호보암이 왕위에 오를 때는 41세로서 솔로몬 즉위 1년 전에 출생한 셈이다(2:24). 그는 다윗 왕가에서 계승된 정통 왕위에 오른 자로 "여호와께서 자기 이름을 두시려고 이스라엘 모든 지파 가운데에서 택하신 성읍 예루살렘"을 수도로 삼아 재위 17년간을 통치한 왕이다. 그의 모친의 이름은 나아마로서 그 의미는 '아름다운 여인'이라는 뜻이다. 그리고 그는 암몬 출신이다. 그의 모친의 이름을 기록한 이유는 솔로몬의 많은 왕비 중에 암몬여인의 소생인 르호보암이 택함을 받은 것은 그의 어머니가 이름처럼 미인(美人)이기 때문임을 상기(想起)시키며, 또한 그녀가 왕을 우상숭배로 유인(誘引)하여 하나님을 떠나게 함으로써 정치에 큰 악영향(惡影響)을 미쳤을 것으로 생각한다.

르호보암 통치의 일반적 성격은 역대기서 기사(記事)에서 더 자세히 설명되어 있다. 그는 즉위 즉시 10 지파가 분열됨으로 솔로몬의 우상숭배로 인한 하나님의 심판이라는 선지자 스마야의 선고를 받고 크게 느낀 바가 있은 듯(12:23-24) 그의 통치 첫 해에는 열심히 여호와의 율법을 따랐으며 여러 성읍을 수축(修築)함으로(대하 11:5-11) 국권을 견고히 확립하였다.

또한 많은 처첩에게서 난 아들이 28명이며, 딸이 60명이나 되어(대하

11:18-21) 왕가의 융성(隆盛)을 보이며 이 모든 아들들을 유다와 베냐민 온 땅에 흩어 살게 하여 가족 관리도 잘하였다(대하 11:23). 그러자 북 왕국으로부터 유다와 예루살렘으로 이주(移住)한 제사장과 레위인 그리고 경건한 이스라엘인들이 대거 남하(南下)하여 남 왕국에 가담함으로써 "삼 년 동안 유다 나라를 도와 솔로몬의 아들 르호보암을 강성하게 하였으니 이는 무리가 삼 년 동안을 다윗과 솔로몬의 길로 행하였음이더라"(대하 11:17)라고 하였다.

이처럼 르호보암은 믿음이 좋은 분들이 자기들 마을의 산업을 버리고 남하하여 유다 나라에 합세함으로써 그들의 믿음에 영향을 받아 여로보암 정부를 강성케 하는 동력이 되었던 것이다. 이는 마치 우리나라의 남북전쟁 시 북한 지역에서 목사, 장로, 집사, 권사, 신학생 그리고 믿음이 좋은 평신도(平信徒) 등 무려 700만의 피난민의 남하(南下)로 당시 남한복음화(南韓福音化)에 크게 도움이 된 것과 동일한 상황임을 생각나게 한다.

(2) 르호보암의 우상숭배(22-24)

르호보암의 위와 같은 좋은 출발은 3년밖에 가지를 못하였다. "유다가 여호와 보시기에 악을 행하되"(22a). 여기서 말하는 '악'이란 우상숭배를 의미하며, 그 악의 정도는 "그의 조상들이 행한 모든 일보다 뛰어나게 하여"(22b)라고 하였다. 대하 12:1에서는 그의 타락한 이유를 "르호보암이 나라가 견고하고 세력이 강해지매 그가 여호와의 율법을 버리니 온 이스라엘이 본받은지라"라고 지적한다. "하나님께 대한 반역은 오만함과 지나친 번영과 육체적인 안정에서 비롯되며 이는 불가피한 결과로서 가난과 파멸과 전쟁의 불운(不運)을 낳는다. 다윗과 솔로몬 밑에서는 그토록 깊이 침몰하였다."라고 랑케(주석가)는 말하고 있다.

그리고 그 악의 정도가 "그의 조상이 행한 모든 일보다 뛰어나게 하여"(22b), 여기서 "그의 조상들"은 멀리는 광야시대와 사사시대를 의미하며 가까이는 솔로몬시대를 의미한다. "그 범한 죄로 여호와를 노엽게 하였으니"(22b), 여기 '노엽게'는 질투함을 의미하는바 "여호와는 질투하는 하나님"(출 20:5)이라는 의인법적 표현(擬人法的表現)으로, 이는 간음하는 아내가 혼약(婚約)을 깨트림으로써 그 남편을 격분하게 하듯 여호와의 노(怒)를 격발케 함을 의미한다(출 34:14, 신 4:24, 6:25, 수 24:19).

23절은 전절의 '악'에 대한 구체적 설명인바 "산 위에나 푸른 나무 아래에 산당과 우상과 아세라 상을 세웠음이라"(23). 이것은 가나안 족들의 우상숭배 방식을 모방한 것으로서 그들은 대체로 산 위에나 푸른 나무 아래에 우상의 산당과 아세라 상을 세웠다. '우상'은 돌기둥을 뜻하며 남신(男神)이다. 그리고 '아세라 상'은 목상(木像)으로서 이는 나무기둥이며 여신(女神)이다(15:13, 18:19, 왕하 21:7). 이것은 셈족들의 상고시대로부터 섬겨오는 것으로서 이스라엘의 족장시대에는 용인되었으나(창 28:18, 22, 31:13, 35:14, 20) 후에 모세의 율법에서 이를 금지하기에 이르렀다(신 7:5, 12:3, 레 26:1).

이런 우상숭배는 북 왕국 건설자인 여로보암이 먼저 시작했고, 르호보암이 그 뒤를 따랐다. 어느 면에서 남·북이 같아 보이지만 양자는 서로 다르다. 여로보암의 경우는 기본적인 율법을 아예 파괴하고 나라의 제도를 새로 세우는 데까지 나가서 우상예배로 대체(代替)해 버린 반면에, 르호보암의 경우는 배교(背教)가 부분적으로 허용되었을 뿐, 법적인 여호와 예배는 중앙 성소에서 화려하게 계속되었다(28). 그러므로 이것이 우상숭배 죄를 회개할 기회를 자주 만들었고 계속해서 율법의 수호자(守護者) 역할을 하였다(랑게). 하지만 전적으로 여호와 하나님만을 섬기지 아니하고 우상숭배를 용인(容認)하고 철저한 신앙을 못 가진 르호보암 역시 이런 점에서 범죄자이며 실패자인 것이다.

오늘의 교회 역시 하나님과 재물 두 주인을 겸하여 섬기면서 우유부단한 르호보암적인 신앙자세(信仰姿勢)는 버려야 한다는 교훈을 받아야 할 것이다. 뿐만 아니라 "남색(男色) 하는 자가 있었고"(24), 이는 '성별된 자'라는 의미로 이방신앙 특히 아스다롯 여 신당에 속한 이른바 신전창기(神殿娼妓)로서 복수형으로 원문에 기록된 남·여 창기(娼妓)이다. 이는 남자의 경우 거세(去勢)한 자로 남자끼리 동성연애자(同性戀愛者)이기도 하지만 이방신전에 예배하려오는 남녀와 관계하는 일종의 종교의식(宗敎儀式)에 종사하였다. 이것이 후에 여호와 예배에까지 들어오게 되었다(왕하 23:7, 신 23:17-18). 그 후 아사 및 여호사밧 왕이 이를 추방하였고(왕상 15:13, 22:46), 요시야 왕이 므낫세가 성전 곁에 세운 그들의 집을 파괴하였다(왕하 23:7).

2) 애굽 왕 시삭의 침공(侵攻) (25-28)

죽음이 있는 곳에 독수리가 모이듯이(마 24:28), 영적으로 썩은 냄새를 피우는 유다를 향하여 애굽 왕 시삭이 병거를 몰고 올라와 예루살렘을 점령하는 전화(戰禍)를 맞게 되었다. 그때가 르호보암 즉위 5년만이었다(25). 시삭은 애굽의 제22왕조의 창설자로 여로보암의 애굽으로 피신 시 보호자였고(11:40), 그의 딸이 여로보암의 아내가 되었다고 한다(70인역). 이때에 그가 유다를 친 것도 여로보암을 돕기 위한 것으로 보며, 시삭의 침략은 범죄한 유다에 대한 하나님의 징계로 보는 것이다.

시삭의 유다공격의 목적은 "여호와의 성전의 보물과 왕궁의 보물을 모두 빼앗고 또 솔로몬이 만든 금 방패를 다 빼앗은지라"(26)를 보아 약탈(掠奪)이 그 목적으로 생각되지만 사실 보물 약탈만으로 만족하고 철수한 이유에 대하여는 대하 12:2-9에 이 원정(遠征)에 대한 상세한 기사를 보면, 시삭의 일로 유다 방백들이 모인 자리에서 선지자 스마야가 왕과 방백들에게 국난(國難)의 이유를 "너희가 나를 버렸으므로 나도 너희를 버려 시삭의 손에 넘겼노라"(대하 12:5)라고 전하자, 방백들과 왕이 스스로 겸비하여 회개하였고 이로 인하여 나라가 망하지는 않고 다만 시삭의 종이 되어 세상나라를 섬기는 고통이 얼마나 큰지 알게 할 것이라 하였다.

하지만 시삭에게 약탈당한 보물 중에 솔로몬 황금시대에 만들었던 황금으로 된 큰 방패 200과 작은 방패 300(10:16-17)을 모두 빼앗기고 말았다. 하는 수 없이 르호보암 왕은 그 대신 놋으로 방패를 만들어 왕궁 문지기 시위대장에게 맡겨 왕이 성전에 들어갈 때마다 시위하는 자가 놋 방패로 금 방패를 대신해야만 했던 것이다(27-28).

이것은 믿음으로 말미암아 얻어지는 하나님의 능력과 권세와 영광을 상징하는 금 방패는 빼앗기고 인간의 힘을 상징하는 놋 방패를 들고 성전으로 들어가는 예배자의 모습, 놋이란 진유(眞鍮)로서 언뜻 보기에는 황금과도 비슷하나 사실은 전혀 다르다.

오늘의 교회 역시 산 신앙을 잃어버리고 있으면서도 그 대신 학식이나 사상, 웅변적 설교, 장엄한 의식 등으로 허세를 버리고 있다면 이는 곧 놋 방패이며, 겨우 격식만 보존하려는 저급한 예배행위에 불과할 뿐이다.

우리는 르호보암이 놋 방패를 들고 성전에 들어 간 것을 비난할 수는 없다. 우상예배를 인정하고 바른 신앙에 서지 못한 채, 그래도 의식을 갖추어 성전예배에 참석하여, 아마도 여호와께로부터 책망을 받고 반성(反省)하기 위함이라고 생각할 때는 차라리 동정이 갈 뿐이다. 우리도 역시 비록 보배로운 믿음을 잃어버렸다 해도 남은 놋 방패를 들고라도 때를 따라 돕는 은혜를 받기 위하여 성전으로 들어가야 하리라는 생각이 든다.

3) 르호보암의 죽음과 장사 (29-31)

(1) 르호보암의 남은 사적과(事績)과 행사(行事)(29)

"르호보암의 남은 사적과 그가 행한 일은 유다 왕 역대지략에 기록되지 아니하였느냐"(29)

나라가 남·북 왕국으로 각각 나뉜 후부터 남·북 왕국이 각각 역대지략이라는 마치 우리나라의 「조선왕조실록」 같은 매일의 사건들을 기록한 궁중일지(宮中日誌)를 기록으로 남기고 있다. 열왕기 기자 당시는 이것이 있었지만 후에 분실(紛失)되어 지금은 없다. 거기에 상세한 기록이 있음을 소개하면서도 열왕기 기자는 물론 이것을 참조하였겠지만 열왕기에 기록된 내용만이 성령의 감동으로 기록된 것일 뿐, 그 외의 것은 그것이 비록 남아있다 해도 성서적 가치가 없음을 알 수 있다.

(2) 남·북 왕 사이에서 항상 전쟁이 있음을 기록하고 있다(31a).

그 이유는 오늘의 우리 대한민국 국민으로서는 실감 있게 느껴지는 분단국가(分斷國家)로서의 필연적인 상황으로 볼 수 있다. 당시 두 나라의 경우는 우리나라의 6.25전쟁 같은 대규모의 침략전쟁(侵略戰爭)이 아니라 즉 6.25전쟁 후 근 70년의 대치상황처럼, 이스라엘과 유다 양국 간의 대립양상 역시 민감한 국지적(局地的) 충돌이 있음을 보여준다고 할 것이다. 예컨대 국경분쟁문제(國境紛爭問題), 정통성문제(正統性問題), 3절기 때와 분열초기 탈북자문제(分裂初期脫北者問題) 등이, 분쟁과 갈등의 요인이 되었다고 생각한다. 이것은 르호보암이 죽은 후에도 계속 이어졌다(15:7, 16, 32).

어쩌면 우리 실정과 비슷하여 가슴이 아프다.

(3) 르호보암의 죽음과 장사(葬事)에 관하여 언급한다(31a).

“르호보암이 그의 조상들과 함께 자니…다윗 성에 장사되니라”(31a). 그는 41세에 왕이 되어 겨우 17년을 통치하고 죽었다. 그의 아버지나 할아버지 그리고 손자 아사는 모두 선정(善政)을 베풀어서 재위기간(在位期間)도 길어 각각 40년간을 통치한 데 비하면 짧고, 그의 후계자인 아들의 치세는 더욱 짧았다(15:2). 죄는 인간에게서 큰 즐거움을 빼앗아가며 그의 말년을 우울과 슬픔으로 생명을 단축시키고 말았다(베이커).

그의 시신(屍身)이 "그의 조상들과 함께 다윗 성에 장사되니라"(31c). 이는 다행한 일이다. 그것은 그래도 여호와 하나님께 대한 신앙을 완전히 버리지 않았기에 선영(先塋)에 장사됨은 하나님의 자비라는 생각이 든다.

마지막으로 특이한 점은 "그의 어머니의 이름은 나아마요 암몬 사람이더라"(31d)라고 이미 거론된 것을(21) 거듭 다시 거론하는 이유는 다윗이 이방 여인 중 특히 결혼을 꺼리는 암몬인 나아마를 솔로몬의 왕비(王妃)로 삼은 것이 잘못임을 부각(浮刻)시켜서, 이 여인이 솔로몬에게 우상영입(偶像迎入)의 죄를 용인(容認)케 하고, 그녀에게서 낳은 아들 르호보암에게 적극 우상숭배를 장려하게 하였음을 다시 한 번 지적(指摘)하는 것이라 생각된다.

르호보암 사후 "그의 아들 아비얌이 대신하여 왕이 되니라"(31e)로 르호보암의 역사(歷史)를 끝내고 있다.

결론

열왕기상 14장은 왕국이 남·북으로 분열하여 각각 왕이 된 북 왕국의 여로보암과 남 왕국의 르호보암의 역사(歷史)를 서로 대조(對照)시켜 분열초기에 남·북 왕조사(王朝史)를 소개하고 있다.

이 두 왕은 서로 출신 성분이 달라 르호보암은 솔로몬의 아들로 왕족(王族) 출신이고, 여로보암은 에브라임 지파의 평민(平民) 출신으로서, 전자는 다윗의 왕통(王統)을 계승한 정통성(正統性)을 자부하는가 하면, 후자는 부패정권 타도로 백성의 권익(權益)을 옹호하는 민주국가건설이라는 슬로건을 내걸고 상호간 대립현상이 되어 있는 상황이었다.

그중 남·북 양 왕국의 공통성(共通性)을 지적한다면 두 나라 모두가 여호와 하나님을 버리고 그 대신 우상을 섬겼다는 것이다. 하지만 다른 점은 북 왕국 여로보암이 하나님 여호와를 완전히 버리고 그 대신 금송아지 우상 신당을 지어, 이를 법제화(法制化)한 것이라면, 남 왕국의 르호보암은 성전예배를 여전히 계속하면서 한편 우상숭배도 용인하는, 정도차(程度差)를 보이고 있다는 점이다.

그 결과로 북 왕국은 여로보암 왕조(王朝)의 멸망이 선언되고(6-14), 그 후 앗수르의 침공으로 왕국(王國)도 멸망할 것이 예언되었다(15). 하지만 남 왕국 유다는 애굽 왕 시삭의 침략에서 구원 받을 것이며 일단 징계차원에서 그치고(대하 12:5-8), 오랜 후에 왕국은 망하지만(586 A.D.), 결과적으로 북 왕국은 완전히 멸망하고 남 왕국은 다윗의 왕통(王統)으로 계속 이어져 마침내 예수 그리스도의 왕국에 이르게 되는 것이다.

본장이 교시(教示)하는 가장 중요한 요지(要旨)는 여로보암은 좋게 출발하였으나 그 후 계속 좋지 않았다는 것이며, 반면 르호보암은 시작은 좋지 않았지만 그래도 선지자 아히야의 충고도 받으면서 다윗의 신앙전통을 계속 유지해 온 것이다. 하지만 그 후 그의 모친 나아마의 영향 아래 우상도 겸하여 섬기면서 단호함과 결단력을 결여한 우유부단(優柔不斷)한 자세로 일관해 온 사실의 오류(誤謬)를 지적받고 있다.

신앙이란 위대한 국가로 이끄는 비결로서 어떤 국가도 하나님을 버리고 번영할 수가 없다. 그러므로 하나님 이외에 우상숭배에 몰두할 때는 모든 영광은 사라지고 망국의 비운을 면치 못한다는 교훈을 우리는 다 같이 본장을 통하여 받았으면 하는 마음이 간절하다.

열왕(列王)들의 행진(Ⅰ)

왕상 15:1-34

열왕기란 본래 다윗 왕부터 시작하여 솔로몬 이후부터는 남·북 왕들이 서로 뒤바뀌 가며 일렬종대(一列縱隊)로 늘어서서 마치 군대가 행진(行進)하는 모습으로 독자들의 눈에 비쳐지고 있다. 이것이 북 왕국의 경우 호세아 왕(721 B.C.)까지, 그리고 남 왕국 유다의 경우는 여호야긴(586 B.C.)까지 이어진다.

그러므로 열왕기 자체가 열왕들의 행진 모습이지만 유독 15-16장을 "열왕(列王)들의 행진"이라고 필자가 제목을 붙인 이유는 1장에서 11장까지는 다윗의 죽음과 솔로몬의 역사(歷史)이고, 12장에서 14장까지는 「남북왕국분열사」로서 북 왕국 초대 왕 여로보암과 남 왕국의 르호보암을 주축(主軸)으로 하는 왕국 분열에 따른 복잡한 남·북 관계를 여로보암이 죽기까지 이어져왔다. 그러다가 바로 15-16장에서야 비로소 유다 왕 2명, 이스라엘 왕 6명 합 8명의 행렬을 보이고 있어, 명실 공히 "열왕들의 행진"이라 할 수 있기 때문이다.

그리고 17장부터는 다시 왕들의 역사(歷史)라기보다는 엘리야와 엘리사, 양 선지자의 활동상황에 치중하여 기록하고 있기 때문에, 일단 왕들의 행진이 중단된 느낌을 주고 있음으로써, 15-16 양 장을 "열왕들의 행진"이라고 명명(命名)한 타당성을 더욱 실감케 해 주고 있다.

그러므로 이제부터는 8명의 열왕들의 행진의 모습을 차례대로 보여줄 것이다.

1. 유다 왕 2인의 역사 (1-24)

1) 악한 왕 아비얌 (1-8)

(1) 아버지의 죄를 이어받은 아비얌(1-3)

르호보암의 뒤를 이어 유다의 왕이 된 아비얌은 그 부친의 모든 악을 이어 받아 온전치 못한 정책을 시행하다가 겨우 3년을 치리하고 세상을 떠났다. 대하 11:20-22에 의하면 아비얌은 르호보암의 둘째 부인 마아가가 낳은 아들로 28명의 왕자 중 장남은 아니지만 그의 모친이 르호보암의 총애를 받은 이유로 왕위를 계승한 자이다(Bahr). 그의 재위 기간은 3년인데 당시 그의 자녀들이 38명인 것을 보아서 즉위 시 나이가 상당히 들었을 것으로 추측된다. 한편 그의 이름이 대하 12:16에서는 '아비야'로 기록되어 있는데, 본문에서 '아비얌'으로 표기된 이유로는 그의 악정(惡政)으로 인해 '아버지가 하나님'이라는 뜻의 '아비야'를 하나님을 표시하는 '야'를 '얌'(바다)으로 바꾼 것이라고 한다(George Barlow).

"그의 어머니의 이름은 마아가요 아비살롬의 딸이더라"(2b). '아비살롬'은 다윗의 아들 압살롬을 말하며 정확히 말하면 압살롬의 딸인 다말과 우리엘 사이에서 난 딸로서 압살롬의 손녀에 해당된다. "아비얌이 그의 아버지가 이미 행한 모든 죄를 행하고 그의 마음이 그의 조상 다윗의 마음과 같지 아니하여 그의 하나님 여호와 앞에 온전하지 못하였으나"(3).

아이들에게 있어서 자기의 집은 인생을 위한 예비학교이다. 그곳에서 그가 보고 들은 것은 인생 전체에 걸쳐서 결코 잊히지 않는다. 어떤 본보기도 부모의 본보기만큼 그렇게 비중이 크고 중요하지 않을 것이다. 그렇다면 부모의 책임은 얼마나 무서운 것인가! 아비얌은 다윗의 본보기가 아무리 위대하고 영광스러웠을지라도 그것을 따르지 않았고 자기가 직접 보고 들었던 아버지 르호보암의 본보기를 따랐다(랑게).

아비얌은 왕관(王冠)과 함께 그의 아버지 르호보암의 죄까지도 물려받았으며 그의 조부 다윗의 미덕(美德)은 조금도 보여주지 않은 채, 3년간을 보냈다. 르호보암은 그의 아버지 솔로몬과 마찬가지로 품위 있게 시작했으면서도 우상숭배에 빠져들었다. 그가 그의 아버지 솔로몬을 따랐듯이 그의 아들과 백성은 그를 따랐다.

유다와 이스라엘 왕들이 분열 당시 서로 적이 되어 있을 때 이들은 둘 다 죄악에 가담되어 있었다. 북 왕국의 여로보암이 금송아지 숭배에 열중하고 있는가 하면, 남 왕국의 르호보암 역시 높은 언덕과 푸른 숲 사이에 우상의 신당을 세우고 우상예배를 겸하고 있었다. 이로써 르호보암은 금으로 만든 방패를 놋으로 바꾸어 부친의 종교를 저속(低俗)한 것으로 저하(低下)시켰다. 그리고 그의 아들 아비얌이 이를 따라 아버지가 파놓은 진흙구덩이에 빠져 들었던 것이다.

이처럼 남·북의 왕들이 모두 하나님을 버리고 우상을 섬기는 이 암울(暗鬱)한 시대에 두 나라에서 믿음 있는 사람을 만날 수가 없었다. 이것이 이스라엘과 유다가 같이 분열 왕국시대에 암흑(暗黑)함을 보여주고 있는 실정이다.

(2) 아비얌의 어두운 죄악 중에 비치는 등불(4-5)

"그의 하나님 여호와께서 다윗을 위하여 예루살렘에서 그에게 등불을 주시되 그의 아들을 세워"(4). 그 마치 칠흑(漆黑) 같이 암흑한 시대에 예루살렘에서 아비얌에게 하나의 등불이 주어졌다. 여기서 '등불'은 동양적인 수사법(修辭法)으로(시 132:17) 그 가족의 명성이 계속 유지된다는 뜻이며, 왕위가 자손 대대에 계승된다는 의미이다. 솔로몬과 르호보암 그리고 아비얌 3대에 걸친 악정(惡政)은 북 왕국의 여로보암이나, 바아사, 아합의 경우와 마찬가지로(왕상 14:10, 16:2, 왕하 10:12) 그 왕위 계승이 단절되기에 충분하지만 오직 다윗 덕분에, 즉 그들이 따르려 하지 않는 그 다윗 때문에 아비얌은 왕위에 올랐고 앞으로 400년 간을 왕조(王朝)가 계승된다는 의미이다. 이에 비하여 북 왕국은 250년 통치 기간에 무려 아홉 차례나 왕조가 바뀐 것에 비하면 다윗의 신앙 덕으로 예루살렘을 수도(首都)로 한 왕권이 계승된다는 사실, 이는 매우 귀중한 교훈이 아닐 수 없다.

이처럼 다윗에 대한 여호와의 정평은 큰 것이다. 하지만 단 한 가지 예외적 조항을 붙이고 있다. "이는 다윗이 헷 사람 우리아의 일 외에는"(5a)이라는 것이다. 이 죄 때문에 다윗이 7 참회 시(懺悔詩)를 쓸 정도로 완전한 회개로 사함을 받았고 그와의 언약도 계속 유지되고 후손에게 부과한 약속 또한 단절되지 않았지만, 그의 이름에 오점(汚點)이 따라다니게 되었고, 그것은 그에게 치욕(恥辱)이 되었다. 그의 죄는 씻김을 받았으나 그 죄로 인한 불명예(不名譽)는 씻기지 않았다. 열왕기 기자가 이것을 거론하는 이유는 다만 타인에게 경종을 울려주기 위해 언급하고 있을 따름이다.

하지만 아무리 위대하고 선한 사람이라도 하나님이 보시기에는 부족하고 비참한 죄인일 뿐이다. 오직 예수 그리스도만이 "나를 따르는 자는 어둠에 다니지 아니하고 생명의 빛을 얻으리라"(요 8:12)라고 말씀하신 유일의 분이시다.

모든 인간은 죄인이다. 오늘의 교인들은 선하고 거룩한 사람들의 범죄사실의 예를 들어 자기들의 죄를 변명하려 하지만 그들이 그 범한 죄를 위하여 얼마나 깊은 참회(懺悔)의 눈물을 흘린 일은 따르려하지 않고 있다. 다윗은 단 한 가지 큰 죄를 지었지만, 그가 참된 회개로 용서 받아 그의 믿음이야 말로 마치 예루살렘을 비치는 등불 같이 되어 범죄한 후손의 왕위까지 보존케 하였다는 사실, 이 얼마나 자랑스러운 일인가!

오늘 우리들 역시 아직 세상에 남아있는 것은 믿음이 좋은 조상들의 은

덕(恩德)임을 잊어서는 아니 될 것이다.

(3) 남·북 왕 사이에 계속되는 전쟁(6-8)

남 왕국 르호보암과 북 왕국 여로보암 사이에 전쟁이 항상 있었던 것처럼(14:30), 아비얌과 여로보암 사이에도 대물림하여 전쟁은 여전히 계속되었다. 이 전쟁에 관하여는 역대하 13:1-20에 더 자세히 언급하는데 당시 여로보암의 북 왕국 군이 80만인데 비하여 아비얌의 남 왕국 군은 40만이었으나, 아비얌이 그때 여호와를 의지함으로 북군을 격파하여 대승(大勝)을 거두고 여러 성읍들을 빼앗았다고 기록하였다.

그들 형제 나라 사이에 계속된 장기전(長期戰)은 그들이 주 하나님과의 언약을 깨트린 결과였다. 평화의 주 되신 하나님을 저버린 곳이 어디든지 간에, 그곳이 국가, 사회, 가정, 심지어 교회 할 것 없이 늘 분쟁과 불화만이 있을 것이며, 다만 평화의 하나님이 사람들의 마음을 지배하고 있는 곳에서만 평화가 성립되고 유지될 수 있다(골 3:15).

이 말씀을 보면서 70년 가까이 남·북이 분열된 상황에서 아직도 상호대립상태로 평화의 실마리를 찾지 못하고 있는 우리나라의 현실을 생각하면 "주여 언제까지입니까" 묻기 전에 남·북 모두 평화의 왕이신 여호와 하나님을 모시기까지 계속 기도해야 함을 배워야 할 것이다.

2) 선한 왕 아사 (9-24)

(1) 아사 왕의 인물 소개(9-11)

아사 왕의 즉위는 북 왕국 이스라엘 왕 여로보암 재위 20년(910 B.C.)경이며, 그의 통치 기간은 예루살렘에서 40년 동안이었다(9-10a). 그리고 "그의 어머니의 이름은 마아가라 아비살롬의 딸이더라"(10b)라고 하였지만 마아가는 아비얌의 모친인 만큼(2), 아사에게는 조모이다. 이 문제에 대해 두 가지 설이 있는바 ① 아사의 모친이 일찍 별세하여 조모가 모친노릇을 하였다(Hammond). ② 히브리어의 모친은 조모도 된다(M. Lean) 등의 설이 있으나 첫째 설이 유력하다고 본다.

아사는 남 왕국의 제 3대 왕이며 선한 왕 4 왕(아사, 여호사밧, 히스기아, 요시야) 중 첫 번째이다. 그는 악한 환경 속에서 자랐고 부모의 나쁜 본보기를 보고 자랐지만 그 아버지 아비얌과는 달리 환경에 영향을 받지 않고 그의 조상 다윗 같이 여호와 보시기에 정직히 행하여(11b) 하나님의 말씀과 계명을 확고히 지키고 선군(善君)이 된 것은 하나님의 자비로운 섭리 외에 달리 생각할 수 없음을 알게 된다.

(2) 아사 왕의 종교개혁(12-15)

① 부도덕한 악습을 근절(根絕)시킴(12a)

종교의 타락은 부도덕을 병행한다. 아사는 남색하는 자를 그 땅에서 쫓아내는 매음굴(賣淫窟) 소탕(掃蕩)을 감행하였다. 여호와의 종교는 부도덕과 병행하지 못한다. 이것은 오늘의 기독교도 마찬가지다. 모든 부도덕 행위는 신앙의 적이며 어떤 경우에도 용인될 수 없는 범죄 행위이며 불신앙의 결과이다.

아사는 그의 아버지가 용인 했던 남색하는 악습(14:24), 즉 전염병균이 득실거리는 격리(隔離)된 병동(病棟)보다도 더 위험한 매음굴(賣淫窟)에 대한 소탕을 감행함으로써 정결한 환경으로 개조한 것이다.

② 모든 우상을 타파(打破)함(12b)

"그의 조상들이 지은 모든 우상을 없애고"(12b), 이는 아세라(14:23), 아스다롯, 밀곰, 그모스(11:5-7) 등을 말한다. 이런 우상들은 이스라엘 백성들이 가나안 땅에 들어와서 원주민들에게서 영향을 받은 이방신들이다. 이것을 근절하기가 어려운 이유는 이스라엘 백성들은 본래 유목민(遊牧民)으로서 가나안 입국 후 비로소 토지 분배를 받아 농경민(農耕民)으로 바뀌면서 원주민들에게서 농사짓는 법을 배워야 했기 때문에 저들과 접촉하지 않을 수 없었고, 그런 사이 농신(農神), 우레의 신, 풍요(豊饒)의 신인 바알과 다산(多産)의 여신 아세라의 우상신(偶像神)을 도입한 데다가 특히 이 둘이 성적(性的)으로 결합해야 비가 내린다는 괴이한 기우제(祈雨祭) 형식에 의한 음풍(淫風)을 조작함으로써 이런 악습에서 벗어나기가 매우 어려웠던 것이다.

왕국이 남북으로 분열 이후 여로보암의 강력한 우상 장려정책 때문에 북 왕국이 망하였고, 계속 열왕(列王)들의 우상숭배는 나라가 망하기까지 계속된 이유가 유목민(遊牧民)에서 농경민(農耕民)으로의 전환과정에서 성행위(性行爲)를 동반한 악습에서 벗어나기가 어려워 아무리 개혁을 해도 근절되지 않은 데 있다. 그러므로 유다의 선왕(善王)으로 뽑히는 4대 왕의 업적은 우상타파(偶像打破)라는 것이 여호와 보시기에 정직히 행하는 기준이 되었던 것도 이 때문임을 알게 된다.

오늘의 교인들 역시 우리의 생활과 직결되는 문제 때문에 현대의 황금우상인 명예, 지위, 권세 등의 우상에게서 벗어나지 못하는 예가 많다는 사실을 기억해야 할 것이다.

③ 왕실(王室)을 깨끗이 함(13)

"또 그의 어머니 마아가가 혐오스러운 아세라 상을 만들었으므로 태후(太后)의 위를 폐하고 그 우상을 찍어 기드론 시냇가에서 불살랐으나"(13).

아사는 유아기(幼兒期)에 어머니를 대신한 할머니 마아가의 의한 교육을 받으면서 그에게서 모정(母情)을 많이 느꼈을 것으로 생각되며 할머니가 아세라 상을 만들어 세우고 숭배하는 것을 보아왔다고 생각된다. 그가 섬기는 "혐오스러운 아세라 상"이 어떤 형태의 것인지는 잘 모르나, 학자들 중에는 남성의 남근(男根)이나 여성의 음부(陰部)의 형상일 것으로 추측한다(Lange, Hammond). 아사는 이 우상이 늙은 할머니의 가장 애호하는 것임에도 불구하고 그것을 결코 묵과하지 아니하고 불에 태워서 그 재는 물속에 던져버린 것이다. 그리하여 개혁은 가정에서 시작되어 왕실을 깨끗이 정리하였던 것이다. 그의 모친을 대신한 할머니를 매우 사랑하면서도 하나님을 더 사랑하였기에 혈육의 정은 눈감아버리고 궁중(宮中)에 세워진 이 음란(淫亂)의 형상을 제거한 것이다.

④ 성전에 은금(銀金)과 그릇을 봉헌(奉獻)함(15)

아사 왕은 그 부친 아비얌이 성별(聖別)한 것과 자기가 성별한 것을 여호와의 성전에 봉헌하였으니 그것은 은과 금과 그릇들이라고 하였다. 이것들은 아마도 전쟁에서 승리하고 취한 노략물로 얻은 것으로 생각하며 "그의 아버지의 것은" 아비얌이 여로보암을 격파하고 얻은 전리품(戰利品)일 것으로(대하 13:18), 그가 맹세하고 일찍 죽어 바치지 못한 것을 말한다. 그리고 "자기가 성별한 것"은 아사가 구스 전쟁에서 얻은 막대한 전리품이었던 것이다(대하 14:12-15, 15:11).

신앙이 깊은 왕들은 자기들이 갖고 있는 금은보화를 세상적인 목적을 위해서가 아니라 경건한 계획의 성취를 위하여 아낌없이 사용하리라고 마음먹었다. 그러므로 성전의 참된 부(富)는 은금이나 고가(高價)의 그릇이 아니라 하나님을 향한 감사와 찬양과 헌신의 마음이다. 이것이 현대 교인들의 헌금정신이 되어야 함을 배워야 할 것이다.

3) 선한 왕이 저지른 비 신앙적 정책 (14, 16-22)

(1) 산당(山堂)을 제거하지 못함(14)

"다만 산당은 없애지 아니하니라"(14a). 아사 왕의 과감한 우상타파정책에서 산당(山堂)을 없애지 않고 남겨둔 사실에 대하여 학자들 간의 이론(異論)이 있으나 그것은 아사의 잘못임에 틀림이 없다. 같은 기록인 대하 14:3에서는 "산당을 없이하고"로 되어있다. 이 두 구절의 조화로서 예루살렘에서 가까운 곳에 산당은 없이하였으나 먼 곳의 산당은 제거하지 못한 것으로 해석하는 학자들이 있다(Keil, Hammond). 또한 메튜 헨리는 산당은 성전이 건축되기 전까지는 솔로몬 왕을 비롯한 백성들의 여호와 예배처로 이용되던 곳이기에 그는 별반 큰 해가 없다고 생각하였던 것이며, 또한 성전에서 거리가 먼 백성들에게 편의를 제공하기 위함이라고 하였다.

그럼에도 불구하고 "그러나 아사의 마음이 일평생 여호와 앞에 온전하였으며"(14b)라고 한 것은 하나님께서는 아사 왕이 나라의 종교제도를 하나님 앞에서 바로 세우려는 순수하고 온전한 마음을 보시고 긍정적(肯定的)으로 평가한 것이라고 하는 학자들이 있다.

메튜 헨리는 "선을 행하려는 자가 몇몇 사례에서 부족한 것으로 나타나더라도 하나님 앞에는 정직하고 의로운 자로 취급되어 열납(悅納)된다는 것은 우리가 즐겁게 주목할 만한 일이다. 그러므로 '여호와 앞에 온전하다'는 것은 죄가 없다는 측면에서 이해할 것이 아니라 성실성(誠實性)이란 의미에서 파악해야 할 것이다. 무죄한 것이 완전함을 뜻한다면 우리 중 망하지 않을 자가 어디 있으랴."라고 하였다.

(2) 성전(聖殿)의 보화를 잘못 사용함(18)

나라가 남·북으로 분단된 후로는 전쟁이 자주 일어났는데(14:30, 15:7) 유다 왕 아사와 이스라엘 왕 바아사 사이에 일생 동안 전쟁이 계속되는 중 이번에는 북쪽 바아사의 선제공격(先制攻擊)으로 시작되어 그는 예루살렘 북방 8km에 위치한 라마를 건축하여 이를 요새화(要塞化) 함으로써 북 왕국 백성들이 종교적 행사 때마다 예루살렘으로 가는 길을 막고, 또한 남 왕국 정복의 전초기지(前哨基地)로 삼고자 했던 것이다.

한편 아사의 입장에서는 예루살렘 북방 20리 밖에 안 되는 라마에다 적군이 성을 쌓아 군사기지를 건설함은 유다 왕국으로서는 큰 위협이 아닐 수 없었다. 이런 국난의 의기에 처한 아사 왕은 두 번째 과실을 범하게 된다. 그것은 여호와 하나님을 의지하려 하지 않고 아람의 힘을 빌려 북 왕국의 전화(戰禍)를 막으려는 전술(戰術)을 세운 것이다. 그리하여 막대한 은금을 아람 왕 벤하닷에게 보내어 원조를 구하게 되었는데, 그 은금의 출처가 바로 그의 아버지와 자신이 적과 싸워 이기고 취한 것을 성별(聖別)하여 성전에 드린 헌금(獻金)이었다는 것이다.

이 계획은 적중하여 벤하닷이 이스라엘 땅에 내습(來襲)하여 북 왕국 서북쪽에 성읍들, 즉 "이욘과 단과 아벨벧마아가와 긴네렛 온 땅과 납달리 온 땅을 쳤더니"(20), 이 일을 "바아사가 듣고 라마를 건축하는 일을 포기하고 디르사에 거주하니라"(21)고 했다. 아사는 그들이 버리고 간 건축자재를 가져다가 그것으로 베냐민의 게바와 미스바를 건축하여 요새화(要塞化)함으로써 북방방위를 견고히 하였다(22).

아사는 그 계획을 자랑으로 여기고 그것이 자기나라의 평화가 효과적으로 확보될 것으로 기대하였을 것이다. 그러나 아사는 선지자 하나니에게 책망을 들었고, 그것은 "이후부터는 왕에게 전쟁이 계속 있을 것"(대하 16:7-8)이라는 것이었다.

성전에 바친 돈의 무단지출은 아주 특별한 경우 외에는 정당성(正當性)을 인정받을 수가 없다. 그런데 당장 수도(首都) 예루살렘이 함락 직전에 놓인 것도 아닌데 성별(聖別)하여 성전에 드린 돈을 그것도 이방 왕을 매수하는 수단으로 썼다는 사실은 명백한 신성모독죄에 해당되는 처형감이다.

이 말씀이 오늘의 교회에 주시는 교훈은 일단 예배 시 강대상(講臺床)에 올리고 하나님께 봉헌(奉獻)한 헌금을 세속적인 사업과 소정(所定)의 관리체계를 벗어나, 누구든 임의로 사용할 경우, 이는 마치 불의한 청지기가 심판 받은 것처럼, 중죄임에도 불구하고(눅 16:1-13), 오늘의 대소 교회를 막론하고 헌금의 무단사용(無斷使用)이 자주 지상(紙上)에 오르내림은 크게 반성할 일임을 개탄하지 않을 수 없다.

(3) 선견자(先見者) 하나니를 투옥(投獄)함(대하 16:9-10)

"여호와의 눈은 온 땅을 두루 감찰하사 전심으로 자기에게 향하는 자들을 위하여 능력을 베푸시나니 이 일은 왕이 망령되이 행하였은즉 이 후부터는 왕에게 전쟁이 있으리이다 하매 아사가 노하여 선견자를 옥에 가두었으니 이는 그의 말에 크게 노하였음이며 그 때에 아사가 또 백성 중에서 몇 사람을 학대하였더라"(대하 16:9-10).

아사 왕의 전기(傳記) 중에서 열왕기 기자가 생략(省略)하고 있는 한 가지 사건이 역대기 기자에 의해 보충되어 있다. '하나니'는 선견자로서 아사가 하나님을 버리고 이방 왕에게 도움을 구한 죄에 대하여 책망하도록 왕에게 보냄을 받았다. 앞서 언급하였지만 아사가 자신의 외교정책이 좋은 결과를 낳은 것 같이 알고 있을 때에, 그는 아사가 견디기 어려울 만큼 호되게 책망을 하였다. 이때에 아사는 크게 분노하여 원래의 죄에다가 영감 받은 여호와의 사자를 감옥에 감금함으로써 더욱 가중(加重)시킨 것이다. 다윗은 이보다 더 엄중한 나단의 책망을 받았지만(삼하 12:1-15), 그는 선지자 앞에 무릎을 꿇고 회개한 데 비하면, 지금까지 선한 왕에게서 보이는 것과는 달리 우울한 장면을 여기서 보여주고 있다.

그는 또한 마치 여로보암 왕이 유다에서 온 선지자의 책망을 받자 손이 말라버린(왕상 13:4) 결과와 비슷한 상태를 보이고 있다. 본문 23절 끝에 보면 "그는 늘그막에 발에 병이 들었더라" 하였는데 대하 16:12에 의하면 심한 통증의 중병으로 생각되지만 그때에도 그는 여호와를 찾지 않고 의사(醫師)들만 찾았다고 하였다. 이는 의사의 치료가 잘못되었다는 뜻이 아니라 심한 고통 중에서 죽음이 임박(臨迫)하였는데도 하나님 앞에 회개하고 그를 신뢰하기보다는 의사의 기술만을 한층 더 신뢰하는 자가 되었다는 의미이다.

우리는 여기서 아사의 성품이 늙으면서 점차 타락해 갔고 젊은 날의 우상 타파와 경건한 믿음을 끝까지 유지하지 못하고 신앙적으로 실패하였음을 알 수 있다. 그토록 극단적인 고통의 시기에 죽음 직전에서까지 하나님을 망각했다면 그것은 그의 신앙 상태가 얼마나 깊이 타락했는지 통탄할 증거임을 알게 한다.

노년의 질병(疾病)은 하나님의 징계이며 시험으로서 사람들을 세상에서 이끌어 내어 영원을 향하여 성숙시켜 주려는 것이다. 만일 사람이 질병(疾病) 없이 돌연사(突然死) 할 경우라면 얼마나 많은 사람들이 회심(回心)하지 못한 채 죽고 말 것인가! 이런 의미에서 노년의 지병(持病)이야말로 축복의 기회라고 할 수 있다.

2. 이스라엘 왕 2인의 역사(歷史) (25–34)

1) 악한 왕 나답 (25-31)

유다 왕국의 아사 왕이 통치하는 41년 동안에 북쪽의 이스라엘 왕국은 6, 7번이나 왕이 바뀌었다. 아사가 집권 초기일 때, 이스라엘 왕은 여로보암이었고 집권 말기에는 아합 왕이었다. 그 사이에 나답, 바아사, 엘라, 시므리, 그리고 오므리 등 제왕(諸王)이 끼어 있어, 서로 기복주살(起伏誅殺)을 일삼으면서 집권하였던 것이다. 그리고 다섯 왕 사이에 왕조(王朝)가 세 번이나 바뀌는 것만 보아도 이 기간이 매우 혼란스러운 시기였음이 짐작이 간다.

나답은 여로보암의 아들로 그의 집권 연대는 유다 왕 아사의 집권 2년에 즉위하여 그의 통치 기간은 단 2년(910-909 B.C.)에 불과하였다. 그의 짧은 통치기간에 되어 진 일을 요약하면 두 가지이다.

(1) 부왕(父王)인 여로보암의 악행을 계승(繼承)함(26)

하나님께서는 아버지의 죄로 인하여 무죄한 그의 자식을 벌하시는 않으신다(렘 31:29-30). 그러나 악한 아버지의 죄악을 보고 자라면서 하나님의 인내를 무시하고 아버지의 죄를 계속 자행(恣行)하는 경우는 반드시 벌하시는 것이다(출 20:5-6).

나답이 만일 그의 형제 아비야가 죽었을 때 세인들이 그의 죽음에 대하여 경의를 표한 사실을 보고(14:17-18) 마땅히 감화를 받아, 선한 모범을 따랐더라면 그의 통치는 길고 영화로웠을 것이다. 하지만 그는 여호와 보시기에 악한 길인 그의 아버지의 길, 즉 우상숭배와 아울러 예루살렘을 향한 순례자들의 길을 막는 일을 답습(踏襲)함으로써 자신이 범죄할 뿐 아니라 온 이스라엘로 범죄토록 하였다. 그러므로 하나님께서 그에게 파멸을 속히 내려 그의 통치기간은 단 2년만으로 막을 내리도록 하신 것이다.

(2) 바아사의 모반(謀叛)으로 참살(慘殺)됨(29-31)

나답은 블레셋인들이 단 지파에게서 탈취하여 소유하고 있는 성읍, 깁브돈(수 19:44)을 포위하여 그 탈환에 주력하고 있었다. 그리하여 왕이 직접 친정(親征)하여 탈환전(奪還戰)을 벌이는 진중(陣中)에서, 왕을 도와 싸우던 군대의 지휘관인 바아사가 왕을 시해(弑害)하고 자신이 왕이 되는 모반(謀叛)사건으로 전쟁 중에 죽게 된다(27-28).

바아사의 모반사건이 나답에 대한 개인적 원한(怨恨)에서인지, 또는 폭군의 횡포로부터 조국해방을 위한 것인지, 아니면 단순히 정권야욕(政權野慾)에서인지 확실한 기록은 없다. 그러나 30절에 보면 이는 여로보암의 범죄의 결과로써 여호와의 진노 때문임을 지적하고 있다.

그는 왕이 되자 여로보암 온 집을 쳐서 몰살하였는데, 그것이 "여호와께서 그의 종 실로 사람 아히야를 통하여 하신 말씀과 같이 되었으니"(29b)라고 하여 여호와께로부터 받은 형벌임을 전혀 모르고서 자신의 정권야욕에서 자신이 찬탈한 왕위를 공고(鞏固)히 하기 위하여 삼족(三族)을 멸하는 차원에서 여로보암 일가를 몰살하였을 것이다. 하지만 사악한 자의 무자비한 악행 속에 하나님의 섭리가 작용하고 있었다는 사실, 이는 놀라운 일이다.

우리는 여기서 사악한 자에 의한 사악한 자의 형벌 사건을 통하여 바아사 역시 나답처럼 모반(謀叛) 당하여 멸망하는 사실을 보게 된다. 이런 북왕국의 계속되는 죄악의 악순환(惡循環)이 바로 "여로보암의 죄"가 그 원인이며, 이런 와중(渦中)에서도 하나님의 말씀은 계속 성취되어 간다는 사실을 배워야 할 것이다.

2) **악한 왕 바아사** (32-34)

쿠데타로 나답을 죽이고 왕위에 오른 바아사의 역사는 16:1-7에 이어지며, 본장 32-34절에서는 바아사의 즉위(卽位), 통치연대(統治年代) 그리고 그가 악한 왕이라는 연역적(演繹的)인 전제(前提)를 기술하고 있을 뿐, 그에 업적에 대하여는 다음 장에 이어지고 있다.

32절은 이미 16절에서 언급한 것에 대한 반복으로서 유다와 이스라엘 왕국의 남·북관계가 개선되지 않고 전쟁이 계속됨을 반복 강조하고 있다. 그 이유는 죄 때문이다. 죄는 마치 정밀기계(精密機械)에 뿌려진 모래알 같아서 기계소리가 요란해지는 것처럼, 죄를 계속 짓고 있는 한, 평화가 유지될 수 없음은 당연하다.

오늘의 우리나라의 남·북관계 역시 개선되지 않는 이면(裏面)에는 아직도 남·북 모두의 죄악이 청산되지 않고 있음을 증명한다고 볼 것이다.

바아사의 즉위연대는 유다 왕 아사의 통치 3년이며 그의 부친은 아히야(선지자 아히야와는 동명이인)이며 수도(首都)는 역시 디르사이다. "모든 이스라엘의 왕이 되어"(33b)는 쿠데타가 일단 성공하여 북 왕국 전체의 왕으로 무난하게 집권하였음을 의미한다. 그리고 그의 통치기간은 24년(908-885 B.C.) 간이었다.

그는 여호와 보시기에 악한 왕이었으며 "여로보암의 길" 곧 우상숭배의 길을 따른 자로서(12:28-33) 이는 선한 길의 표준인 "다윗의 길"과 반대되는 악한 행적의 표준을 따른 것이다. 사실 바아사가 "여로보암의 길로 행하며"(34a)라는 구절은 이해할 수가 없는 모순율(矛盾律)이라 할 수 있다. 그가 여로보암 일족의 씨를 마르게 하고 남녀노소를 무차별 학살하여 자신의 주변상황을 정리하고는 그들의 원조(元祖)인 여로보암의 길로 행한 것이야말로 모순이기 때문이다. 그는 자신이 하나님의 손에 잡혀 여로보암의 죄를 징벌하는 수단이 되어 있음을 알지 못하고 있다. 그가 여로보암의 아들인 나답이 자기 아버지처럼 행동하고 있음을 보았을 때, 이는 부전자전(父傳子傳)이 아닌가 생각할 수도 있었겠지만, 바아사가 다시 여로보암의 길로 갔다는 것은 그가 죄인이기 때문이다. 죄인은 죄인의 길을 따르는 외에 다른 길이 있을 수가 없다.

결국 바아사는 사악한 나답을 징벌하고 자기 자신도 여호와의 징벌을 받아 망하게 된다(16:1-5, 11-12). 이는 성경이 가르치는 "심은 대로 거두는"(갈 6:7-8) 원리를 따른 결과임을 알게 된다.

열왕(列王)들의 행진(Ⅱ)

왕상 16:1-34

본장은 전장(前章)인 15:33부터 시작되는 북 왕국 바아사의 사적(事蹟)이 16:1에 연결되어 그 후 엘라, 시므리, 오므리를 거쳐, 아합 왕 초기까지 북 왕국 다섯 왕의 역사(歷史)를 그 내용으로 하고 있다.

왕국분열 후 이때까지 남 왕국은 르호보암에서 아비얌, 그리고 아사까지 단 한 왕조(王朝)만으로 3대까지 이어진 데 비하여, 북 왕국은 여로보암, 나답, 바아사, 엘라, 시므리, 오므리, 그리고 아합 왕 초기까지 무려 왕조가 네 번이나 바뀌면서 7대 왕으로 이어지고 있다. 그중 시므리의 경우는 집권하여 단 7일간 왕 노릇한 최단명(最短命)의 왕도 있으며 또한 계속 악한 왕들일 뿐더러, 갈수록 그 악의 강도(强度)를 더 높이고 있는 실정이다.

오늘은 북 왕국 왕들의 행진의 모습을 같이 바라보는 시간을 갖고자 한다.

1. 악한 왕 바아사의 사적(事蹟) (1-7)

전장 33-34절에서 시작된 바아사의 사적(事績)이 본장 1-7절까지 계속됨을 볼 수 있다. 악한 왕 바아사를 꾸짖기 위하여 여호와의 말씀을 받고 등장한 예언자가 있으니 그의 이름이 예후이다. 이는 이스라엘의 제10대

왕 예후(왕하 9-10장)와는 동명이인(同名異人)이다. 그의 부친 하나니도 예언자로서 아사 왕의 잘못을 경책하다가 투옥(投獄)된 인물이기도 하다(대하 16:7-10).

그는 남 왕국 사람으로서 북 왕국의 왕을 견책한 두 번째 예언자이다(첫 번째는 여로보암을 책망한 유다의 무명 선지자, 13:1-32). 그는 남 왕국의 왕 여호사밧을 견책한 적도 있으며(대하 19:2-3), 그리고 또한 이스라엘의 왕들의 역사(歷史)인 왕조사(王朝史)를 기록한 저자(著者)이기도 하다(대하 20:34).

바아사 왕에 대한 예후의 예언 내용은 세 가지로 분류할 수 있다.

1) 과거의 배은(背恩)을 질책(叱責)함 (1-2a)

"여호와의 말씀이 하나니의 아들 예후에게 임하여 바아사를 꾸짖어 이르시되 내가 너를 티끌에서 들어 내 백성 이스라엘 위에 주권자가 되게 하였거늘"(1-2a). 여기서 '티끌'은 흙, 즉 진토(塵土)로서 이는 바아사의 출신 성분이 비천함을 의미하는 것이다. 사실 그가 속한 잇사갈 지파는 결코 탁월하게 우수한 인물을 배출한 적이 없다. 다만 단 한 사람 사사 돌라(삿 10:1)가 있을 뿐이지만 그 역시 그리 유명한 인물은 못 된다.

그러므로 바아사가 왕이 된 것은 그가 속한 지파의 어떤 권리나 공적의 결과가 아니었다. 아마도 그는 군인으로서의 대담무쌍한 용기와 실력 덕분에 권좌에 올랐을 것이다. 그가 쿠데타로 성공하여 아무런 저항 없이 왕위에 오른 것을 보아 짐작할 수 있다. 하지만 그 배후에서 그를 왕으로 세우신 이는 여호와 하나님이시거늘, 바아사가 이 사실을 모르고 있는 것을 예후는 이것을 상기(想起)시켜 질책하는 것이다.

사도 바울은 명문 지파인 베냐민 출신이며 바리새인으로서 율법에 비추어 흠이 없고 다소대학 출신의 학력소지자이면서도 오직 "내가 나 된 것은 하나님의 은혜로다"(고전 15:10)라고 고백한 데 비하면, 천민출신(賤民出身)의 바아사의 망은(忘恩)은 규탄 받음이 당연하다. 셰익스피어(William Shakespeare)의 시 중에는 "너 겨울바람아, 네 아무리 모질게 불어도 은혜를 망각한 자보다는 못할 것이다."라고 읊은 것이 있다.

우리 각자는 이 기사를 보면서 오늘의 나를 하나님의 자녀로 진토(塵土) 중에서 일으켜 주신 그 크신 은혜를 항상 기억하고 보답하려는 의지를 지녀야만 할 것이다.

2) 질책(叱責)의 내용 (2b)

"네가 여로보암의 길로 행하며 내 백성 이스라엘에게 범죄하게 하여 그들의 죄로 나를 노엽게 하였은즉"(2b). 예언자 예후는 바아사가 걷고 있는 길이 "여로보암의 길"(2)이라고 하였다. 이는 여로보암 이후 악의 표준을 의미하는 신조어(新造語)가 되었다. 여기 대립하는 선한 왕들이 걷던 길을 "다윗의 길"(9:4, 11:4, 6, 38)이라 하여 다윗 이후 선한 길의 표준으로 의미되어 있었다.

아담과 하와가 에덴에서 추방된 이후 인류의 역사는 줄곧 두 갈래의 길로 갈리어 현재까지 이르고 있다. 하나는 '가인의 길'이고 다른 하나는 '아벨의 길'이다. 이 두 개의 길은 각각 지옥과 천국의 길의 시발점(始發點)이 되고 있다.

불신앙과 죄악의 길인 가인의 길과 신앙과 신성한 선행의 길인 아벨의 길이 노아시대에 이르러 합해졌을 때, 무서운 홍수심판으로 노아의 방주에 오른 자 외에는 전멸하였다. 홍수 후 노아의 세 아들을 통하여 또 다시 두 개의 길이 시작된바, 이것이 바로 니므롯과 에벨의 길로서 역시 불신앙과 신앙의 두 길로 갈려, 각각 평행선(平行線)을 그으며 이것이 족장시대(族長時代)에 이르러서는 아브라함의 신앙의 길과 롯의 불신앙의 길로 이어진다. 그리고는 '에서의 길'과 '야곱의 길'로 갈리고, 광야시대(廣野時代)에는 '모세의 길'과 '발람의 길'(유 1:11), 그리고 사사시대(士師時代)를 지나 왕국시대(王國時代)에 이르러 비로소 '다윗의 길'(9:4, 11:4, 6, 38, 14:8)과 여기 대립하는 '여로보암의 길'(2)로 이어진 것이다.

이 두 길 중 '다윗의 길'은 예수 그리스도에게로 이어져, 천국에 이를 것이고 '여로보암의 길'은 우상숭배의 불신앙자들을 배출하여 지옥으로 떨어지게 마련되어 있다.

두렵건대 오늘의 교인들 중에도 여로보암의 우상숭배의 길을 걸어가고 있는 자들이 있다면, 이는 여호와의 노를 격동시키는 자로서 질책의 대상이 될 것이다.

3) 질책(叱責)에 따른 형벌 (3-4)

바아사는 여로보암 일족을 멸하는데 기용(起用)되었지만 예언자 예후는 여기서 그와 똑같은 멸망이 바아사 일족에게도 임하리라는 예언을 하고 있다. "내가 너 바아사와 네 집을 쓸어버려 네 집이 느밧의 아들 여로보암의 집 같이 되게 하리니"(3).

바아사는 전왕 여로보암의 우상숭배와 불신앙을 심판하는 도구가 되어 그 일족에 대한 잔인한 살육(殺戮)으로 그에 대한 예언을 성취시켰다. 하지만 바아사는 그 후 똑같은 여로보암의 죄를 답습(踏襲)하였다. 만일 그가 하나님의 뜻과 그의 영광을 위하여 여로보암의 죄에 대한 거룩한 분개심에서 이 잔인한 살육행위를 단행하고라도 그 자신 친히 모든 우상을 버리고 돌이켜 하나님의 뜻을 따랐다면 그는 하나님의 정의의 사자로 박수갈채를 받았을 것이다(메튜 헨리).

하지만 죄인 여로보암을 죽이고 그 자신이 또한 여로보암의 길로 행하고 있으니(2), 이는 하나의 정권야욕(政權野慾)에서 나온 자기욕망의 노예가 되었을 뿐이다. 그러므로 그가 형벌을 받는다는 것은 지당한 일이다. 이는 바울 사도에 언급한바 "그러면 다른 사람을 가르치는 네가 네 자신은 가르치지 아니하느냐 도둑질 하지 말라 선포하는 네가 도둑질하느냐 간음하지 말라 말하는 네가 간음하느냐 우상을 가증히 여기는 네가 신전 물건을 도둑질하느냐"(롬 2:21-22)와 같은 입장이다. "그러므로 어떤 면으로든지 하나님의 공의를 선언하거나 행사하는 일에 기용(起用)된 자들은 선한 원리와 경건한 방법으로 그 일을 하도록 관심을 기울여야 한다는 점에 유의해야 한다."라고 메튜 헨리는 말하고 있다.

바아사가 여로보암 일가 멸절(滅絕)의 예언을 성취하기 위한 하나님의 도구였다 하더라도 자기가 그와 똑같은 죄를 범하고 있는 한, 그의 행위가 하나님의 의를 행하는 것이 아니며 이는 다만 악행일 뿐이다. 이는 마치 가룟 유다가 예수를 십자가에 죽게 한 것을 구속 사업에 협력하였다고 변호하는 학자와도 같은 논리이다. 아무리 결과적으로 하나님의 선한 목적과 경륜을 성취하는 자가 되었다 하여도 스승을 판 죄는 악행으로 형벌의 대상이 되는 것이 성서가 보여 주는 진리이다(호 1:4).

이 예언은 얼마 쯤 집행유예(執行猶豫)로 있다가 바아사의 아들 엘라 때에 와서 그가 2년 동안 통치하다가 자기 부하였던 시므리에게 피살되어(9-11) 결국 예후의 예언을 성취시켰으며, 그의 죽은 시체를 "개와 공중의 새가 먹으리라"(4)는 것은 죽은 후에도 형벌이 있다는 사실을 암시하는 것으로, 이는 지옥에 형벌을 의미한다고(눅 12:5) 메튜 헨리는 해석한다.

5-7절의 내용은 바아사의 남은 사적과 역사가 이스라엘 왕 역대지략에 기록된 사실과 또한 그의 죽음과 장사(葬事)와 장지(葬地)(디르사), 그리고 아들 엘라가 왕위를 계승한 사실을 기록하고 있다(6). 7절은 1-4절의 반복이며 요약이다. 바아사의 치세(治世)는 여로보암의 치세에 비하여 아무런 변화가 없을뿐더러(7a) "그의 손의 행위로 여호와를 노엽게 하였음이며 또 그의 집을 쳤음이더라"(7b), 이는 바아사의 여로보암 일족을 멸한 잔악행

위야말로 하나님의 성지(聖旨)에 의한 것이 아니며, 다만 그의 야심의 발로임을 강조하는 구절이다.

2. 더 악한 왕 엘라 (8-14)

엘라는 북 왕국 제2대 왕조의 둘째 왕이며, 통산으로는 이스라엘 제4대 왕에 해당된다. 유다 왕 제26년(885-884 B.C.)에 부왕(父王) 바아사의 뒤를 이어 디르사에서 즉위하여 2년간 통치하였다.

엘라 왕에 대하여는 그의 짧은 재위기간의 업적들을 소개하기보다는 그가 왕권을 빼앗기게 된 사건을 자세히 언급하고 그 이유를 설명하는 것이 그의 사역 기록의 내용이다. 그의 죽음은 여로보암의 아들 나답보다도 더 한층 불명예스럽게 죽었다. 나답이 피살된 곳은 애굽과의 전쟁 중 깁브돈을 공략하고 있는 전쟁터에서 바아사에 의해 살해되어 적어도 명예로운 죽음이었다(15:27). 이에 비하여 엘라는 이번 다시 깁브돈 공격이 재개되어 이스라엘 군 절반을 오므리가 인솔하여 블레셋과 전쟁 중이고(15-16), 나머지 절반은 시므리가 맡아 궁중 수비를 담당하고 있었다. 그 당시 관례로 보면 엘라 왕은 그 전쟁터에 나가서 병사들과 같이 있으면서 총사령관이 되었어야 마땅하거늘, 후방에 있을 뿐 아니라 궁내대신 아르사의 집에서 전쟁 중에 연회(宴會)를 베풀고 술을 마시고 즐기며 취해 있었다(9). 그 순간 시므리가 왕을 모반(謀叛)하여 연회장으로 쳐들어가 엘라 왕을 쳐 죽이고 왕이 되었다(9-10).

생각하건대 엘라는 아버지 바아사보다도 훨씬 더 악한 자이다. 아버지 바아사는 그래도 정력과 용기로 반역(叛逆)의 힘이라도 가졌지만, 그의 아들인 엘라는 명예나 의무나 공익은 고사하고 다만 일신의 안일과 평안만을 사랑하는 기백 없는 겁쟁이로 하나의 탐식가(貪食家)에 불과할 따름이었다.

한편 시므리가 왕이 되어 맨 먼저 착수한 일은 바아사의 온 가문(家門)을 죽이는 일이었다. 시므리는 엘라보다도 다 나빴다. 그는 쿠데타로 얻은 왕권을 잔인한 방법으로 지키려 하였다. 그의 잔인성은 바아사가 여로보암 집에 대하여 한 것보다 훨씬 더 능가하였다. 바아사는 여로보암 일족을 멸하는 일(15:29)에 국한(局限)한 데 비하여 시므리는 "바아사의 온 집안 사람들을 죽이되 남자는 그의 친족이든지 그의 친구든지 한 사람도 남기지 아니하고"(11)를 보면 친구까지 살해하는 잔인성을 보였던 것이다.

과거 우리나라에서도 역모자(逆謀者)는 3족(친족, 외족, 처족)을 멸하는 관례가 있었지만 친구까지 멸하는 예는 없었다고 본다. 이런 잔인한 행위는 하나님의 공의의 심판으로 "주인을 죽인 시므리가 평안하냐?"라는 속담까지 남기고(왕하 9:31) 집권한 지 불과 7일 만에 오므리에 의하여 그가 있는 성이 포위당하자 스스로 왕궁에 불을 지르고 불더미에 뛰어 들어 자결하는 비참한 결과에 이르렀다(17-18).

어쨌든 시므리는 잔인한 방법으로 바아사에 이어 왕이 된 엘라 왕을 심판하므로 선지자 예후를 통한 여호와의 말씀이 성취된 것은 사실이다(12). 그리고 13절은 바아사 왕조가 불과 2대만에 망한 것은 "바아사의 모든 죄와 그의 아들 엘라의 죄 때문이라"(13a) 하였고, 그 죄는 "그들이 범죄하고 또 이스라엘에게 범죄하게 하여"(13b)라고, 즉 자기가 죄를 지을 뿐 아니라 온 국민들로 하여금 죄를 짓게 하는 중범죄자임을 지적한다. 그리고 그 죄의 핵심은 "그들의 헛된 것들로 이스라엘의 하나님 여호와를 노하시게 하였더라"(13c)라고 지적한다. 여기서 '헛된 것'은 우상을 가리킨다(전 2:11, 6:7, 사 49:4).

바아사와 엘라 부자(父子)를 비롯한 그 가족이 몰살당하고 그의 왕조가 2대만에 폐위된 이유는 바아사 부자의 우상숭배로 인하여 하나님의 진노를 격발시킨 결과임을 다시 한 번 강조하고 있는 것이다(13).

3. 더 더욱 악한 왕 시므리 (15-20)

시므리에 대하여는 바로 전항(前項)인 엘라 왕과의 관계에서 이미 언급한바 있지만 여기서는 오므리와의 관계에서 된 일을 추가(追加)하고 있다.

시므리는 유다 왕 아사의 재위 제27년에 디르사에서 왕이 되어 단 7일 동안 왕 노릇한 최단명(最短命)의 왕으로서 저 유명한 나폴레온의 '백일천하'(1815, 2-6 A.D.)를 연상시키는 왕이다. 그는 북 왕국의 제2왕조인 바아사와 엘라를 물리치고 제3왕조의 시작이며 또한 마지막을 고한 왕이기도 하다.

그는 후임자인 오므리와 함께 이스라엘 군대 절반을 통솔하는 장군으로서 남은 절반은 오므리가 이끌고 깁브돈 전선에서 애굽 군과 싸우는 때를 계기로, 자신은 수도방위책임(首都防衛責任)을 지고 있던 중 그가 매수한 것으로 생각되는 궁내대신(宮內大臣) 아르사의 초대연(招待宴)에서 엘라 왕이 먹고 마시어 취한 순간, 시므리는 왕을 주살(誅殺)하고 아무런 저항 없이 스스로 왕위에 올랐다(9-10).

이 사실을 깁브돈 진중(陣中)에서 들은 이스라엘 군인들은 야전총사령관(野戰總司令官)격인 군대 지휘관 오므리를 왕으로 추대(推戴)하자, 오므리는 즉시 군대를 거느리고 디르사로 올라와 왕궁을 포위했다. 그러자 시므리는 왕궁에서 제일 높은 성채(城砦)에 올라 그 화려한 왕궁에 불을 놓고 그 불속으로 뛰어들어 자살하였다(17-18).

19절에서는 그의 죄상을 밝히고 있다. 이에 의하면 첫째, 여호와 보시기에 악을 행하여 범죄하였기 때문이며, 둘째, 그 악은 여로보암의 길로 행한 것이며, 셋째, 이스라엘 국민 모두를 그 죄 중에 행하게 한 것임을 지적한다. 시므리에 대한 이러한 평가는 그가 왕위에 있은 지가 고작 7일간에 불과한 만큼, 그 이전 왕의 전차부대(戰車部隊) 지휘관으로 복무하던 때부터의 배교(背教)행위를 합산한 것으로 추산(推算)되며, 그의 오랜 불신앙이 결국 '7일천하'의 최단명(最短命)한 왕으로 부각되는 악한 왕로서의 오명(汚名)을 남기고 있는 것으로 생각된다.

4. 매우 악한 왕 오므리 (21-28)

1) 오므리 왕의 즉위(卽位) (21-22)

시므리가 엘라 왕을 시해(弑害)하고 왕위에 오르자, 오므리가 깁브돈 진지(陣地)에서 야전군(野戰軍)의 지지(支持)를 받아 왕으로 추대(推戴)됨으로써 군부 내에서 시므리와 오므리 두 장군 사이에 투쟁이 일어나, 마침내 시므리의 패전으로 그가 자살함으로써 오므리의 승리가 확정되었다(17-18).

하지만 "기낫의 아들 디브니"(21)라는 정체불명의 새로운 적수(敵手)가 일어나 오므리에게 왕권을 걸고 도전(挑戰)해 옴으로써 이번에는 군부(軍部)의 지지를 받는 오므리와 민정(民政)을 바라는 디브니와의 권력 다툼이 일어남으로써 백성들이 둘로 나뉘어 무려 4년간이나 내란(內亂)이 계속되다가 마침내 오므리의 승리로 그가 왕위에 오르게 되었다(22).

아마도 디브니는 시므리 편에 섰던 자일 것으로 생각되며 또한 오므리의 군사정권(軍事政權)을 우려하는 민간인(民間人) 대표들의 지지를 받은 자로 추측한다. 그렇다면 이는 군(軍)과 민(民)사이에서 일어난 정권투쟁의 성격을 띤 싸움으로 생각된다.

오므리가 처음 왕에 추대(推戴)된 것은 시므리가 역모(逆謀)를 일으킨 해로, 유다의 아사 왕 27년(885 B.C.)이었고(15-16), 그 후 디브니의 내란 평정 후 실제 이스라엘의 왕이 된 때는 유다의 아사 왕 제31년이었다(23).

그의 12년간의 통치는(23) 전선(戰線)에서 왕으로 추대된 때를 기준으로 (16) 계산한 것으로(885-874 B.C.), 그러고 보면 오므리의 실제 왕으로서의 재임(在任)한 기간은 7년을 넘지 못한 것으로 보며, 나머지 4년여 기간이 디브니와의 투쟁 기간임을 알 수 있다.

2) 오므리 왕의 정치적 업적 (24)

열왕기의 저자(著者)는 오므리 왕의 업적을 단 한 절로 기록하였는데, 그것은 사마리아를 수도(首都)로 세운 것으로 이는 디르사를 수도로 정한 지 6년 만에 천도(遷都)한 것으로서 이것은 다윗의 예루살렘에 비할 만큼 군사적 내지 정치상의 큰 업적으로 평가되고 있다.

오므리가 세벨이라는 사람에게서 사마리아 언덕을 은 두 달란트(68.5kg)로 사서 그 산 위에 성을 건축하여 요새화(要塞化)하고는 그 이름을 그 전 소유자였던 세벨의 이름을 따라 사마리아라고 명명하였다(24). 사마리아는 세겜에서 북서쪽으로 11km 정도 거리에 위치하고 있어, 교통요로이며 중요한 상업도시로서 해발 47m 고지(高地)에다 주위에 90개의 고원(高原)이 있는 원추형(圓錐形)으로 되어 있어서 군사적으로 유리한 조건을 구비한 성이다.

그리하여 사마리아는 북 왕국 멸망까지 165년간을 여러 차례 외환(外患)에도 견디어 낸 성이다. 그리고 또한 주위의 땅은 비옥하고 산 속에는 맑은 물이 넘치었다. 이로써 이사야의 말대로 이 도시는 "영화로운 관(冠) 같이 기름진 골짜기 꼭대기에 세운 성이여"(사 28:1) 그대로였다. 오므리가 이 도성으로 천도(遷都)한 것은 그의 큰 공적이며 혜안(慧眼)을 보인 것으로 높이 평가 받을 만하다.

이처럼 열왕기서에 단 한 절로 간단히 소개되고 있는 오므리 왕의 업적은 다른 여러 자료를 통해 보면 그는 정치적, 외교적으로 뛰어난 왕이었다.

그는 이스라엘 왕들 중에서 가장 능력 있는 왕 중 하나로 평가된다. 그는 북 왕국이 생겨난 이후 거듭되는 역모(逆謀), 살해, 혁명의 시대를 종식시키고 50년 만에 비로소 나라를 안정시킨 왕이며, 또한 그 당시 강대국이었던 아람에 대응하기 위하여 유다와의 잦은 싸움도 중단하였다. 1868년에 발견된 '모압 돌'에 의하면 오므리는 모압의 정복자로 기록되었으며, 그리고 앗시리아 비문에는 오므리를 큰 용사로 알려주고 있다는 것이다.

하지만 열왕기 기자는 이러한 오므리의 업적에 대하여 모두 다 생략하고 있다. 그 이유는 정치, 경제, 군사, 사회, 문화 등은 일반 역사가들의 평가기준에 의한 것일 뿐, 열왕기 기자에게 있어서는 이런 것들이 성경역사를 구성하는데 지배적 요소가 아니고 다만 나라의 지도자들과 백성들이 하나님과의 관계를 어떻게 유지하는 지가 중요한 요소가 된다고 믿었다. 그래서 한 나라의 흥망성쇠(興亡盛衰)는 왕이나 백성들이 하나님의 율법과 명령에 순종하는지 그렇지 않은지에 좌우된다는 점을 분명히 하고 있어, 하나님 앞에서 범죄한 왕들과 백성들은 하나님께서 심판하셔서 왕은 폐위(廢位)되고 백성들은 도탄(塗炭)에 빠지게 되며, 하나님 앞에서 정직하게 행하는 왕과 백성은 복과 번영을 누리게 된다는 점을 강조함으로써 이것이 역사적 가치가 있음을 보여준다.

그러므로 열왕기 기자는 이런 신앙적 관점에서 이스라엘과 유다의 역사를 볼 때 수도(首都)가 디르사에서 사마리아로 바뀐 사실만을 기록하였을 뿐, 그 외에는 아무리 좋은 업적을 남긴 역사일지라도 가치의 비중을 두지 않는 것이다.

이것은 오늘의 역사가들도 역시 이 시대를 신앙적 관점에서 관찰하고 하나님의 뜻을 따라 정의와 사랑을 수반하고 있는가의 여부로 바른 평가를 내리는 역사관(歷史觀)을 가져야 한다는 점을 배워야 하리라고 생각한다.

3) 오므리에 대한 신앙적 평가(評價) (25-26)

열왕기 저자는 오므리의 정치적 업적을 단 한 절로 기록한 후 그의 종교적인 죄악상에 대하여는 25-26절에서 구체적으로 언급하고 있다. 오므리 왕의 죄악은 여호와의 평가 기준에서 볼 때(25a) "그 전의 모든 사람보다 더욱 악하게 행하여"(25b), "그 전의 모든 사람은" 악의 원조인 여로보암과 그 일족, 그리고 제2왕조의 첫 왕 바아사 왕가의 그 누구보다도 더 악한 왕이라고 평가하였다. 그 악행의 내용을 26절에서 지적하는바 ① 여로보암의 모든 길로 행하며(26a), '여로보암의 길'은 악의 표준형으로서 오므리는 그의 정치와 종교 등의 정치철학을 답습하여 스스로 행할 뿐 아니라, ② 그가 이스라엘에게 죄를 범하게 하였고(26b), ③ 그들의 헛된 것(우상)들로 하나님을 노하시게 하였다(26c)는 것이다.

이상의 죄악상은 앞서 악한 왕들의 상투적인 것들임에도 불구하고 "그 전의 모든 사람보다 더 악하게 행하여"(25)의 이유는 원조(元祖)인 여로보암이나 그의 길을 따른 바아사는 백성들을 유혹하여 자신들을 본보기로 삼아 따르게 하였으나, 오므리는 '오므리의 율례'(미 6:16)라는 법률을 제정하여 우상숭배를 위시한 모든 악행을 강제로 지키도록 하여 범죄토록 하는, 즉 그 강도(强度)를 더 높였다는 것을 의미한다. 이는 마치 일본이 신사참배 제도를 만들어 이를 강제로 시행하도록 초등학교 때부터 강행하여 그 강도를 점차 높여 간 것과 같은 것으로 볼 수 있다.

이는 야고보서에서 "욕심이 잉태한즉 죄를 낳고 죄가 장성한즉 사망을 낳느니라"(약 1:15)와 같다고 할 수 있다. 여로보암이 죄를 잉태한 모체(母體)로 그 죄를 낳은 자라면, 오므리는 그 죄가 장성하여 사망에 이르게 한 자로 볼 수 있다. 이것이 바로 죄의 일생(一生)이다.

우리는 오므리가 그의 이전 사람보다 매우 악한 이유가 바로 이상과 같음을 각자 명심해야 할 것이다.

5. 최악(最惡)의 왕 아합 (29-34)

"열왕(列王)들의 행진"이란 제목에서 가장 뒤에 서 있는 왕이 바로 악명(惡名) 높은 아합이다. 그는 북 왕국의 왕들 중 가장 긴 기록을 남겼는데, 그것은 본장 29절에서 시작하여 22장 40절에 이르기까지 무려 여섯 장(章)에 걸친 최장편(最長篇)에 속하는 것만 보아도 북 왕국의 대표적인 악한 왕으로 표시되고 있음을 알 수 있다.

그런 중 본 12장에서는 아합 왕의 치세(治世)에 관한 열왕기 기사(記事)의 서론 부분에 해당(該當)하는 것만을 기록하였고(29-34), 그 결론 부분은 22:39-40에 기록을 남기고 있다. 그리고 본장부터 시작되는 선지자 엘리야의 역사와 병립(竝立)되어 있으며, 내용상으로 보면 오히려 엘리야가 주인공으로 독자들에게 느끼게 해주고 있다.

그러므로 이 단락에서는 아합 왕의 긴 역사 중, 단 6절로 된 서론 부분에 해당하는 기사를 같이 생각하려는 것이다.

1) 아합의 즉위(卽位)와 그가 최악의 왕인 이유 (29-30)

아합은 남 왕국 유다의 아사 왕 재위 38년에 즉위하여 무려 22년(874-853 B.C.) 간이라는 긴 세월 동안을 사마리아에서 통치한 왕으로서 그는 북 왕국 제4왕조의 2대 왕이며, 통산으로는 제7대 왕에 해당된다(29).

30절에 보면 "오므리의 아들 아합이 그의 이전의 모든 사람보다 여호와 보시기에 악을 더욱 행하여"라는 기록을 보아 "이전의 모든 사람" 즉 여로보암 이래 북 왕국의 모든 왕들보다 하나님의 시각(視覺)에서 가장 최악의 왕임을 지적하고 있다. 그 이유는 본절 이하의 그에 대한 기사(記事)에서 밝혀지고 있지만 우선 한마디로 지적한다면 여로보암 이래 모든 왕들의 악행은 금송아지 우상을 섬기는 것으로 제2계명 위반죄에 해당하였다. 저들은 금송아지 우상을 만들어 세우고는 이것을 하나님으로 섬기게 하여 이제는 예루살렘에 갈 필요가 없다고 한 데 비하여, 아합은 바알과 아세라 여신상을 만들어 세우고는 이것이 하나님보다 더 나은 신이므로 여호와를 버리고 그 대신 바알과 아세라를 섬기게 한 것이 아합으로 하여금 최악(最惡)의 왕으로서 악명을 떨친 요인임을 지적 받고 있는 것이다. 즉 전왕(前王)들은 하나님 여호와를 섬기면서 그 방법의 일환으로 우상의 형상을 만들어 세운 데 불과하지만 아합은 아예 하나님 여호와를 버리고 바알과 아세라 목상(木像)으로 이를 대체(代替)했다는 사실을 말하는 것이다.

거듭 말하지만 이것이 바로 아합이 이스라엘의 최악의 왕인 이유이다.

2) 아합의 악행은 잘못된 혼인(婚姻)에서 시작됨 (31)

아합은 "여로보암의 죄를 따라 행하는 것을 오히려 가볍게 여기며"(31), 이것은 여로보암 이래의 왕들은 모두가 '여로보암의 길'을 따라 행하는, 즉 금송아지 우상을 섬기는 악을 행한 데 비하여 아합은 이것을 경시하고 더 새로운 방안을 모색하던 중 "시돈 사람의 왕 엣바알의 딸 이세벨을 아내로 삼고"(31b), 즉 이세벨이 새로운 신 바알을 섬기고 있음을 알고 그와 결혼함으로써 하나님을 대신하고 또한 금송아지를 대신한 바알종교를 갖게 된 것으로 메튜 헨리는 보고 있다.

아합은 금송아지 우상으로는 만족할 수 없을 만큼 이제는 싫증이 나서 새로운 우상종교를 탐색(探索)하던 중 바알 숭배자로 알려진 이세벨과 결혼함으로써 바알 숭배의 새로운 종교를 도입(導入)하였다는 의미이다.

그 당시는 외국 여인을 왕비(王妃)로 취할 경우 그가 본국에서 섬기던 신을 위하여 신당(神堂)을 마련해 주는 것이 하나의 국제적 관례였다고 한다. 아합은 솔로몬의 전례를 따라(11:7) 사마리아에 건축한 화려한 왕궁

옆에 바알의 신전(神殿)을 건축하고 그 안에서 바알 신의 제단을 쌓음으로써(32) 예루살렘에 있는 성전과 대립시켰던 것이다. 그리고 그 옆에다 역시 그녀가 섬기던 아세라 상을 세움으로써 바알 종교를 국교(國敎)로 만들어 여호와의 종교를 대신하였던 것이다. 이리하여 여로보암이 창안했던 금송아지 숭배는 바알 숭배에 흡수되고 말았던 것이다.

그 후 바알 숭배는 국가적 시책에 따라 온 나라로 확산되어 전국 도처에 우상의 신전과 아세라 상을 세워 온 국민들로 섬기게 하니 그 당시 바알과 아세라 선지자의 수가 무려 850명이었던 것만 보아도 그 규모를 짐작할 수 있다(왕상 18:19).

바알은 '주' 또는 '주인'이란 뜻으로 여러 나라에서 주신(主神)으로 섬겼으며, 이스라엘 백성들의 경우는 가나안 땅 입국 당시 원주민들이 이미 섬기고 있었다. 두로의 바알은 '멜카트'(Mellcarth)라 불렀고, 모압 사람은 '그모스', 암몬 사람은 '밀곰'으로 부르며 각각 그 나라들의 주신(主神)으로 섬겼다. 바알은 풍요(豊饒)와 신이며 또한 농경(農耕)의 신으로서 남신(男神)이다. 그리고 '아세라'는 여신(女神)이며 바알의 아내로서 다산(多産)의 신으로, 이 두 신이 성교(性交)를 하면 비가 온다는 것으로 이런 가증스러운 음란행위가 공공연하게 연출되는 도덕적 타락을 가져왔던 것이다. '아세라'(아스다롯)라는 말이 구약성서에 40회 정도 나오지만 70인 역에서는 '작은 숲'이란 말로 번역된바, 그 이유는 아세라를 위하여 인공적(人工的)으로 숲을 만들기도 하고 또한 기존의 자연 숲을 이용하기도 하는데 그 용도는 바알 숭배의 일환으로 그 가증스런 음란 행위를 옹호하고 방조하기 위한 목적에서라고 한다.

이세벨은 바알신의 제사장이며 후에 왕이 된 아비 엣바알의 영향을 받아 열렬한 우상 숭배자였고 그는 천성이 사악한 여인이었다. 또한 그녀는 술수(術數)와 음행(淫行)을 탐닉(耽溺)하였으며(왕하 9:20) 매우 부도덕한 여자였다. 계시록에서는 거짓된 여선지를 이세벨이라고 칭할 만큼(계 2:

20) 악한 여인의 표상이 되었다. "솔로몬의 많은 이방에서 취한 아내보다 이 한 명의 이방여인이 이스라엘을 더 많이 타락시켰다."라고 메튜 헨리는 말하고 있다.

아합의 잘못된 결혼이 온 백성들을 범죄토록 하고 결국 나라를 망치는 비참한 결과를 가져왔다는 사실에서 오늘도 성도들의 결혼신성에 따른 교훈을 다시 한 번 깨우쳐 줌을 알게 된다.

3) 아합의 히엘을 통한 여리고 재건의 의미 (34)

열왕기 기자는 33절에서 아합이 바알을 위하여 신전(神殿)을 건축하고 제단을 쌓은 것과 아세라 상을 세운 것은 그 이전의 이스라엘의 모든 왕보다 심히 악한 최악의 왕이 된 이유임을 지적한 뒤에, 히엘을 기용(起用)한 여리고 재건기사(再建記事)를 연결시키는 이유가 무엇인가 의문이 간다. 여리고 성은 여호와께서 직접 무너트림으로써 하나님께 바쳐진 성으로 이스라엘 군사들은 싸우지 않고 점령하여 가나안 땅 입국에 서막(序幕)을 연 성이다(수 6장).

그러므로 이는 여호와께 헌납(獻納)된 것인 만큼 "누구든지 일어나서 이 여리고 성을 건축하는 자는 여호와 앞에서 저주를 받을 것이라"(수 6:26-27)라고 맹세로서 언급된 성인 것이다.

그러므로 그 후 500여 년 동안 폐허(廢墟)가 된 채로 방치되어 있었는데 아합이 이 금령(禁令)을 어기고 신하인 히엘에게 명하여 재건을 시도(試圖)한 것은 두 가지 이유에서이다. 첫째는 그의 신앙상태가 하나님과 정면도전(正面挑戰)하려는 악행임을 알게 된다. 그가 이 계획을 세우면서 하나님의 명령을 전혀 생각 안 하고 하려 했는지, 아니면 이 저주가 공포된 지 500년 이상이 경과된 만큼 그 효력이 없을 것으로 생각했는지는 알 수 없지만 그 어느 것이든 이는 그의 불신앙의 극단적 발로임은 사실이다.

학자들 중에는 그의 여리고 재건의 목적이 아합의 영토확장계획(領土擴張計劃)의 일환으로 요단 동편지역으로 통하는 무역로(貿易路)를 확보하기 위함임을 지적하기도 한다. 성경에 기록은 없지만 아합 왕 시대가 이스라엘에 있어서 정치적으로나 외교적으로 강하고 안정된 상태를 유지했고 경제적으로 부강했다고 하며 베니게와 동맹을 맺고 무역로(貿易路)를 확보하고 모압으로부터는 조공(朝貢)을 받았으며, 군사적으로도 강군(强軍)을 유지했다고 평가한다.

그러므로 고고학자들은 오므리와 아합 왕 시절에 사마리아, 므깃도, 하솔 등지를 중심으로 시작된 건축물들이 그 정교(精巧)함이나 화려함에서 뛰어났다는 점을 언급한다. 하지만 이런 것은 신명기적 역사관에서는 아무런 의미를 두지 않는다.

열왕기 기자는 이스라엘과 유다의 왕들이 하나님을 바르게 섬기며 그의 말씀에 순종하고 우상을 멀리해야 한다는 점을 중요시하고 있다는 점이다. 그의 문화적(文化的)인 큰 업적으로 여리고 재건을 드는 듯하지만 이것은 이미 500년 전에 정하신 하나님의 명령을 어기는 것이기에 이는 하나님의 명을 거역하는 중죄임을 여기서 지적하는 것이다.

그리고 또한 학자들 중에는 공사를 맡은 히엘의 아들들이 죽은 것은 건축이 잘되기를 바람에서 희생 제물로 바친 것이라고 보는가 하면, 또한 어떤 다른 재해(災害) 때문에 죽었을 것이라고 생각하기도 하지만 열왕기서 기자는 여호수아의 저주 때문이라고 확신 있는 기록을 남기고 있는 것이다. 이로써 아합이 이전의 모든 왕들보다 더 악한 최악의 왕임을 증명하는 이유로써 여리고 재건사실이 그의 불신앙의 극치(極致)임을 부각(浮刻)시키고 있음을 말하고 있는 것이다.

우리는 여기서 하나님의 약속이 500년 후에 그대로 성취됨을 보면서 "천지는 없어질지언정 내 말은 없어지지 아니하리라"(마 24:35)라고 하신 주님의 말씀이 새삼 우리의 뇌리에 떠오름을 느끼게 된다.

결론

우리는 본장에서 이스라엘의 악한 왕 5명의 사적(事蹟)을 생각하였다. 이들은 모두가 악한 왕이며 또한 갈수록 그 악의 강도(强度)를 높이고 있다. ① 악한 왕 바아사 ② 더 악한 왕 엘라 ③ 더 더욱 악한 왕 시므리 ④ 매우 악한 왕 오므리 ⑤ 최악의 왕 아합의 순으로 이들은 일렬종대(一列縱隊)로 서서 여호와의 심판대를 향하여 행진하고 있음을 우리는 본다.

이러한 죄의 누진성(累進性)은 나라의 수명은 단축시켜, 유다 왕국보다 이스라엘은 일찍 앗시리아에 의하여 망하게 된다(왕하 17장; 721 B.C.). 반면에 유다 왕국이 이스라엘보다 수명이 긴 이유는 남 왕국 유다 역시 바알 신을 섬기는 악한 왕들도 있었지만, 요시야나 히스기야 같은 신앙 중심의 왕들이 나타나서 여호와의 종교를 개선(改善)하고 신앙을 회복하였기에 북 왕국보다 나라의 수명이 길게(왕하 24장; 586 B.C.) 보존되었다는 사실을 기억해야 하는 것이다.

오늘도 역시 우리 중 여로보암의 길과 아합의 대열(隊列)에 끼어있는 자가 있다면 과감히 돌이켜, 저 천성(天城)을 향하는 길(요 14:6)이 되신 예수 그리스도의 발자취를 따라가는 우리 모두가 되기를 바라는 바이다.

제 5 부

갈멜 산상의 엘리야
(아합과 엘리야 편)

엘리야의 출현과 은둔생활(隱遁生活)

왕상 17:1-24

전장 후미(後尾)에서 아합 왕의 출현으로 그의 긴 역사의 서론격으로(16:29-34) 언급을 하였는데, 본장 서두(序頭)에서는 돌연 엘리야의 등장(登場)으로 주연자가 아합에서 엘리야로 바뀌는 느낌을 주어 놀라게 하지만, 사실은 앞으로 전개될 아합의 우상숭배 정책에 대항하여 격렬한 싸움을 하기 위하여 엘리야가 출현한 것으로 보면 된다.

그러므로 본장은 엘리야가 출현하여 3년 반 동안 비를 멈추게 하여 가뭄 때문에 오는 흉년에 관한 예언을 하고는(1-7) 일시 아합의 눈을 피하여 은둔생활(隱遁生活)을 하는 중에 되어진 사건을 기록하고 있는 것이 본장의 주된 내용이다.

1. 엘리야 출현(出現)의 역사적 의의(意義) (1)

북 왕국 이스라엘의 아합 왕과 그의 아내 이세벨이 바알과 아세라 목상 숭배로 말미암아 그 사회가 총체적으로 어려움에 빠져 있을 때, 하나님께서 자신의 대변자로 삼아 아합 왕과 이세벨에 맞서 자신의 뜻을 바르게 전달하게 하시려고 보내신 사자(使者)가 바로 엘리야 선지이다.

그는 이스라엘의 정치와 종교를 바로 세우려는 개혁가로, 신비로운 기적을 일으키는 자로, 본장은 그의 준비기간이고 그 후로 갈멜 산에서(18장), 호렙 산에서(19장) 그의 사역의 절정을 보인 후 그의 예언사역을 제자인 엘리사에게 물려주고 산 채로 마치 에녹같이 승천한 자이다(왕하 2장).

그런데 이처럼 위대한 선지자에 대한 소개는 너무도 간단하다. "길르앗에 우거하는 자 중에 디셉 사람 엘리야가 아합에게 말하되"(1a). '길르앗'은 요단 동편 얍복 강과 야르묵 강 사이에 지역을 가리킨다. '디셉'에 대하여는 정확히 알 수 없으며 길르앗의 두 강 사이에 있던 작은 마을이라 생각될 뿐이다. '엘리야'라는 이름의 뜻은 "여호와께서 나의 하나님이시다"라는 것으로 당시 바알 신을 섬기는 아합과 그 백성들을 향하여 여호와가 유일하게 하나님 되심을 선포하는 데 적절한 이름임을 알 수 있다.

그러므로 아합 왕 시대야말로 엘리야 출현의 필연적 의미를 지니고 있음을 알 수가 있다.

2. 엘리야의 은둔생활(隱遁生活) (1b-16)

1) 그릿 호반(湖畔)에서의 생활 (1b-7)

"내가 섬기는 이스라엘의 하나님 여호와께서 살아 계심을 두고 맹세하노니 내 말이 없으면 수 년 동안 비도 이슬도 있지 아니하리라 하니라" (1b)

엘리야는 이로써 자신을 하나님께로부터 우상을 섬기는 왕과 백성에 대한 멸망권을 부여 받은 자임을 자처하고 있다. 야고보서 5:17-18에서 이 엘리야의 행동은 오직 기도의 능력임을 지적하고 있다. 선지자들은 그들의 활동 능력을 오로지 믿음과 기도로써 하나님과 영교(靈交)함으로 받았으며 이것이 없으면 엘리야도 우리와 같은 성정의 사람임을 보여주고 있다.

이런 심판을 선고한 후 엘리야는 하나님의 명령을 따라 심판의 기간이 떠나갈 때까지 은신(隱身)하지 않으면 안 되었다. 이는 그가 아합과 이세벨의 노(怒)와 추격을 피하기 위해서라기보다는 그 심판을 면하고자 하는 모든 백성들의 간절한 청원을 못하게 하기 위해서였다. 선지자가 자기의 말 한마디로 "수년 동안 비도 이슬도 있지 아니하리라"(1b) 하였으니 그들이 얼마나 그에게 비가 오도록 하라고 조를 것인가?(카일·델리취)

엘리야는 자신이 아합에게 심판을 선고했을 사마리아에서 요단 강 동쪽으로 갔고 요단강으로 흘러 들어가는 "그릿 시냇가"(3)에 피신(避身)하였다. '그릿 시내'에 대하여는 불명(不明)의 장소로 오늘까지 이 장소의 위치를 알아내기 위한 여러 가지 추측들이 있었지만 그 모두가 불확실하다. 이 미분명한 장소야말로 이름 없는 오지(奧地)로서 숨을 장소로서는 가장 안전하다는 것을 암시해 준다(베이커).

엘리야는 이곳에서 시냇물을 마셨고 까마귀들이 하나님의 명령에 의하여(4) 떡과 고기를 가져다주어 먹었다(6). 이 문제에 있어서는 성경학자들 간에 이론(異論)이 분분하다. 그 이유는 까마귀는 맹금류(猛禽類)이며 또한 잡식동물(雜食動物)이다. 그러므로 이는 율법이 금하는 부정한 조류(鳥類)에 속한다(레 11:15). 뿐만 아니라 까마귀는 썩은 고기를 먹으며 사람의 시체까지 먹는 더러운 새이다(잠 30:17). 그럼에도 불구하고 그릿 시냇가에 숨은 엘리야에게 있어서는 까마귀야말로 요리사이며 음식물(飮食物) 배달꾼이자 시중꾼이었다. 이 미물의 짐승이 엘리야 선지에게 조석(朝夕)으로 일용할 양식을 날라다 주었기 때문이다.

노아에게 봉사한 새는 비둘기였는데(창 8:7) 하필 까마귀인가 의아해하겠지만 까마귀는 외딴 곳에 사는 습성이 있다(사 34:11). 그러므로 아마도 그릿 시냇가 오지(奧地)에도 까마귀 떼들이 많이 살고 있지 않았나 생각된다. 하나님은 그곳에 없는 금수(禽獸)를 통해서가 아니라 그곳에 서식(棲息)하는 까마귀로 하여금 선지자의 양식 조달꾼으로 명하셨고, 까마귀는 그 명을 받들어 조석으로 두 번씩 일용할 양식을 공급한 것이다.

까마귀는 부정한 새이면서도 사람이 먹지 못할 썩은 음식을 가져왔으리라는 의심을 가질 필요는 없다. 위즈워드는 다음과 같이 말한다. "인간들이 불순종할 때 하나님은 열등(劣等)한 피조물들의 순종으로 그들을 견책한다. 그 옛날 사람들은 노아에 의한 하나님의 경고를 불신하여 방주 속으로 들어가려고 하지 않음으로 그들은 결국 홍수로 멸망했다. 그러나 열등한 동물들은 방주 속으로 들어갔고 그곳에서 먹이를 공급 받았다. 발람은 그가 타고 가던 나귀에게 책망을 받았다. 하나님의 명을 불순종한 선지자(13:36)는 사자(獅子)에 의해 살해되었지만 사자는 그 시체(屍體)를 해치지 않았고 나귀를 잡아먹지도 않았다. 요나와 물고기, 사자 굴에 들어간 다니엘 등 사람들은 하나님의 사람을 죽이려 하여도 동물들은 자신의 본능적인 욕망을 억제하고 하나님의 명을 따라 행한 것이다."라고 하였다.

모름지기 온 천하 만물은 하나님이 창조하시고 섭리하시는 만큼, 하나님께 봉사하기 위하여 존재하는 것이다. 엘리야는 까마귀를 통하여 식물(食物)의 공궤(供饋)를 받음으로써 왕에게 은신처(隱身處)를 고발할 수 있는 인간들과의 교제에서 끊어졌을 뿐 아니라 그는 하나님의 전능하신 도움으로 알게 된 굳건한 신뢰를 통하여 바알 숭배자들과의 경쟁과 그의 사명 완수를 위해 그가 직면한 궁핍과 고난에서 견디어 낼 수 있는 힘을 얻게 된 것이다.

거친 광야, 심산유곡(深山幽谷), 인적부도처(人迹不到處)야말로 신자들의 또는 하나님의 일꾼들의 도피처(逃避處)이며 신앙훈련도장(信仰訓練道場)이다. 모세는 바로 왕을 피하여 미디안 광야, 다윗은 사울을 피해 엔게디 동굴, 요한은 박해를 피하여 무인고도(無人孤島)인 밧모 섬, 루터(Martin Luther)는 교황(教皇)을 피하여 바르트부르크 숲 속에 외로운 성내(城內)로 몸을 숨겼다. 길르앗의 선지자 엘리야는 아합 왕의 바알과 아세라 선지의 무리를 갈멜 산에서 격파하는 능력을 이 거친 들판에서 키운 것이다.

오늘 우리들도 광야가 있어야 하며 골방이 있어야 한다. 거기서 하나님과의 깊은 영교(靈交)를 통하여 사탄의 권세를 물리치고 승리할 수 있는 영력(靈力)을 배양해야만 할 것이다.

2) 사르밧 과부의 집에서의 생활 (8-16)

얼마 후 그릿 시내도 말라버렸다. 이는 엘리야 자신의 예언 때문이었다. 하나님의 섭리에 의한 한발(旱魃) 안에 엘리야 자신도 포함되었다. 그릿 시냇물은 그 당시 엘리야의 생명선이었다. 강물이 마르자 여호와께서는 엘리야로 하여금 "너는 일어나 시돈에 속한 사르밧으로 가서 거기 머물라 내가 그 곳 과부에게 명령하여 네게 음식을 주게 하였느니라"(9)는 여호와의 지시를 받게 되었다.

여기서 우리가 기억할 것은 어찌하여 여호와께서는 엘리야를 이방 나라이며 이세벨의 고향인 사르밧으로 보냈는가 하는 것에 의문이 생긴다. 그릿 시내가 말랐다면 요단 강변으로 보내면 된다. 그러므로 사르밧에 가서 그곳에 한 과부로 하여금 흉년에 음식 공궤를 받으며 무사히 피신하게 하시려고 보내신 것은 아니다.

그는 오히려 그곳에 있는 그녀의 신앙을 위하여 보내셨다고 보아야 한다. 그것은 그녀가 그곳에서 여호와 하나님을 믿는 신자였기 때문이다(12). 그는 오히려 그녀의 신앙을 위해서 그것을 북돋우고 굳세게 하기 위해서 보내졌던 것이다. 그 여호와를 믿는 과부는 엘리야로부터 물질적인 복을 받을 뿐 아니라 영적인 복도 아울러 받았다. 그 후 예수 그리스도께서 오셔서 믿지 않는 세대에게 이 여인의 실례를 들어 그들을 부끄럽게 하신 사실을 보아도 이 여인의 신앙이 얼마나 큰 것이었는지를 알 수가 있다(눅 4:25-26).

그는 여호와의 명령을 따라 비교적 안전한 은신처(隱身處)로 생각하였던 그릿 시냇가를 떠나서 서쪽 끝에 있는 지중해 해안가 항구도시인 베니게에 속한 시돈과 두로 사이에 위치한 사르밧으로 무려 160km의 장거리 여행을 감행하여 마침내 그곳에 도착한 것이다.

사르밧은 시돈 남쪽 16km에 위치한 작은 성읍으로서 신약시대의 명칭은 사렙다(눅 4:26)라 불렸다. '사르밧'의 뜻이 '염색(染色)함'이란 의미임을 보아 아마도 베니게의 염색업자(染色業者)들이 모여 사는 곳으로 생각된다. 무엇보다 이곳은 엘리야가 싸우는 적수(敵手)인 이세벨의 출생지인 시돈 근처로서 바알과 아세라의 본거지(本據地)에 해당되는 곳이다. 엘리야는 적어도 이곳에서 약 2년여 간을 체류(滯留)하였으리라 추측하며 적과 싸우기 위하여 적지(敵地)에서 훈련 받은 셈이라고 생각된다.

엘리야가 사르밧 성문에 이른 때에 한 과부가 그곳에서 나뭇가지를 줍고 있었는데 이는 과부의 복장(服裝)을 하고 있었기 때문에 즉시 알 수가 있었다. 하지만 그녀가 여호와께서 지시하시는 과부임을 알아보기 위하여 그녀에게 믈을 청하였다. 이는 그 당시 길 가던 나그네가 우물가에서 항시 볼 수 있는 자연스러운 요구이다. 예수님도 사마리아 여인에게 물을 요구하신 일이 있다(요 4:7). 하지만 엘리야나 예수님이나 목이 마르기도 하였지만 상대 여인에게 말을 걸어 시험하기 위한 것이었다. 이 순간 예수님의 경우 사마리아 여인은 거절하였지만, 사렙다 과부는 선지자의 복장을 보고 그 신분을 알면서도 이 이국인(異國人) 남자에게 물을 제공한 것이다. 이 당시는 벌써 가뭄이 심하여 물도 매우 귀한 것으로 생각된다.

그가 물을 가지러 갈 때에 엘리야가 그를 불러 "네 손의 떡 한 조각을 내게로 가져오라"(11)고 요청하였다. 이것으로 여호와께서 지명하신 과부임을 시험하여 확인하려는 것이었다. 그러자 그녀는 "나는 떡이 없고 다만 통에 가루 한 움큼과 병에 기름 조금 뿐이라 내가 나뭇가지 둘을 주워다가 나와 내 아들을 위하여 음식을 만들어 먹고 그 후에는 죽으리라"(12)라고 "당신의 하나님 여호와께서 살아 계심을 두고 맹세하노니"(12a)라고까지

하면서 사실임을 증거하였다.

이는 한재(旱災)의 극심함을 보여주며 조금 남은 가루와 기름으로 마지막 음식을 지어 먹고 "그 후에는 죽으리라"는 것은 죽는 수밖에 다른 방도가 없다는 절망적인 답변으로서 이 여인에게는 마지막 만찬(晩餐)을 위한 준비로 나뭇가지를 줍고 있는 비참한 상태임을 보여 준다.

엘리야는 그녀가 하나님이 지시하신 과부임을 확신하고 "우선 두려워하지 말고" 즉 가루와 기름이 없음을 걱정하지 말고, 이제는 좀 자신 있게 "먼저 그것으로 나를 위하여 작은 떡 한 개를 만들어 내게로 가져오고 그 후에 너와 네 아들을 위하여 만들라"(13b), 그리하면 "여호와가 비를 지면에 내리는 날까지 그 통의 가루가 떨어지지 아니하고 그 병의 기름이 없어지지 아니하리라"(14)라고 이스라엘의 하나님 여호와의 말씀이라고 자신 있게 요청하였다.

여기 가루는 밀가루이며 기름은 올리브유(olive oil)로서 이것이 당시 이스라엘을 중심한 그 주변 국가 국민들의 주식(主食)이었다. '만나' 역시 이 두 자료로 만든 것과 비슷하여 "그 맛이 기름 섞은 과자 맛 같았더라"(민 11:8)를 보아 알 수 있다.

이 여인은 엘리야의 말을 듣자 어려운 시험대에 올랐다. 조금 남은 가루와 기름은 금보다 더 귀한 것이기 때문이다. 금은 교환가치(交換價値)가 있는 상황에서만 보물(寶物)로서의 가치가 있다. 이 순간의 금은 생명을 살릴 수가 없으며 오직 가루와 기름만이 생명을 연장해 줄 수 있기 때문이다. 이 여인은 이것으로 떡을 만들어 그에게 주느냐, 마지막 식사로 자기들이 먹느냐 주저했을 것이다. 드디어 과부는 선지자의 말대로 하였다. 그녀는 불확실한 것을 위해 확실한 것을 포기했다. 즉 그녀는 여호와의 말씀을 믿었다. 그리하여 가뭄이 계속되는 동안 그녀의 쌀통에 가루와 병에 기름이 가득 차 있는 이적(異蹟)을 통하여 그녀의 믿음에 대한 보상을 받았다(16).

이 과부는 "너희는 먼저 그의 나라와 그의 의를 구하라 그리하면 이 모든 것을 너희에게 더하시리라"(마 6:33)는 예수님의 말씀의 성취를 보여주었다. 이 과부는 이것으로 비가 오기까지 먹고살 수 있었으며 이것으로 선지자를 부양(扶養)하였던 것이다. 기름과 가루는 저축함으로 많아진 것이 아니라 소비하는 가운데 증가되었던 것이다. 만일 이 과부가 선지자의 말을 믿지 않고 자기들이 먹었더라면 그 후 그들은 굶어죽었을 것이다. 그녀는 믿음으로 생명 같이 귀한 것을 선지자에게 드렸을 때, 마치 이스라엘 백성이 만나가 매일 내려 먹고 산 것처럼, 매일 일용할 양식을 받게 되었던 것이다. 그리하여 이 가정은 하나님의 특별하신 은총으로 양식을 얻게 되고 또한 엘리야 같은 훌륭한 분과 함께 매일 식사를 하게 되니 그 얼마나 큰 축복인가!

그리스도께서는 "누구든지 자기에게 문을 열어주는 자에게는 그 안에 들어가셔서 그와 더불어 먹고 그는 자기와 더불어 먹게 되리라"고 약속하셨던 것이다(계 3:20). 모름지기 하나님을 신뢰하는 자에게는 환난 때에 부끄럽지 아니하며 기근(饑饉)의 날에도 풍족하게 되리라고 약속하였다(시 37:19).

오늘의 우리들도 말씀을 굳게 믿고 순종하여 실천함으로써 이 사르밧 과부가 누린 영육 간의 풍성한 양식으로 자기도 살고 하나님의 종도 봉양(奉養)하는 복을 누릴 수 있기를 바란다.

3. 과부의 죽은 아들을 다시 살린 엘리야 (17-24)

"이 일 후에"(17), 즉 엘리야에 의한 기적적인 식량대책이 마련된 후에 예언자를 모시고 사는 집 주인인 여인의 아들이 병들어 죽는 돌연사(突然死)가 생겼다. 우리는 여기서 세 가지 중요한 의미를 생각하게 된다.

1) 아이의 병과 죽음 (17)

이 아이는 이 과부 여인의 독자(獨子)인 것 같으며 그에게는 유일의 낙이며 희망이었으리라 생각된다. 그리고 이 아이는 그의 어머니와 같이 예언자의 기적적인 식량대책으로 살아 온 아이였다. 뿐만 아니라 그의 어머니인 과부 여인은 선지자를 돌보는 성실한 봉사자로서 선한 보상(報償)을 받을 것으로 생각되는 자이기도 하였다. 그럼에도 불구하고 이 단란한 가정에 아들이 질병과 죽음으로부터 안전한 보장을 받지 못하는 어려움에 직면케 되었다. 여기서 우리는 하나님을 의지하고 예수를 구주로 삼아 두드러진 봉사를 하고 있는 가정에도 몹시 쓰라린 고난이 닥쳐오는 경우가 있다는 점을 알아야 한다.

베드로는 "사랑하는 자들아 너희를 연단하려고 오는 불 시험을 이상한 일 당하는 것 같이 이상히 여기지 말고 오히려 너희가 그리스도의 고난에 참여하는 것으로 즐거워하라 이는 그의 영광을 나타내실 때에 너희로 즐거워하고 기뻐하게 하려 함이라"(벧전 4:12-13)라고 하였다.

이 선지자를 모시고 사는 단란한 가정에 돌연히 찾아 온 아들의 죽음은 결과적으로 선지자와 여인의 신앙을 다 같이 굳게 하려는 시험이었음을 알게 해 주는 것이다. 그러므로 우리는 고난과는 멀리 떨어져 있다고 생각하지 말고 예수를 잘 믿는 가정에도 고통, 재난, 실망, 사별 등 여러 가지 종류의 시험과 고난을 면할 수 없다는 사실을 알아야 할 것이다,

2) 고난에 대한 여인의 자세(姿勢) (18)

"여인이 엘리야에게 이르되 하나님의 사람이여 당신이 나와 더불어 무슨 상관이 있기로 내 죄를 생각나게 하고 또 내 아들을 죽게 하려고 내게

오셨나이까"(18).

이 말은 이 여인이 아들의 급사사건(急死事件) 때문에 엘리야에게 자기 심정(心情)을 말한 것으로, 이로 인하여 아들의 죽음을 대하는 여인의 심정을 알게 하는 구절이다. 언뜻 보면 이 여인이 아들의 죽음과 관련하여 선지자 엘리야를 원망하는 불신앙을 보이는 듯하지만 사실은 그렇지 않다.

"하나님의 사람이여 당신이 나와 더불어 무슨 상관이 있기로"(18a), 이는 떡 가루와 기름으로 극심한 한재(旱災)에서도 풍족한 삶을 살게 한 은인(恩人)에 대한 원망조로 보임은 사실이다. 하지만 이는 마치 베드로가 주를 만나 "주여 나를 떠나소서 나는 죄인이로소이다"(눅 5:8)라고 한 말이나, 가버나움의 한 백부장이 예수를 만나 자기 집으로 모시기를 두려워한(마 8:8) 경우와 일치된다고 보는 것이다. 당신이야말로 너무나도 거룩한 분이기 때문에 "내 죄를 생각나게 하고"(18b), 이는 그 당시 극심한 가뭄이 이스라엘의 우상숭배로 인한 것임을 그녀는 알게 되었고, 또한 그녀가 이방인으로서 자신이 시돈의 우상을 섬긴 것도 하나님 보시기에 큰 죄악인 것을 깨달아 알게 해 주셨다는 것이다(메튜 헨리). 그러므로 "또 내 아들을 죽게 하려고 내게 오셨나이까"(18), 이는 엘리야가 자기 집에 오지 않았으면 거룩하신 하나님이 자기의 죄와 부족함에 관심을 기울이지 않고 그냥 지나칠 수 있었을 것인데 엘리야 때문에 자신의 죄를 자각케 됨으로써 아들이 죽었다는 것으로, 이는 엘리야가 자기 아들의 죽음에 대한 원인 제공자이긴 하지만 그래도 이는 원망(怨望)의 대상이라기보다는 자기가 당한 환난에 대한 하나의 탄식(歎息)에 불과하다고 보아야 한다는 생각이다.

이 과부의 아들의 죽음은 어떤 죄에 대한 심판으로 일어난 것이 아니라 그것은 그녀가 여호와는 유대인만의 하나님이 아니고 이방인의 하나님도 되신다는(롬 3:29) 사실을 알도록 그녀에게 하나님의 역사(役事)를 나타내 보이기 위한(요 9:3) 수단으로 일어났다는, 보다 높은 신학적(神學的) 의미를 제시하는 것이다.

이는 엘리야가 싸우는 바알과 아세라의 본거지인 시돈에도 하나님의 택하신 구원자가 있다는 사실을 알게 하기 위한 것임을 인식할 필요를 느끼게 하는 구절이다.

3) 죽은 과부의 아들을 살리기 위한 엘리야의 기도 (19-24)

엘리야는 과부의 절망적인 슬픔의 절규를 듣고 그 여인을 상대로 말하지 아니하고 그것을 하나님께로 가져갔다. 죽음을 전제로 한 위로의 말로서는 해결의 실마리가 풀리지 않겠기 때문이다. 그는 죽은 아이를 어미 품에서 받아가지고 자기가 거처하는 다락으로 올라가서 자기 침상에 누였다(19).

그런 다음 그는 과부의 죽은 아들의 부활을 위한 열성적인 기도를 드린다. 그는 이미 기도의 능력으로 자연을 변화시키는 놀라운 상황을 일으킨 자로서 이번에는 세상이 시작된 이후로 죽은 사람을 기도로써 다시 살리려는 미증유(未曾有)의 기도를 드리는 것이다. 그리고 그의 기도는 3단계의 과정으로 진행되고 있음을 보여준다.

(1) 아이의 죽은 이유에 대한 물음의 기도(20)

"여호와께 부르짖어 이르되 내 하나님 여호와여 주께서 또 내가 우거하는 집 과부에게 재앙을 내리사 그 아들이 죽게 하셨나이까 하고"(20).

엘리야는 죽음이 아이에게 임한 것은 하나님의 명에 의한 것임을 판단하고 그 이유를 묻는다. 사람의 생사(生死)를 주관하시는 이는 오직 여호와 하나님이심을 확신하고 있기 때문이다. 이는 하나님이 내리신 재앙으로, 한재(旱災) 이외에 내리신 다른 재앙임을 지적한다. 그리고 하필 하나님의 긍휼의 대상인 과부에게 내리신 이유는 무엇이며, 또한 "내가 우거하는 집 과부에게 재앙을 내리심도 의문입니다"라는 것으로 즉 "나는 주님께서 맡기신 엄청난 과업을 수행 중이며 이를 위하여 나를 정성으로 봉양하고 있는 집에 내리신 재앙이야말로 이것 때문에 나는 비난을 받게 될 것이며 내가 우거하는 집에 죽음을 동반한다면 다른 사람들이 나에게 대접하기를 두려워할 것입니다."라고 자신의 이해관계(利害關係)에 미칠 영향에 대해서도 역설(力說)하고 있다.

(2) 아이의 부활을 위한 기도(21)

이 기사는 인간이 죽음으로부터의 부활에 관한 최초로 기록된 실례이다. 우리는 죽은 자가 부활한 기사를 이전에는 읽은 적이 없다. 그럼에도 불구하고 엘리야는 신적 충동에 의하여 이 아이의 부활을 위해 기도하고 있다. 다윗도 밧세바 사이에서 난 아이의 소생을 금식하며 기도하였지만(삼하 12:23) 그러나 다윗은 이런 권능은 소유하고 있지는 못하였다. 하지만 엘리야에게는 기적을 행할 능력이 있었다. 그는 "그 아이 위에 몸을 세 번 펴서 엎드리고"(21a), 이 기이한 행위는 학자들 간에 여러 가지 해석이 있지만 그는 자신 속에서 힘차게 부풀어 오르는 진실한 믿음의 열기를 그 차디찬 시체 속에 집어넣으려는 일념으로 그 시체 위에 자신의 몸을 엎드렸다고 보는 것이다. 즉 자신의 생명을 이 죽은 심령과 나누고 싶은 마음의 표현으로 볼 수 있다.

그리고 그는 강력하고 항거할 수 없는 절박함으로 하나님께 그가 취해 간 혼령(魂靈)을 이 차가운 몸에 되돌려 줄 것을 간구하였다. "내 하나님 여호와여 원하건대 이 아이의 혼으로 그의 몸에 돌아오게 하옵소서 하니"(21b). 이는 신학적으로도 적절한 기도이다. 즉 사람이 죽으면 혼이 몸에서 떠나고 부활하면 다시 혼이 몸과 합하는 원리에 부합되기 때문이다.

엘리야는 죽은 자를 살리기 위한 최초의 기도자이다. 그 후로 엘리사도(왕하 4:35-37). 베드로도(행 9:40-41), 바울도(행 20:7-12) 죽은 자를 살린 기사(記事)들이 있다. 또한 그리스도께서는 친히 죽은 자를 세 번이나 살리셨고(막 5:42, 눅 7:15, 요 11:44) 그리고 주 자신도 죽은 자 가운데서 부활하심으로써 기독교가 부활의 종교임을 친히 증거하셨다.

(3) 응답(應答)된 기도(21-22)

"여호와께서 엘리야의 소리를 들으시므로 그 아이의 혼이 몸으로 돌아오고 살아난지라 엘리야가 그 아이를 안고 다락에서 방으로 내려가서 그의 어머니에게 주며 이르되 보라 네 아들이 살아났느니라"(22-23).

우리는 엘리야의 기도가 응답되어 다시 부활한 아기를 품에 안고 다락을 내려올 때에 그 순간의 심정을 추상해 볼 때, 그 감격과 기쁨이 어떠하였을까 상상해 본다. 그리고 죽은 아이를 선지자에게 맡기고 안방에서 통곡하고 있던 과부 여인이 마치 잠자다가 깨어난 아기처럼 살아난 아들을 돌려받는 순간의 그 심정을 헤아려 본다면 죽음에서 생명으로의 그 감격, 그 고마움이 과연 어떠하였을까 상상이 간다.

만일 이 과부 아들의 죽음이 그대로 있었다면 그녀의 신앙도 그의 아들의 무덤 속에 함께 매장(埋葬)되었을 것이며, 또한 그녀의 영혼 역시 시들어 버렸을 것이다. 그리고 선지자 엘리야도 마치 패장(敗將)의 모습으로 그 과부의 집을 등지고 어디론가 떠나야만 했을 것이다.

하지만 엘리야의 기도가 응답되어 과부의 아들이 부활함으로써 이 과부에게는 감사에 넘치는 기쁨이 되었고 선지자는 계속 그녀의 집에 안거(安居)하면서 극심한 국가적 재난기(災難期)에 두 가지 승리의 기록을 남길 수가 있었다. 즉 기근(饑饉)에 대한 승리, 또한 죽음에 대한 승리이다.

믿음의 기도는 능히 하지 못할 것이 없다. 그러나 우리 모두가 엘리야처럼 죽은 자를 위하여 기도함으로 그를 모방(模倣)하라는 의미는 아니다. 다만 우리가 많은 죽을 영혼을 위하여 기도할 때는 그 영혼을 하나님의 능력으로 다시 살릴 수 있다는 사실은 틀림없는 진리임을 믿어야 할 것이다.

4) 하나님의 영광을 위한 여인의 신앙고백 (24)

여기서는 이 가정의 아들의 죽은 이유가 밝혀진다. 이는 하나님께 영광을 돌리기 위한 시련(試鍊)이었다. 여인은 죽었다가 다시 산 아기를 안고 다음과 같이 고백한다. "내가 이제야 당신은 하나님의 사람이요 당신의 입에 있는 여호와의 말씀이 진실한 줄 아노라 하니라"(24).

그녀는 이 아이가 죽는 고통에서 두 가지 사실을 깨달아 알게 되었음을 고백한다. 엘리야야말로 하나님의 사람이라는 확신과 그의 예언이 진실한 여호와의 말씀임을 확신하게 되었다는 사실이다. 이 여인은 이미 기근(饑饉)으로 인한 죽음 직전에서 엘리야를 통하여 밀가루와 기름의 이적을 보면서 하나님의 사람임을 알았지만 전적인 신뢰의 대상으로 생각지는 못하고 있었다. 이제 죽은 아들을 살리는 이적(異蹟)을 통하여 참 하나님의 사람으로서 전적 신뢰의 대상임을 확신케 되었고 그의 모든 예언은 하나님의 진실한 말씀으로 믿게 되었음을 고백한다.

이로써 그녀의 방황하던 신앙이 시련(試鍊)과 슬픔으로 인해 하나님께 대한 보다 분명하고 보다 고상한 견해를 얻었고, 보다 강한 신앙을 소유하게 된 것이다. 그리고 무엇보다 이 가정의 고난의 이유가 밝혀진 사실이 매우 중요하다. 모름지기 신자들이 당하는 가장 극심한 슬픔은 우리로 하여금 최고의 선(善)의 도구(道具)가 될 수 있다는 사실이다.

많은 학자들은 이 아이가 후에 엘리야의 종이 되었다고 추측한다(18:43, 19:3). 이 후로 이 여인은 다시는 예언자의 말을 의심치 않고 그가 지시하는 말씀에 온전히 순종함으로써 하나님 여호와를 섬기는 일에 전적으로 헌신하는 자세로 살았을 것이다. 엘리야 역시 이 여인의 더 정성 있는 봉양(奉養)을 받으면서 3년 6개월의 한재(旱災)가 끝날 때까지 이 평화로운 집에서 은거(隱居)할 수 있었을 것으로 추측한다.

이처럼 아이의 죽음은 하나님의 영광과 선지자의 명예를 보존키 위한 시금석(試金石)이었음을 알게 된다.

결론

본장이 제시하는 큰 문맥(文脈)은 당시 이스라엘 왕인 아합과 그의 왕후인 이세벨에 의한 바알과 아세라 우상숭배로 말미암아 만물을 주관하시는 신이 여호와 하나님이 아니라 바알이라고 믿고 있어 여호와의 종교가 크게 위협을 받고 있을 때, 땅과 자연만물을 주관하시는 주체가 바알이 아니라 여호와 하나님이심을 입증(立證)하기 위한 엘리야의 투쟁사건 중 그 초기 단계에 속하는 기록이다.

그리하여 엘리야는 여호와의 이름으로 "내 말이 없으면 수 년 동안 비도 이슬도 있지 아니하리라"(17:1)라고 아합을 찾아 선언하자 그 시로부터 가뭄이 들어 우로(雨露)가 끊어졌다. 그러자 엘리야는 하나님의 인도로 그릿 시냇가에 은거(隱居)하기도 하고 또한 먼 이국(異國)땅으로 도피행각(逃避行脚)을 하여 마침내 바알 우상의 본거지에서 여호와 하나님을 믿고 있는, 한 과부에 집에 은거(隱居)하면서 그녀의 믿음을 굳게 해 주며, 또한 자신의 신앙을 연마(鍊磨)하여 마침내 그의 생애의 절정(絕頂)인 갈멜 산상에서의 바알과 아세라 선지 850명과의 결전(決戰)의 때를 준비케 하신 것이다.

이로써 아합 왕의 잘못된 종교정책으로 말미암아 여호와의 신앙이 크게 위협을 받아 멸절위기(滅絕危機)에 처한 순간, 이것을 바로 세우는, 그야말로 영전(靈戰)의 투사(鬪士)로서의 엘리야의 장쾌(壯快)한 모습을 다음 장에서 계속 상세히 보여 줄 것이다.

갈멜 산상의 엘리야

왕상 18:1-46

본 장은 구약성서 중 가장 극적인 사건 중의 하나를 다루고 있으며, 또한 엘리야의 생애 중 최고 절정으로 볼 수 있는 바알 선지 450명과 아세라 선지 400명 합 850명을 상대로 단독으로 맞서 갈멜 산상에서 결투하는 장쾌한 장면을 보여준다. 엘리야는 이 싸움에서 승리를 거둠으로써 여호와 하나님이 참 신이심을 온 백성들이 보는 앞에서 증명하였다. 그리하여 하나님의 영광을 드러내고 우상종교를 타파하는 통쾌한 영적승리(靈的勝利)를 보여줌으로 말미암아 독자들로 하여금 긴장감(緊張感)을 느끼게 하는 기록이다.

그가 아합에게 3년 6개월 간 비가 오지 않을 것을 선언함으로써 한재(旱災)가 계속되자 아합 왕은 엘리야를 죽이려고 수사선상(搜査線上)에 올렸지만, 이번에는 다시 하나님의 말씀에 아합을 만나서 지면(地面)에 비가 내리리라는 말을 전하라는 지시에 따라 과감하게 은신처(隱身處)에서 나와서 당당하게 하나님의 말씀을 증거하는 그 용기 등은 역시 오늘의 모든 성도들에게, 그리고 주의 종들에게 큰 감동을 안겨주는 장면으로 긴장하게 한다.

오늘은 이 사실을 보여 주기 위하여 갈멜 산상에 선 엘리야의 사적을 같이 생각하면서 은혜를 받고자 하는 바이다.

1. 엘리야와 아합의 대면(對面) (1-19)

1) 여호와의 지시로 만남 (1)

"많은 날이 지나고 제삼년에 여호와의 말씀이 엘리야에게 임하여 이르시되 너는 가서 아합에게 보이라 내가 비를 지면에 내리리라"(1)

"많은 날이 지나고 제삼년"은 엘리야가 사르밧 과부의 집에 체류(滯留)한 기간을 말한다. 그럴 경우 한재(旱災)의 총 기간을 3년 6개월(눅 4:25, 약 5:17)로 볼 때는 엘리야가 그릿 시냇가에 피신기간(避身期間)을 6개월로 보며 사르밧에서의 3년간으로 계산이 된다.

엘리야는 이 3년간이라는 긴 세월 동안에 기록으로 남긴 것은 사렙다 과부를 아사(餓死) 직전에 살린 것(17:17-24)과 그녀의 아들이 병들어 죽은 것을 살린 기록 외에는 아무것도 없다. 그리고 이러한 초능력을 발휘한 두 사건마저, 그 지방에 큰 화제(話題) 거리가 되지 않는 이유는 이 사건을 엘리야와 과부 여인이 일부러 은폐(隱蔽)한 것으로 생각되며, 엘리야가 사르밧으로 간 목적이 여호와께서 아합 왕의 칼을 피하여 이국(異國)땅으로 보낸 것이며, 또한 앞서 이미 지적한 대로 바알과 아세라 숭배의 근원지인 그곳에서 여호와를 믿는 신앙을 가진 과부의 생명을 보호하기 위한 것인 만큼, 엘리야는 3년 동안 은둔생활(隱遁生活)을 하면서 기도로써 신앙훈련을 계속하며 여호와의 지시가 임하기를 오래 참아 기다린 것으로 생각할 수 있다.

그런 중 마침내 여호와의 말씀이 엘리야에게 임하여 아합에게 가서 대면(對面)하고 비가 지면(地面)에 내릴 것을 알리라는 지시를 받게 된다. 하지만 이 지시(指示)는 엘리야에게 있어서는 생명을 거는 모험이 아닐 수 없었다. 이는 이미 자신을 죽이려고 체포령(逮捕令)이 내려져 있었기 때문이며, 그 3년간에 이미 사마리아에는 기근(饑饉)이 심하였으며(2), 이세벨에 의하여 많은 선지자들이 죽임을 당하는(4) 참변(慘變)이 계속되는 그 위험을 무릅쓰고 엘리야는 이방 땅에서나마 오래 정들었던 사렙다의 과부 모자(母子)를 떠나 비록 본국이지만 생명을 노리는 아합의 면전(面前)으로 과감히 달려갔던 것이다.

오늘 우리도 역시 여호와의 지시와 그의 명령을 준행하기 위함에는 온갖 위험이 수반될 수 있게 마련이지만 그의 그 지시와 명령이 확실한 경우라면 분연(奮然)히 일어나 그의 명령을 따르는 엘리야의 용기 있는 신앙을 배워야 할 것이다.

2) 오바댜의 중재(仲裁)로 만남 (3-6)

(1) 오바댜의 인격과 신앙(3-4)

오바댜는 아합 왕궁의 "왕궁 맡은 자"(3a)로, 구역(舊譯)에는 '궁내 대신'이라고 하였는데, 이는 왕실의 재산관리인을 의미하며 요새로 말하면 재무부장관(財務部長官) 격에 해당하는 자이다. 그리고 그는 "여호와를 지극히 경외하는 자라"(3b)고 하였다. "오바댜"라는 이름의 뜻이 '여호와의 종'이란 것인 만큼, 이름에 걸맞게 하나님을 경외하는 깊은 신앙가였으며 12절에 의하면 "어려서부터 여호와를 경외하는 자라" 그대로였다. 그 증거로는 "이세벨이 여호와의 선지자들을 멸할 때에" 극심한 한발(旱魃)로써 양식을 구하기 어려운 극한 상황에서 "오바댜가 선지자 백 명을 가지고 오십 명씩 굴에 숨기고 떡과 물을 먹였더라"(4b)를 보아, 당시 "떡과 물"은 희귀(稀貴)한 양식이었으며 100명의 선지자는 아마도 선지학교의 학생들이라고 생각한다(삼상 10:1-16). 그리고 이스라엘 나라에는 동굴(洞窟)들이 많으며 갈멜산 절벽 아래만 해도 2,000개에 달하는 동굴이 있었다고 한다(Stanly, Montgomery). 이는 용기와 큰 희생이 따르는 큰일을 한 것이다.

학자들 중에는 아합 같은 악인이 오바댜 같은 고매한 인격과 깊은 신앙을 지닌 자를 어떻게 정부의 고관으로 중용(重用)하였는가에 대하여 의문을 가지며, 그 회답으로는 오바댜의 정직과 근면 그리고 재능의 소유자였기 때문일 것이라고 생각한다. 요셉과 다니엘이 왕에게 발탁(拔擢)된 것 역시 그들이 기용(起用)된 자리에는 그들만큼 적격(適格)한 자가 없었기 때문임과 동일하다. 참된 신앙을 지닌 자들은 성실성과 충성된 마음 그리고 일에 대한 열성과 능력이 있기 때문에 비록 종교가 다르더라도 그 당시 직면한 상황 아래서 없어서는 안 될 자이기 때문임을 알 수 있다.

오바댜도 이런 이유에서 오월동주(吳越同舟) 격으로 아합과 오바댜의 결속을 짐작할 수 있다.

(2) 길에서 만남 오바댜(5-16)

5-7절은 엘리야가 오바댜를 만나게 된 경위를 밝히고 있다. 기근이 수도(首都)인 사마리아까지 엄습하자 아합은 자신이 신임하는 오바댜를 대동(帶同)하고 모든 물 근원과 내(하천)를 찾아 가서 혹시 꼴을 얻어 말과 노새 등 가축을 살리려고 답사(踏査)하는 노정(路程)에 오르게 되었다.

역시 아합은 악한 왕임에는 틀림이 없다. 그는 식량난으로 도탄에 빠진 백성 따위는 안중(眼中)에 없고 다만 자기 집의 짐승을 잃지 않으려고 물 근원과 초장(草場)을 찾아 헤매고 있었으니 말이다. 이는 악정(惡政)의 극한상황(極限狀況)임을 보여주는 것으로 사람이 금수(禽獸)보다도 못하게 취급되고 있기 때문이다.

출발 전에 "두 사람"(6a) 즉 왕과 오바댜가 서로 "두루 다닐 땅"(물 근원과 초장) 즉 답사지(踏査地)를 각각 나누어 분담키로 하고, 아합은 이 길로 오바댜는 저 길로 서로 갈라졌다(6b).

오바댜가 홀로 길에 있을 때, 엘리야가 그를 만나게 된다. 오바댜가 엘리야를 "알아보고 엎드려 말하되 내 주 엘리야여 당신이시니이까"(7) 하였는데 오바댜가 초면(初面)인데도 엘리야를 알아 본 것은 그동안 엘리야를 잡기 위하여 온갖 방법을 다 동원하여 엘리야의 체구(體軀)와 외모(外貌) 특히 그의 의복 등 이른바 요새 흔히 보는 몽타지(montage)를 사방에 돌려 알려주었기 때문이라고 뉴톰슨 성경 난외주(欄外註)에서 밝힌다.

그리고 오바댜의 직책상으로는 엘리야를 즉시 체포(逮捕)해야 할 위치에 있는 자임에도 불구하고 오히려 그 앞에 엎드린 것은 그의 신앙적 자세를 나타내 보인 것으로 생각된다. 이는 아합의 신하(臣下)이면서도 아합의 도전적(挑戰的)인 자세와는 전혀 대조적임을 보여준다. 특히 "내 주 엘리야여"(7a)라는 호칭(呼稱)에서 "내 주"라면 ① 하나님께 대한 여호와의 대명사로, ② 하인이 상전에 대하여, ③ 상대방을 존대하여 부르는 대명사로 당시 사용되었다. 하여튼 오바댜는 엘리야를 길에서 우연히 만나는 순간, 선지자로서 최고의 경의(敬意)를 표하여 "내 주여"라는 호칭으로 부른 것이다. 이는 믿음으로 나라의 운명이 엘리야의 손에 달렸다고 믿었기 때문이다.

(3) 오바댜에게 중재(仲裁)를 요청(要請)함(8-16)

"그가 그에게 대답하되 그러하다 가서 네 주에게 말하기를 엘리야가 여기 있다 하라"(8). 엘리야는 오바댜의 신상(身上)을 확인하자 자신과 아합왕과의 중재자(仲裁者)가 되어 주기를 요청하였다. 직접 만날 수도 있지만 그럴 경우 뜻밖에 자신의 출현으로 왕을 놀라게 하기보다는 먼저 자신의 출현을 알리고 왕의 마음을 진정시킨 후 대면하기를 바랐던 것으로 생각된다.

하지만 오바댜는 이 명을 받자 크게 당황하며 명령 철회를 간곡히 요청하였다. 그 이유는 8-14절에서 상세히 설명한다. 그 내용의 개관(槪觀)을 요약하면 다음과 같다. 이는 "당신의 종을 죽음에 이르게 하는 명령"임을 전제하고는(9), 당신이 나라의 한재(旱災)가 임할 것을 선언하고 행방을 감춘 후에 "내 주(아합)께서 사람을 보내어 당신을 찾지 아니한 족속이나 나라가 없었는데 그들이 말하기를 엘리야가 없다 하면 그 나라와 그 족속으로 당신을 보지 못하였다는 맹세를 하게 하였거늘"(10)이라고 했다.

이는 아합이 국제수사망(國際搜査網)까지 동원하여 당신을 수색(搜索)하는 대사건인 만큼, 만일 내가 당신의 명을 따라 당신의 출현 장소를 알릴 경우, "여호와의 영이 내가 알지 못하는 곳으로 당신을 이끌어 가시리니 …그가 당신을 찾지 못하면 내가 죽임을 당하리이다"(12). 당신의 종인 나는 어려서부터 여호와를 경외하는 자로서 비록 왕의 신복(臣僕)이기는 하지만 이세벨에 의한 여호와의 선지자 학살사건(虐殺事件)에서 100명을 동굴(洞窟)에 숨겨 떡과 물을 먹여 살린 일을 엘리야에게 알리면서 엘리야의 하나님을 섬기는 자임에도 불구하고 당신의 출현을 아합에게 알리는 것만은 감당하기 어려운 명임을 하나님 여호와의 이름으로 맹세까지 하면서 (10) 철회(撤回)할 것을 간곡히 요청하고 있다.

이 문제에 있어서 우찌무라는 "가련한 아합의 궁신 오바댜여, 그대는 마음으로 여호와를 두려워하면서도 몸으로는 악한 왕을 섬기는 자이다. 그러므로 엘리야를 주(主)라 부르고(7a) 또한 아합을 주(主)라고 부르고 있어 (10a) 두 주인을 섬기고 있다. 여호와의 징벌(懲罰)을 두려워하면서도 악한 왕의 분노(憤怒)를 또한 두려워한다. 하지만 가련한 자는 그 한 사람만이 아니다. 오늘도 역시 오바댜의 지위에 있는 자는 동서고금(東西古今)에 부절히 일어나고 있다."라고 오바댜의 우유부단(優柔不斷)을 평가하였다.

그러자 엘리야는 "내가 오늘 아합에게 보이리라"(15b)라고 만군의 여호와께서 살아 계심을 두고 맹세하면서 오바댜에게 확신시켜 주었다.

3) 아합 왕과의 면담(面談) (16-20)

엘리야의 맹세에 오바댜는 안심하고 가서 아합을 만나 엘리야와의 면담을 주선한 것이다. 그리하여 아합은 엘리야를 만나러 갔고, 만나자 위협조로 말하기를 "이스라엘을 괴롭게 하는 자여 너냐?"(17)라고 했다. 악인의 눈에는 하나님의 사람은 언제나 이런 영상(映像)으로 비치게 마련이다. 이는 선지자란 악인의 죄를 간과(看過)하지 않기 때문이며, 꺼림 없이 사회의 죄악을 지적하는 연고로 예언자는 항시 평화를 교란하는 자로 세인들에게 보인다. 저들은 이 소란자(騷亂者)야말로 저들의 상처를 치료하는 자임을 알지 못하기 때문이다(우찌무라).

그러자 엘리야는 이 말을 받아서 "내가 이스라엘을 괴롭게 한 것이 아니라 당신과 당신의 아버지의 집이 괴롭게 하였으니 이는 여호와의 명령을 버렸고 당신이 바알들을 따랐음이라"(18) 하였다. 이는 백성에 대한 소란자는 예언자가 아니라 악한 정치가이며, 거짓 예언자들이다. 그리고 평화 없이 평화 평화를 부르짖는 자들이다. 그러므로 이스라엘을 괴롭게 하는 자는 엘리야가 아니라, 바로 아합 왕이며 그의 아버지의 집인 것이다. 이 사실을 엘리야는 기탄없이 말한다. 그는 왕자(王者)의 면전이 두려워서 말을 보고 사슴이라 하지 않고 까마귀를 보고 백조(白鳥)라고 하지 않는다(우찌무라).

그런 후 엘리야는 왕에게 온 이스라엘과 이세벨의 상에서 먹는 바알 선지자 450인과 아세라 선지자 400인을 자기에게 나오도록 요구했다. 그러자 아합은 이 요구에 따라서 대회(大會)를 열기로 합의하고 이스라엘 모든 자손에게로 사람을 보내 전국에 흩어져 있던 바알의 예언자들에게 갈멜산으로 출두(出頭)할 것을 명하였다(20).

아합이 엘리야의 요구를 즉시 응한 이유는 그가 엘리야를 두려워하여 감히 그의 말을 거역할 수 없었든가 아니면 엘리야의 축복으로 비가 오기를 바람에서가 아닌가 추측하기도 한다. 그 당시야말로 그만큼 가뭄이 심하여 온 나라가 비 오기를 갈망하고 있었기 때문이다.

2. 갈멜 산상의 대결(對決) (21-40)

1) 모든 백성에게 결단을 촉구하는 엘리야 (21)

엘리야는 갈멜 산상에 운집한 모든 백성에게 다음과 같이 말하였다. "너희가 어느 때까지 둘 사이에서 머뭇머뭇 하려느냐 여호와가 만일 하나님이면 그를 따르고 바알이 만일 하나님이면 그를 따를지니라 하니"(21a).

저들은 어떤 자는 하나님을 예배하고, 또 어떤 자들은 바알을 예배하여 크게 두 집단으로 나눠져 있기도 하지만, 문제는 같은 사람이 두 신을 동시에 섬기려는 것이다. 그들은 본래의 신앙을 지키기 위해서 하나님을 예배했고 이세벨의 비위를 맞추기 위해서는 바알을 섬겼던 것이다. 엘리야는 이 사실을 가리켜 "둘 사이에서 머뭇머뭇" 거림이라고 질책하였다. 그들은 여호와 예배와 바알 숭배를 함께 결합시키기를 원하였고 바알 숭배로 인해 여호와께 적대적인 자세를 보이려 하지 않았다. 그러므로 백성들은 말 한마디도 대답지 아니 하였던 것이다(21b).

즉 말하자면 여호와 예배와 우상 예배를 동시에 드리는 혼합종교로서의 양자(兩者)를 조화시키려는, 그야말로 후에 사마리아인의 특징인 반쪽 이스라엘의 정체성 확립을 바란 셈이라 할 수 있다. 그러나 하나님과 바알의 사이처럼 적대적인 관계 속에서는 하나님 편에 서지 않는 자는 그를 대적하는 자이다(막 9:38, 마 12:30).

분명히 주님께서는 "한 사람이 두 주인을 섬길 수 없다"라고 하셨고, 하나님과 재물을 겸하여 섬길 수 없음을 명확히 하고 있다(마 6:24). 하나님을 섬기는 일과 죄를 섬기는 일, 그리스도의 통치권(統治權)과 우리들 정욕의 통치권, 그 사이에서 머뭇거리는 자세는 지극히 위험한 일이다. 이는 차지도 아니하고 뜨겁지도 아니한 미지근한 신앙상태로서 주께로부터 토(吐)해 냄을 받을 자인 것이다(계 3:15-16).

이를 가리켜 호세아는 "그들의 마음이 나뉘어 있다"(호 10:2)라고 하였다. 이는 엘리야의 신적권위(神的權威)와 아합의 왕적권위(王的權威)가 다 같이 백성들에게는 무서웠던 것이므로 백성들은 한 말도 대답하지 못하였던 것이다.

2) 대결(對決)의 방법을 제안(提案)하는 엘리야 (22-25)

(1) 백성에 대한 제안(提案)(22-24)

백성들이 결정을 못하고 이중적인 태도를 취하고 있을 때 엘리야는 여호와와 바알 중 누가 참 신인지를 결정토록 제안했다. 바알 선지자들은 바알에게 제물을 드리고 그는(엘리야) 여호와께 제물을 드린다. 그러면 참 신은 하늘로부터 불을 내려 제물을 태움으로써 자신이 참 신임을 알릴 것이고 그의 이름으로 하는 기도를 응답하실 것이다.

이 대결구도(對決構圖)에서 엘리야는 백성들에게 여호와의 선지자는 "나만 홀로 남았으나 바알의 선지자는 사백 오십 명이로다"(22)라고 하였지만 실제로 이들 450명은 실행위원이었고, 그 외에 그들을 후원하는 아세라 선지자 400명이 더 있었다(19). 그렇다면 이 시합(試合)은 850대 1의 대결인 것이다.

엘리야는 송아지 두 마리를 택하여 한 마리는 바알의 예언자들이 그들의 신에게 제사를 드리게 하고 다른 한 마리는 자기가 여호와를 위하여 제사를 드리도록 하자고 제안했다. 이 일을 위하여 두 송아지를 각각 각을 떠서 나무 위에 놓고 불을 놓지 않은 상태에 두도록 하고는 그 다음에 바알의 예언자들은 그들의 신의 이름을 부르고 엘리야는 여호와의 이름을 불러서 그 결과 불로 응답(應答)하는 신이 참 하나님이라는 것을 인정하자고 제안했다.

엘리야의 이 제안에 대하여 "백성들이 다 대답하되 그 말이 옳도다 하니라"(24b)로 이 제안을 좋게 생각하였다. 그것은 이 제안이 공정하기 때문이다.

(2) 바알 선지자에 대한 제안(提案)(25)

온 백성들이 엘리야의 제안에 동의하자 엘리야는 바알 선지자에게 그 선취권(先取權)을 제안하여 "너희는 많으니 먼저 송아지 한 마리를 택하여 잡고 너희 신의 이름을 부르라 그러나 불을 붙이지 말라"(25)라고 하였다. 그가 바알 선지자에게 우선권을 준 것은 나중에 그들이 다른 변명을 하지 못하게 하기 위한 것으로 보인다고 메튜 헨리는 해석한다.

3) 불로써 응답(應答)하는 신(神)을 두고 결전(決戰) (26-40)

(1) 바알 선지자들의 헌제(獻祭)와 그 결과(26-29)

바알 선지자들이 먼저 희생물을 준비하고 아침부터 낮까지 바알의 이름을 정중하게 불렀다. 그들은 제단 주위를 돌아가며 "바알이여 우리에게 응답하소서"(26a)라고 했으나 "아무 소리도 없고 아무 응답하는 자도 없었다." 그러자 "그들이 그 쌓은 제단 주위에서 뛰놀더라"(26b). 이것은 이교도(異敎徒)의 제사장들에 의하여 연출된 무언의 제사용(祭祀用) 춤을 가리키는 것이다(카일·델리취).

이를 본 엘리야는 바알 선지자들을 조롱하면서 "큰 소리로 부르라 그는 신인즉 묵상하고 있는지 혹은 그가 잠깐 나갔는지 혹은 그가 길을 행하는지 혹은 그가 잠이 들어서 깨워야 할 것인지 하매"(27), 이 풍자적(諷刺的)인 조롱(嘲弄)은 바알이 신이 아님을 의미하는 것으로 "묵상하고 있는지"는 묵상하는 자는 사람이지 신이 아니다. "잠깐 나갔는지 혹은 길을 행하는지" 참된 신은 무소부재(無所不在)자로 시·공간의 제한을 받지 않는다. "혹은 그가 잠이 들어서 깨워야 할 것인지" 참된 신은 주무시지 않는다(시 121:3-4). 이 세 번에 걸친 엘리야의 풍자적 조롱은 모두가 바알이 참신이 아니라는 사실을 증명하는 것이다.

"이에 그들이 큰 소리로 부르고 그들의 규례를 따라"(28), 즉 그들이 제사 드리는 관습에 따라 칼과 창으로 몸을 상하게 하고 피가 흐르기까지 만들었다. 이러한 자학행위(自虐行爲)는 인신헌공(人身獻供)의 대신이며 또한 신의 연민을 환기(喚起)키 위한 하나의 광태(狂態)이다. 그 옛날 수리아 베니게 등에서 성행하던 제사행위기록(祭祀行爲記錄)에 의하면 기도자(祈禱者)들이 자신의 팔뚝을 물고 괴성(怪聲)을 지르고, 채찍으로 등을 치고, 칼로 몸에 상처를 내고 마침내 온 몸에 피를 흘렸다고 한다.

이러기를 정오가 지나 "저녁 소제 드릴 때까지 이르렀으나"(29), 저녁 소제 드리는 시각은 오후 3시경이다(출 29:38-43, 민 28:3-8). 그때까지 저들의 광란 행위(狂亂行爲)는 계속 되었다. 하지만 "아무 소리도 없고 응답하는 자나 돌아보는 자가 아무도 없더라"(29b)라고 성경은 명시한다.

이리하여 바알 선지의 광란(狂亂)의 제사는 불의 응답은 고사하고 무반응의 결과로 마감되고 말았다. 그러므로 그 현장의 운집(雲集)한 모든 백성들에게 바알이 참 신이 될 수 없다는 사실을 분명하게 확신(確信)토록 만든 결과를 낳게 된 것이다.

(2) 엘리야의 헌제(獻祭)와 그 결과(30-39)

① 헌제를 위한 준비(30-35)

바알 선지의 제사가 아무런 응답 없이 끝나자 엘리야는 그의 제사 드릴 준비를 시작했다. 그는 먼저 "모든 백성을 향하여 이르되 내게로 가까이 오라"(30) 하자 그들은 제단 주위를 둘러서도록 엘리야 앞으로 다가왔다.

이는 엘리야에게 어떤 기만적 술책(欺瞞的術策)이 있는 것 아닌가 하는 의심을 피하게 하기 위하여 그들로 하여금 자신이 행하는 일을 직접 보여 주기 위함이었다(口語舊約聖書略解).

첫째는 제단수축(祭壇修築)이다(30b). 엘리야는 바알 제사로 더러워진 그들의 제단을 사용하지 않고 따로 기존(旣存)의 한 제단을 수리했다. 신축(新築)이 아니라 예루살렘 성전 완성 전에 여러 곳에 여호와를 위한 산당(山堂)의 제단들이 많았는데(3:2), 이것들이 이세벨 박해(迫害)로 파괴된 것을 다시 수축(修築)했다. 새 제단을 세우지 않고 다른 기존(旣存) 제단을 수축한 것은 그가 어떤 새로운 종교를 소개하려는 것이 아니라 옛 여호와의 신앙을 부흥시킴을 의미한다. 즉, 이삭이 옛 조상(祖上)의 우물에서 생수를 찾은 것과 마찬가지다(창 26:17-18). 이는 또한 첫 사랑의 회복을 뜻하는 것이기도 하다(계 2:4-5).

그리고 "엘리야가 열두 개의 돌을 취하여" 세운 것은 이는 야곱이 벧엘에서 이스라엘이라는 새 이름을 받고 그에게서 낳은 열두 지파를 상징하는 것으로(창 35:10-11), 지금은 비록 남·북으로 서로 갈려 있지만 엘리야의 제단은 12 지파가 합하여 제사 드림을 의미하며, 또한 지금 북 왕국 10 지파에 속하여 아합과 이세벨의 계략(計略)에 유혹되어 이스라엘의 하나님 대신 바알을 섬기는 타락한 후손들에게 수치(羞恥)를 주기 위함으로써 이제부터는 여호와를 섬기는 자신과 같이 바알과 싸워야 할 것을 격려하기 위함이었다(메튜 헨리).

둘째는 제단 주위에 도랑을 만들었다(32b-36). "제단을 돌아가며 곡식 종자 두 세아를 둘 만한 도랑을 만들고"(32), 제단으로 돌아가며 사방에 도랑을 판 것은 제단 위에 나무를 버리고 송아지를 잡아 각을 떠서 그 위에 놓고 통 넷에 물을 채워다가 번제물과 나무 위에 부어 세 번 거듭 물을 부으면 그 물이 흘러 도랑에 가득 차게 하기 위함이다(33-34). 또한 이렇게 하는 목적은 물 때문에 사람이 제단에 근접할 수 없게 하기 위함이며,

또한 사람이 점화(點火) 할 수 없고 다만 하나님의 기적으로만 점화됨을 보여 주기 위함이다. 그리고 그 화력(火力)이 매우 강하여 제물을 다 태우고 그 주변의 돌과 흙까지 태우는(38) 장면 역시 보여주기 위함이다(뉴톰슨 성경 난외주).

"곡식 종자 두 세아를 둘 만한 도랑"(32b), '세아'(seah)는 계량단위(計量單位)로 1세아는 7.6리터인 만큼, 두 세아라면 15리터의 곡식 종자를 뿌릴 수 있는 면적(面積)에 해당하는 도랑의 규모를 의미한다. 그리고 "통"(JAR)은 당시 여인들이 물을 길을 때 사용한 항아리이며(창 24:4, 왕상 17:12), 과거 우리나라 여인들이 머리에 이어 나르던 물동이를 생각하면 그 용량(容量)을 대체로 짐작 할 수 있다.

② 엘리야의 기도(36-39)

첫째는 기도 시간에 대한 언급이다. "저녁 소제 드릴 때에 이르러"(36a). 그가 기도드리는 시간이 여러 가지 준비를 하다 보니 자연히 저녁 소제 드리는 시간이 되었다는 것이 아니라 저녁 소제 드리는 시간에 맞추어 정하였다고 보아야 한다. 왜냐하면 이는 예루살렘 성전에서 저녁 소제 드리는 시간과 맞추기 위한 것으로서 엘리야의 제단은 예루살렘의 성전제사(聖殿祭祀)와 상통(相通)함을 의미하는 것임을 의식적(意識的)으로 생각한 시간배정(時間配定)이라고 봄이 타당하다고 생각된다(메튜 헨리).

둘째는 기도의 내용이다(36b-37). 기도의 대상자로서의 "아브라함과 이삭과 이스라엘의 하나님," 이는 전통적(傳統的)인 가장 존엄한 격식을 따른 기도의 대상이다(출 3:6). 이는 바알 선지자들의 거짓된 바알제사에 대한 이스라엘의 역사적 신으로서의 여호와임을 강력하게 선포하는 것이다.

바알의 예언자들이 광란적(狂亂的)이며 6시간 정도의 긴 제사 의식과 달리 엘리야의 기도는 아주 간단하고 명료하였다. 그 내용은 두 가지이다.

그 하나는 하나님의 영광을 위한 기도이다(36b). 엘리야는 자신이 쌓은 제단에 불을 내리시기를 바라면서 그렇게 됨으로써 이스라엘의 하나님 여호와께서 이스라엘 중에서 하나님 되심과 자신이 주의 종인 것을 저들이 알게 됨으로 인하여 하나님께 영광을 돌리게 해 달라는 기도를 드린다. 이는 저들 온 이스라엘 백성들이 하나님 대신 바알을 섬김으로써 하나님의 영광을 가리고 있었기 때문이다.

다른 하나는 백성들의 회심(回心)을 위한 기도이다(37). "이 백성에게 주 여호와는 하나님이신 것과 주는 그들의 마음을 되돌이키심을 알게 하옵소서 하매." 이는 여호와께서 불로 응답하심으로써 저들(온 이스라엘)이 마음을 돌이켜 오직 유일신(唯一神) 여호와의 신앙으로 환원(還元)되어 하나님은 다시 저들에게 자비의 단비를 내려 풍성한 은혜를 받는 백성이 되기를 기원한다.

이 기도야말로 유다까지도 포함한 전체 이스라엘의 신앙부흥과 국가융성(國家隆盛)의 장래를 걸고 드리는 기도가 아닐 수 없었다.

③ 불로 응답(應答) 된 기도(38)

엘리야의 기도는 기도를 다 마치기도 전에 즉시 응답 되었다. 그리하여 "이에 여호와의 불이 내려서 번제물과 나무와 돌과 흙을 태우고 또 도랑의 물을 핥은지라"(38). 이 불은 초자연적으로 내려온 여호와의 불을 가리킨다(레 9:24, 대상 21:26, 대하 7:1). 사람이 나무를 태우는 불이나, 번개와 같은 자연현상(自然現象)의 불과는 구별된다. 이 불이 강력하여 제물과 나무를 태울 뿐 아니라 흙이나 돌까지 태워 부서뜨려 가루가 되게 하며 도랑에 물까지 즉시 증발(蒸發)해 버린 강력성(强力性)을 지니고 있었기 때문이다.

메튜 헨리는 돌과 흙까지 태워 내린 이 제단은 그 후 완전히 파괴(破壞) 되었는데, 그것은 이 제단이야말로 엘리야가 드린 단 한 번의 제사로 족하며, 이후로는 남·북이 통일되어 산당(山堂)에 있는 모든 제단(祭壇)은 완전히 파괴 되어야 하며, 이 후로 그들의 제사를 위해서는 예루살렘에 있는 성전(聖殿)의 제단만이 남아 계속 사용되어야 함을 시사(示唆)해 주는 것이라고 보는 바이다.

모세의 제단과 솔로몬의 제단은 하늘에서 내려온 불로 성별(聖別) 되었지만, 이 엘리야의 제단은 그와 같은 불에 의하여 소실(燒失)되었다. 이 제단은 그 당시 상황에서 아합과 바알숭배자들을 벌하기 위하여 하나님의 특별 배려(配慮)로 잠정적(暫定的)인 정당성을 인정받은 것이었기 때문이다. 만일 이를 그냥 두어 보존 된다면 예루살렘의 성전에 대항(對抗)하는 엘리야 성전이 생겨 날 수도 있을 수 있기 때문일 것이다.

④ 장쾌(壯快)한 승리의 기도(39)

이 기도의 결과는 바알과 아세라 선지 850대 1의 경쟁에서 완전 승리를 거두었다. 이 광경을 엘리야의 요청으로 가까이 와서 직접 목격한 "모든 백성이 보고 엎드려 말하되 여호와 그는 하나님이시로다 하니"로 여호와 그가 하나님이심을 깨닫게 되었고 확증을 얻게 됨으로써 엘리야의 완전승리로 자연히 판정(判定)이 났다.

엘리야는 자신의 승리가 확정되자 바알의 선지 450명에 대한 체포령(逮捕令)을 내리고 도망치는 저들을 습격하여 체포하는 즉시 기손 시내로 끌고 가서 거기서 모두 살해했다(40).

일본의 성서학자 우찌무라는 이 사실을 가리켜 엘리야의 성공 후에 오는 큰 실패로 간주하고 있다. 이는 이세벨이 여호와의 예언자를 죽인 그 죄에 대한 보복(報復)으로 보고 만일 나사렛 예수께서 엘리야의 입장에 계셨다면 그런 잔인한 살인은 하지 않았을 것이라고 하였다. "엘리야는 위인(偉人)이다. 그러나 하나님의 아들은 아니다. 그는 우상 신의 예언자를 죽임으로써 결국 그 심령(心靈)에서 성령이 떠나가는 비참한 상태에 이르게 된다. 그것은 다음 장을 보면 알게 된다."(우찌무라 전집 자유인용)라고 해석하고 있다.

하지만 카일이나 메튜 헨리 등은, 이는 이세벨의 참 선지자를 죽인 데 대한 보복이라기보다는 우상 숭배자를 죽이고 거짓 선지자는 멸하라는 구약의 기본 율법(신 17:2-3, 13:13)을 수행하기 위한 행위로서 그 정당성(正當性)을 인정하고 있다. 구로자끼 주석도 "엘리야의 이 준엄한 가차 없는 처분에 대하여 비난의 소리도 있다. 엘리야도 사람이다. 그러므로 과오(過誤)가 없을 수는 없다. 그러나 이 거짓 예언자에 대한 처분은 마지막 날에 거짓 종교가(宗敎家), 거짓 교사(敎師)들의 운명의 표본(標本)인지도 모른다."라고 정당성(正當性)을 인정하였다.

3. 비 오기를 바라는 엘리야의 기도 (41-46)

불로 응답된 기도를 드려 바알 선지와 싸워 이김으로써 이스라엘의 전통적(傳統的)인 여호와의 종교를 위기일발(危機一髮)에서 살려낸 엘리야는 이번에는 비가 오기를 바라는 기도를 드리고 있다.

그는 제단에 불이 내리기를 바라던 열심으로 이제는 가물어 메마른 땅에 비가 내리기를 기도한다. 그의 드린 이 순간의 기도는 네 가지 특징을 지니고 있다.

1) 확신(確信) 있는 기도이다 (41)

"엘리야가 아합에게 이르되 올라가서 먹고 마시소서 큰 비 소리가 있나이다"(41)

엘리야는 지금 기손 시냇가의 바알 선지 450명 살해현장부근(殺害現場附近)에 있는 듯한 아합에게 갈멜산 위 어느 지점(카일은 제사 현장이라함)에 왕을 위한 처소로 올라가서 거기 준비된 식사(食事)를 하라고 권한다. 아합 왕은 엘리야와 바알 선지자들이 결전(決戰)하던 숨 막히는 시간과 엘리야에 의하여 죽임 당하는 참상(慘狀) 때문에 긴장 속에서 금식(禁食)하고 있음을 말해준다.

이때 엘리야가 왕에게 먹고 마시기를 권한 것은 곧 비가 내릴 것을 확신하고 있었기 때문이다. 그리고 그는 왕에게 "큰 비 소리가 있나이다"(41b)라고 하였다. 엘리야는 바로 1절에서 "너는 가서 아합에게 보이라 내가 비를 지면에 내리리라"는 약속을 받았기 때문이며, 바로 이 순간 아합을 비롯한 주변 누구에게도 구름한 점 없는 날씨로 아무런 소리도 들리지 않았지만 엘리야의 귀에는 빗소리가 들리고 있었다는 것이다.

초대교회 성령 강림 시 "급하고 강한 바람 같은 소리가 있어 그들이 앉은 온 집에 가득하며"(행 2:2)라고 하였으나 이 순간 비 소리를 들은 자는 오직 엘리야뿐이다(41). 엘리야는 이미 하나님의 약속을 받은 이상(1) 비가 내릴 것을 확신하였을 뿐 아니라 이 순간 그 소리를 영(靈)의 귀로 듣고 있었다는 것으로, 그 만큼 그의 기도는 확신 있는 성취(成就)를 바람에서 아합에게 금식해제(禁食解除)를 권하고 안정을 시킬 만큼 확신 있는 믿음으로 드리는 도고자(禱告者)였다.

2) 간절한(특이한 자세) 기도이다 (42)

아합이 식사(食事)하고 있는 사이 엘리야는 산상으로 올라갔다. 갈멜산은 해발 540m의 산이다. 이 산정(山頂)에서 사환 한 명만 데리고 정상(頂上)으로 올라가서 바다 쪽을 바라보고 구름이 떠오르거나 기후(氣候)에 이상변화(異狀變化)가 생기면 알리라 하고는 정상에서 홀로 기우제(祈雨祭)의 간절한 기도를 드리고 있다.

이 순간 그의 기도 자세(姿勢)는 특이하다. "땅에 꿇어 엎드려 그의 얼굴을 무릎 사이에 넣고"(42b)라고 하였기 때문이다. 엘리야의 이 특이한 기도 자세에 대하여 학자들 간에 해석이 분분하다. 메튜 헨리는, 땅에 꿇어 엎드린 자세는 하나님 앞에 겸손과 경외심을 갖고 끈질기게 조르는 자세라고 하였고, 그 얼굴을 무릎 사이에 넣고는 "머리를 너무 숙여서 무릎 사이까지 닿았다는 뜻이다."라고 하였다. 뉴톰슨은 이 자세는 "황홀경(恍惚境)에 입신(入神)한 자의 자세이다."라고 하였다. 이 특이한 기도 자세를 둘로 나누면 이해가 가능하다. 엘리야가 "땅에 꿇어 엎드려" 기도하기도 하고 또한 "얼굴을 무릎 사이에 넣고", 이는 사람이 "쪼그리고 앉아서 얼굴을 두 무릎 사이에 숙여 넣은 자세"로 보면 된다. 하지만 이 둘을 한 가지 동작(動作)으로 하기는 어렵지만 그럴 경우는 이미 말한 메튜 헨리의 해석이 가장 적절하다고 본다. 즉 무릎을 꿇고 두 무릎을 벌리고 그 사이에 머리를 숙여 닿도록 하면 어렵기는 하나 가능성이 있다고 보는 것이다.

헤세드 주석은 어떤 자세건 이는 간절히 기도하는 자세라고 하였다. 야고보서에 "그가 비가 오지 않기를 간절히 기도한즉 삼 년 육 개월 동안 땅에 비가 오지 아니하고 다시 기도하니 하늘이 비를 주고 땅이 열매를 맺었느니라"(약 5:17-18) 하였다.

그러므로 이 기이(奇異)한 엘리야의 기도 자세(姿勢)는 간절히 기도하는 모습이라고 보면 될 것이다.

3) 끈기가 있는 기도이다 (43-44)

엘리야는 비 오기를 위하여 간절히 기도하고, 사환에게는 좀 더 높은 곳으로 올라가서 서편의 지중해를 바라보며 구름과 바람 등 기상변화(氣象變化)를 살피고 오라고 하였다. 즉 엘리야는 비 오기를 기도하고, 사환은 기도의 응답으로 생기는 일기의 변화를 관찰하라는 것이다.

그런 다음 일곱 번까지 거듭 보고를 명한 것이다. 즉 엘리야는 일곱 번

기도하고 사환은 일곱 번을 보고한 것이다. 사실은 여섯 번까지 "아무것도 없나이다"(43b)였다. 인간으로부터 오는 소리는 오늘도 여전히 낙담과 실망의 소리가 들리게 마련이다. 하지만 엘리야는 낙심하지 않고 계속 기도하였다. 일곱 번째 이르러 "바다에서 사람의 손 만한 작은 구름이 일어나나이다"(44a)라는 보고를 받자 ,속히 아합에게 가서 "비에 막히지 아니하도록 마차를 갖추고 내려가소서 하라"(44)고 전하라는 말을 한다. 이는 큰 비가 내릴 것을 손 만한 작은 구름이 떠오른다는 보고를 듣는 즉시 와디(wadi)천(川)인 기손 강물이 불어나면 왕의 귀가(歸家) 길이 막힌다는 뜻이다. 그는 손 만한 작은 구름이 떠오른다는 작은 보고를 듣자마자 이스라엘 전 지역에 비가 내림으로 국가적(國家的) 이익(利益)이라는 엄청난 문제를 생각했다. 큰일은 언제나 작은 것에서부터 시작된다.

일곱 번은 하나님의 수(數)이며 완전 수이다. 엘리야는 일곱 번까지 계속 기도하면서 또한 계속해서 기다림으로 그의 목적에서 이탈되지 않았다. 우리는 이 기사(記事)에서 어떤 경우든 끝까지 낙심하지 말고 기도를 계속하라는 교훈을 받게 된다.

4) 성취(成就)된 기도이다 (45-46)

"조금 후에 구름과 바람이 일어나서 하늘이 캄캄해지며 큰 비가 내리는지라"(45a)

엘리야는 기다려야 했지만 그러나 하나님은 그 기도에 응답하셨다. 이 순간 엘리야 선지의 마음속에 밀어 닥쳤을 그 환희(歡喜)의 감정을 어느 누가 상상할 수 있겠는가?

기도의 성취(成就)는 일곱 번 만에 왔다. 일곱은 축복의 수이다. 일곱째 날은 축복의 날이다. 여리고 성은 7일 만에 무너졌고(수 6:15-20), 나아만의 나병도 일곱 번 만에 고침을 받았다(왕하 5:14). 오순절 성령 강림도 칠

칠(77)절에 성령의 단비가 내렸다. 그때까지 120명이 성령의 단비가 내리기까지 인내하며 기다린 것이다. 오늘의 한국 교회도 끝까지 낙심하지 말고 기도하면 세찬 성령의 바람을 타고 오는 풍성한 은혜의 단비를 맛 볼 수 있을 것이다.

4. 비 온 후에 엘리야 (45a-46)

큰 비가 내림과 함께 아합은 엘리야의 전하는 말을 듣고 마차를 타고 그의 별궁(別宮)이 있는 이스르엘로 갔으며, 엘리야는 여호와의 능력을 다시 받아 "그가 허리를 동이고 이스르엘로 들어가는 곳까지 아합 앞에서 달려갔더라"(46). 이 구절은 엘리야가 대승(大勝)을 거둔 후에 아합과의 관계를 가진 사실을 말하지만 이해(理解)하기 어려운 난해절(難解節) 중 하나이다. 여기서 다시 여호와의 능력이 엘리야에게 임한 것은 원문에는 "여호와의 능력"을 "여호와의 손"(the hand of the LORD)이라고 되어 있는 만큼, 이는 엘리야가 아합을 만나기 위해 마차(馬車)를 타고 달리는 왕의 마차에 앞서 달리기 위하여 여호와의 손이 그를 도와서 마차보다 더 빨리 왕궁에 도착하게 만들었다고 해석한다. 이는 아합 왕도 엘리야의 승리와 바알 선지의 패망을 친히 목도(目睹)한 이상, 그리고 엘리야의 기도로 그쳤던 비가 다시 내림도 직접 체험한 이상, 엘리야는 왕을 만나 왕후(王后)에 대한 조치(措置)나 아합의 종교정책(宗敎政策) 등 논의(論議)가 있어야 했기에 마차를 타고 가는 왕을 앞서 가도록 성령의 능력이 필요했기 때문이리라 수긍(首肯)이 간다.

하지만 "그가 허리를 동이고 활동을 준비하고 아합이 탄 마차를 앞서 갔다는 사실을 가리켜 왕의 마차(馬車)를 호위(護衛)하기 위하여 마차 바로 앞에서 달렸다"고 해석하는가 하면(카일·델리취), 사토리우스(Satorius)

는 "왕 앞에서 그의 초인적(超人的)인 능력을 또 다시 나타냄으로써 하나님께서 참 선지자를 통해서 하시는 일들은 결코 저지(沮止)되거나 중단될 수 없음을 보여 주기 위한 것이라."고 해석한다. 또한 메튜 헨리는 "아합은 마차(馬車)를 타고 갔으나 엘리야는 도보(徒步)로 아합 앞에서 달렸다. 만일 아합이 엘리야를 존경의 대상으로 생각하였다면 마치 에디오피아 내시가 빌립에게 하였듯이(행 8:31) 자기 마차에 함께 동승(同乘)시켰을 것이며 이스라엘 장로들 앞에서 그에게 존경심을 표명(表明)하고 왕정개혁(王政改革)에 따른 문제 등을 협의(協議)하였을 것이다. 그러나 그는 자신의 행위를 뉘우치지 않았기 때문에 일부러 엘리야를 피(避)하였던 것이다."라고 하였다.

이상의 해석 중 엘리야가 왕의 마차를 호위(護衛)하기 위하여 마차 앞에서 달렸다는 설은 수긍(首肯)이 가지 않으며, 차라리 사토리우스의 주장이 옳다는 생각이 든다. 어쨌든 여호와의 손이 엘리야와 함께 하심은 아합 왕을 만나서 갈멜 산 사건 이후에 왕과 종교정책(宗敎政策) 내지 국가의 장래 문제를 상의하기 위하여 왕궁까지 가도록 능력을 주신 것만은 확실하다고 볼 수 있다.

이리하여 갈멜 산상에서 버려졌던 엘리야와 바알 선지자들과의 승패(勝敗)를 가름하는 대결(對決)로서의 이 굉장(宏壯)한 드라마는 엘리야의 대승(大勝)으로 서서히 막을 내리고 있는 것이다.

호렙 산의 엘리야

왕상 19:1-21

본 장에서 보이는 호렙 산의 엘리야는 전장의 갈멜 산상의 엘리야와는 완전 대조를 이루는 모습을 보여준다. 갈멜 산상에서 바알과 아세라 선지 850대 1의 경쟁에서 완전 승리하고 그들을 기손 강변에서 처단하여 일대 종교숙청을 단행한 용감무쌍한 엘리야와는 달리, 이 소식을 아합 왕에게서 전해들은 왕후 이세벨이 자신의 패배의식(敗北意識)을 예감한 듯 사신을 엘리야에게 보내, 살해결의(殺害決意)를 전하자 엘리야는 아무런 저항(抵抗)도 하지 못하고 유다 남쪽 끝에 있는 브엘세바를 거치고 이스라엘 백성이 유리방황하던 바란광야를 거쳐, 마침내 모세가 부름 받은 호렙 산으로, 그 먼 거리까지 도피행각(逃避行脚)을 하는 초라한 모습으로 돌변했다.

우리는 이런 엘리야의 나약한 모습을 보면서 그 이유가 무엇이며 그 결과는 어찌 되었나에 대한 사실을 배우는 것이 오늘의 과제임을 전제하고 호렙 산의 엘리야를 생각해 보고자 하는 바이다.

1. 이세벨의 공갈(恐喝)과 호렙으로 도피한 엘리야 (1-8)

1) 이세벨에게 전한 아합의 증언(證言) (1)

아합 왕이 갈멜 산상에서 되어진 850대 1의 대결에서 엘리야의 승리로 끝난 사실과 450명의 바알 선지자들이 백성들의 추격(追擊)을 받아 기손 강변에서 살해된 사실을 친히 보고, 큰 비가 내릴 것이라는 메시지까지 받고는 황급히 마차(馬車)를 타고 이스르엘 별궁(別宮)으로 돌아왔다. 그리고 마침 기다리고 있는 이세벨에게 "엘리야가 행한 모든 일과 그가 어떻게 모든 선지자를 칼로 죽였는지를" 다 말하였다. 아합이 이세벨에게 엘리야의 장쾌한 역사는 축소(縮小)시켰고 거짓 선지자의 죽음에 대하여는 과장(誇張)시켰음을 보게 된다. 엘리야가 갈멜 산상에서 행한 바알 선지와의 대결에서 여호와가 참 신이라는 점을 친히 눈으로 본 이상, 아합 왕은 이세벨에게 신앙고백(信仰告白)적인 증거를 할 절호의 기회가 주어졌음에도 불구하고, 즉 바알의 선지자들이 기도에 실패한 것, 엘리야의 기도로 하늘에서 불이 내려 제물을 전소시킨 것, 백성들이 엘리야를 지지한 것, 그리고 엘리야가 다시 기도하자 큰 비가 내린 것 등 생생한 신앙고백적 사실은 축소(縮小)시키고 반면에 바알 선지의 죽임 당한 비참한 사실을 더욱 과장(誇張)하여 부각(浮刻)시키려는데 치중한 사실이 명백히 드러나 있다. 역시 아합은 신앙양심을 속이고 불신앙을 노출시키는 악한 왕임에 틀림이 없다.

2) 이세벨의 공갈적(恐喝的) 선언(宣言) (2)

이세벨은 아합의 상황전달(狀況傳達)을 듣는 사이 즉시 "사신을 엘리야에게 보내어 이르되 내가 내일 이맘때에는 반드시 네 생명을 저 사람들 중 한 사람의 생명과 같게 하리라"(2)라는 하나의 공갈적(恐喝的)인 선언을 하였다. 여기서 "저 사람들 중 한 사람"은 엘리야에게 죽임 당한 바알의 선지자를 지칭한다. 그녀는 자기의 신들을 두고 맹세까지 하면서 마치 미친 사람처럼 사납게 날뛰며 내가 만일 엘리야를 죽이지 못하면 내 자신이 저주를 받을 것이라고 살해의지(殺害意志)의 강도(强度)를 높였다.

하지만 그는 당장 죽이고 싶지만 내일로 미룬 것은 즉시 살해(殺害)할 상황이 못 되기 때문으로 그것은 대다수의 국민이 엘리야 편에 서 있기 때문이다. 그러므로 이것은 하나의 엄포에 불과한 협박공갈임을 알 수 있다. 그러므로 그를 당장 죽일 수는 없고 내일이라는 하루 동안의 시간 여유를 주어 자신의 살해의지(殺害意志)를 밝힘으로써 엘리야로 하여금 겁을 주어 멀리 도망가게 하려는 속셈임을 알 수 있다.

그녀가 믿는 그녀 자신의 신(神)은 맹세를 지키지 않는 그녀에게 아무런 징벌(懲罰)을 내리지 못하였다. 이것만 보아도 그들이 믿는 바알 신이란 하나의 허수아비에 불과할 뿐임을 알게 된다.

3) 엘리야의 도피행각(逃避行脚) (3-8)

그런데 이상하게도 이세벨의 이 협박공갈이 엘리야로 하여금 멀리 도망가게 하기에 충분할 마큼 그녀의 계획은 적중(適中)되었다. 그리하여 엘리야의 도피행각은 3단계로 이뤄지게 된다.

(1) 이스르엘에서 브엘세바로(3)

"그가 이 형편을 보고 일어나 자기의 생명을 위해 도망하여 유다에 속한 브엘세바에 이르러 자기의 사환을 그 곳에 머물게 하고"(3). "그가 이 형편을 보고"는 그 당시 상황이 갈멜 산에서 승리 직후, 왕과 이세벨이 민중의 봉기(蜂起)를 두려워하여 자신들의 잘못을 깨닫고 우상을 타파함으로써 하나의 종교적 쇄신과 아울러 여호와의 지시를 따르는 국가정책(國家政策)의 변화가 생기리라고 엘리야는 생각하였다.

하지만 그 기대와는 달리, 왕이 현장목격자로서 여호와의 승리보다는 450명의 바알선지 살해 장면을 과장전달(誇張傳達) 함으로써 이세벨을 통하여 엘리야 처단을 하도록 만든 것 같은 비 신앙적 행동이, 당시 세기(世紀)의 악녀(惡女)이며 바알 신의 도입(導入)과 아울러 그 신앙집단의 사제(司祭)인 왕후 이세벨을 부추겨, 엘리야 살해분위기에 이르자, 엘리야는 "이 형편을 보고" 그도 우리와 심정이 같은 인간인지라 갈멜 산에서의 그 기백(氣魄)은 다 어디로 가고 하나의 나약한 인간성의 추태를 보이며 도피행각을 취한 가련한 행려자(行旅者)의 모습으로 변모(變貌)되었다.

이는 하나님의 영(靈)이 그에게서 떠났음을 의미하며 아울러 성령이 그에게서 떠난 이유를, 성서학자 우찌무라는 다음과 같이 지적한다. 엘리야가 바알 선지 450 명을 기손 강변에서 살해한 살인죄(殺人罪)를 지은 것 때문이라는 것이다. 살인자는 자신 역시 그처럼 죽임 당할 위기에서는 공포(恐怖)를 느끼게 마련이다. 이때 그는 악녀(惡女)의 공갈에 대하여 고비원주(高飛遠走)의 길을 택하기보다, 하나님 앞에 호소하여 성령의 능력을 회복할 생각은 하지 않고 무력한 자신의 생명의 안전책(安全策)으로 고안(考案)한 것이 고작 고국을 등지고 유다로, 그리고 무인 광야로, 그 다음은 호렙 산으로 장거리의 도피행각을 취해야 하는 가련한 신세로 전락(轉落)하고 말았다.

이스르엘에서 브엘세바라면 그 거리가 약 160km(400리)이며 "브엘세바"는 "맹세의 우물"이란 뜻으로 초기족장인 아브라함과(창 21:23), 이삭(창 26:23), 야곱(창 46:1) 등이 거주(居住)하던 곳이며 유다와 시므온 지파에 속한 가나안 최남단의 성읍이다. 이처럼 먼 곳까지 이세벨의 칼을 피하여 단숨에 고비원주(高飛遠走)하는 나약성(懦弱性)을 보였다.

그는 이 순간 자신의 사명을 망각한 자였다. 보통 사람이라면 몰라도 엘리야의 변절(變節)은 이스라엘 왕국에 치명타(致命打)를 가하는 것인 만큼, 그는 순교를 각오하고 그 땅에 있어야 할 위치에 있는 자이다. 그는 갈멜 산 헌제(獻祭) 이후 자기의 승리를 자축하며 자기를 따라 바알 선지자를 기손 강변에서 살해할 만큼 자신을 신뢰하던 수많은 국민을 사지(死地)에 버려둔 채, 홀로 살겠다고 이곳까지 온 그의 나약성을 슬퍼하지 않을 수 없다.

그러나 하나님께 대한 믿음이 상실될 때에는 평소에 평신도(平信徒)들이 보기에 "저 분은 꼭 순교할 거야."라고 믿었던 자가 변절(變節)된 배신자(背信者)가 되는가 하면 "나약한 평신도 중에서 용감한 순교자(殉敎者)가 난다"는 사실, 이는 그 누구도 자신할 수 없는 것이 믿는 자의 정체이다.

이 순간의 엘리야는 자기 사명을 저버린 가장 초라하고 가련한 모습으로 그 누구도 동정을 불허할 만큼 하나의 배신자로 변모된 상태였다.

(2) 브엘세바에서 광야(廣野)로(4-7)

브엘세바에 이른 엘리야는 그제야 안도의 숨을 내쉬었을 것이다. 그 곳은 여호사밧 같은 선량한 유다 왕이 다스리는 영토 내에 있었기 때문이다. 하지만 엘리야는 거기서 안주(安住)할 자가 아니다. 적어도 그의 도피는 단순한 이세벨의 칼을 피하려는 데 있지 않고 그래도 이스라엘 율법의 본산인 호렙을 목적으로 한 것이기 때문이다.

그러므로 그는 자기의 사환(使喚)을 안전한 브엘세바에 남겨둔 채 자기 혼자 광야로 들어갔다(3). 이 광야는 바란 광야로 추측하며 그렇다면 이스라엘 백성들이 출애굽 시 시내 산으로 가고 오며 오래 방황하던 곳으로 브엘세바에서 남쪽 시내 산으로 가는 길목에 있다. 이 사환은 유대의 전통에 따르면 엘리야가 아합의 체포령으로 3년간 은신(隱身)하였던 사렙다 과부의 아들이라고 한다. 그는 아직 나이 어리고 광야생활을 견딜 상황이 아닌 때문이기도 하지만 그는 옛 조상들과 같이 광야에서 홀로 기도하기 위함에서 남겨둔 것이라고 생각한다.

① 죽기를 원하는 기도(4-7)

그는 하룻길 쯤 호렙산 쪽으로 가서 한 로뎀나무(광야의 식물로 지금도 아라비아, 인도 등지에서 가장 환영받는 2~3m 높이의 관목) 아래서 죽기를 원하는 기도를 드렸다. 그가 이런 기도를 드린 것은 그의 심신(心身)이 매우 피곤한 상태임을 보여 주기도 하지만 여기서 비로소 여호와를 만나자, 마치 어린애가 엄마 품에 안겨 어리광을 부리듯이 "하나님, 나 죽고 싶어요." 한 것뿐으로 본다. 그는 이세벨에 의하여 많은 예언자들이 죽임을 당함으로 이세벨과 바알 숭배자들이 승리의 찬가(讚歌)를 부르고 하나님을 모욕하는 일이 없도록 하기 위하여 사실 이곳까지 온 것이다. 이제 한숨 돌리고 인적부도처(人迹不到處)인 이곳에서 여호와의 품에 안기고 보니 "하나님, 나 죽고 싶어요 죽여줘요." 하는 일종의 행복감(幸福感)에서 나온 어리광이라고 할만하다. 즉 주님 손에 죽는다면 아무런 여한이 없다는 의미이다. "나는 이것으로 족합니다. 나는 할 만큼 하였고 견딜 만큼 견디어 냈습니다. 이제 더 사는 것이 의미가 없습니다. 나는 내 열조보다 낫지 못하나이다. 나는 그들보다 더 버티어 낼 능력이 없습니다(4-5a)라는 솔직한 고백적 기도이다."(이상 메튜 헨리 강해 자유인용). 그러고는 마치 어린아이가 엄마 품에서 사르르 잠들듯이 로뎀나무 아래에 누워 잠이 들었다(5).

② 여호와의 위로와 급식(給食)(5-7)

"천사가 그를 어루만지며 그에게 이르되 일어나서 먹으라"(5b). 마치 어머니가 조반을 지어놓고 잠자는 아들딸을 어루만지며 "일어나서 조반 먹고 학교 가야지." 하듯 천사는 잠자는 엘리야를 깨웠다. 여기서 깨우는 자를 "천사"라고 하였고 7절에서도 같은 천사라 하였지만, 구역(舊譯) 성경에서는 "여호와의 사자"라고 하였다. 이는 단순히 피조물인 천사를 의미하기도 하지만 구역(舊譯)에서는 "하나님 자신" 또는 "성자 하나님"이시란 것이 교회의 전통적(傳統的) 견해이다(창 16:7 참조).

그렇다면 7절에 나오는 '천사' 역시 "하나님 자신"이라고 봄은 타당하다고 할 수 있다. 여호와 하나님은 여러 날 계속 제대로 먹지 못하고 심신(心

身)이 매우 피곤한 상태로 잠이 든 엘리야를 위하여 떡과 물을 준비해 놓으시고 "일어나서 먹으라" 하시며 그를 깨우셨다는 것이다.

그는 일어나 머리맡에 놓인 "숯불에 구운 떡"(돌을 불에 달궈 그 위에 구운 떡)과 물을 마신 후 다시 누웠다. 이는 심한 탈진상태임을 알 수 있다. 여호와의 천사(구역, 여호와의 사자)가 또 다시 와서 전과 같이 "일어나 먹으라" 하시고는 먹어야 할 이유를 처음으로 제시(提示)하신다. "네가 갈 길을 다 가지 못할까 하노라 하는지라"(7). 엘리야가 이미 목적하고 있는 노정(路程)을 아시고 그곳까지 가기 위해서는 쇠진한 육체적 회복의 필요성을 강조하시는 것이다.

이렇듯 한적하고 황량한 무인광야에서 여호와의 돌보심이 아니었다면 그는 굶어 죽었을 것이다. 그가 죽기를 바라는 기도를 드리고 탈진상태에서 쓰러져 잠든 사이 여호와께서는 마치 병든 자녀를 돌보는 어머니처럼, 엘리야가 자는 동안 보호해 주셨고 음식을 마련해 놓고 두 번 씩이나 "일어나 먹고 힘내라."고 격려해 주신 것이다.

오늘 우리들의 지친 인생여로(人生旅路)에서도 역시 여호와는 나의 목자로서 푸른 초장에 누이시고 잔잔한 물가로 인도하시며 사망의 음침한 골짜기를 다닐 때도 주의 막대기와 지팡이로 맹수(猛獸)를 물리치고 안전하게 보호해 주시는 선한 목자(시 23편)로서의 여호와의 사자(使者)는 역시 우리를 돌보신다는 사실을 기억해야 할 것이다.

2. 호렙산에 나타나신 여호와 (8-16)

1) 호렙산까지의 여정(旅程) (8)

엘리야는 여호와께서 준비하신 음식물로 힘을 얻어 "사십 주 사십 야를 가서 하나님의 산 호렙에 이르니라"(8)대로, 바로 목적지에 도착하였다. 엘리야의 이 여행길은 단순한 순례자(巡禮者)로서의 정한 코스(course)를 달리는 것이 아니다. 브엘세바에서 호렙 산까지의 거리는 약 320km(800리)로서 6~7일이면 도착할 수 있는 거리인데도 40주야(晝夜)의 긴 시일이 걸렸기 때문이다. 그러므로 그는 시내 산까지 직행한 것이 아니라, 방황(彷徨) 한 것이다.

이는 이스라엘 백성이 애굽에서 나올 때 40일이면 도착 할 수 있는 것을 40년이나 이 광야에서 방황한 것과 같다. 여호와께서 그를 40일 동안 방황케 하신 이유 역시 그가 여호와의 산 호렙에 이르기는 아직도 준비가 덜 된 것이라 생각된다. 40은 시험의 수(數)이다. 이스라엘의 40년간의 방황생활, 모세가 40주야(晝夜)를 금식(禁食)하면서 시내 산에서 언약의 돌비를 받은 것(출 24:18), 예수께서 40일간 광야에서 금식 후 마귀에게 시험을 받은 사실(마 4:2) 등의 의미가 있다.

엘리야의 40일간 광야에서의 방황 역시 그가 받을 재 소명(召命)을 위하여 광야에서의 시험의 기간으로서의 산 경험이 필요했다고 보아야 한다.

오늘 우리에게도 역시 "시험의 광야"를 통과해야만 모든 육적(肉的)인 소욕(所欲)에서 정화(淨化)되어 하나님 쓰시기에 합당한 자가 될 수 있음을 알아야 할 것이다.

엘리야는 40일간 광야에서 방황 끝에 마침내 "하나님의 산 호렙"에 이르렀다. "호렙"은 시내산과 동일시(同一視)되며 시내 산이 산 전체의 이름이라면 호렙 산은 서편에 있는 모세가 하나님을 만난 곳으로(출 3:1), 이는 2,325m인 장엄한 산이며 모세가 하나님을 만나 사명을 받았고(출 3장), 또한 모세가 이곳에서 10계명을 비롯한 율법의 언약을 받았기 때문에(출 19장) 그 후로 "하나님의 산"이라 불린다.

엘리야가 이곳까지 온 목적은 이곳에서 출애굽 당시 모세를 통하여 이스라엘에게 주신 율법(律法)이 지켜지지 않는 시대에 다시 한 번 그 율법의 실천(實踐)을 강조하기 위함이라고 생각한다.

2) 동굴(洞窟) 내에서 들린 여호와의 말씀 (9-10)

천신만고 끝에 호렙에 이른 엘리야의 거처(居處)는 그 곳에 있는 한 동굴(洞窟)이었다. 이 동굴은 정관사(定冠詞)가 붙어 있다. 즉 "그 곳 굴"(9)이다. 이는 다음에 나오는 하나님의 나타나심과 연결시키기 위한 것이며, 이 굴은 일찍이 모세가 여호와의 영광이 지나가실 때(출 33:22) 숨었던 반석 틈으로 추측된다(Hammond).

엘리야가 호렙에 도착한 그날 밤, 그 동굴 안에서 여호와의 음성이 들린 것으로 생각된다. "여호와의 말씀이 그에게 임하여 이르시되 엘리야야 네가 어찌하여 여기 있느냐"(9)라고 물으시는 것이었다.

이 질문에 중점적인 부분은 '여기'일 것으로 본다. 엘리야가 있어야 할 곳은 여기가 아니라 북 왕국 이스라엘 땅이다. 그는 여호와께서 허락하신 사명지인 이스라엘을 떠나 도망하여 "여기" 호렙 산에 있는 이유를 물음으로서 그의 삶의 현주소로 되돌리게 하시려는 질문으로 보인다.

하나님께서 전에 엘리야를 은거(隱居)하게 했을 때는(17장) 사렙다 과부를 굶주림에서 살리고 그의 병사(病死)한 아들을 살리는 선행(善行)을 행하며 때가 오기를 기다리는 기간이었으나, 이곳에서는 선행(善行)할 장소가 아니기 때문이며, 이는 책망이기보다는 그를 격려(激勵)하고 위로하며, 자책감(自責感)도 약간 느끼게 하시는 질문이다.

이 질문에 대한 엘리야의 답변은 다음과 같다. "그가 대답하되 내가 만군의 하나님 여호와께 열심이 유별하오니"(14a). 이는 엘리야 자신은 바알신을 섬기는 이세벨과 바알 선지와의 대결에서 "열심이 유별하게" 이는 "열심에 열심을 다하여" 노력했음을 고백하며, 하지만 그의 온갖 노력은 지금에는 헛된 수고였다는 절망적인 고백이라 할 수 있다.

그런 다음 그는 이세벨의 강압(强壓)에 굴복 당한 이스라엘 백성들을 불평한다. "이는 이스라엘 자손이 주의 언약을 버리고 주의 제단을 헐며 칼로 주의 선지자들을 죽였음이오며"(14b). 여기서 "주의 언약을 버린 것"은 아합 왕과 그의 선조들이 버린 것을 지적하고(18:18), "주의 제단을 헐며"는 성전 짓기 전 여호와를 산당(山堂)에서 섬기던 것을 방치해 두었거나 바알 제단으로 개조함을 뜻하는 것으로 생각하며, "칼로 주의 선지자들을 죽였음은" 18:13과 19:1에 보면 이세벨의 소행인데도 이것들을 모든 이스라엘 백성들의 소행으로 부각(浮刻)시키는 잘못을 범하고 있다.

그리고는 "오직 나만 남았거늘"(10b)이라고 하여 그는 "모든 것은 이미 실패로 끝났다"라고 절망적인 고백을 하고 있다. 하지만 이는 엘리야의 잘못이다. 이는 아합의 궁내(宮內)에도 오바댜의 보호를 받는 100명의 선지자가 숨어 있으며, 또한 갈멜 산에 운집(雲集)하여 엘리야의 기적을 본 자들이 여호와께 영광을 돌렸으며, 자신과 함께 450명의 바알 선지를 기손 강변에서 죽인 자들이 살아 있음을 망각하고 있기 때문이다.

이러한 하나님의 사람인 자기를 죽이려고 하는 이세벨이 아직 기세등등하게 날뛰고 있는 현실에 대한 안타까움을 표현하며, 북 왕국 이스라엘을 버리고 먼 거리인 호렙산 동굴까지 와 있는 이유를 제시하고 있는 것이다.

이 당시 엘리야의 정체는 어떤 이유에서 건 하나님의 영이 그에게서 떠난 상태이며 또한 설혹 남아 있는 선지자와 백성들이 있다 하더라도 저들이 하나님 편에 서 있을지언정 그 중 누구 하나도 자기를 지지(支持)하거나 기도해주는 자가 없다고 생각되었다. 그러므로 이 순간 그는 이 지구상에서 자신은 천애고아(天涯孤兒)가 된 심정을 갖고 절망 상태에 있는 가련한 신세였다. 이쯤 되면 다만 죽고 싶은 생각 밖에 없다는 것이 정신분석학(精神分析學) 상으로 보아도 당연한 상태일 것이다.

3) 동굴(洞窟) 밖에서 들려진 세미(細微)한 소리 (11-18)

(1) 엘리야에게 여호와 자신의 정체(正體)를 알게 하심(11-14)

이상에서 엘리야의 고백을 들은 여호와 하나님께서는 "너는 나가서 여호와 앞에서 산에 서라"라고 그를 호렙 산상 여호와 앞으로 불러냈다. 그리고는 여호와께서 엘리야 앞을 지나가셨다(11a). 여기 "여호와께서 지나가심"은 여호와의 영광, 또는 계시(啓示)가 나타나는 것을 가리킨다(출 33:22, 34:6).

구약에서 여호와께서 그의 백성들에게 특별한 목적으로 자신을 드러내시는 통로(通路)는 다양하였다. 모세시대에는 우레와 번개와 구름과 불을 통해 계시하셨고(출 19:16-19, 20:18, 신 4:11-12), 이사야 선지에게는 천사들의 호위를 받으며 하늘 보좌에 앉으신 거룩하고 장엄한 분위기 속에서 왕으로 현시(顯示)하셨다(사 6:1). 그런데 본문에서는 산을 가르고 바위를 부수는 크고 강한 바람 가운데에 여호와께서 계시지 않으시고, 바람 후에 지진(地震)이 있으나 지진 가운데도 여호와 계시지 아니하며, 지진 후에 불이 있으나 불 가운데에도 여호와께서 계시지 아니하더니(11-12a), 즉 이상 세 가지 ① 바람, ② 지진, ③ 불은 모세 시대의 여호와 현현(顯現)의 모습이었으며, 엘리야의 경우 역시 이미 지나간 것임을 의미한다. 갈멜 산상에서의 제사(祭祀)의 경우에도 하나님은 과거시대처럼(출 19:18) 산이나 바위 같이 완고한 아합 왕의 마음을 깨뜨리듯 역사(役事)하셨다. 그리고 3년 6개월간 가뭄으로 온 땅이 갈라져, 마치 "지진"처럼 보였다. 그리고 엘리야의 기도로 하늘에서 불이 내려 제단 위에 제물과 돌과 흙까지 태워 버리는 불로 임하였다. 이는 모세시대를 상징(象徵)하며 그 이유는 엘리야 시대의 바알 신 숭배의 성행(盛行)으로 위기에 처한 극한상황(極限狀況)에서의 여호와의 비상한 심판과정을 의미한다.

하지만 이제는 아니다. "불 후에 세미한 소리가 있는지라"(12b). 이상에서 보인 바람, 지진, 불이 지나간 후에 조용한 분위기 속에서 여호와께서 그 자신을 "세미한 소리" 즉 아주 들릴락 말락 하는 작은 소리로 마치 어머니가 딸의 귀에다 입을 대고 다정하게 속삭이듯이 부드럽고 온유한 속삭임 속에 현시(顯示)하신 것이다.

이러한 여호와 현시분위기(顯示雰圍氣)의 전환(轉換)은 바로 전 엘리야가 갈멜 산 위에서 불로 인한 승리를 거두자 즉시 바알 선지 450명을 기손 강변에서 몰살(沒殺)시켰고, 아합과 이세벨 역시 당장 하나님이 처벌(處罰)하고 새로운 시대의 도래(到來)를 바랐던 것과는 달리, 도리어 이세벨의 도발(挑發)이 다시 일어나 자신에 대한 체포령이 내리자, 여호와의 심판이 정지된 상태로 오인(誤認)하고 낙심한 상태인 엘리야를 다시 재생(再生)시키기 위한 데서 오는 장면의 변화를 의미한다.

이것은 오늘의 현대인들에게도 큰 교훈을 주는 중요한 사실이다. 세계 제2차 전쟁 종료 후 한국은 6.25전쟁으로 초토화(焦土化)되고 일본은 패전국(敗戰國)에서 다시 일어나 세계경제대국(世界經濟大國)으로 부상(浮上)하는 것을 본 그때에 우리의 심정은 누구나 엘리야의 심정을 가져 보지 않은 자가 없을 만 하였다. 이는 오늘도 우리에게 가혹한 괴로움을 주는 원수들에 대한 민족적 감정이며 개인적인 보복심리(報復心理)이다. 이는 마치 예수님 일행의 사마리아 통과를 그들이 거부하자, 성미가 급한 야고보와 요한이 이 사마리아 성에 불이 내려 사르기를 바랐던 것으로(눅 9:52-54) "우레의 아들"이라는 별명을 가진 것과 꼭 같다.

이 사실을 가리켜 학자들은 엘리야 시대가 가고 엘리사 시대가 옴을 가리킨다고 보며, 더 나아가서는 율법시대가 가고 복음시대가 옴을 상징한다는 해석이 수긍(首肯)이 간다. 하나님은 파괴와 살인과 위협을 주는 분이 아니시며 여호와의 재림이 더디다고 불평하는 자에게도 "오래 참으사 아무도 멸망하지 아니하고 다 회개하기에 이르기를 원하신다"(벧후 3:9)는 그의 정체(正體)를 엘리야는 아직 깨닫지 못하였다고 본다. 역시 오늘 우리들도 마찬가지의 각성을 촉구하는 말씀이 아닐 수 없다.

(2) 엘리야에게 새로운 사명(使命)을 주심(15-17)

여호와께서는 엘리야가 자신의 세미한 소리를 듣고 새로운 변화가 생기기를 바랐던 것과는 달리, 여전히 10절의 대답을 반복하는 엘리야에게 다음과 같은 사명을 내리셨다. 엘리야의 절망상태는 사실 사명(使命)을 망각하고 있기 때문이라고 볼 수 있다. 그러므로 이 절망의 늪에 빠져 죽기를 바라는 이 중환자(重患者)의 치료방법은 새로운 사명을 줌으로써 다시 앞으로 매진(邁進)케 하여야 할 처방책(處方策)을 제시하신 것이다.

그에게 여호와께서 주신 사명(使命)은 세 가지였다. 그것은 ① 하사엘에게 기름을 부어 아람의 왕이 되게 하고(15), ② 예후에게 기름을 부어 이스라엘의 왕이 되게 하는 것(16a), ③ 엘리사에게 기름을 부어 너를 대신하여 선지자가 되게 하여 자신의 후계자로 삼게 하는 것(16b)이다. 이는 두 번째 질문에서도 변화 없이 대답하는 엘리야에게 더 이상 기대를 접고 엘리사에게 안수하여 후계자(後繼者)로 세우게 하셨다고 헤세드 주석은 해석한다.

엘리야에게 준 세 가지 사명 중 엘리야 생전(生前)에 성취된 것은 엘리사를 자신의 후계자로 세운 것 외에는 없고, 그 외에 두 가지는 후에 엘리사를 통하여 성취되었을 뿐으로 이것은 여호와께서 그를 통한 하나의 예언적(豫言的)인 사명으로 주신 것으로 본다. 하지만 이 사명을 주신 목적은 "하사엘의 칼을 피하는 자를 예후가 죽일 것이요 예후의 칼을 피하는 자를 엘리사가 죽이리라"(17)는 것으로 이는 이스라엘 백성들 중 바알을 비롯한 각종 우상을 섬기는 자들에 대한 엘리야의 갈멜 산 투쟁으로 비롯된 우상타파작업(偶像打破作業)이 결코 좌절(挫折)됨이 없이 그들을 심판하기 위해서는 아람 왕을 사용하시고, 이스라엘에 새로운 왕을 세워 사용하시고, 또한 후계자로서의 엘리사를 사용하여 엘리야가 이루지 못한 것들이 그들을 통하여 성취케 될 것이라는 암시(暗示)가 함축된 예언이라 볼 수 있다.

그러므로 엘리야에게 주신 이 사명은 앞으로 비단 이스라엘뿐 아니라 국제관계(國際關係)로 확대(擴大)되어 정치, 외교, 군사 등 모두가 신앙적으로 하나님의 섭리 안에서 성취되어 가는 일에 바로 주역(主役)이 되리라는 것으로 실제 그 일들이 성사(成事)되는 배후에 엘리야가 주된 영향을 끼친 인물이 되었다는 점은 사실이라고 보는 바이다.

(3) 엘리야에게 주신 격려사(激勵辭)(18)

여호와께서는 절망 중에 있는 그의 영(靈)을 속삭이는 음성으로 소생시키시고, 새로운 사명을 주시는 한편 그의 잘못된 생각을 교정(矯正)해 주시기 위한 격려사로서 하나의 실례(實例)를 들어 격려 하시는 말씀이 바로 18절이다.

"그러나 내가 이스라엘 가운데에 칠천 명을 남기리니 다 바알에게 무릎을 꿇지 아니하고 다 바알에게 입 맞추지 아니한 자니라"(18).

여호와의 종교가 국가적 내지 국제적 차원의 가혹한 박해가 가해지는 때는 하나님 말씀에 바로 선 자들은 처형(處刑)되고, 나약(懦弱)하여 핍박을 두려워하는 자들은 도피(逃避)하는 현실 속에서 엘리야는 혼자만이 열심내고 있다는 생각이 그로 하여금 외로운 고독감(孤獨感)에 지치게 했다. 이것을 아시는 여호와께서는 "바알에게 무릎을 꿇지 않는 자," 즉 이는 바알경배를 하지 않는 자를 말하는 바, 이는 일제박해(日帝迫害) 시 순교자와 출옥성도(出獄聖徒) 같은 자를 의미한다.

그리고 "바알에게 입 맞추지 아니한 자," 이는 바알예배 시 바알 우상의 입에나 발에 입 맞추는 순서에 불응한 자를 뜻하는 것으로; 이 역시 바알예배 거부자(拒否者)를 말한다. 이 같은 자의 수가 7,000명이나 된다는 것이다. 이 7천이라는 숫자는 문자적이기보다는 '7'은 하늘의 수(數)인 3과

땅의 수인 4를 합한 수로 완전수(完全數)로 보며, 또한 계시록에서 보여주는 14만 4천이 바로 많은 수를 표시하듯(계 14:1-5), 이 역시 많은 수로 보는 것이 타당하다. 이는 아무리 환란과 핍박 중에도 남은 자가 있다는 것으로 이것이 후에 신학적(神學的)으로 발달한 '남은 자'(the remnant)의 사상(思想)이다(롬 11:1-6).

이 말씀이야말로 로뎀나무 아래서 죽기를 원하며 극도의 영육(靈肉)간 쇠약한 상태에서 두 번씩이나 여호와의 부름에서 자기 혼자 열심 낼 뿐이라는 엘리야에게는 새로운 동료의식(同僚意識)이 생기는 큰 격려사(激勵辭)가 되었으리라 생각된다.

3. 엘리사의 소명(召命) (19–21)

엘리야가 호렙 산에서 세 가지 사명을 받고 거기서 호렙 산을 떠나 요단 골짜기에 있는 아벨므홀라(Abelmeholah; 약자의 슬픔)로(16절) 가서 사밧의 아들 엘리사를 찾았다(19a). 그 때 엘리사는 열두 겨릿소를 앞세우고 밭을 갈고, 자신은 그 열두째 겨리와 같이 일하고 있었다(19b). ('한 겨리'는 '한 짝'으로 두 마리 소를 뜻함) 아마도 열한 겨리는 그의 종들에게 맡겨 일하게 한 듯하다. 보통 농가(農家)라면 우리나라의 경우도 소 한 마리를 사육(飼育)하고 밭 갈 때는 이웃 집 소와 겨리하여 일하는 것이 상례(常例)인데 소 12겨리라면 24 마리를 소유한 것인 만큼, 이는 그의 가정이 부유(富裕)하였음을 알게 된다.

엘리야가 엘리사에게로 가서 겉옷을 그의 위에 던졌다(19c). '겉옷'은 보통사람의 경우는 큰 보자기 같이 네모지게 천으로 만든 것으로 이스라엘 백성의 경우 외출할 때는 둘둘 말아서 어깨에 걸쳐 메었다가 추우면 펴서 몸을 감싸면 망토가 되고, 야외(野外)놀이에서 땅에 펴면 돗자리가 되는가 하면, 밤에 잘 때는 이불이 되는 다용도(多用途)의 필수품(必需品)이지만, 예언자의 경우는 대개 가죽으로 된 것을 착용(着用)하여 이것으로 그의 신분(身分)을 상징(象徵)하는 것으로 보았다. 그 가죽의 종류는 양이나 약대 등 가축(家畜)의 것으로 만든 것이며 털을 밀지 않고 그대로 있는 생 모피(生毛皮)로써(왕하 1:8, 슥 13:4, 마 3:4) 오늘의 피혁공업기술발달(皮革工業技術發達)에 따른 고급피혁(高級皮革)과는 달리, 양이나 약대 가죽을 벗겨 특수가공(特殊加工) 없이 당시 민간전래(民間傳來)의 기술로 만든 제품으로 생각된다.

그것을 엘리사에게 던져 준 것은 그의 예언자의 직무를 엘리사에게 인계(引繼)하는 상징적 행위(象徵的行爲)였던 것이다. 엘리사가 엘리야로부터 겉옷을 받게 되었을 때, 그는 엘리야가 예언자임을 알았고 또 자신이 앞으로 예언자의 길을 가도록 부름을 받는다는 사실을 알게 되었다. 그런 만큼 이 행위가 바로 엘리사에게 있어서는 기름부음 받는 예식(禮式)을 대행(代行)한 셈으로 보며, 엘리사는 그 후 기름부음 받는 예식을 다시 행한 일이 없음을 보아 알 일이다.

이제 엘리사의 예언자로 부름 받은 사실을 구체적으로 언급하면 다음과 같다.

1) 그는 노동현장(勞動現場)에서 소명(召命)을 받았다.

즉 겨릿소를 앞세우고 밭을 가는 농부로서 농장(農場)에서 부름을 받은 것이다. 이는 모세가 양치는 목장에서(출 3:1), 기드온이 숨어서 밀 타작을 하고 있을 때에(사 6:11), 다윗 역시 베들레헴 목장에서 양을 칠 때에(시 78:70), 아모스 또한 뽕나무 가꾸는 농부(農夫)일 때에(암 7:14) 각각 거룩한 소명(召命)을 받게 됨 같이, 그리고 그리스도의 제자들도 어로작업(漁撈作業) 현장에서, 그 외 혹은 세관(稅關)에서 또는 무화과나무 아래에서 부름 받은 것과 마찬가지로 엘리사 역시 땀 흘려 수고하는 농장(農場)에서 부름을 받게 된 것이다.

2) 그는 소명(召命) 받는 즉시 응답(應答)하였다 (20a)

"그가 소를 버리고," 이는 농장을 떠났다는 의미도 있고 또한 모든 재산도 포기(抛棄)했다는 과단성(果斷性)을 의미한다고 볼 수도 있다. 마치 베드로의 경우 배와 그물을 버린 것처럼 모든 세상 미련을 다 버리고 과감(果敢)하게 소명에 응한 그의 용단(勇斷)이야말로 오늘의 모든 성도에게 귀감이 된다고 할 것이다.

3) 부모와 결별인사(訣別人事)를 하였다 (20b)

"청하건대 나를 내 부모와 입 맞추게 하소서." 이 말은 "내가 먼저 가서 내 아버지를 장사하게 허락하옵소서"(마 8:21)라고 말한 사람과는 다르다. 그 경우에는 "아버지가 당장 죽은 것이 아니라 아버지가 죽어 장사 치른 후"에로, 이는 우유부단(優柔不斷)이며 무기한 연기(無期限延期)에 불과하다. 하지만 엘리사의 경우는 즉시 가서 작별인사(作別人事)를 드리고 온다는 것이다.

이 요청에 대한 엘리야의 답변은 "엘리야가 그에게 이르되 돌아가라 내가 네게 어떻게 행하였느냐 하니라"(20c)라고 하였는데, 이 구절의 해석이 매우 분분하다. 우선 엘리사의 우유부단(優柔不斷)을 책망한 의미가 있다고 보는 학자들이 있다. 이는 예수님 말씀에 눅 9:61-62과 마 8:21-22에 비춰 볼 때, 우유부단을 책망한 구절로 해석하지만, 대부분의 학자들은 "돌아가라 내가 네게 어떻게 행하였느냐"(20)에 대하여 긍정적(肯定的)으로 해석한다. 카일·델리취는 "나는 네게 어떤 속박(束縛)도 부과하기를 원치 않으며 선지자가 되고 안 되고는 네 자신의 의사에 맡기기를 원한다." 라는 뜻으로. 일단 부모와의 작별 인사를 허락한 것으로 해석하였고, 메튜 헨리도 역시 "엘리야는 그로 하여금 가서 그렇게 하라고 명했다. 조금도 그를 방해하지 않았다."라고 하였다. 그리고 일어구약성서약해(日語舊約聖書略解)에서도 "다녀오라 단 내가 네게 한 말(예언자로 부르심)만은 잘 생각하도록 하라."라고 해석하고 있어, 엘리사가 예언자의 길을 가는 데 주저(躊躇)했다거나 결단력(決斷力)이 없었다고 판단하는 것은 부당하다고 하였다.

4) 송별연(送別宴)을 하고 스승을 따랐다 (21)

엘리사는 엘리야의 말을 듣고 집으로 가서 "한 겨릿소를 가져다가 잡고 소의 기구를 불살라"(21a), 그는 12 겨릿소 중 자기가 밭 갈던 한 겨릿소 두 마리를 잡고 소의 기구, 멍에 기타 등을 땔 나무로 삼아 그 고기를 삶아 백성에게, 즉 가족과 벗 그리고 일꾼들에게 주어 먹게 하였는데, 여기서 농우(農牛)를 도살(屠殺)하고 농기구(農器具)를 불태운 것은, 그가 지금까지의 생활과 직업(職業)을 완전히 버리고 새로운 생활로 들어가는 과감한 결단성을 보인 것으로, 이는 예수의 최초의 제자 초청 시 베드로와 야고보 요한 등 제자가 배와 그물을 버리고 예수를 따른 사실을 연상(聯想)시키는 장면이다(눅 5:11). 그리고 그 삶은 고기로 백성에게, 즉 가족과 일꾼과 친척과 벗들에게 주어 먹게 한 것은 이들과 결별(訣別)하는 송별연(送別宴)이 된 것이다(눅 5:29 참조).

이상으로 지금까지의 생활을 말끔히 청산(淸算)한 후 "일어나 엘리야를 따르며 수종(隨從) 들었더라."(21c)로 스승인 엘리야를 따라 예언자로 소명을 받아 그의 제자가 되었고 엘리야 승천(昇天) 후에는 그의 후계자(後繼者)가 된 것이다.

엘리사의 부름 받은 소명과정(召命過程)이야말로 구약의 모든 예언자들과 신약의 모든 사도(使徒)들의 소명 사실과 함께 하나의 모범적 사례(模範的事例)라고 할 수 있다.

오늘의 성도들도 역시 엘리사의 본을 받아 아름다운 소명에 과감히 응하는 자들이 되었으면 하는 마음이 간절하다.

제 6 부

아람과 이스라엘의 전쟁
(전쟁 편)

아람과 이스라엘의 전쟁

왕상 20:1-43

본장에 기록된 아람과 이스라엘의 전쟁은 바아사 왕 치세에서 시작되어(15:18), 여로보암 2세 때(왕하 23:29)까지 약 100년간 계속된 긴 전쟁의 일부이다. 이번 전쟁의 연대(年代)는 미상하나, 20장과 22장을 동일한 자료에 의한 것으로 볼 경우, 아합 왕이 죽기 전 3년쯤에 된 것으로 추측할 뿐이다.

1. 아합과 벤하닷의 사마리아 전투 (1-21)

아람 왕 벤하닷이 그의 나라에 속국(屬國)으로 있는 도시국가(都市國家)들의 왕들, 곧 제후(諸侯)들이나 총독(總督)들(수 12:7 참조) 32명과 같이 합세하여 군대를 모아 사마리아 성을 포위 공격 하는 한편(1), 성 안에 갇혀 있는 이스라엘 왕 아합에게 사자(使者)를 보내 항복하기를 권하였다.

이때에 벤하닷은 "벤하닷 2세"(Benhadad Ⅱ)로 앞서 바아사 왕 치세에 이스라엘을 친 바 있는 벤하닷 1세의 아들이었다(15:18). 침공목적(侵攻目的)은 그 당시 아람의 북쪽에 있는 앗수르가 막강한 군사력을 가지고 세력을 확장하고 있는 만큼, 아람의 벤하닷은 남벌정책(南伐政策)을 써서 나라의 기반(基盤)을 든든히 세우기 위함이라고 보는 것이다.

1) 벤하닷의 무리한 요청과 아합의 대응책(對應策) (3-4)

(1) 1차 요청과 비굴(卑屈)한 대응(對應)(3-6)

벤하닷은 이미 이스라엘을 점령한 것이나 다름없이 오만불손한 자세로 사자(使者)를 보내 이미 포위망 안에 감금상태에 있는 왕에게 무리한 요구를 하고 있다. "네 은금은 내 것이요 네 아내들과 네 자녀들의 아름다운 자도 내 것이니라 하매"(3). 이는 항복권고령(降伏勸告令)으로서 독 안에 든 쥐의 신세가 된 아합에게 함락 직전에 미리 조공(朝貢)을 바칠 것을 약속 받기를 원하고 있다.

이는 그 재물을 다 빼앗고, 그 처첩(妻妾)들도 다 빼앗아 왕권을 말살(抹殺)하고, 그 자녀들까지 사로잡아 인질(人質)로 삼겠다는 극히 치욕적인 제안이었다.

이에 마치 폭풍우 가운데 있는 연약한 갈대와 같았던 아합은 벤하닷의 위세에 눌려 머리를 굽혔다. "이스라엘의 왕이 대답하여 말하기를 내 주 왕이여 왕의 말씀 같이 나와 내 것은 다 왕의 것이니이다 하였더니"(4). 여기서 "내 주 왕이여"는 신하(臣下)가 상전(上典)을 부르는 말로서(삼상 24:8, 26:17) 이런 호칭과 더불어 아합은 벤하닷의 요구를 일단 수용(受容)한다고 말한 것이다. 금과 은을 요구하는 강한 세력 앞에 이것을 내어 주는 것은 그리 수치(羞恥)스러운 일은 아니다. 그러나 처첩(妻妾)과 자녀들을 강세(强勢)에 못 이겨 내어 준다는 것은 참으로 수치스러운 일이 아닐 수 없다.

아합 왕의 이런 비굴(卑屈)한 굴종(屈從)은 하늘에 계신 주님을 모시고 있지 않기 때문이다.

만약에 아합이 오만(傲慢)한 벤하닷에게 했던 이 대답을 왕의 왕이신 하나님께 했더라면, 즉 "나와 나의 것은 다 하나님 당신의 것이니이다"라고 했다고 하면 그는 틀림없이 하나님의 도우심을 받고 그렇게 비굴해지거나 움츠러지는 일은 없었을 것이다.

한편 자기에게 조공(朝貢)을 바치겠다는 아합 왕의 약속을 받은 벤하닷은 다시 사신(使臣)을 보내 그 약속의 실천을 재촉하며 그 방법은 내일 집달리(執達吏)를 보내 "네 집과 네 신하들의 집을 수색(搜索)하여 네 눈이 기뻐하는 것"(소중히 여기는 귀중한 것)들을 강제집행(强制執行) 한다는 통고를 내린 것이다.

(2) 2차 요청과 거부(拒否)(7-11)

벤하닷의 의도를 전해 들은 아합 왕은 그제야 나라의 장로들을 모두 불러 원로회의(元老會議)를 열고 벤하닷의 무리한 요청에도 거절할 수 없었던 자신의 어려운 처지를 다 털어 놓았다(7). 이 사실을 보면 아합 왕이 벤하닷의 무리한 요구를 받았을 때, 속수무책(束手無策)에서 일단 수락하는 형식을 취하여 유화적(宥和的) 자세로 지연작전(遲延作戰)을 써 위기를 면하려 한 것으로 생각되며, 실제로 재물이나 처자를 넘겨주려는 생각은 아닌 것 같다. 그러나 벤하닷이 내일 당장 강제집행 한다는 사자(使者)의 통고를 받고야 정신이 번쩍 들어 장로들을 모아 원로회의를 연 것으로 생각된다.

회의 결과는 모든 장로와 백성들(장로 이외의 사마리아 시민과 거주민)이 벤하닷의 요청에 분노하여 그의 말을 듣지 말고, 요구한 것을 보내지도 말라는 것이 일치된 의견이었다(8). 그러자 아합은 장로들과 백성의 제안에 힘을 얻어 벤하닷의 사신을 통해 자신의 뜻을 전달하게 했다.

아합의 이러한 거절은 그의 용감하고 의로운 마음에서 나온 것이 아니라 백성들의 분노에 편승(便乘)하여 나온 것이다. 즉 아합은 벤하닷에게 "나는 너의 요구에 응하지 않겠다."라고 거부한 것이 아니라 "나는 너의 요구에 응하지 않을 수도 있다."라고 말하였던 것이다(베이커 주석).

아합의 이 조치는 잘한 것이지만 이것이 하나님께 기도하여 응답 받은 것이라면 더 좋았으련만, 아합은 그 환란의 날에도 기도하지 않았다. 처음에는 벤하닷에게 항복하여 생명을 구하고자 하였고, 그 다음에는 장로와 백성들에게 도움을 구했다.

우리는 환란을 당할 때 무엇보다도 먼저 하나님께 도움을 구해야 한다는 사실을 기억해야 할 것이다(시 118:8-9, 108:13).

(3) 3차 협박(脅迫)과 아합의 당당한 대응(對應)(10-11)

사자들을 통하여 아합의 거부반응(拒否反應)이라는 보고를 들은 벤하닷은 다시 3차의 사신을 아합에게 보내어 전했다. “사마리아의 부스러진 것이 나를 따르는 백성의 무리의 손에 채우기에 족할 것 같으면 신들이 내게 벌 위에 벌을 내림이 마땅하니라 하매”(10). 이 말의 뜻은 벤하닷의 군대가 사마리아 성을 파괴(破壞)하여 먼지더미로 만든다는 협박공갈이며, 그 파괴된 먼지를 벤하닷의 군대가 각각 한줌씩 가지고 오기에도 부족할 만큼 많은 군대를 보낼 것이라는 뜻으로 이는 사마리아 성을 벤하닷의 군대가 전쟁에서 승리하고 난 다음, 그 성에 있는 물건을 다 전리품(戰利品)으로 포획(捕獲) 할 경우 군대 수가 많아 그들이 다 취하기에는 부족할 것이라는 것을 뜻하는 것이다.

즉 벤하닷은 사마리아 전투에 많은 수의 병력을 보내 승리할 것을 믿고 그들의 신들의 이름으로 맹세까지 하고 있는 실정이다(10). 그러므로 처음에는 항복 요구와 함께 금은과 네 아내들과 네 자녀들을 조공으로 바칠 것을 허락하라는 요구였으며, 두 번째는 그 요구를 시행하지 않으니 집달리(執達吏)를 보내어 강제탈환(强制奪還) 하겠다는 방안을 제시한 것과는 달리, 이번에는 전쟁을 일으키기 위하여 많은 병사를 보내어 사마리아 성을 파괴분쇄(破壞粉碎)하고 처음 요구한 것을 비롯한 모든 전리품을 탈취(奪取) 한다는 협박공갈이었다.

이 엄포에 대하여 아합은 당시 속담을 이용하여 그의 사람됨 이상의 적절하고 통쾌한 답변을 하였다. "이스라엘 왕이 대답하여 이르되 갑옷 입는 자가 갑옷 벗는 자 같이 자랑하지 못할 것이라 하라 하니라"(11). 이 말의 뜻은 "갑옷 입는 자"는 '전쟁에 출전하려고 준비하는 것'을 의미하고 "갑옷 벗는 자"는 '전쟁에서 이기고 무거운 갑옷을 벗는다.'는 의미이다. 이 격언은 "승리를 축하하고자 하는 자는 그 이전에 먼저 승리를 쟁취해야만 한다."는 뜻이다(카일). 다시 말하여 한번 겨루어 보자는 항변(抗辯)의 말이라고 할 수 있다.

2) 사마리아 전투의 개시 (12-21)

(1) 전쟁 발발(勃發) 직전 양 진영(兩陣營)의 상황(12-13)

전쟁 발발 직전에 아합과 이스라엘의 대진상황(對陣狀況)을 비교해 보면 아람 왕 벤하닷은 지방 영주(領主) 32명과 함께 전쟁도 하기 전에 전승축하연(戰勝祝賀宴)을 베풀고 술을 마시고 있다가 사신이 전하는 아합의 반항소식에 접하자 "너희는 진영을 치라"(12b)는 선전포고(宣戰布告)를 하고 사마리아 성을 향하여 진(陣)을 치고 진군(進軍)하였다.

한편 이스라엘 왕 아합의 진영(陣營)에서는 아람이 전투를 준비하고 있는 시점(時點)에 "한 선지자가 이스라엘의 아합 왕에게 나아가서 이르되 여호와의 말씀이 네가 이 큰 무리를 보느냐 내가 오늘 그들을 네 손에 넘기리니 너는 내가 여호와인 줄을 알리라 하셨나이다"(13)라고 했다. 아합은 지금까지 선지자들에게서 아무런 지시도 받고자 하지 않았다. 그러나 그는 큰 위험에 처하게 되자 선지자의 도움을 구했으며 그의 지시를 따라 행했다. "아합이 이르되 누구를 통하여 그렇게 하시리이까" 물었다. 이는 싸울 전사 선택에 관해 물은 것이다. 그 대답은 "각 지방 고관의 청년들로 하리라"(14a), 이는 ① 각 지방장관들의 호위병(護衛兵)이거나 무기(武器)

든(삼하 18:15) 청년들을 선봉(先鋒)에 세울 것을 의미한다. 그리고 "누가 싸움을 시작하리이까"라는 아합의 질문에는 "대답하되 왕이니이다"(14b), 즉 왕이 친히 인솔하라는 예언인 것이다.

우리는 여기서 전투 직전 양 진영(兩陣營)의 상황이 상호 대조적임을 볼 수 있다. 아람 군 진영에서는 왕과 돕는 왕(영주) 32명이(12, 16) 술판을 벌이고 취한 중에 있는가 하면, 이스라엘 진영에서는 비록 믿음 없는 왕이라도 선지자로부터 승리의 예언을 듣고 준비하고 있는 중이었으니만큼, 이미 전쟁은 신앙적 견지에서 볼 때는 승패(勝敗)가 판가름 난 것이나 다름없는 상황이었다.

(2) 양군(兩軍)의 군대편성(軍隊編成)과 작전(作戰)(15-17)

이스라엘의 경우 아합이 선지자의 예언 그대로 각 지방 고관의 청년 232명, "그 외에 모든 백성"(15b), 즉 이스라엘 전역(全域)에서 선택한 군인을 계수하니 7,000명이었다. 이 7,000명은 유대인의 전승(傳承)에 의하면 "바알에게 무릎 꿇지 않은 7,000명이었다"고 한다(19:18). 그리하여 도합 7,232명이 전부였다. 하지만 이 소수의 병력으로 아람의 32개의 부대로 편성된 무수한 군대를 상대로 승리하게 된다. 우선 그 작전 계획을 보면 ① 16절에 "그들이 정오에 나가니"라고 하여 중동지방의 낮은 매우 덥기 때문에 모든 활동을 중지하고 쉬는 법인데, 이처럼 쉬고 안심하는 순간에 돌연기습작전(突然奇襲作戰)을 단행한 것이다. ② 마침 그 시간에 "벤하닷은 장막에서 돕는 왕 삼십이 명과 더불어 마시고 취한 중이라"(16b), 즉 적의 사령부인 지휘관들이 술에 취하여 사리판단을 못하고 비틀거리는 상황과 맞아 떨어졌다. 그들은 전투는커녕 작전지휘를 할 정신상태도 아닌 듯하다. ③ 젊은 청년 병사 232명을 선두(先頭)에 세우고 전쟁에 임했지만, 왕은 선두(先頭)에 서라 한 예언자의 말을 어기고 후미(後尾)에서 유약(柔弱)한 모습을 보인 듯하다.

한편 "벤하닷이 정탐꾼을 보냈더니…사마리아에서 사람들이 나오더이다"(17b)라고 그들이 돌아와서 보고하였다. 그때 벤하닷 왕은 적은 무리가 오는 것을 보고 화친하러 오는 줄 착각(錯覺)하고 화친하러 오든 싸우러 오든 사로잡으라(18) 명하였다. 정탐꾼은 소수의 소년 병사를 보고 화친하러 오는 것으로 안 것이, 비록 무명 예언자의 왕이 선두에 서라는 명을 어긴 것이라도 하나님이 이 전투에 개입한 이상 이것이 오히려 적군(敵軍)을 기만하는 술책이 되었다는 것이다.

그러자 청년 병사들과 뒤따른 7,000명의 이스라엘 병사가 총 공격을 개시하니 아람 군대는 돌연 급습(急襲)을 당하자 이미 지휘체계(指揮體系)가 무너진 상태인지라 모두가 도망할 뿐 접전(接戰)할 생각조차 못하였다. 그러나 술에 취한 아람 왕 벤하닷이 말을 타고 마병(馬兵)과 더불어 도망하여 피함으로 겨우 죽음을 면하였다. 그제야 이스라엘 왕이 성에서 나가서 말과 병거를 치고 아람 병사를 쳐서 크게 대승을 거두게 된 것이다(21).

아람의 패전의 원인은 세 가지다.

① 벤하닷이 믿는 신(神)이야 말로 하나의 허상(虛像)에 불과함을 보여준다. 그는 10절에서 사마리아 성을 부수어 가루로 만들 것이라고 그가 믿는 신들을 두고 맹세까지 하였으나 그 신은 그의 맹세를 성취시켜 줄 수 없었다.

② 그는 진중(陣中)에서 술에 취해 있어(12, 16) 패망했다. 그와 그를 돕는 왕 32명은 이스라엘과의 전쟁에서 야전사령관(野戰司令官)들이다. 이들은 다 같이 만취상태(滿醉狀態)에서 이스라엘 청년 병사 232명의 급습(急襲)을 받자 취하여 비틀거릴 뿐 아니라 작전지시(作戰指示)를 할 수도 없을 정도로 정신이 혼미한 상태인 만큼, 패전의 고배를 마시게 된 것이다(엡 5:18, 사 5:22, 잠 23:29, 30).

③ 1절에 보면 벤하닷의 군대는 32명의 왕들이 각기 자기들의 군대를 거느리고 참전(參戰)한 만큼, 그 규모가 무수하며 또한 기마병(騎馬兵)과 병거(兵車)까지 있었지만, 이들은 정예부대(精銳部隊)가 아니라 각각 자국(自國)의 이익만을 취하려는 오합지졸(烏合之卒)에 불과하였다. 그런 만큼 각각 제각기 움직일 뿐, 게다가 군 수뇌부(軍首腦部)는 먹고 마시며 군율(軍律)을 잡지 못하여 이미 지휘체계(指揮體系)가 무너진 상태에서 이스라엘의 젊은 병사들의 습격을 받자 패하여 도망치는(21) 자가 될 뿐이었다.
이것이 아람의 패전(敗戰)의 원인임을 기억해야 할 것이다.

2. 아합과 벤하닷의 아벡 전투 (22-34)

아람 왕 벤하닷은 사마리아 전투에서 대패(大敗) 이후 다시 전비(戰備)를 갖추어 재공격을 가하여 이른바 아벡 전투가 벌어지게 되었으나 이스라엘 군은 다시 하나님의 도움으로 대승을 거두어 벤하닷의 항복을 받게 되었다. 그렇지만 아합 왕의 전후처리(戰後處理)를 잘못하여 선지자로부터 저주(詛呪)의 예언을 받게 된다.

1) 양군(兩軍)의 전투 준비 (22-25)

이스라엘의 경우 벤하닷이 재공격을 해오기 전에 "그 선지자가 이스라엘 왕에게 나아와 이르되 왕은 가서 힘을 기르고 왕께서 행할 일을 알고 준비하소서"(22a), 여기 "그 선지자"는 앞서 사마리아 전투에서 승리를 보장해 준 선지자이다(13). 그가 아합 왕을 다시 찾아 온 이유는 "해가 바뀌면 아람 왕이 왕을 치러 오리이다"(22b), 즉 다음해에 아람 왕의 군대가 또 다시 공격해 올 것이므로 이에 대한 응전태세(應戰態勢)를 갖추어 군사 훈련 등 전쟁 준비를 하라는 하나님의 명을 전하기 위함이었다.

한편 아람 나라의 경우는 왕의 신하들이 모여 이스라엘 재침(再侵)에 대한 전략(戰略)을 논의한 결과를 왕에게 전했다(23-25). 첫째로 그들은 이스라엘의 신(神)은 산의 신이므로 사마리아 산지에서의 전쟁에서 패했다고 판단하고, 이제 평지(平地)에서 싸우면 반드시 승리할 수 있다고 왕에게 제안했다(23). 둘째는 군사적 기능이 없는 왕들을 해직(解職)시키고 군사 전문가인 총독으로 대체(代替)함으로써 전투력을 강화한다는 것으로, 이는 앞서 사마리아 전투에서 벤하닷 왕과 같이 진중에서 주연(酒宴)에 도취된 32명의 왕들이 추태를 보였기 때문이라 생각한다. 셋째는 사마리아 전투에서 기능(技能)을 발휘 못하고 적에게 탈취 당한 기마병(騎馬兵)과 병거(兵車)를 보충하여 평지전(平地戰)에 대거 투입할 경우, 반드시 승리할 것임을 제안했다. 그러자 벤하닷은 신하들의 제안에 동의함으로써 이른바 아벡 전투 준비가 착착 진행되었다.

이상 양군의 준비 상황을 비교해 보면 이스라엘의 경우는 군사력(軍事力)의 강화보다는 선지자로 하여금 전달된 여호와의 말씀에 비중(比重)을 두고 승리의 확신을 가진 것으로 이는 벤하닷의 신하들도 "그들의 신은 산의 신이므로 그들이 우리보다 강하다"(23)라 하며 전쟁에 있어서 신의 개입을 믿고 있었지만 여호와의 신은 산의 신만이 아니라 평지(平地)의 신이며 천지만물(天地萬物)을 주관하시는 신이며 또한 전쟁(戰爭)의 뛰어난 신이라는 점을 그들은 알지 못하고 있었다(출 15:3, 사 42:13).

하지만 벤하닷의 경우 그들도 신의 능력을 믿고는 있었지만(10) 군사력 보강(軍事力補强)과 군 장비 확장 및 전술에 관한 사실에만 치중몰두(置重沒頭)하고 있음이 이스라엘 경우와의 차이임을 알 수 있다.

이리하여 아벡 전투를 위한 양군의 준비가 진행되고 있었으며 이번 전장(戰場)은 병거(兵車) 활동에 적합한 평지인 "아벡"으로 정하였는데 이스라엘에는 여러 곳에 아벡이 있는 중 이번에 선정된 아벡은 이스라엘에서 아람의 다메섹으로 가는 직로(直路)인 게네사렛 호수 동남쪽에 위치한 아벡이 양군의 혈전(血戰)을 기다리고 있는 전투장소로 선정되었다.

2) 양군(兩軍)의 전투개시와 그 결과 (26-30)

해가 바뀌어 봄이 되자 벤하닷이 아람군대를 소집하여 이끌고 예정대로 요단 동편 평지인 "아벡"(Aphek)으로 와서 이스라엘과 싸우려고 대진하였다.

한편 이스라엘도 군 소집령을 내려 각각 군량(軍糧)을 받고 아람 군을 맞아 그 앞에 대진하니 아람의 무수한 대군에 비하여 이스라엘 군은 마치 멀리서 보면 두 무리의 적은 염소 떼처럼 보였다(27). 그러므로 이것이 바로 수적(數的)으로는 도저히 비교가 안 되는 양 진영의 모습이었다.

이러한 때에 드디어 하나님의 사람 곧 선지자가 다시 나타났다(28). 그리고 누가 보아도 승산(勝算) 없는 이 전쟁에서 승리할 것이라는 여호와의 말씀을 전해 주었다. 즉 아람 사람들은 "여호와는 산의 신이요 골짜기(평야)의 신은 아니라"(28a)고 하나님의 통치영역(統治領域)을 제한하고 또한 그의 권세의 한계를 축소시키고 있지만 "그러므로 내가 이 큰 군대를 다 네 손에 넘기리니"(28b), 여호와는 산의 신이신 동시에 골짜기(평지)의 신도 된다는 사실을 이번 골짜기(평지) 전투에서 저희를 격파함으로써 여호와가 참 신이심을 증명할 것이라는 것이 하나님의 사람의 메시지의 내용이다.

그 후 양 진영이 대진(對陣)한지 7일 만에 전쟁이 벌어져 이스라엘 군의 선제공격으로 단 하루 만에 아람 군대의 보병 10만 명을 죽였다. 그러자 남은 군사들이 아벡 성읍으로 도망쳐 들어가자 갑자기 그 성벽이 무너져 27,000명의 군사기 압사(壓死) 당하여 전멸하였다. 이는 마치 여호수아 당시 여리고 성이 무너진 사실을 연상시키는 하나님의 전술에 의한 기적적(奇蹟的)인 현상이다(수 6:20). 그러자 벤하닷은 성 안으로 들어가 골방에 은신(隱身)하여 겨우 목숨은 부지하였다(32).

이리하여 아벡 전투에서는 아람군의 전사자 127,000명이 몰살(沒殺)당하고 이스라엘 군의 승리로 막을 내렸다.

3) 전후처리(戰後處理)에 따른 문제점 (31-34)

전쟁에 패하여 성읍 안의 한 골방에 은신(隱身)해 있는 벤하닷에게 신하들이 찾아가서 제안하기를 이스라엘 왕에게 항복하고 목숨을 위한 자비를 빌면 "우리가 들은즉 이스라엘 집의 왕들은('집'은 왕가) 인자한 왕이라 하니"(31), 저들은 마치 부모상(父母喪)을 당한 상주(喪主)의 모습처럼 "굵은 베로 허리를 동이고 테두리를 머리에 쓰고(이는 아람사람이 죄의 용서를 빌 때 취하는 모습) 이스라엘의 왕에게로 나아가면 그가 혹시 왕의 생명을 살리리이다"(31b)라고 권하였다.

그리고는 신하들은 왕을 뒤에 남겨 두고 자신들이 왕에게 제안한 죄인의 차림을 하고 이스라엘 왕 앞으로 나아갔다. 그리고는 "왕의 종 벤하닷이 청하기를 내 생명을 살려 주옵소서 하더이다"(32)라고 중재요청(仲裁要請)을 하였다. 여기서 "왕의 종 벤하닷"이라고 표현한 것은 당시 패전한 나라의 왕이나 신하들이 승전한 나라 왕에게 할 수밖에 없는 말이었다. 이는 마치 일본이 패전 후 미조리 함상(艦上)에서의 항복조인식(降伏調印式)에서 일본 왕(당시 천황)이 연합군 총사령관인 맥아더(Douglas Macarthur) 장군 앞에서 모자를 벗고 "나는 신이 아닙니다."라고 왕 자신의 신격화(神格化)를 부인한 사실에서 본문의 아람 왕 벤하닷의 입장을 알 만하다. 아합에 대한 이 자기비하(自己卑下)의 굴욕적인 표현은 바로 4절에서 아합 왕이 벤하닷에게 "내 주 왕이여"라고 표현했던 것과 비교해 볼 때 완전히 주객전도(主客顚倒)의 상황반전(狀況反轉)을 보게 된다.

한편 벤하닷의 신하들로부터 그가 살아 있다는 소식을 전해들은 아합 왕은 "그가 아직도 살아 있느냐 그는 내 형제니라"(32)라고 말하였다. 학자들 간에는 아합이 이 친근미가 함축된 아합의 말에 어떤 고단수(高段數)의 정치적 계략을 갖고 한 것인지 알 수는 없지만, 벤하닷의 신하들이 이 말을 듣기에는 "좋은 징조로 여기고"(33a) "내 형제이니"란 말의 의미는 동맹국(同盟國)의 왕이란 뜻이며 아합이 벤하닷을 용서한다는 징조로 벤하닷의 신하들은 이해하고 이들은 즉시 그 말을 받아 "벤하닷은 왕의 형제니이다"라고 호응한 것이다.

그러자 아합은 벤하닷을 불러 그의 병거에 같이 태웠다. 그는 아무 죄도 없는 엘리야를 3년 반이나 죽이려고 전국에 수사망(搜查網)을 펴서 추적하던 왕이며 갈멜 산에서 엘리야의 기도(祈禱)로 비가 내리자 아합은 마차를 타고 가면서 그 앞에서 달리는 엘리야를 보면서도 그를 마차에 동승(同乘)시키지 않았다(18:45-46). 그런데 "네 은금과 네 아내들과 네 자녀들의 아름다운 자도 다 내 것이라"고 호언장담하며 사마리아와 아벡 전쟁을 일으킨 이 희대(稀代)의 폭행자를, 그래도 하나님의 은혜로 승리하고는 제 마음대로 적왕(敵王)을 용서하고 형제라 칭하여 자신의 병거에 동승(同乘)시키고 병거 내에서 평화협상(平和協商)을 열었으니 이야말로 언어도단(言語道斷)이 아닌가? 이 굴욕적(屈辱的)인 협상에서 벤하닷이 아합에게 두 가지 조약 내용을 제시했다. 첫째는 "내 아버지께서 당신의 아버지에게서 빼앗은 모든 성읍을 내가 돌려보내리이다"(34a)이며, 둘째는 "또 내 아버지께서 사마리아에서 만든 것 같이 다메섹에서 당신을 위하여 거리를 만드소서"(34b)라는 것이었다. 아합은 이 두 조항에 무조건 동의하고 벤하닷을 용서하고 돌려보낸 것이다.

아합의 행위는 선한 마음에서 우러나온 것이 아니라 그의 연약(軟弱)함과 우유부단(優柔不斷)과 자기기만적(自己欺瞞的)인 허영(虛榮)에서 나온 것으로 언뜻 보면 신약(新約)에서 보인 예수 그리스도의 교훈과 일치되는 것 같이 생각되지만 이는 정치적으로 뿐만 아니라 무엇보다 이는 이 전쟁을 사실상 승리케 하신 하나님의 뜻을 크게 거스르는 일임은 분명하다.

아합의 이 굴욕적인 외교(外交)는 그의 사대주의(事大主義) 사상에서 나온 듯하다. 그는 부친 때부터 아람은 대국(大國)으로 생각하고 4절에서 보면 벤하닷이 "네 나라의 모든 것은 다 내 것이라" 한 데 대해 "내 주 왕이여 왕의 말씀 같이 나와 내 것은 다 왕의 것이니이다" 한 것을 보아 알 일이다. 이런 사대주의 사상이 승전국의 왕이면서도 마치 예속국(隸屬國)의 신하(臣下)가 대국(大國)의 왕을 대하듯 굴욕적(屈辱的) 외교를 하게 만들었다고 본다.

오늘의 성도들도 그리스도께서 우리를 위하여 싸워 승리의 영광을 누리는 위치에 있으면서도 아직 옛 주인 격인 마귀 권세를 두려워하는 굴욕적 자세를 취하는 자들이 있음은, 이는 마치 승전한 아합이 패전한 벤하닷을 상전(上典)처럼 대하는 굴욕적 외교로서 크게 반성할 일이라는 생각이 든다.

우리는 어떤 경우든 우리를 이기게 하시는 만군의 여호와의 뜻을 따라 당당하게 오직 승리의 영광을 그에게 돌리는 자들이 되어야 할 것이다.

3. 아합 왕에 대한 심판의 예언 (35-43)

아합은 굴욕적인 외교로 벤하닷과 조약을 맺음으로써 아람과의 전쟁에 일단락을 지은 줄 착각하고 있을지 모르지만 이 전쟁에서의 사실상 승리의 주체이신 하나님은 아합의 경솔한 전후처리에 대하여 묵과하지 않으셨다. 이 단락에서 거론되는 내용은 아합 왕에 대한 심판의 예언으로 이어지고 있다.

1) 한 선지자의 어려운 직무수행(職務遂行) (35-38)

"선지자의 무리 중 한 사람이"(35a). 이는 선지자가 되기 위해 훈련 받고 있는 학생으로 생각되며 "선지자의 생도(生徒)"라 칭하기도 한다. 그 유래는 사무엘이 창안(創案)한 것으로 보며(삼상 10:5), 엘리야나 엘리사 시대에 활기 있게 발전한 것으로 추정된다(왕하 2:7). 그 무리 중에 "한 사람"이 여호와의 말씀을 받아 자기 동료(同僚)에게 "너는 나를 치라" 하며, 아마도 이것은 여호와의 말씀에 근거한 것이라고 밝히면서 말한 듯하다. 그런데도 그 친구는 치기를 거부했다. 그러자 치라고 요구했던 선지자가 그 친구 선지자를 향하여 저주(詛呪)의 예언을 하였다. "네가 여호와의 말씀을 듣지 아니 하였으니 네가 나를 떠나갈 때에 사자(獅子)가 너를 죽이리라"(36). 그러자 이 예언은 그대로 이루어져서 친구 예언자가 그를 떠날 때에 사자에게 물려 죽었다.

사실 이 사건의 핵심은 아무리 하나님의 사람인 예언자라 할지라도 여호와의 말씀을 순종하지 않으면 비참한 결과를 피할 수 없다는 경고인 것이다. 이는 마치 여로보암에게 심판을 경고한 유다의 무명선지자의 경우와 같다(13:21-24). 이 사건의 적용은 하나님의 말씀을 어기고 부당한 협상을 한 아합 왕이 화를 만나 죽게 된다는 의미이다.

이 특이한 명령을 받은 한 선지자는 또 다른 사람(선지자)을 만나 자기를 치라고 하자 이 사람은 그 선지자를 상처(傷處)가 날 정도로 심하게 때렸다(37). 그러자 상처를 입은 선지자는 수건으로 자기의 눈을 가리어 변장(變裝)을 하고 왕이 지나가는 길목에서 왕이 지나 가기를 기다렸다(38).

마침내 왕이 그 길로 지나가자 위장(僞裝)한 선지자는 소리 질러 왕을 부르며 말을 했다. 이는 고대(古代) 여러 나라에서 통용하던 일종의 신문고(申聞鼓) 제도로, 이스라엘 나라의 경우도 백성들이 억울하게 당하는 일들에 대하여 왕에게 최종적으로 하소연 할 수 있는 풍속이 있어 왕에게 큰 소리로 외쳐 말한 것이다.

이처럼 선지자의 사명 감당이란 너무도 어려운 것으로 하나님의 뜻을 이루기 위해서는 자기 몸이 이유 없이 구타(毆打)당하는 어려움도 감내(堪耐)해야 한다는 참 신앙인의 자세를 보여준다.

2) 아합 왕에 대한 은유적(隱喩的) 예언(豫言) (39-42)

이 선지자는 어렵게 왕과 대면하자 마치 다윗이 범죄했을 때 나단의 은유적(隱喩的)인 책망을 연상(聯想)시킬 만큼 아합으로 하여금 꼼짝없이 당하게 될 판결을 내리게 한 것이다.

"왕의 종인 제가 전쟁터에 나갔는데 한 사람이 어떤 사람(포로인 듯)을 내게로 끌고 와서 말하기를 이 사람은 지켜라 만일 그를 잃어버리면 네 생명으로 그의 생명을 대신하거나 그렇지 아니하면 네가 은 한 달란트(1 달란트 34.27kg)를 내어야 하리라 하였거늘 종이 이리 저리 일을 볼 동안에 그가 없어졌나이다"(39-40)라고 진술하고 그가 질문을 하기도 전에 왕이 그에게 "네가 스스로 결정하였으니 그대로 당하여야 하리라"(40b)라고 판결을 내렸다.

그러자 이 예언자는 "급히 자기의 눈을 가린 수건을 벗으니"(41)로 본래 신분을 드러내었다. 그러자 왕은 그가 선지자 중에 한 사람인 줄을 알아보았다. 구약의 선지자들은 손이나 가슴, 또는 이마에 예언자의 표시를 하였다고 보며(사 44:5, 슥 13:6, 겔 9:4), 또는 복장(服裝)으로도 표시되나 이 경우에 선지자는 평복(平服)으로 위장한 것으로 생각한다(Hammond).

선지자는 자기 신분(身分)을 왕이 확인하자 그는 왕을 향하여 여호와께서 주신 예언의 말씀을 전하였다. "여호와의 말씀이 내가 멸하기로 작정한 사람을 네 손으로 놓았은즉 네 목숨은 그의 목숨을 대신하고 네 백성은 그의 백성을 대신하리라 하셨나이다"(42). 이는 마치 나단이 다윗에게 당신이 그 사람이라 한 장면과 동일하다(삼하 12:7).

하나님이 아주 멸하기로 작정된 벤하닷을 아합이 마음대로 놓아 주었으니 아합의 생명으로 벤하닷의 생명을 대신하고, 그 백성 이스라엘로 아람 백성을 대신한다는 뜻이다. 이 예언은 길르앗 라못 전투에서(22장) 그대로 성취되었다.

3) 심판의 경고를 받은 아합의 자세(姿勢) (43)

"이스라엘 왕이 근심하고 답답하여 그의 왕궁으로 돌아가려고 사마리아에 이르니라"(43)

선지자를 통하여 주신 자신에 대한 여호와의 경고를 받은 아합 왕은 "근심하고 답답하여"(43a)라고 하였는데, 이는 역정을 내고 화를 낸 상태를 말하는 것으로, 다윗이 나단의 책망을 받자 그 앞에 엎드려 죄를 회개한 것과는 다르다(삼하 12:13). 그는 온유하고 겸손한 마음으로 진리의 말씀을 받아들이지 않고 오히려 그 말씀에 대하여 분노하였으니 이런 자는 하나님께로부터 아무런 도움도 받을 수가 없다(약 1:21).

아합이 사마리아 전투와 아벡 전투라는 이 큰 전쟁에서 여호와께서 승리케 하셨다는 사실을 알았다면 그는 승리하자 즉시 아람 왕 벤하닷을 처형(處刑)하고 그 간악한 백성들을 아울러 진멸하고 그 노획물을 여호와께 바쳐 감사했을 것이며, 그럴 경우 그는 하나님의 은혜로 이스라엘의 숙적(宿敵)인 아람을 물리친 영웅으로 이스라엘 역대지략에 기록을 남겼을 것이다. 그가 만일 이번 전투에서 패했다 치면 그의 금은(金銀)과 그의 처들과 그의 아들들을 다 빼앗긴 채, 자신은 벤하닷의 병거(兵車) 바퀴에 매달려 끌려가다가 비참한 최후를 맞았을 것이다.

이런 사실을 알지 못하고 굴욕적(屈辱的)인 협상으로 하나님의 뜻을 무시하자 하나님의 젊은 예언자가 이를 알게 하려고 하나는 죽고 하나는 성한 몸에 일부러 매를 맞아 부상까지 당하면서 그의 무딘 마음을 일깨우려 하였지만 그는 오히려 자신을 스스로 정죄(定罪)하고도 역정과 분노를 내며 하나님의 경고를 묵살(默殺)할 뿐이었다. 그리하여 그는 하나님이 죽이기로 작정한 벤하닷을 살려준 이 매국적(賣國的) 행위로 말미암아 마침내 자신의 죽음과 아울러 나라의 파멸을 가져오는 비참한 결과를 초래하고 말았다.

우리는 하나님께서 명령을 내리실 때 우리가 이에 대하여 할 수 있는 것은 오직 그 명령에 순종하느냐 아니면 그 명령에 불순종 하느냐 하는 것이다. 심지어 하나님께서 선지자를 치라고 명령하실 때 선지자를 치지 않은 것은 하나님께서 선지자를 치지 말라 하실 때 치는 것과 동일한 죄이다. 선지자를 치지 않은 사람이 그처럼 무서운 징벌(懲罰)을 받았을진대 벤하닷을 치지 않은 아합은 얼마나 무서운 징벌을 받게 될 것인가, 상상해 보라(베이커 주석).

우리가 열왕기상 20장에서 배울 것은 여호와의 명령은 무조건 절대 순종해야 한다는 것임을 각자 명심(銘心)해야만 한다는 사실이다.

나봇의 포도원

왕상 21:1-29

아합 왕은 지금까지 바알과 아세라를 섬기고 여호와의 예언자들을 죽이는 정책을 써서 백성들을 우상숭배에 빠지게 하는 잘못된 종교정책을 써 왔음을 강조해 왔다(16:29~20:29). 21장인 본장에서는 사회적 정의를 구현(具現)해야 할 최고의 권력자가 자신의 사욕(私慾)을 채우기 위해 왕궁 근처에 있는 평민의 소유인 포도원을 빼앗을 욕심 때문에 자신의 공권력(公權力)을 남용하여 거짓 증인을 세워 하나님과 왕을 저주했다는 허위날조(虛僞捏造)의 죄명을 씌워서 나봇을 죽이고 그 포도원을 강탈(强奪)하는 만행(蠻行)을 자행함으로써 예언자 엘리야가 이를 고발하는 내용으로 구성되어 있다.

1. 나봇의 포도원의 영적(靈的) 의미 (1)

"그 후에 이 일이 있으니라 이스르엘 사람 나봇에게 이스르엘에 포도원이 있어 사마리아의 왕 아합의 왕궁에서 가깝더니"(1)

본장에 소개되는 사건의 배경인 이스르엘(Jezreel)은 아합과 그의 가족들이 머물 수 있는 겨울궁전이 있는 곳이다. 본궁(本宮)은 물론 이스라엘 나라의 수도(首都)인 사마리아에 있었지만 이스르엘은 사마리아보다 300m

정도 낮은 곳에 위치하는 분지(盆地)로 되어 있기 때문에 겨울에 아합과 그 가족들이 살기 적합한 기후조건(氣候條件)으로 좋은 환경을 주는 곳으로 생각된다. 엘리야와 바알의 예언자들이 갈멜 산에서 결투를 할 때도 아합과 이세벨이 여기 머물렀고(18:46), 그 후 아합의 아들 요람 왕이 길르앗 라못 전투에서 부상하였을 때도(왕하 8:29, 9:15), 그리고 아합 왕이 죽고 난 다음에도 그의 아내 이세벨이 머물었던 곳 역시 이곳 이스르엘 별궁(別宮)이었다(왕하 9:30-37).

이 별궁 바로 옆에 이스르엘 농부 중 하나인 나봇이 아름다운 포도원을 소유하고 있었다. 이 역시 온화한 기후조건에 따라 포도농사가 잘되는 평화로운 포도원으로 수확도 잘 되었던 것으로 생각된다.

이리하여 아합의 왕궁과 나봇의 포도원은 둘 다 온화한 자연기후조건 아래서 그 혜택을 공유(共有)하며 서로 이웃하여 살고 있었다. 그런데 아합 왕궁이 그 당시 세속적 권력의 상징(象徵)이었다면 나봇의 포도원은 이스라엘 나라를 상징하며(사 5:1-7, 렘 12:10, 시 80:), 또한 하나님 나라 그리고 오늘의 교회로도 상징된다는 영적 의미를 지니고 있다(마 20:1-16).

즉 정교분리(政教分離) 원칙의 법률적 제도가 제대로 시행되기 전, 이 양자의 대립현상에서 야기(惹起)된 아합 왕에 의한 나봇의 포도원강탈사건은 그 후 세계사적(世界史的) 견지에서 세속적 욕망이 판치는 권력자들의 횡포 때문에 교회가 받은 무수한 박해(迫害)에 따른 비극적인 역사(歷史)의 연속으로 말미암아 오늘까지도 이어져 오는 참담한 현상의 하나의 실례라 할 수 있다.

2. 아합 왕에 의한 나봇의 포도원 탈취 사건 (1-16)

기후가 온화한 이스르엘 전원(田園)에서 포도 농사를 하는 근면 순박한 농부인 나봇의 포도원은 예상치 않은 왕의 탐심(貪心)의 대상이 되고 있었다. 그것은 이따금 사마리아에서 바쁜 정치생활을 하며 지내다 이스르엘 별궁(別宮)으로 올 때마다 언제나 눈에 띄는 것이 나봇의 아름다운 포도원이었다. 그리하여 그는 이것을 자기 소유로 만들어 채소(菜蔬)밭을 삼으려는 욕망을 갖게 되었다. 이는 요사이 주말농장(週末農場)처럼, 채소를 기르거나 또는 푸른 나무숲을 만들어 즐거운 전원생활(田園生活)을 꿈꾸었으리라 생각된다.

아합은 이 탐욕을 물리치지 못하고 마침내 나봇으로부터 그 포도원을 탈취할 공작을 시작한 것이다. 일차 공략에서의 그의 요구조건은 비교적 보편타당성(普遍妥當性)이 있는 일반적 흥정으로서 그는 나봇을 만나 "아합이 나봇에게 말하여 이르되 네 포도원이 내 왕궁 곁에 가까이 있으니 내게 주어 채소 밭을 삼게 하라 내가 그 대신에 그보다 더 아름다운 포도원을 네게 줄 것이요 만일 네가 좋게 여기면 그 값을 돈으로 네게 주리라"(2) 하였다.

아합의 이 요구는 상거래(商去來) 상 매매방식(賣買方式)으로 볼 때 그 당시 근동 지방에서 뿐 아니라 오늘 우리 시대에서도 역시 정당한 거래조건이라는 생각이 든다. 즉 첫째 조건은 "내가 그 대신에 그보다 더 아름다운 포도원을 네게 줄 것이요"(2b) 이는 교환조건(交換條件)이며, 둘째는 "만일 네가 좋게 여기면 그 값을 돈으로 네게 주리라"(2c), 이는 정당한 상거래(商去來)의 매매방식(賣買方式)인 것이었다. 하지만 이는 아합이 선한 왕이어서가 아니라 이스라엘의 경우 아무리 국왕이라 하더라도 국민의 재산을 강제로 빼앗지 못하는 것이 히브리 민족의 사상으로 "네 이웃의 것을 탐내지 말라"는 모세의 10계의 열 번째 계명이기 때문이다. 그리고 토지매매 법을 따르면 토지를 다른 지파에 파는 것을 금하는 조항을 그는 알고 있었기 때문이다(레 25:23-28, 민 36:7).

세계 제2차 세계대전을 전후하여 마치 나봇의 포도원 같은 한국교회는 이른바 천황을 신으로 숭앙하는 일본 군부(軍部)출신의 정치가들에 의하여 동방요배, 신사참배, 국기경례 등 각종 우상숭배를 강요함으로 말미암아 마치 나봇과 같은 고통을 당하였고 애매한 사람들이 체포, 고문, 사형 등의 악정(惡政)을 단행하여 이 땅을 피로 물들이는 수난의 역사를 자아냈다. 이것이 바로 한국교회 근대사의 한 장면인 것이다.

1) 강한 평민과 약한 왕 (2-4)

나봇에 대한 아합의 요구가 그 당시 강탈행위(强奪行爲)를 피하고 통상적(通常的)인 매매형식(賣買形式)에 따른 상거래수준(商去來水準)이라 하더라도 나봇은 한마디로 이를 거절했다. "나봇이 아합에게 말하되 내 조상의 유산(遺産)을 왕에게 주기를 여호와께서 금하실지로다 하니"(3). 이는 왕명을 거역하는 일이기 전에 하나님의 명령을 거역할 수 없었기 때문이다. 아합의 요구 조건이 당시 매매계약상 통상거래에 준한 것이었다 하더라도, 신앙상 문제에 있어서 매매금지(賣買禁止)로 된 토지를 사려고 한 아합의 요구는 근본적인 잘못이었던 것이다.

사실 이 포도원을 두고 매입신청(買入申請)을 하고 있는 아합의 입장과 매도거부(賣渡拒否)를 하고 있는 나봇, 이 양 인(兩人)의 경우는 너무도 판이(判異)한 입장이다. 사려는 아합의 입장은 왕으로서 사마리아의 화려한 본궁(本宮)이 있으며, 이곳 이스르엘에도 겨울궁전이 있어 휴가 때나 여가(餘暇) 때에 와서 사용했을지 모르지만, 나봇의 경우는 이것이 자신의 생계유지(生計維持)는 물론, 그가 속한 잇사갈 지파들(수 19:18) 속에서 자신의 정체성(正體性)과 위치를 견고하게 만드는 수단이 될 뿐 아니라, 조상이 물려 준 유산(遺産)을 유지한다는 긍지(矜持)와 보람을 맛보게 만드는 것이었다.

하지만 나봇은 왕이 극단적인 요구를 할 경우, 그는 한 시민으로서는 이상의 자기중심적 모든 유리한 조건을 양보할 수 있다고 생각할 가능성도 있어 보인다. 그는 왕을 존경하는 시민이기 때문이다. 그렇지만 그 어떤 것으로도 양보할 수 없는 이유는 신앙적 문제이기 때문인 바 "내 조상의 유산을 왕에게 주기를 여호와께서 금하실지로다"(3)이기 때문이다. 나봇의 경우를 만일 믿음이 없는 사람이 당했다 하면 왕에게 후한 가격을 받을 수도 있고, 이를 계기로 왕의 호감을 사서 높은 지위와 더 큰 농장(農場)을 구입하여 대 목장으로 경영할 생각을 했을 것이다. 이는 오늘도 신자들이 순교(殉敎)하는 의미를 불신자들은 전혀 알지 못하는 것과 마찬가지이다.

나봇의 거절 이유의 성경적 근거는 레 25:23-26, 민 36:7-9에 명시된 조항이다. 그것은 단순한 매매상관계의 문제만이 아니라 종교적인 의무였던 것이다. 즉 토지의 영구매매금지법과 50년마다 다시 돌려받는 "희년법" 조항이 당시는 이방문화의 침투로 인하여 거의 지켜지지 않고 있었던 듯하다. 그 때문에 한번 토지를 팔면 다시 찾기 어려웠을 것이다(메튜 헨리).

그러므로 나봇의 거절 이유의 정도지수(程度指數)는 전혀 타협을 불허하는 강경한 자세였다고 추측한다.

이에 반하여 아합은 나봇의 대답을 듣고는 "근심하고 답답하여 왕궁으로 돌아와 침상에 누워 얼굴을 돌리고 식사를 아니하니"(4), 하나님의 말씀이나 바른 말을 듣고 답답해하는 것은 그의 심령이 하나님을 멀리 떠나 있고, 현세의 욕심에만 기울어있음을 보여주는 것이다. 또 먹지 않고 누워 있었던 것은 유치한(어린이다운) 행동이기도 한 것이었다(K&D).

이 같은 아합 왕의 나약(懦弱)한 상태는 그의 아내 이세벨의 해결사적인 모습과 대조적인 것으로 아합 왕 통치기간 중 중요한 정책결정(政策決定)이나 각종 사안처리(事案處理)의 실체(實體)가 이세벨이었을 가능성이 높다는 생각이 든다.

우리는 여기서 평민(平民)으로서의 강한 나봇의 모습과 왕으로서의 나약(懦弱)한 아합의 모습이 상호 대조되고 있음을 보게 된다. 나봇의 강력(强

力)함은 그가 하나님의 말씀에 절대 순종하고 있기 때문이며 아합의 유약성(柔弱性)은 그가 하나님을 버리고 인간욕망에 도취되어 불의한 욕망을 품었다가 거절당할 때에 취할 수밖에 없는 가련한 왕의 모습이다.

그러므로 잠언 28:1에서는 다음과 같이 말하고 있다. "악인은 쫓아오는 자가 없어도 도망하나 의인은 사자 같이 담대하리라"

2) 왕의 악한 간계(奸計)와 무죄한 자의 죽음 (5-16)

(1) 왕권대행자(王權代行者)로서의 이세벨(5-7)

아합의 아내 이세벨이 실의(失意)에 빠져 식음(食飮)을 전폐하고 있는 왕 앞에 나타나서 그 이유가 무엇인지를 물었다(5). 그때 아합은 아내 이세벨에게 나봇에게 했던 말을(2) 그대로 반복(反復)하면서 그는 자신의 입장을 유리하게 만드는 면만을 말해 준다. 즉 나봇이 "내 조상의 유산을 왕에게 주기를 여호와께서 금하실지로다"(3)라고 말한 데 비하여 아합 왕은 "그가 대답하기를 내가 내 포도원을 네게 주지 아니 하겠노라"(6)라고 말했다고 "여호와의 금하실지로다"를 빼고 전달했다. 이세벨이 왕의 말을 듣고 그가 실의(失意)에 빠진 이유를 알았을 때, 그녀는 "왕이 지금 이스라엘 나라를 다스리시나이까 일어나 식사를 하시고 마음을 즐겁게 하소서 내가 이스르엘 사람 나봇의 포도원을 왕께 드리리이다"(7)라고 하였다. 이 말의 전반부는 "왕이 이스라엘의 통치자(統治者)가 아닙니까? 통치자라면 통치자답게 다스리십시오."라고 그녀는 좌절에 빠진 남편의 무기력함을 힐난(詰難)조로 격려하고, 왕이라면 무엇이든 그 소원대로 할 수 있다는 사실을 상기(想起)시켜 주었다. 이리하여 그녀는 보다 나은 올바른 방법을 제시하기보다는 나봇의 포도원에 대한 그의 탐심(貪心)을 한층 더 고무(鼓舞)시켜 주었던 것이다.

그리고 후반부는 이세벨이 나봇의 포도원을 탈취(奪取)할 계획을 세워 놓고 그 계획을 성취하기 위해 가장 사악(邪惡)한 방법을 사용하기를 주저하지 않았다. 그것은 의인 나봇을 죽이는 무서운 범죄를 감행하는 일이었다.

(2) 사악(邪惡)한 왕후 이세벨의 간계(奸計)(8-16)

아합과 이세벨은 나봇의 포도원 탈취사건에 있어서 전혀 당시 율법에 명시한 "네 이웃의 것을 탐하지 말라"는 계명을 전적으로 무시한 채, 하나님의 명령을 목숨 바쳐 지키려는 무죄한 나봇에 대한 살해계획(殺害計劃)을 세울 때는 여호와의 율례를 따르는 종교법(宗敎法)울 이용하여 진행시키고 있는 간계를 보게 된다.

① 왕명으로 이스르엘 장로와 귀족에게 편지를 보냄(8-10)

이세벨은 나봇이 사는 이스르엘 성읍의 장로(원로)들과 귀족(높은 지위를 가진 행정관; 行政官, 신 16:18)들에게 친히 편지를 쓰고 발송인(發送人)을 왕명(王名)으로 하여 "그 인"(옥새)을 찍어 보내었다(8).

그 편지의 사연은 다음과 같다.

첫째, 금식령(禁食令)을 선포할 것(9a).

왕이 발하는 금식령은 나라의 큰 범죄 사실이나 재앙이 있어 국민적 참회를 위한 경우에 선포하는 것이다(삿 20:26, 삼상 7:6, 욥 1:14). 이 경우는 이스르엘 성에 사는 한 시민이 하나님과 왕을 저주하였다는 것으로 이는 누명(陋名)을 씌워 이것이 온 성에 저주(詛呪)가 임할 것을 미연에 방지키 위하여 내린 것으로, 한 개인사(個人事)를 국가적 차원으로 확대시켜 내린 왕의 조서형식(詔書形式)을 취한 것이다.

놀라운 사실은 앞서 언급 하였듯이 이것을 종교법(宗敎法)에 의하여 진행시켰다는 교묘함을 보이고 있다. 즉 성경 속에 권총을 숨겨 놓고 자기가 미워하는 사람을 올무에 빠뜨리려는 책략(策略)과 같은 것이었다. 율법을 그대로 지키려는 무죄한 시민을 율법(律法)을 범한 자라는 죄를 씌워 율법을 이용한 종교재판(宗敎裁判)에 회부(回附)하여 죽인다는 것이다.

둘째, 재판장을 매수하여 피의자(被疑者)로 나봇을 소환(召喚) 처리 할 것(9b).

"백성 가운데 높이 앉힌 후에"(9b). 이는 '상좌에 앉혔다'는 의미도 되지만 누구나 볼 수 있는 '높은 곳'에 앉게 했다는 의미도 된다. 전자의 경우는 '높은 지위에 있는 사람'이 범죄한 것은 일반 평민들이 행한 것보다 비중이 크다는 것을 강조하기 위함이며, 후자 즉 '높은 장소'에 앉힌 경우는 누구나 범죄자로서의 나봇을 잘 볼 수 있도록 취한 계략으로 보는 것이다.

셋째, 불량자(不良者) 두 사람을 증인(證人)으로 채택하여 위증(僞證)을 하게할 것(10).

형사재판의 경우 두 사람의 증인을 세우도록 규정(민 35:30, 신 17:6, 19:15) 되었으며 두 사람이 같은 증언을 해야 법적으로 유효(有效)하기 때문이다. 그런데 이 경우에 두 증인은 불량자(不良者)라고 하였는데, 이는 거짓 증거를 하기에 적합한 자이기 때문이라 생각한다.

그리하여 이들로 하여금 나봇과 마주 앉게 한 다음 사전 계획된 허위날조(虛僞捏造)의 위증(僞證)을 하도록, 즉 "네가 하나님과 왕을 저주하였다" 한 것은 나봇이 그의 포도원을 아합 왕에게 주기를 거부(拒否)한 것이 곧 "왕에게 불손(不遜)한 것"이며, 이것을 이유로 율법을 들먹인 것은 "하나님께 대한 불경(不敬)"이라고 얽어매는 것이었다.

이스르엘 평지와 같은 가장 아름답고 멋진 곳에서 천인공노(天人共怒)할 의인의 피를 흘리는 왕의 공문(公文)이 그 성을 대표하는 불의한 사법관(司法官)들에게 송달되었던 것이다.

② 나봇의 죽음(11-16)

이세벨에 의한 사악한 왕명은 이스르엘 장로들과 귀인으로 구성된 재판관들에 의하여 지체 없이 그 각본(脚本)대로 행해졌다. 불량자인 두 증인에 의하여 증거를 제시하였고, 나봇에게는 변명의 기회를 주지 않았으며 미리 조작된 허위날조(虛僞捏造)의 죄명으로 즉시 "무리가 그를 성읍 밖으로 끌고 나가서 돌로 쳐 죽이고"(13), 왕하 9:26에 의하면 나봇의 아들들도 동시에 처형(處刑) 되었으므로 아합은 그의 포도원을 마침내 몰수(沒收)할 수 있었다고 본다.

나봇에게 사형(死刑)을 집행한 그 지방의 장로와 귀인들의 입장을 보면 그들이 이세벨의 분부가 잘못된 것을 모두 알았을 것이다. 그러면서 그대로 순종한 것은, 첫째. 이세벨의 세력이 너무 강하여 거기에 항거하다가는 그들 자신에게 위험이 온다고 느꼈던 것이고, 둘째는 그 시대가 도덕적으로 전적 타락했기 때문일 것으로 생각된다.

이 사실을 우리 주님의 대한 재판과 그에 대한 사형선고(死刑宣告)를 비교해 보면 거의 비슷한 경우임을 알게 된다(마 27:11-26, 막 15:2-15, 눅 23:3-5, 13-25, 요 18:33~19:16).

사건의 진위(眞僞) 판단도 제대로 못하는 무리(회중)들은 나봇을 타살한 후 이 사실을 이세벨에게 통보하였고(14), 이세벨은 정보입수(情報入手) 즉시 아합에게 "일어나 그 이스르엘 사람 나봇이 돈으로 바꾸어 주기를 싫어하던 나봇의 포도원을 차지하소서 나봇이 살아 있지 아니하고 죽었나이다"(15)라고 전하였다.

그러자 아합은 즉시 일어나 이스르엘로 갔다(16). 그는 이세벨의 계략(計略)이나 나봇이 죽게 된 이유와 경로에 대하여는 아무 관심도 없고 오로지 자신의 요구가 성취되었다는 것만으로 그 포도원을 취하려고 서둘러 이스르엘로 간 것을 보면, 소위 한 나라의 왕이라는 자가 가져야 할 기본적인 도덕성(道德性)이나 책임감까지도 상실한 모습을 보여 줄 뿐이다. 실로 정치무상(政治無常)을 개탄하며 부패한 종교가 무죄한 시민에게 미치는 영향이 어떠함을 경탄(驚歎)할 뿐이다.

3. 예언자를 통한 여호와의 경고(警告) (17-24)

1) 엘리야가 받은 여호와의 말씀 (17-19)

조상 전래의 포도원을 지키려는 나봇의 노력은 아무런 효험도 없이 아합의 욕망과 이세벨의 간계 그리고 이 악한 계획을 알면서도 협력한 이스르엘의 원로와 귀족들, 그들에게 매수되어 거짓 증거를 했던 불량자 두 사람, 그리고 군중심리(群衆心理)에 빠져 무고한 형제를 잔인하게 타살한 무리들, 이들은 모두가 무죄한 나봇과 그 아들들을 죽이고 그의 재산을 탈취한 일에 공범자(共犯者)들이다.

하지만 이 사건에 대해 누구하나 문제를 제기하는 자 없이 나봇의 포도원 탈취사건은 일단락(一段落)되는 것 같았다. 그러나 이 모든 과정의 자초지종(自初至終)을 보시고 계신 분이 있었으니 이가 바로 여호와 하나님이시다.

그는 디셉 사람 엘리야에게 "너는 일어나 내려가서 사마리아에 있는 이스라엘의 아합 왕을 만나라(이는 혼란을 일으키는 말, 아합은 전절(前節)을 보면 이스르엘에 있다) 그가 나봇의 포도원을 차지하러 그리로 내려갔나니"(18).

(1) 죄(罪)와의 만남(17-18)

아합은 이때 아무 일도 없는 듯 다만 그 탐하던 포도원을 인수할 기쁨에 차 있을 때, 하나님이 보내신 엘리야와 대면하게 된다. 이는 곧 자기 죄와의 만남이다. 민수기 32:23에 "너희 죄가 반드시 너희를 찾아낼 줄 알라" 그대로이다. 우리가 지은 죄는 피할 수가 없다. "내가 새벽 날개를 치며 바다 끝에 가서 거주할지라도 거기서도 주의 손이 나를 인도하시며 주의 오른손이 나를 붙드시리이다"(시 139:9-10).

(2) 죄목(罪目)을 명시(明示)함(19a)

그리고 만나서 그의 죄상(罪狀)을 지적하라고 명하신다. 그것은 "네가 죽이고 또 빼앗았느냐고 하셨다 하고"(19a). 즉 아합 왕의 죄목을 밝혀 그가 나봇을 죽이고 그가 소유하고 있던 포도원을 빼앗은 사실을 엘리야에게 알린다. 다시 말하면 이스라엘 사회에서 통용되던 십계명 중에 두 가지(살인과 이웃의 것을 탐내는 것)를 범했음을 지적(指摘)하는 것이다.

이것이 비록 아합이 모르는 중에 감행된 일이었다 하더라도 왕명(王命)으로 금식령(禁食令)이 선포된 만큼, 이세벨과 공동책임(共同責任)을 져야 하는 사건임을 의미한다. 이는 예수를 죽인 자는 유대인의 고위층(高位層)이며 이들에게 선동(煽動)된 민중(民衆)이었다. 하지만 사도신경에서는 그 책임자가 로마총독 본디오 빌라도라고 지명(指名)한다. 사실 빌라도는 예수의 무죄를 인정하고 석방(釋放)하려 한 자이다(마 27:15-26). 하지만 그는 예수를 놓아주면 가이사의 충신이 아니라는 군중들의 구호(口號)에 눌려 사형선고 책임자로서 오고 오는 세대에 모든 성도에게서 그는 "본디오 빌라도에게 고난을 받아 십자가에 못 박혀 죽으시고"라는 규탄의 대상이 된 것이다.

이처럼 아무리 이세벨의 간계(奸計)에 의한 살인이라 하더라도 그의 남편이며 왕인 아합이 나봇에 대한 살인 책임자라는 누명(陋名)을 벗을 수 없음을 보여준다. 그는 이 사건의 원인제공자(原因提供者)이며(2), 왕명(王名)으로 인(印)을 친 조서(詔書)를 내린 것으로(8) 실제 사형선고(死刑宣告)를 내린 자이기 때문이며 또한 살인을 통해 얻어진 포도원을 취한 것도 아합 왕이기 때문이다(16).

(3) 죄에 대한 심판 예고(19)

그리고 다음은 죄의 결과로 받을 심판을 경고한다. "개들이 나봇의 피를 핥은 곳에서 개들이 네 피 곧 네 몸의 피도 핥으리라 하였다 하라"(19b).

"개들이 나봇의 피를 핥은 곳"은 이스르엘 나봇의 포도원 근처이다. 하지만 아합의 피는 사마리아 못에서 씻었기 때문에(22:38), 약간의 문제가 있다. 하지만 비록 장소에 차이가 있지만 아합이 전사(戰死)한 병거(兵車)의 피를 개가 핥는 것이 동일한 형벌의 비참을 말하는 것이며, 또한 아합의 참회로 그의 아들시대로 연기되는 시간상에 차이도 있지만 그 죄는 아들 요람에게까지 연루(連累)되어 요람이 예후에게 죽임을 당하고 그 피가 나봇의 포도원에서 흘렀던 것으로(왕하 9:25-27), 아합이 나봇의 아들까지 죽인 죄에 대하여 보복(報復)되었음을 알게 된다.

2) 엘리야가 아합에게 전한 여호와의 말씀 (20-26)

(1) 아합의 질문(質問)과 엘리야의 응답(應答) (20)

아합이 엘리야를 만나자 "내 대적자여 네가 나를 찾았느냐"(20)라고 불렀다. 이 말은 "내 원수야, 네가 또 나를 찾아왔느냐?"로 물론 반갑지 않은 방문객(訪問客)을 대하는 어투(語套)이면서도 두 사람이 전에 서로 잘 알고 있다는 어감(語感)을 주는 말이기도 하다. 물론 21장 이전에 좋게나 나쁘게나 서로 간에 관계를 맺고 있었음은 사실인 만큼, 오랜만에 만나는 서로 지면(知面) 있는 자들과의 만남이라는 감을 느끼게 한다(왕상 18:46).

하지만 둘 사이는 친근미(親近味)를 느끼게 하는 사이가 될 수는 없다. 이는 아합이 하나님의 뜻을 따라 사는 자가 아니기 때문이다. 그러므로 아합이 엘리야를 만나자 "내 원수야"라고 불편한 심기(心氣)로 호칭(呼稱)함으로써 오히려 18:17에서 엘리야를 향하여 "이스라엘을 괴롭게 하는 자"라고 불렀던 아합은 이번에는 '원수'라고 부름으로 인하여 더 한층 반감

(反感)을 가중(加重)시키고 있음을 보게 된다.

그 이유는 그가 바로 며칠 전 나봇을 죽이고 그의 포도원을 탈취한 기억이 떠올라 불안한 마음에서 나온 것으로 생각된다. 그러므로 "네가 나를 찾았느냐?"(20a)라는 말 속에는 범죄자로서 예언자를 만나는 순간 일종의 공포감을 느껴 한 말로 생각된다.

아합의 이 물음에 대하여 엘리야는 "내가 찾았노라 네가 네 자신을 팔아 여호와 보시기에 악을 행하였으므로"(20b), 이것을 여호와의 말씀으로, 정죄(定罪)하려고 왔다라고 하였다.

(2) 엘리야는 하나님의 심판(審判)을 통고(通告)한다(21-24).

① 아합 왕에 대한 심판(21-22)

"여호와의 말씀이 내가 재앙을 네게 내려 너를 쓸어버리되 네게 속한 남자는 이스라엘 가운데에 매인 자나 놓인 자를 다 멸할 것이요"(21)

"너를 쓸어버리되"의 문자적 의미는 '소멸시킨다'는 것으로 마치 마당의 더러운 것들을 깨끗이 청소하듯 아합과 그에 속한 남자 중 "매인 자나 놓인 자"(자유인이나 노예)를 가릴 것 없이 다 소멸(掃滅)해 버린다는 의미이다. "또 네 집이 느밧의 아들 여로보암의 집처럼 되게 하고 아히야의 아들 바아사의 집처럼 되게 하리니"(22a), 여기서 '네 집'이라는 것은 '네 왕조'를 뜻하는 것으로 네 왕조가 여로보암과 바아사 왕조처럼 된다는 것은 이 두 왕조는 다 같이 단명(短命)한 왕조임을 거론하는 동시에 또한 왕통(王統)이 계속되지 못할 뿐 아니라 둘 다 내란(內亂)으로 인하여 쿠데타로 멸망한 것을 들어서 아합의 왕조 역시 이상 두 왕조처럼 멸망케 되리라는 사실을 암시(暗示)하는 것이다(14:10-11, 16:2-4).

그런 다음 아합 왕조의 멸절 이유를 "이는 네가 나를 노하게 하고 이스라엘이 범죄하게 한 까닭이니라 하셨고"(22b)라고 밝히고 있는바, 이는 아합이 나봇의 포도원 탈취사건과 관련된 사실뿐만 아니라 그가 왕으로 재위(在位) 시 행한 다양한 일들이 모두 하나님을 격노(激怒)게 하고 백성들로 범죄토록 하는 일로 일관해 온 사실을 지적(指摘)하는 것으로 보아야 할 것이다.

② 이세벨에 대한 심판(23-24)

이세벨 역시 비참하게 죽을 것을 예고한바 "개들이 이스르엘 성읍 곁에서 이세벨을 먹을지라."(23)라고 하였다. 그녀 역시 단지 나봇과 그 가족을 참살한 죄악 외에도 하나님 앞에서나 백성들에게 행한 죄악이 너무 커서 그 시체가 무덤에 정상적으로 장사되지 못하고 성읍 곁에서(성벽 곁에서) 죽어 개들에게 시체가 먹히는 비참한 결말을 맞게 될 것이라는 말이다.

뿐만 아니라 여호와의 심판은 아합 왕과 이세벨에게만 국한 되지 않고 "아합에게 속한 자"(24a) 즉 그 가족들도 비참한 죽음을 맞게 됨으로써 역시 "성읍에서 죽은 자는 개들이 먹고 들에서 죽은 자는 공중의 새가 먹으리라고"(24b) 엘리야는 여호와의 말씀을 전달한다.

불의한 왕의 가족으로 호화사치(豪華奢侈)의 생활과 산해진미(山海珍味)의 식탁에서 각종 요리를 즐기던 자들이 개나 새들의 먹이로 전락(轉落)해 버린다는 예언이야말로 이 얼마나 극적(劇的)인 아이러니를 독자들에게 느끼게 하고 있는가.

4. 아합에 대한 열왕기 저자(著者)의 평가 (25-26)

25-26 이 양절의 내용은 본서의 저자가 아합 왕에 대한 자신의 견해를 밝히고 있는 구절이다. 여기에는 중요한 요점 세 가지를 지적하고 있다.

첫째, 아합은 예전에 그 어떤 왕들에 비하여 가장 악한 왕이라는 점을 부각(浮刻)시키고 있다. 즉 "예로부터 아합과 같이 그 자신을 팔아 여호와 앞에서 악을 행한 자가 없음은"(25a), 이는 아합이 자기 자신을 범죄에다 양심을 팔아서 죄의 노예가 되어 자신의 의사(意思)는 전혀 반영할 수 없을 만큼 악의 화신이 되었다는 것이다. 그러므로 그는 전혀 선을 행할 수 없을 만큼 이스라엘의 역대 왕들 중 최악의 왕으로 역사에 부각된 이유가 여기 있음을 알게 된다.

둘째, 그렇게 된 이유는 "그의 아내 이세벨이 충동하였음이라"(25b)로, 이 말은 아합의 극악한 죄악의 원인 제공자가 곧 이세벨이라는 말이다. 그럴 경우 아합은 곧 이세벨의 노예(奴隷)가 되었다는 의미이다. 본래 소심한 성격을 지닌 왕을 그녀는 자기 손 안에 넣어 국사(國事)의 대소사를 좌지우지(左之右之)하는 여걸(女傑)로 행사하였던 것이다. 이것이 나봇의 포도원 탈취사건이란 그 단적인 예로 증명되고 있는 것이다.

셋째, 그녀의 악함은 본래 아모리 사람들이 섬기는 바알과 아세라 우상을 이스라엘에 퍼트림으로써 온 백성으로 하여금 하나님 대신 우상숭배를 하도록 만든 장본인이 된 것으로(26) 이것이 여호와 하나님의 노를 격발하게 하는 요인이 되었고 마침내 아합 왕조를 멸망하게 만들었음을 열왕기 기자(記者)는 밝히고 있다.

5. 아합 왕의 회개와 하나님의 연민(憐憫) (27-29)

1) 아합의 회개에 대한 평가 (27)

아합이 예언자 엘리야를 통한 여호와의 준엄한 심판의 경고를 받는 순간 회개하는 모습을 보인 것이다. 그는 이 모든 말씀을 듣자마자 즉시 옷을 찢고 굵은 베로 몸을 동이고 금식하고 굵은 베에 누우며 풀이 죽어 다녔다. 이상의 모든 행위는 죄인이 하나님 앞에서 진정으로 회개하는 자들의 외적 표현(外的表現)이었다. 다윗의 범죄시의 경우(삼하 12:16), 훗날 요시야 왕이 율법 책에 기록된 나라의 멸망을 예언한 말씀을 듣는 순간의 경우(왕하 22:11, 19) 등이 그 예(例)이다. 아합의 경우 특이(特異)한 점 두 가지가 첨가(添加)되어 있음을 보게 된다. 그가 누워 잘 때에도 굵은 베옷을 입은 채로 잤다는 것과, 또 "풀이 죽어 다니더라"(27) 등이다.

아합 왕의 이러한 유대인의 통상적인 회개의 외적 표현이 전적 가식적(假飾的)이라고 할 수는 없고 진정한 것이었음은 이러한 아합의 겸비(謙卑)함이 여호와의 인정을 받았다는 사실을 보아 알 일이다(29). 하지만 이는 하나님의 말씀을 엘리야를 통하여 듣는 순간 심기(心氣)가 약한 아합이 마음의 공포심이 생겨 두려운 생각에서 저도 모르게 진실한 회개심에서 겸비한 행위가 나타남으로써 베옷을 입은 채로 잠자며 또한 풀이 죽어 걸어 다녔다는 것 역시 탈무드(Targum)에 의하면 "맨발로 걸었다"라 하여 공포심(恐怖心)에서 정신없이 자연히 우러나온 회개심(悔改心)의 표현이라고 볼 수 있다.

하지만 아합의 이러한 회개에는 결함(缺陷)이 있다. 그것은 회개의 열매가 없었다는 것이다. 그는 나봇에게서 빼앗은 포도원을 그대로 지니고 있었으며 우상예배도 멈추지 않고 여전히 이세벨의 주도(主導) 아래 계속하였다. 그리고 그의 집과 궁정과 그의 왕국의 모든 것들은 예전과 조금도 달라지지 않았다. 이는 그가 하나님의 의를 목마르게 추구하지 않았다는 증거이다. 그런 만큼 일시적인 감정이나 느낌은 결코 참된 회개가 아니라는 것이다.

이는 열매 맺지 않은 나무는 곧 썩은 나무나 다름이 없음과 마찬가지다(마 3:8). 이런 아합의 회개를 다윗의 회개와 비교하면 얼마나 전적으로 다른가?(시 51편). 이는 다만 죄의 결과에 대한 두려움에서 나온 일시적 감정의 발로(發露)임을 알 수 있다(랑게).

2) 하나님의 연민(憐憫) (28-29)

아합이 회개하는 자세(姿勢)를 보이자 여호와의 말씀이 엘리야에게 임하여 그 응답(應答)을 즉시 나타냈다. “그가 내 앞에서 겸비하므로 내가 재앙을 저의 시대에는 내리지 아니하고 그 아들의 시대에야 그의 집에 재앙을 내리리라 하셨더라”(29).

아합의 회개는 니느웨 백성들의 회개와 유사(類似)하다(욘 3:5). 이 두 가지 형태의 회개는 동일한 성격을 지니고 있다. 즉 이들의 회개는 사랑이나 죄에 대한 증오(憎惡)에서 나온 것이 아니라 다만 죄의 결과에 대한 두려움에서 나온 것뿐이다. 따라서 이들의 회개는 그것이 진지(眞摯)하고 실제적인 것이긴 하지만, 극히 얕고 단기적(短期的)인 것에 불과할 뿐이다.

그러나 하나님께서는 그의 무한하신 자비로써 이러한 불완전한 회개나마 그대로 용납해 주시며 그들에 대한 징벌(懲罰)을 늦추어 주신다. 그것은 재앙을 아합 시대에 내리지 아니하고 그 아들의 시대로 연기(延期)한다는 것이다. 하나님께서는 회개하는 자들에게 재앙을 늦추시는 일은 그 후 히스기야 왕의 경우뿐 아니라(왕상 20:1, 6) 니느웨 백성들도 역시 경험한 사실이다(욘 3:10). 이로써 하나님께서는 자신의 죄를 회개하며 자신을 겸비하게 낮추는 자들에게 은혜를 베푸시고 오래 참으시는 분이심을 입증하셨다.

이와 같은 아합에 대한 하나님의 조치(措置)는 아합의 죄에 대한 징벌을 무조건 그의 아들에게 돌리는 것이 아니라 전지전능(全知全能)하신 하나님께서는 그의 아들들도 역시 하나님 목전에서 악을 행함으로써 형벌 받을 것을 미리 아시고 아합의 죄와 함께 그 일가(一家)가 멸절하게 될 사실에 대한 예언임을 알게 된다(이상, 베이커 주석 자유인용).

그러므로 겉으로만 참회(懺悔)하는 자마저도 집행유예(執行猶豫)를 받는

다면, 하물며 진실한 참회로써 성실하게 복음을 믿는 자에게야말로 영원한 집으로 가게 하는 것으로써 이는 모든 참된 신자들에게 격려(激勵)가 되는 고무적(鼓舞的)인 교훈을 받게 됨을 우리 모두는 기억해야 할 것이다.

아합 왕의 죽음

왕상 22:1-50

아람 왕 벤하닷은 아벡 전투에서 이스라엘에게 패한 후, 아합과 맺은 이른바 아벡 조약을 무시하고 길르앗 라못 반환을 이행하지 않은 채 3년의 세월이 흘렀다. 그러자 아합은 유다 왕 여호사밧의 협조를 얻어 (1-4) 무력(武力)으로 이를 탈취하려는 계획을 한다. 그런 중 여호사밧의 제안으로 선지자들을 불러 여호와의 뜻을 알기 위하여 묻게 한 바, 400명의 선지자들 모두가 아람과 전쟁하기를 찬성하였으나 오직 참 선지자인 미가야 한 사람만이 반전론(反戰論)을 주장하여 왕의 계획에 반대하였다(5-28).

그럼에도 불구하고 아합 왕은 미가야를 투옥(投獄)하고 길르앗 라못 전(戰)에 출전하였고 마침내는 미가야의 예언대로 아합은 전사(戰死)하게 되는 것이 본장의 개요이다(29-40).

1. 아람과의 전쟁에서 죽은 아합 (1-28)

1) 남 · 북 양국의 연합군 편성 (1-4)

이미 서론에서 언급한대로 아람 왕 벤하닷이 이스라엘 왕과 맺은 아벡 조약을 무시하고 길르앗 라못 반환(返還)을 삼 년이나 지연시키게 되자, 아합 왕은 무력(武力)으로 이를 탈취할 계획을 세우고 있었다. 마침 그 때에 "유다의 여호사밧 왕이 이스라엘의 왕에게 내려가매"(2)라고 하였는데, 이는 혼인(婚姻)관계 때문임을 병행기사(竝行記事)인 역대하 18:1에서 밝히고 있다. 여호사밧은 그의 아들 여호람과 아합의 딸 아달랴를 결혼시킴으로써 인친(姻親)관계에 있었으며(왕하 8:18), 사실 아합의 덕으로 부귀와 영화를 누리고 있은 만큼, 혼인에 따른 가정사(家庭事)로 아합에게 갈 수도 있었겠지만, 학자들 중에는 아합이 동맹국(同盟國)인 유다 왕을 불러서 길르앗 라못 탈환전(奪還戰)의 연합전선(聯合戰線)을 펴기 위한 사전계획(事前計劃)이라고 해석하기도 한다.

어쨌든 여호사밧이 아합에게 이르자 호화판(豪華版)의 잔치를 베풀고 그 환영 연회석상에서 연합군 편성(編成)을 제안한 것만은 사실이다(대하 18:2). 이리하여 이스라엘 왕은 신하들에게 본래 자국(自國)의 영토였던 길르앗 라못 탈환전의 필요성을 역설(力說)한 다음(3), 유다 왕 여호사밧에게 이 싸움에 동참(同參)해 줄 것을 제안하자 그는 흔쾌(欣快)히 동의했다(4, 대하 18:3). 이리하여 남·북 왕국은 분열(分裂) 후 처음으로 길르앗 라못 탈환을 위한 연합동맹군이 편성된 것이다.

2) 전쟁 개시 전 선지자를 통한 신탁(神託) (5-28)

여호사밧은 단지 형제국가라는 대의명분(大義名分)만을 내세워 아합의 무리한 요청에 아무런 조건 없이 동의를 하면서도 한 가지 제안을 하였는데, 그것은 "청하건대 먼저 여호와의 말씀이 어떠하신지 물어 보소서"(5)였다. 이런 관례는 양국이 분열 전 이스라엘의 보편적 관례(慣例)이기 때문인지(삼상 23:1-5) 아합 왕도 허락하기는 하면서도 다만 자신의 뜻과 일치하는 신탁(神託)을 말할 만한 선지자들만 400명을 불러들였다. 그리고는 그들에게 길르앗 라못 탈환전의 참전가부(參戰可否)를 물었다. 그러자 그 선지자들은 이구동성(異口同聲)으로 참전론을 주장했다. 그러면서 "주께서 그 성읍을 왕의 손에 넘기시리이다"(6b)라고 승리를 장담하였다. 그 후 길르앗 라못 전에서 패한 결과를 두고 볼 때, 이 400명의 선지자들은 모두가 거짓 예언자들이었고 여호와의 말씀을 받지도 않고 왕의 비위(脾胃)만 맞추어 왕의 입장만 옹호(擁護)해 주며 생계를 유지하는 자들이었다.

그러자 비교적 신앙적이었던 여호사밧은 무언가 석연(釋然)치 않음을 느껴 그들 외에 다른 선지자가 없느냐고 물었다(7). 그는 하나님의 말씀을 진실히 대변하는 선지자를 원하였고, 혹은 그가 엘리야를 원했을 것이라고 추측하기도 한다(Barlow). 아합 왕은 여호사밧의 물음에 대하여 "아직도 이믈라의 아들 미가야 한 사람이 있으니" 그를 통하여 여호와의 신탁(神託)을 받을 수 있지만 그는 자신에게 대하여 한 번도 길한 예언을 한 일이 없고 오직 흉한 예언만을 하기 때문에 그를 미워한다고 하였다(8). 그러자 여호사밧은 "왕은 그런 말씀을 마소서"라고 그의 예언 듣기를 원하자(8b) 이스라엘 왕은 내시(內侍)에게 명하여 미가야를 불러오도록 하였다(9).

(1) 거짓 예언자의 대표자 시드기야(5-12)

이리하여 400대 1의 선지자의 대결현장(對決現場)을 보기 위하여 사마리아 '성문 어귀 광장'(타작마당으로 사용되기도 하고 재판을 행하기도 하는 장소; Gesenius—룻 4:1, 삼하 15:2)에다 두 왕의 보좌(寶座)를 마련하고 선지자만도 400명인 것으로 보면, 이는 하나의 축제분위기(祝祭雰圍氣)였을 것이며, 자연히 연회(宴會)도 뒤따랐을 것으로 추정한다(Bahr).

그 중에 거짓 선지자 400명의 대표자 격으로 나타난 시드기야는 "철로 뿔들을 만들어"(11a) 들고 나와서 마치 오늘의 시청각(視聽覺) 방법같이 그것을 휘두르며 "여호와의 말씀이 왕이 이것들로 아람 사람을 찔러 진멸하리라 하셨다 하고"(11b), 강한 군사력과 왕의 승리를 상징(象徵)하는 비

범한 방법까지 동원하여 자신이 주장하는 주전론(主戰論)의 효과를 얻으려고까지 하였다. 그러자 그 외 모든 선지자들도 길르앗 라못 전에서 왕이 승리할 것임을 이구동성(異口同聲)으로 강력히 주장하였다(12).

그러면 이 400인의 선지자들은 도대체 어떤 부류(部類)의 선지자들인가 의문이 간다. 여러 주석가들 중에는 엘리아의 갈멜 산 대결 시 불참했던 아세라 선지 400명이 아닌가 추측하기도 하지만 이는 아니다(18:19, 22). 또는 갈멜 산 대결에서 엘리야에게 패한 후 기손 강변에서 살해된 자들 중 남은 자와 그 후예(後裔)들이 아닌가 하기도 하지만 그것도 아니다. 엘리야에게 완전히 패배한 그 잔당(殘黨)을 아합이 계속 고용할 리가 없을 것이기 때문이다. 그리고 무엇보다 이들이 여호와의 이름을 빙자(憑藉)하고 있음을 보면(11) "바알이여 바알이여"를 종일 연송(連誦)하던 자들과는 다르기 때문이다. 그렇다면 이들은 누구일까? 이들은 여로보암 당시 여호와 예배라면서 송아지 숭배를 계속해 온 자들로 보며, 이들은 다만 민족의식이 강한 자들로서 남 왕국의 참된 예배로부터 이간(離間)시키려는 목적으로 왕이 묵인(默認)해 둔 자들로서 이들은 선지자로서 아무런 소명감(召命感)도 없는 자이면서 그렇다고 왕에게 전적 고용(雇用) 당하지도 않고 있는(6) 부류의 거짓 선지자로 보는 것이 타당하다는 생각이 든다(카일 델리취).

그러므로 비교적 신앙적이었던 여호사밧 왕으로서는 이들 400명에게서는 선지자로서의 풍기는 언동(言動)과 자세(姿勢)에서 참 예언자의 기품(氣稟)을 느낄 수 없었던 것으로 생각된다.

(2) 참 예언자 미가야(13-28)

"이믈라의 아들 미가야"(8). 그는 과연 누구인가? 이에 대하여 성경에는 병행기사가 없다. 다만 그는 아합이 아람과의 전쟁에서 승리를 예언한 "한 선지자"(왕상 20:13)가 아닌가! 또한 아벡 전투에서 아합을 규탄한 "선지자의 무리 중 한 사람"(왕상 20:35-41)일 가능성이 크다고 본다(베이커). 그럴 경우 그는 엘리야 계통의 선지학교 출신이라는 생각도 든다. 그가 왕의 미움을 사고 있는 것은 왕의 잘못을 있는 그대로 참 예언을 하기 때문으로서 이는 사실 미가야로서는 명예로운 일이 아닐 수 없다. 아마도 미가야는 이때도 옥에 갇혀 있었다고 보며, 또 다시 예언 후 그는 투옥된다(27).

① 미가야 연행자(連行者)인 사신(使臣)(13-14)

미가야는 그를 데리러 간 내시(內侍)인 사신으로부터 400명 선지자 모두가 이구동성(異口同聲)으로 왕의 승리를 예언하니 당신도 그들처럼 왕의 승리를 예언하라는 권함을 받는다. 이는 회유(懷柔)인 동시에 협박(脅迫)이었다. 즉 길(吉)한 예언을 하면 옥고(獄苦)도 면하고 왕에게 발탁되어 출세의 길도 열릴 것이라는 일종의 유혹인 동시에, 만일 반전론(反戰論)을 주장하면 옥고는 물론 더 가혹한 형벌을 받을 것이라는 협박이었던 것이다. 이는 하나님을 모르고 예언자의 속성(屬性)이 무엇인지를 모르는 모든 세속적인 이익만을 바라는 자들의 생각인 것이다.

이 때 "미가야가 이르되 여호와께서 살아 계심을 두고 맹세하노니 여호와께서 내게 말씀하시는 것 곧 그것을 내가 말하리라 하고"(14), 이는 예언이란 하나님의 계시를 받아 그대로 선포하는 것일 뿐 왕의 성미나 맞추고 아부(阿附)하여 세속적 이익이나 얻으려는 그런 것이 아니라는 선지자 본연의 자세와 본질적 사명에 대한 명확한 대답을 하였다.

② 미가야의 예언(豫言)(15-24)

미가야가 왕 앞에서 예언한 내용은 세 가지로서 이는 모두 아합 왕과 거짓 선지자들에 대한 것들이다.

첫째, 왕에 대한 풍자적 예언(諷刺的豫言)(15)

미가야가 왕에게 이르자 왕은 "우리가 길르앗 라못으로 싸우러 가랴 또는 말랴"(15b)라고 물었다. 이에 대한 미가야의 답변은 다른 400명 선지자의 그것과 같았다. 즉 "올라가서 승리를 얻으소서 여호와께서 그 성읍을 왕의 손에 넘기시리이다"(15b). 왕의 질문도 같고 미가야의 대답도 같았다(6b). 아마도 그를 데리러 간 사신인 내시가 거짓 선지자에 대한 왕의 질문과 대답을 말해 준 것으로 생각된다(Hammond). 그리고 사신의 유혹과 협박도 알고 있는 미가야는 "나는 왕의 길르앗 라못 원정에 나서기로 결심한 것을 알고 있으며 왕의 선지자들의 성공을 확신한 사실도 알고 있소. 그러니 가려거든 가보시오. 그 후의 일은 왕께서 알아서 하십시오."라고 아마도 미가야는 이런 생각을 하면서, 이 말을 할 때 그는 확실히 "비웃음을 띠고 했을 것이다."라고 메튜 헨리는 해석한다.

그러자 아합 왕은 그 말이 풍자적(諷刺的)임을 알아차리고 여호와의 이름으로 진실을 말하라고 분노 띤 어조(語調)로 엄명하였다(16).

둘째, 미가야가 본 환상(幻像)에 의한 예언(16-28)

그것은 목자와 양에 관한 예언이다. "내가 보니 온 이스라엘이 목자 없는 양 같이 산에 흩어졌는데 여호와의 말씀이 이 무리에게 주인이 없으니 각각 평안히 자기의 집으로 돌아갈 것이니라 하셨나이다"(17). 이 환상적인 예언이 의미하는 바는 여기서 '목자'와 '주인'은 이 전쟁의 책임자인 왕 즉 아합을 가리키는 것이며, '양'과 '무리'는 출병(出兵)한 이스라엘의 군사들을 의미한다. 그러므로 "온 이스라엘이 목자 없는 양 같이 산에 흩어졌는데"(17a)라는 것은 아합 왕이 이 전투에서 죽음으로 인하여 그의 군대가 지휘자(指揮者)가 없음으로 적에게 쫓겨 흩어질 것이나 대량살상(大量殺傷)의 참화(慘禍)는 받지 않고 "평안하게 각자의 집으로 돌아갈 것이라"는 예언이다. 이는 왕이 전사(戰死)해도 백성에게는 큰 화가 미치지 않는다는 의미인 것이다.

이 예언을 들은 이스라엘 왕 아합은 자신의 죽음에 대하여 예언하는 미가야에 대하여 크게 반성하고 그 예언대로 전쟁계획을 중지했어야 했지만, 그는 옆에 앉은 유다 왕 여호사밧에게 "보시오. 저 사람은 내가 이미 왕에게 말씀드린 대로(8) 항상 나에게 좋은 것은 예언하지 않고 나쁜 것만 예언한다고 말씀한 그대로가 아닙니까"(18)라고 말하였다. 이 말을 하는 이유는 "저 미가야는 상습적(常習的)으로 흉(凶)한 예언만 하는 자인만큼, 왕은 개의치 마시고 속히 출병(出兵)할 준비나 합시다."라는 의미가 내포되고 있음을 알게 된다.

셋째, 왕에 대한 구체적(具體的) 예언(19-23)

그러자 미가야는 또 하나의 예언을 역시 그가 본 환상 그대로를 더 상세하게 아합 왕에게 전달한다. 미가야는 전 번 예언에 대한 아합 왕의 반응이 부정적(否定的)으로 나옴을 보자 "그런즉 왕은 여호와의 말씀을 들으소서"(19a)라고 주의를 환기시켜 경청(傾聽)을 바라면서 다음과 같은 환상(幻像)을 본 사실을 들어 예언하였다.

그것은 천상회의(天上會議)의 모습이었다. 여호와께서 하늘 보좌에 앉으셨고 하늘의 만군 즉 천사들이(느 9:6, 단 4:35, 사 24:21) 시립(侍立)하는 장엄한 회의가 열렸는데, 그 회의 주제는 아합을 죽이는 것이었다. 사회자인 여호와께서 "누가 아합을 꾀어 그를 길르앗 라못에 올라가서 죽게 할꼬"(20a)라고 제안을 하자, 천사들 중 각각 의견이 분분한 중에 "한 영이 나아와…내가 그를 꾀겠나이다"(21a) 하였다. 여기 '한 영'(a spirit)에 대하여는 해석이 분분한바 첫째, 사탄, 둘째, 하나님의 영 즉 성령(LXX, Luter), 셋째, 선지자의 영(Lanry) 등 중, 사탄이나 성령은 아니고 '선지자의 영' 즉 예언자들이 말을 하도록 움직이는 힘을 인격화(人格化)시킨 것으로 보는 바(삼상 10:6, 10, 19:20, 23) 정관사(the)가 붙어 있어 한 지명

(指名)된 영으로 볼 수 있는데, 탈무드(Talmud)에서는 이 영이 이세벨에 의해 죽임 당한 것을 복수하고자 하는 '나봇의 영'이라고 해석하고 있다.

여호와께서 이 한 영에 대하여 어떤 방법으로 할 것인가 라는 물음에 대하여 내가 나가서 "거짓말하는 영이 되어 그의 모든 선지자들의 입에 있겠나이다"(22a)하자 여호와께서는 그대로 하도록 허락하셨다는 것이다(22b).

이는 여호와께서 거짓말하는 영으로 하여금 거짓 선지자들의 입을 통하여 왕이 길르앗 라못으로 싸우러 가도록 부추기게 하시고 그 결과로 전쟁터로 나가서 화(죽임)를 당하도록 하셨다는 점을 밝힌 것이다. 이는 거짓 선지자들의 예언은 모두 거짓이라는 것이며, 또한 이 말을 듣고 길르앗 라못 전(戰)을 감행하려는 왕의 우매(愚昧)함을 경고하는 것이었다.

③ 미가야의 예언에 대한 반응(反應)(24-28)

미가야의 예언이 끝나자 먼저 거짓 선지자의 대표 격인 시드기야가 미가야에게 접근하여 그의 뺨을 치며 "여호와의 영이 나를 떠나 어디로 가서 네게 말씀하시더냐?"(24)라고 두 왕 면전(面前)에서 법정소란(法廷騷亂)을 피우며 반문(反問)하였다. 그의 생각은 거짓말하는 영을 여호와의 영으로 착각하고 있는 듯하며, 그 때문에 거짓 예언을 확신하고 있는 듯하다. 그리고 여호와의 영은 오직 자신만의 전매특허(專賣特許)일 뿐, 다른 이에게는 역사하지 않는다고 생각한 듯, 이 때문에 미가야의 뺨까지 치며 자신의 예언의 정당성을 입증하려 했던 것이다.

만일 그가 받은 영이 진정 여호와의 영이었다면 상대방 예언자의 뺨까지 치는 무례를 범하지는 않았을 것이다. 참 선지자는 상대방의 예언을 폭력으로 대하기보다 여호와께 맡기고 기다려야 했을 것이기 때문이다.

아합 왕과 그 주변인들의 반응은 어떠하였는가? 우선 아합은 이런 법정소란죄(法廷騷亂罪)에 대하여 아무런 책임추궁(責任追窮)도 하지 않았고, 옆에 앉은 유다 왕 여호사밧 역시 자기의 권한 밖에 있다고 느낀 듯 아무

말도 안 했으며 그 외에 그 성의 장로들이나 유지들 중에도 누구하나 이 문제를 거론(擧論)하는 자가 없었다. 아합은 이 잠잠함에서 평소 자신의 증오(憎惡)의 대상이던 자에 대한 보복감(報復感)을 느꼈을 것이다. 이것이 바로 정의가 무너진 당시의 타락한 법정(法廷)의 모습이었다.

미가야야말로 참 선지자였기 때문에 주먹을 주먹으로 복수하지 않았으며, 다만 시드기야의 앞으로 되어가는 일을 통하여 시비판단(是非判斷)이 가려진다고 생각하여 다만 시드기야에게 다음과 같이 말할 뿐이었다. "네가 골방에 들어가서 숨는 그 날에 보리라"(25). 이는 한 가지 사건을 앞에 놓고 두 선지자가 상반(相反)된 예언을 할 경우 서로가 여호와의 영에 이끌리어 예언했다고 주장할 때, 그들 중에서 참 선지자를 가려내는 길은 다만 그 사건의 결과가 어떻게 나타나는지를 기다리는 것뿐이라는 것이다.

그러므로 미가야는 시드기야의 경멸적(輕蔑的)인 질문에 대해 "네가 골방에 들어가서 숨는 그 날에 보리라"라고 대답한다. 이는 전쟁에 패하고 아합이 전사하면 그의 승리를 예언했던 거짓 선지자들이 그 때서야 그들이 골방에 숨어 지내면서 미가야야말로 여호와의 영을 따라 예언한 참된 선지자라는 사실을 알게 될 것을 예견(豫見)하고 한 말이다.

④ 미가야의 투옥(投獄)과 아합의 출정(出征)(26-28)

아합은 최악의 법정으로 평가되는 성문 앞 광장에 설치된 재판석에서 무죄한 미가야에게 유죄선고(有罪宣告)를 내려 신하에게 미가야를 체포하여 사마리아 성주(城主)인 아몬과 왕자 요아스(둘다 행적 미상)에게 끌고 가서 그를 옥에 가두고 자기가 전쟁에서 승리하고 무사히 개선(凱旋)할 때까지 "고생의 떡과 고생의 물"(거친 빵과 웅덩이 물)을 죽지 않고 연명(延命)할 만큼 소량으로 먹이라고 명하였다(26-27).

하나님의 충실한 사자(使者)들이 진리를 말한 것 때문에 고통을 당하는 것은 결코 새로운 일이 아니다. 거짓은 폭력에서 더 명백히 드러나며 진리는 고통을 겪으면서 더욱 빛을 발한다. 미가야도 그중 한 사람이다. 그는 왕의 명으로 투옥(投獄)당하면서 왕에게 다음과 같이 말한다. "왕이 참으로 평안히 돌아오시게 될진대 여호와께서 나를 통하여 말씀하지 아니하셨으리이다 또 이르되 너희 백성들아 다 들을지어다"(28).

이 말은 27절에 "왕이 평안히 돌아올 때까지"라고 아합이 한 말에 대한 답변이다. 이 말을 바꾸어 말하면 "왕이 만일 살아서 돌아온다면 거짓 선지자에 대한 비난과 처벌은 내가 받으리이다"라는 뜻이다. 이는 자신의 예언이 여호와께로부터 왔기 때문에 반드시 응답된다는 것을 확신하는 데서 나온 말이다.

그런 후 그는 백성들을 향하여 "너희 백성들아 다 들을지어다"(28b)라고 했는데, 이는 사마리아 성문 앞 광장에 모여서 재판사건에 자초지종(自初至終)을 직접 보고 들은 자들에게 자신의 예언을 기억하라는 것이며, 이 말이 성취되는 날 그 때는 모두 다 여호와께로 돌아오라는 권면이었던 것이다.

진리의 증인을 향한 아합의 행동은 어리석은 것이었다. 진리에 대적해서는 어떤 것도 성취할 수 없다(고후 13:8). 진리의 옹호자(擁護者)를 감옥에 가둘 수는 있지만 그 진리를 가둘 수는 없다. 그것은 사슬로 묶을 수도 없고 굶겨 죽일 수도 없다. 오히려 진리는 그것을 탄압하려는 사람들의 시도(試圖)를 통해 더욱더 멀리 퍼져나가고 빛을 발할 뿐이다(랑게).

2. 흐르는 살에 맞아 죽은 아합 (29-38)

1) 변장술(變裝術)도 무용함 (30)

이스라엘 왕 아합은 참 선지자인 미가야의 예언을 무시하고 거짓 선지자들의 미혹을 받아 마침내 유다 왕 여호사밧과 동행하여 길르앗 라못 전쟁을 치르기 위하여 올라갔다(29).

그러면서 그는 하나의 교활(狡猾)한 방안을 안출해 냈다. 그것은 이스라엘 왕에게 자기 왕복(王服)을 입혀 군대총사령관을 만들고 자신은 일반 군복(軍服)으로 변장(變裝)하여 이스라엘 왕의 지휘(指揮) 아래 있는 하나의 병사(兵士)로 가장(假裝)한 것이다. 말하자면 여호사밧은 아합의 총알받이가 된 셈이다. 너무나도 교활하고 가증한 사실이 아닌가? 일본의 한 성서학자는 자신이 변장함으로써 악령의 주의를 피하려는 미신에 따른 것으로 해석하고 있다. 하지만 이것은 아닌 것 같다.

그 해석보다는 차라리 메튜 헨리의 견해가 그럴 듯하다. 즉 "아합의 변장은 하나님의 눈과 그가 추적(追跡)하는 심판을 벗어나게 할 수만 있다면, 미가야 선지자가 말한 경고를 물리치게 되리라고 생각했다."라고 하였다.

여하튼 이 사실로써 아합이 여호사밧을 배신(背信)하고 자기만 살려는 교활함을 알 수 있다. 하지만 그 어떤 교활함이나 온갖 술책을 다 부려도 하나님의 뜻을 대적(對敵)할 수 없다는 사실을 그는 몰랐다. 하나님의 눈은 그 어떤 사람도 찾아낼 수 없이 변장(變裝)한 상태에서도 기어이 죄인을 찾아낸다는 사실을 우리는 알아야 할 것이다(시 139:7-12).

2) 집중공격(集中攻擊) 대상이 된 여호사밧의 구출 (31-33)

한편 아람 왕은 그의 병거지휘관(兵車指揮官) 32명에게 명하여 "작은 자(하급 병졸)나 큰 자(장성급의 지휘관)"는 상대하지 말고 오직 아합 왕만 색출(索出)하여 집중공격(集中攻擊)하라고 명을 내렸다. 그러자 병거의 지휘관들이 왕복(王服)을 입고 있는 여호사밧을 이스라엘 왕으로 오인(誤認)하고 집중공격을 했기 때문에 그 순간 여호사밧은 "소리를 질렀다" (32a). 그 소리는 자기가 이스라엘 왕이 아니라는 소리라고 생각된다. 하지만 동일기사(同一記事)인 역대하 18:31에 의하면, 이 다급한 순간에 비교적 신앙적이었던 그는 여호와 앞에 살려 달라고 큰 소리로 외친 것으로, 이는 그 순간 즉시 "여호와께서 그를 도우시며 하나님이 그들을 감동시키사 그를 떠나가게 하신지라"라고 하였다.

여호사밧은 어리석고 유약(柔弱)한 신자들의 모형이다. 그는 아합의 아람과의 전투에 아무 조건 없이 참가키로 허용하였고, 미가야의 예언을 보고는 시드기아의 위선(僞善)을 알았을 것이면서도 전쟁에 가담한 것(29), 그리고 무엇보다 자신에게 아합이 자기 왕복을 입혀 적들의 과녁(貫革)이 되도록 하는 간계(奸計)마저 허락하는 우매(愚昧)를 저질렀다. 생각컨대 이 당시는 아합의 통치 상 전성시대(全盛時代)였고, 남 왕국은 하나의 북 왕국의 속국(屬國)처럼 되어있던 때라 여호사밧은 무조건 아합의 강력한 지배에 맹종(盲從)하는 그런 상황인 듯 느껴진다.

하지만 여호와께서는 그를 도우셨다. 그리하여 아합의 간계(奸計)에서 벗어나게 하시고 그 거창한 아람의 병력을 정지시킴으로써 여호사밧을 공격하지 못하도록 하였던 것이다. 하나님은 여호사밧의 아합과의 동맹을 미워하면서도 버리지는 않으셨다. 그래도 그가 위급한 순간에 여호와를 부를 만큼 비록 적은 믿음이라도 소유하고 있었기 때문에 하나님께서는 세상 친구(아합)에게 버림받은 이 가련한 여호사밧을 위기일발(危機一髮)에서 구출하시는 참 친구가 되심을 증명해 보이셨다.

3) 흐르는 화살에 과녁(貫革)이 된 아합 (34-35)

"한 사람이 무심코 활을 당겨 이스라엘 왕의 갑옷 솔기를 맞힌지라" (34a)

"한 사람"은 아람의 한 병사를 의미하며 "무심코 활을 당겨"는 어느 특정인(特定人)을 맞추려고 겨냥함이 없이 쏜 화살, 즉 무심히 흐르는 살을 의미한다. 그 화살이 이스라엘 왕의 "갑옷 솔기" 즉 흉부(胸部) 갑옷과 복부(腹部) 갑옷의 연결부위(連結部位)인 틈새에 명중(命中)되었다는 뜻이다. 그러므로 "무심코"는 인간 편에서 보는 말이고, 하나님 편에서는 의식적(意識的)으로 겨냥한 화살인 것이다. 이는 하나님의 유도탄(誘導彈)이다. 그렇지 않고서야 어찌 아합의 상하 갑옷 접합부위(接合部位) 틈새 맨살에 박히겠는가?

이 사실이야말로 엘리야와(21:19) 또한 미가야를(22:20-23) 통해 두 번이나 예언하신 말씀의 성취임은 분명한 사실이다. 아합은 이 흐르는 화살에 과녁이 되어 복부(腹部)를 관통(貫通)하는 치명상(致命傷)을 입게 되자, 왕이 병거 모는 자에게 이 사실을 알리고 전쟁터에서 빠져 나가기를 명하였다. 하지만 이 날에 전쟁이 맹렬하여 퇴각로(退却路)를 찾지 못하고 "왕이 병거 가운데에 붙들려 서서 아람 사람을 막다가"(35b), 이는 학자들 중에는 아합의 장군다운 모습을 보인 것이라고 좋게 평가하는 장면이기도 하다.

그는 할 수 없어 진중탈출(陣中脫出)을 못하였지만 중상(重傷)으로 계속 피를 흘리면서도 병거 가운데에 "붙들려 서서"(즉 꿋꿋한 자세로 머물러 있어) 그의 병사들로 하여금 사기(士氣)가 떨어지지 않게 했다는 것이다. 그러다가 "해가 질 녘에" 이르러 그는 죽었다. 그러자 그 상처의 피가 계속 흘러 그의 병거 바닥에 흥건히 고여 있었다.

그때서야 온 "진중에서 외치는 소리", 이는 왕의 전사(戰死) 소식과 아울러 군대해산명령(軍隊解散命令)이 내림으로 병사(兵士)들은 자기 성읍과 본향으로(36) 즉 자기 본 집으로 돌아감으로써(17) 미가야의 예언이 성취된 것이다.

메튜 헨리는 아합의 죽음에 대하여 다음과 같이 해석을 덧붙이고 있다. 그는 죽기 전에 미가야의 예언 곧 "모든 이스라엘이 목자 없는 양 같이 산에 흩어졌는데"(17)라는 예언이 실현되는 것을 보았다. 그러나 그가 피 흘리며 병거 가운데에 있은 이유는 자기 군대가 승리할지 알아보기 위함이었다. 그에게 죽음이 서서히 다가왔으므로 죽어가는 동안, 자기가 저지른 사악(邪惡)한 행위, 즉 광장의 재판, 나봇의 포도원, 미가야의 감금(監禁) 등으로 얼마나 공포에 떨었겠는가? 아합은 자신의 파멸을 의식(意識)하며 시드기야의 쇠뿔이 아람 사람이 아닌 바로 자기를 파멸 속으로 넣어 붙이고 있는 것을 보았으리라! 이렇게 하여 아합은 아무런 희망도 없이 죽음의 사자에게 끌려갔다(메튜 헨리, 저자 자유인용).

3. 아합 왕의 장례와 업적 (37-40)

아합의 시체는 사마리아로 이송되어 그곳에 매장되었다. 그는 미가야를 옥에 감금하면서 "내가 평안히 돌아올 때까지"(27)라고 장담하였지만 "왕이 참으로 평안히 돌아오시게 될진대"(28)라고 한 미가야의 예언이 적중(適中)되었음을 보게 된다.

그리고 그의 피 흘린 병거를 사마리아 못에서 세척(洗滌)하자 피 냄새를 맡고 개들이 몰려와 그 피를 핥았음으로 이 또한 엘리야의 예언(21:19)이 성취되었음을 보게 된다(38). 이로써 나봇의 애매한 피는 보복(報復)을 받은 셈이 된다.

마침 "거기는 창기들의 목욕하는 곳이었더라"(38)에 대하여서 학자들 간에 논란이 많은 구절이지만, 이 창기(娼妓)들은 이세벨이 주도(主導)하는 아스다롯 신전(神殿)의 신전 창기로 보며 공교롭게 아합의 병거를 씻은 장소와 일치하여 아합의 피를 핥기 위하여 개떼들이 모여오는가 하면 창기(娼妓)들이 목욕을 하려고 떼를 지어 모여오는 것으로 개떼와 창기들을 결합시키고 있다. 모세의 율법에 의하면 개와 창기는 같은 범주(範疇)에 속하는 천시(賤視)의 대상인 만큼, 이는 아합의 죽음에 대한 이중의 굴욕적

(屈辱的)인 모욕(侮辱)을 가중(加重)시킨 것이라고 봄이 타당성(妥當性)이 있다고 할 것이다.

성경은 아합의 남은 업적에 대하여는 기록을 남기지 않았다. 이는 비단 아합뿐 아니라 그 누구의 업적도 신앙적인 것이 아닌 것을 높이 평가하지 않기 때문이다. 사실 아합도 세상 편으로 보면 이스라엘 왕 중 유명한 성읍 건축가로서 사마리아 성과 여리고 성(16:34), 그리고 고고학적 발굴에 의하면 하솔, 므깃도 기타 여러 성읍의 재건(再建) 및 요새화(要塞化) 등의 업적이 있으며 그 중 '상아궁'(象牙宮)은 대표적인 것으로 고고학의 발달로 벽들이 흰 대리석으로 되어 있으며 모든 기구들이 모두 상아(象牙)로 장식되어 있음에서 이처럼 이중적인 의미에서 '상아궁'(象牙宮)이라고 불렀다고 하였다. 이는 솔로몬의 예루살렘 궁전(宮殿)과 필적(匹敵)할 정도로 장엄하고 화려한 건축물이라고 평가된다.

그는 또한 아람과 수차 전쟁을 치를 만큼 군사전문가(軍事專門家) 내지 장군(將軍)이었으며 그 외에도 나라가 남북 왕국으로 갈린 지 60년 만에 최초로 남북협상(南北協商)을 이룬 정치외교적(政治外交的) 능력도 갖춘 자이다.

하지만 그에게 없는 것 한 가지는 신앙이었다. 이 한 가지 결핍 때문에 그의 모든 장점은 빛을 발하지 못하였고, 그는 비단 이스라엘뿐 아니라 유다를 합한 모든 왕들을 대표하는 희대(稀代)의 악왕(惡王)이라는 오명(汚名)을 남긴 채, 참 선지자인 미가야의 예언을 무시하고 아람과의 전쟁에 출전하여 무참하게 전사한 것이다. 이런 세속적 업적들은 이스라엘 역대지략에 기록되었을 뿐이며(39) 그의 뒤를 이어 그의 아들 아하시야가 왕위를 계승하여 왕이 되어 2년간을 통치하였으나 이 역시 부전자전(父傳子傳)격으로 악한 왕으로서의 오명(汚名)을 남기고 있다(51-53).

4. 아합과의 동맹자(同盟者) 여호사밧 (41-48)

우리는 지금까지 본서 마지막 일곱 장을 북 왕국 이스라엘의 악명 높은 아합 왕의 역사를 생각하며 마치 어두운 밤바다를 헤매는 하나의 난파선(難破船)을 보는 지루한 느낌을 갖고 마침내 본서의 마지막 끝부분에 이르러서야 비로소 저 수평선(水平線) 너머로 여명(黎明)의 아침 해가 떠오르는 장면을 보는 듯한 감정을 갖게 되는바, 그것이 바로 유다 왕 여호사밧의 역사의 개관(槪觀)을 보는 순간의 느낌이다.

그는 바로 전 아합 왕과 동맹을 맺고 아람과 싸우는 길르앗 라못 전(戰)에 출전(出戰)했다가 하나님의 은혜로 겨우 생명을 보존한 왕으로 독자들에게 좋은 인상을 주고 있지는 않지만, 그는 적어도 유다 왕국의 3대 선왕(善王) 중 하나(히스기야, 요시야, 여호사밧)로서 여기서 간단히 소개되는 그의 생애를 보노라면 그에 대한 인상이 새로워지는 감을 갖게 된다.

여호사밧은 남 왕국 유다의 제4대 왕으로서 B.C. 871~847년까지 25년간을 통치하였다. 그의 생애 중 중요한 사건은 대하 17-20장에 상세히 나와 있지만 본장에서는 주로 총괄적 기사(總括的記事)로서 간단히 기록하고 있다. 그는 35세 시에 즉위(卽位)하여 60세까지 인생의 황금기에서 많은 업적을 남기었고, 아버지처럼 장기간 통치하지 않은 것은 그 부친의 말년(末年)의 실수(대하 16:9-12)를 범하지 않게 하기 위함이라고 메튜 헨리는 말한다.

1) 여호사밧의 종교정책 (43, 46)

그는 부친 아사의 신앙을 본받아 "여호와 앞에서 정직히 행하였으나" (43a), 이는 아사가 다윗의 길로 행한 만큼(15:11) 그가 아버지 길을 따른 것은 곧 다윗의 길을 따름을 의미한다. 그러므로 그 길은 여호와의 율례와 법도를 정직하게 시행하였음을 보여준다.

그는 모든 우상숭배를 타파하고 46절에 의하면 그의 부친 아사시대에 남아있던 남색(男色)하는 자를 그 땅에서 추방하는 과감한 종교개혁을 단행하였다. 하지만 산당(山堂)을 폐하지 아니하여 백성들 사이에서 산당예배(山堂禮拜)가 여호와 예배와 병행(竝行)되고 있음은 그에게 있어서 하나의 옥의 티처럼 남아있는 결함이었다(43b). 이는 그 산당이 사무엘이나 솔로몬 등과 같이 위대한 인물들이 후원하던 것이므로 백성들이 거기에 대하여 많은 애착(愛着)을 갖고 있었으므로 이를 근절(根絕)시키기에는 어려움이 많았던 것으로 생각된다.

2) 여호사밧의 정치경제(政治經濟)적 업적 (44-45)

(1) 남·북 평화정책(平和政策)(44)

"여호사밧이 이스라엘의 왕과 더불어 화평하니라"(44).

이 구절은 여호사밧의 정치적 업적 중 매우 잘한 것임을 보여주려는 것이라고 생각되지만, 사실 신앙적 견지에서는 예언자의 책망을 받은 잘못으로 생각되는 하나의 모순(矛盾)을 초래케 한다.

두 왕국으로 분열 후 여호사밧 즉위 시까지 60년 동안 이스라엘과 유다는 끊임없이 전쟁이 계속되었다. 이러한 동족상잔(同族相殘)의 비참한 전쟁을 종식(終熄)시키려고 노력한 왕이 바로 여호사밧이다. 그는 자기 아들 여호람과 아합의 딸 아달랴를 결혼시킴으로써 양국 간의 평화협상(平和協商)을 공고(鞏固)히 하였다. 이는 하나의 정책 결혼인 셈이다.

하지만 여호사밧은 아합의 무모한 아람 전에 가담하였다가 크게 패하고 그 자신 위기사경(危機死境)에서 겨우 탈출하여 생명을 건졌고 이로 인하여 예언자 예후에게 크게 책망을 들었다(대하 19:2). 또한 그 후 아합의 딸 아달랴는 유다나라에 큰 환난을 일으킨 불씨가 된 것이다(왕하 11장).

이는 여호사밧의 남·북협상은 정치적으로는 잘한 것이며 신앙적으로 잘못이라는 모순에 부딪치게 한다. 우리는 이 사실을 보면서 남북분단 70년에 6·25와 그 후 계속된 남북대결구도(南北對決構圖)에서 막대한 고통을 겪고 있는 오늘까지의 입장을 생각하면서 평화는 바라지만 하나님의 뜻에 합당한 평화유지방법(平和維持方法)이라는 지혜가 요구됨을 느끼게 된다.

여호사밧의 평화유지노력(平和維持努力)은 상찬(賞讚)할 만하다. 그는 아합뿐 아니라 그의 아들 아하시야 그리고 손자 요람 대까지 그는 죽기까지 북 왕국과 화평하려는 의지를 보였기 때문이다. 하지만 이런 이스라엘과의 우호적(友好的)인 태도와 노력은 그 자체에 있어서는 칭찬할 만한 것이긴 하지만 여호사밧은 평화추진방법(平和推進方法)에 있어서 신자인 왕으로서 허용될 수 있는 한계(限界)를 넘은 것으로, 이는 그가 그 아들 요람과 아합과 이세벨의 딸을 결혼시킴으로써 혼인동맹(婚姻同盟)을 맺은 것은 근본적인 잘못임을 지적하지 않을 수 없다(대하 18:1).

이는 오늘도 비슷한 처지에 있는 우리 국민들로 하여금 깊이 생각할 문제를 제시하는 기사(記事)가 아닐 수 없다.

(2) 에돔에 대한 정책(47)

"그 때에 에돔에는 왕이 없고 섭정 왕이 있었더라"(47).

에돔에 대한 언급은 에돔 왕자 출신 하닷이 다윗의 장군 요압에 의하여 정복당할 때 애굽으로 피신하여 성장 후 귀국하여 솔로몬이 말년에 약해진 때 하나의 대적으로 나타난 것이었다(왕상 11:14-22).

그 후 줄곧 침묵하다가 여기서 다시 언급하는 이유는 에돔이 유일하게 자체 왕이 없이 여호사밧이 임명한 총독이 다스리는 예속국가(隷屬國家)로 있어, 이것으로써 에서와 야곱에 대한 예언 곧 "큰 자가 어린 자를 섬기리라는" 것이 실현되었음을 보여주며(창 25:23), 보다 실제적인 것은 다음 절에 나오는 여호사밧의 통상무역(通商貿易) 계획에서 에돔에 속한 항구

(港口) 에시온게벨이 필요하기 때문이라고 생각된다(48). 이상 두 가지 이유 때문에 에돔에 대한 특별 관리의 필요성을 강조한 것으로 생각한다.

(3) 경제정책(經濟政策)(48)

여호사밧은 다시스로 가는 배들을 건조하였는데(9:27), 그 목적은 금을 구하여 오벨로 가기 위함이었다. 이 사실은 대하 20:36 이하에 더 자세히 설명하고 있다. 이는 부친 솔로몬 치부(致富)의 원천(源泉)임을 아는 그로서 솔로몬의 영화를 되찾으려는 강한 의지를 보이고 있다. 그러므로 이 목적을 달성하기 위하여 이스라엘 왕 아하시야와 동맹을 맺고 추진 중 에시온게벨에서 그의 배가 파선(破船)되었다. 그 직접 원인은 배의 장비(裝備)와 조종(操縱)에 미숙했기 때문이었지만, 사실 이는 여호사밧이 우상숭배자인 아하시야와의 동업이 불가함을 선지자 엘레에셀은 지적하며 이는 하나님의 심판이라고 경고하였다(대하 20:36-37).

배가 파선된 후 아하시야는 다시 배를 만들어 동업하기를 권하였지만 여호사밧은 이 제안을 거부(拒否)하였다(49). 그것은 선지자의 말을 믿고 북 왕국 이스라엘과의 동업이 부당함을 확신하였기 때문으로 생각한다.

이 사실이 우리에게 주는 교훈은 그는 국가적 번영을 위하여 그 당시로서는 선진적(先進的)인 이상(理想)을 갖고 적어도 세계를 대상으로 하는 국제통상무역(國際通商貿易)을 시도(試圖)했다는 것만으로도 칭찬할 일이지만 이것이 여호와의 뜻이 아니라면 과감히 포기하는 신앙적인 왕의 모습이 더욱 상찬(賞讚) 받을 일이라는 생각이 든다.

그가 하나님의 말씀과 뜻에 따라 착수한 모든 것은 훌륭한 성공을 얻었고 축복이 수반(隨伴)되었다. 그러나 그가 아합과 아하시야와 관계하여 착수한 모든 일은 모두가 불행으로 끝났다. 그리고 그것에는 아무런 축복도 따르지 않았다.

(4) 여호사밧의 죽음과 후계자(後繼者)(50)

여호사밧의 "남은 사적과 그가 부린 권세와 그가 어떻게 전쟁하였는지"에 대한 자세한 역사는 유다 왕 역대지략에 상기(詳記)되었음을 45절에서 밝히고 있다.

그리고 50절에서는 여호사밧 왕이 죽고 그 아들 여호람이 대신하여 왕이 되었다는 점을 언급한다. 여호사밧은 그의 부친 아사보다 단명(短命)하였지만 그 대신 그는 아버지 아사의 말년(末年)의 범한 비극적인 오점(汚點)을 남기지 않고 영광스럽게 승하(昇遐)한 왕이다. 그는 조상 다윗 성에 장사되었다.

그러자 그의 아들 여호람이 그의 아버지의 성취한 명성(名聲)과 많은 유산(遺産)을 안고 왕이 된다. 훌륭한 아버지를 계승함은 이 젊은 왕에게 있어서는 참으로 행운이었다. 후대에게 훌륭한 이름을 남기는 것은 그 어떤 재산보다 훨씬 소중하다. 하지만 상속자(相續者) 여호람은 이 숭고(崇高)하고 거룩한 아버지의 유산(遺産)을 수치스럽게도 남용하고 말았다. 그 이유를 역대기 기자는 "이는 아합의 딸이 그의 아내가 되었기 때문"임을 밝히고 있다(대하 21:6).

결론

열왕기상 22장은 본서의 종장(終章)으로서 아합 왕의 죽음으로 끝을 맺고 있다. 본서는 총 22장으로 편성(編成)되었으며 그중 아합 왕의 역사(歷史)가 16:29에서 시작하여 22:40까지 무려 일곱 장에 걸쳐 전체에 3분의 1에 해당(該當)하는 기록을 남기고 있다.

그러므로 본장의 결론을 먼저 생각하고 다음은 본서 전체의 결론을 내림으로써 열왕들의 행진(行進)의 막(幕)을 내리고자 하는 바이다.

열왕기상 22장에는 주요한 인물 세 사람이 나온다. 그것은 아합 왕과,

유다 왕 여호사밧 그리고 참 선지자 미가야이다.

아합이 아람과 전쟁을 하려는 의도(意圖)는 이해가 간다. 그것은 3년 전 아람의 선제공격(先制攻擊)으로 사마리아와 아벡 전투에서 하나님의 도우심으로 대승(大勝)한 후 그 왕 벤하닷과 협상 중에 그의 부친이 빼앗았던 모든 성읍들을 반환(返還)키로 약속을 하고는(20:34) 이를 3년이 되도록 이행(履行)하지 않기 때문에 일으킨 전쟁이기 때문이다.

하지만 아합은 자신의 경험과 병력(兵力)만 믿고 전쟁 전에 물어야 할 여호와에 대한 신탁(神託)이 없었다. 다행히 여호사밧의 제의(提議)로 여호와께 묻기로 하였지만 자신에게 아부(阿附)하는 거짓 선지자 400명만을 초치(招致)하여 길르앗 라못 탈환전(奪還戰)에 가부(可否)를 물었던 바 시드기아를 위시한 400명은 무조건 참전론(參戰論)을 주장하자, 그 후 참 선지자 미가야의 반전론(反戰論)은 묵살(默殺)한 채, 길르앗 라못 탈환전에 출병한 것이다. 이는 아합의 큰 잘못이다. 게다가 동맹군의 왕인 여호사밧에게 자기의 왕복(王服)을 입혀 적병의 집중 공격을 받게 하려는 간계(奸計)를 꾸민 사실은 천인공노(天人共怒) 할 악행이 아닐 수 없다.

하지만 적병(敵兵) 중 겨냥하지 않은 화살이 그의 상하(上下) 갑옷의 연결부위를 명중시켜 그는 자신의 병거 위에서 전사(戰死)하고 말았다.

유다 왕 여호사밧의 경우를 생각하면, 그가 아합과 사돈을 맺고 아무런 조건 없이 길르앗 라못 전(戰)에 참전을 허락하고(4) 그 후 출병직전(出兵直前)에 선지자를 통한 여호와의 신탁(神託)을 구한 것은 그의 큰 잘못이다. 참전 허락 전에 먼저 여호와께 물었어야 했었다. 하지만 아합보다는 믿음이 있었기에 아합의 간계(奸計)로 집중공격(集中攻擊)을 받아 죽게 되었으나 위기사경(危機死境)에서 여호와께 부르짖어(32a, 대하 18:31) 구출을 받게 된 것이다.

그리고 400명의 거짓 선지자 중 군계일학(群鷄一鶴)격인 참 선지자 미가야, 그는 아무런 계시(啓示)도 못 반은 채 무조건 왕의 비위나 맞추고 생계유지나 하려는 자들과는 달리, 홀로 천상회의(天上會議)의 환상까지 보고 비록 생살권(生殺權)을 가진 왕의 면전(面前)에서도 받은 바 계시에 의한 확신 있는 예언을 하였으며 비록 옥고(獄苦)를 겪으면서도 굴하지 않는 미가야야말로 우리 모두의 그리움의 대상이며 나아가서는 우리 각자 모두 미가야를 따라가려는 결심이 필요하다고 보는 바이다.

다음 열왕기상 전체에 대한 결론에서는 열왕기 기록 목적은 “네 하나님 여호와의 명령을 지켜 그 길로 행하여 그 법률과 계명과 율례와 증거를 모세에 율법에 기록된 대로 지키라 그리하면 네가 무엇을 하든지 어디로 가든지 형통할지라”(2:3)는 것이다. 이 명령을 그대로 지킨 자는 오로지 다윗 한 사람뿐이다(11:34). 그러므로 이것을 “다윗의 길”이라 하여 여호와를 섬기는 표준이 되었다. 솔로몬도 말년(末年)에 이 표준에서 벗어났으며, 북왕국의 왕 전체 7명은 모두가 금송아지, 바알, 아세라 등을 섬겨 갈수록 그 강도(强度)를 높이고 있으며, 이것은 마침내 남 왕국 유다에까지 확산(擴散)되어 결국 이 때문에 남·북 왕국이 모두 멸망하는 비운(悲運)을 맞게 되는 것이다.

구약설교전집 9권

열왕기 상

초판 1쇄 / 2012년 10월 20일

지은이 / 손영섭
펴낸이 / 방주석
펴낸곳 / 도서출판 소망

출판등록 제 11-17호(1977. 5. 11)
서울 종로구 연지동 136-56 기독교연합회관 1309호
전 화 02)392-4232, 팩스 02)392-4231
E-mail : somangsa77@hanmail.net

정가 16,000원

*잘못된 책은 바꾸어 드립니다.
printed in Korea
ISBN 978-89-7510-092-5 03230